日本語談話論

沖 裕子 著

和泉書院

まえがき

　本書は、東京都立大学より学位を授与された著者の博士論文（平成17（2005）年1月20日付、人博第132号）を公刊するものである。既発表の単著論文中、談話の解明を目的としたもののうちから30篇を選んで最小限の改訂を行い、一書をなすために必要な2編を書き下ろして加えた。これらを7部に分けて編み、さらに全体の序を新たに書き起こして添え、本書が成っている。

　現在の立場から統一的に書き直すのであれば、参考文献も補塡し、さらに改訂すべき箇所を含んでいる。しかしながら、学界にあっても個人にあっても、研究は先にある論をふまえ次の論が生み出されていく発展的過程をたどるものであろうことを意識し、また特に本書においては日本語の談話という比較的未開拓の広い領域を含む研究主題を扱っているため、25年にわたり著者なりの談話観を明らかにしてきた過程そのものを残すことに配慮した。すなわち、原著論文があるものについてはできるだけ手を加えず、それを活かしてまとめることを原則としたものである。そのため、術語については、発話、言語行動、話しことば、テキスト、談話など、研究した時代に応じて異なっているが、そのままにしてある。ちなみに、提出した博士論文との内容的異同は、序を改稿したほかは特にない。初出と改訂部分については、巻末にあわせて示した。

　本書をまとめるにあたっては、多くの方々から学恩とお励ましを受けた。まず、学位審査にあたって、主査篠崎晃一助教授、副査小林賢次教授、荻野綱男教授にはご懇切なご指導を賜った。とくに小林賢次教授には、著者が国立国語研究所に内地研究員として在籍した5年前の秋、都立大学方言学会の懇親会席上にて、研究成果をそろそろ一書にまとめてみてはどうかと、お声をかけていただいた。このお励ましが契機となって、本書刊行にいたったも

まえがき

のである。衷心より感謝申し上げる。

　東京都立大学大学院時代の恩師、大島一郎先生、奥津敬一郎先生、故中本正智先生、また、東京女子大学時代の恩師、水野弥穂子先生、進藤咲子先生、水谷静夫先生、さらに私淑する師であり大先輩でもある馬瀬良雄先生のお名前を、心よりの感謝をこめて記させていただく。先生方には、学問に生きる日々のお姿に親しく接することを許され、多くのことをお教えいただいた。残念なことに中本先生はすでに鬼籍に入られたが、諸先生が、今なお変わらぬ情熱を研究にそそいで生活されていることに励まされ、また、遠く近くお見守りいただいていることに心よりの感謝を申し上げたい。

　いちいちについてお名前を記さないが、直接間接にこれまで私を導いて下さった先学の学恩と、同学の多くの友人たちから受けた刺激と励ましも忘れることはできない。研究者としての交わりを通して、深い見識と人格に触れる機会を与えられたことにより、私の人生は常に豊かであり、幸せであった。また、フィールドワークでお世話になった話者のお一人お一人の皆様には、心から感謝を申し上げている。

　さらに平素接する学生達の若々しい向学心は、私を勇気づけ、育てつづけてくれた。将来に対する明るい希望の光で、私の歩む道をその時々に照らしてくれる若い人々に、深い感謝と尊敬の念を覚えている。また、職務を調整し、本書をまとめるための時間的ゆとりを与えてくれる同僚がいなかったら、この時期の完成はなかったことであろう。

　何よりも、いつなんどきも私を信じ励まし支えてくれたのは、両親と妹夫婦であった。ひとまずの集成である本書を、白寿を迎えた父静晨、卒寿を迎える母恭子、そして東京に住む妹夫婦、土肥英生、妙子に捧げたい。

　最後に、和泉書院社主廣橋研三氏には、本書刊行にあたって行き届いたご配慮と、かわらぬお励ましを賜った。また、同専務廣橋和美氏には、本書の編集校正にあたってお心をくだいていただき、ひとかたならぬお世話をいただいた。ここに記し、心から感謝申し上げる次第である。

まえがき

　言語学、日本語学、日本語教育学を志す若い方々にとって、本書がどのような形であれ役立つことがあれば望外の喜びである。

　本書は、独立行政法人日本学術振興会平成17年度科学研究費補助金（研究成果公開促進費）の交付を得て刊行されることをここに記し、謝辞とするものである。

　平成18（2006）年1月5日　松本にて

沖　裕子

目　次

まえがき……………………………………………………………………… i

序

日本語談話論の輪郭………………………………………………………… 3
　1．本書の目的と立場……………………………………………………… 3
　2．談話の創造性について………………………………………………… 4
　3．言語内的諸単位の関係について……………………………………… 5
　4．談話における語の役割について……………………………………… 7
　5．話体（文体）・話種（テキストの種類・テキスト種）について……… 9
　6．言語と言語外現実について…………………………………………… 10
　7．応用談話論について…………………………………………………… 12
　8．本書の構成と内容……………………………………………………… 14

I　談話の結節法

第1章　談話の最小単位と文字化の方法………………………………… 19
　1．はじめに………………………………………………………………… 19
　2．従来の研究……………………………………………………………… 20
　　2．1　談話研究と文字化の意義……………………………………… 20
　　2．2　『談話行動の総合テクスト—東京・下町・資料(1)—』……… 20
　　2．3　『方言談話資料(1)〜(10)』……………………………………… 22
　　2．4　『日英語対照研究シリーズ(2)　会話分析』…………………… 23
　　2．5　『日本語の談話の構造分析—勧誘のストラテジーの考察—』…… 24
　　2．6　「自然な談話における「繰り返し応答」のパタンとタイミング」…… 26
　3．談話文字化における問題点と課題…………………………………… 26
　　3．1　何をどのように何の目的で…………………………………… 26

v

目　次

　　3．2　文字化資料の作成媒体と共有化……………………………………29
　4．談話の姿と文字化………………………………………………………30
　5．談話の最小単位について………………………………………………32
　　5．1　川上の「句」…………………………………………………………32
　　5．2　談話展開と「句」……………………………………………………34
　　5．3　句末、文末の上昇調について………………………………………37
　6．句を表記した談話テキストの一例……………………………………38
　7．おわりに…………………………………………………………………43

第2章　同時結節のしくみと東京方言談話…………………………………47
　　要旨…………………………………………………………………………47
　1．はじめに…………………………………………………………………47
　2．言語の分節モデルと結節モデル………………………………………48
　　2．1　分節と結節の違い―宮岡(2002)より―……………………………48
　　2．2　分節と結節の非対称性と二面結節…………………………………50
　　2．3　結節は階層を成すか―結節の同時性―……………………………52
　3．東京方言談話にみる同時結節の諸相…………………………………54
　　3．1　結節と上昇音調………………………………………………………54
　　3．2　アクセント単位とイントネーション単位の同時結節……………55
　　3．3　文末上昇音調にみる文法と音声の同時結節………………………58
　　3．4　句末卓立音調にみる文法と音声の同時結節………………………59
　4．おわりに…………………………………………………………………61

第3章　談話は文によって構成されるか……………………………………65
　　　　―談話実現単位における同時結節の観点から―
　1．はじめに…………………………………………………………………65
　2．日本語研究史における「談話」の登場………………………………65
　3．談話という単位が有する二側面………………………………………68
　4．談話と文章の区別は必要か……………………………………………69
　5．一語文は文か談話か……………………………………………………71

6．談話を構成する音声面の最小単位―二面結節の観点から―……………76
7．談話実現単位における記号面の同時結節………………………………78
8．おわりに……………………………………………………………………85

Ⅱ　接続詞の意味・用法と談話展開機能

第1章　接続詞は何を結ぶか……………………………………………………95
　1．はじめに……………………………………………………………………95
　2．接続詞研究に関する諸説とその問題点…………………………………96
　　2．1　研究の流れ……………………………………………………………96
　　2．2　文法論からみた接続詞研究…………………………………………96
　　2．3　文章論からみた接続詞研究…………………………………………96
　　2．4　意味論・語用論からみた接続詞研究………………………………97
　　2．5　接続詞研究に関する諸説とその問題点……………………………97
　3．課題と方法…………………………………………………………………98
　　3．1　一語一機能説への疑問………………………………………………98
　　3．2　接続のレベルの立体化………………………………………………99
　4．単位の関係づけからみた接続……………………………………………100
　　4．1　「しかし」の意味・用法……………………………………………100
　　4．2　接続の種類……………………………………………………………101
　5．文章の構造からみた接続…………………………………………………102
　6．接続のレベルと用法の分布そして語義…………………………………104
　7．おわりに……………………………………………………………………105
第2章　談話における形と意味のありかたについて………………………108
　　　　―逆接表現の考察から―
　1．はじめに……………………………………………………………………108
　2．反対語という解釈・見立て行動…………………………………………108
　　2．1　談話と反対語…………………………………………………………108
　　2．2　反対語の種々相………………………………………………………109

目　次

　　2．3　意味論的反義と解釈的反義………………………………109
　　2．4　文化理解に支えられる言語解釈……………………………111
　3．逆接表現の生成と解釈……………………………………………111
　　3．1　逆接接続語使用による反対概念付与………………………111
　　3．2　言語の創造的使用……………………………………………113
　　3．3　逆接の意味型を担う言語形式の多様性……………………113
　　3．4　理解行動における言語形式への意味付与…………………114
　4．「しかし」による逆接表現の型とそれを担う言語形式………115
　　4．1　対比的逆接を例として………………………………………115
　　4．2　逆接表現型にみる言語形式の多様性………………………116
　　4．3　言語形式として表現されない意味を知る…………………117
　　4．4　逆接と順接の別は語が担う…………………………………118

第3章　接続詞「しかし」の意味・用法……………………………120
　1．はじめに……………………………………………………………120
　2．「逆接」とは何か…………………………………………………120
　3．推論の「しかし」…………………………………………………123
　　3．1　条件文・譲歩文と「しかし」………………………………123
　　3．2　qが文の場合…………………………………………………124
　4．対比の「しかし」…………………………………………………126
　5．前件評価の「しかし」……………………………………………128
　6．複合的な事例………………………………………………………131
　7．「しかし」の意義…………………………………………………132
　補　説…………………………………………………………………134
　　1．対比的逆接と推論的逆接の分別理由 (1)……………………134
　　2．対比的逆接と推論的逆接の分別理由 (2)……………………135
　　3．擬似譲歩文による逆接…………………………………………135

第4章　対話型接続詞における省略の機構と逆接……………………138
―「だって」と「なぜなら」「でも」―

- 1．はじめに……………………………………………………………138
- 2．先行研究……………………………………………………………138
  - 2.1　「だって」の性格について…………………………………138
  - 2.2　「だって」の意味について…………………………………139
  - 2.3　「だって」の類義語について………………………………139
  - 2.4　本論の課題……………………………………………………141
- 3．「だって」の用法と意義……………………………………………141
  - 3.1　会話における省略……………………………………………141
  - 3.2　省略の内容と形式……………………………………………143
  - 3.3　先行研究と関連して…………………………………………144
  - 3.4　「だって」の意義……………………………………………146
- 4．「なぜなら」について………………………………………………147
- 5．「でも」について……………………………………………………148
- 6．逆接について………………………………………………………150
- 7．おわりに……………………………………………………………151

第5章　接続詞「あるいは」と「または」の意味について………154
―談話展開機能の獲得にふれて―

- 1．はじめに……………………………………………………………154
- 2．「A　あるいは／または　B」……………………………………155
- 3．「あるいはA、あるいはB」………………………………………159
- 4．「あるいはB」………………………………………………………161
- 5．談話展開機能の獲得………………………………………………164
  - 5.1　「A—a あるいは B—b」…………………………………164
  - 5.2　「あるいは A—a、あるいは B—b」……………………166
  - 5.3　談話展開機能…………………………………………………167
  - 5.4　「A—a または B—b」……………………………………169

目　次

　　6．「あるいは」「または」の分布と意義の差……………………………169
　　7．おわりに………………………………………………………………171
第6章　接続詞と接続助詞の「ところで」……………………………………176
　　　　―「転換」と「逆接」の関係性―
　　要旨………………………………………………………………………176
　　1．はじめに………………………………………………………………176
　　2．接続詞「ところで」の意味・用法…………………………………178
　　　　2．1　独話型接続詞と対話型接続詞……………………………178
　　　　2．2　書きことばにみる「ところで」……………………………178
　　　　2．3　話しことばにみる「ところで」……………………………181
　　　　2．4　副詞化した「ところで」……………………………………182
　　3．接続助詞「ところで」の意味・用法………………………………183
　　4．接続助詞と接続詞の連続性と差異…………………………………185
　　5．「転換」という性質についてと今後の課題…………………………187
第7章　新用法からみた対話型接続詞「だって」の性格……………………190
　　1．はじめに………………………………………………………………190
　　2．本論の立場……………………………………………………………190
　　3．「だって」の新用法…………………………………………………191
　　4．記述に必要な枠組みについて………………………………………193
　　　　4．1　変化したもの、変化しないもの…………………………193
　　　　4．2　語義のレベル・文連接のレベル・状況のレベル………193
　　5．新用法と旧用法………………………………………………………197
　　　　5．1　旧用法と新用法について…………………………………197
　　　　5．2　気づかれにくい方言………………………………………199
　　6．出話と受話について…………………………………………………200
　　7．おわりに………………………………………………………………201
第8章　「ていうか」の用法の拡大……………………………………………204
　　1．「ていうか」の意味・用法の拡大…………………………………204

2．「ていうか」の旧来の用法……………………………………204
 3．旧用法の踏襲と拡大…………………………………………205
 4．副詞の派生……………………………………………………207
 5．話題転換用法の誕生…………………………………………208

Ⅲ　文体形成における語の役割

第1章　動詞の文体的意味…………………………………………213
 1．はじめに………………………………………………………213
 2．文体的意味の捉えかた―これまでの研究―………………214
 3．文体的意味とは何か―その記述的位置づけ―……………217
 4．文体的意味記述の範疇的枠組み……………………………221
 5．文体的意味の記述と課題……………………………………228
 6．終わりに………………………………………………………232
第2章　「国語辞典」に収録された「方言」……………………234
 1．はじめに………………………………………………………234
 2．『新明解四』にみる方言語彙…………………………………235
 3．共通語語彙の記述における方言の扱いについて…………239
 4．おわりに………………………………………………………245
第3章　人称代名詞と発話様式……………………………………247
 1．はじめに………………………………………………………247
 2．人称代名詞語彙………………………………………………247
 3．文と、発話様式の型…………………………………………249
 4．発話様式を変換する力をもつ形式のいくつか……………253
 5．発話様式と人称代名詞語彙…………………………………254
 6．おわりに………………………………………………………256

目　次

Ⅳ　言語接触にみる共通語と方言の類型的文体形成

第1章　共通語と方言の接触……………………………………………261
　　　　―共通語使用の価値について―
　1．はじめに………………………………………………………………261
　2．待遇的場面と共通語の使用…………………………………………261
　3．八丈島洞輪沢集落における共通語使用の価値……………………263
　4．まとめ…………………………………………………………………273
第2章　共通語の規範的文体性と普及上の役割………………………276
　　　　―「敬体本質性」について―
　1．はじめに………………………………………………………………276
　2．共通語の規範的文体性と普及上の役割……………………………277
　　2．1　共通語の特徴……………………………………………………277
　　2．2　規範と言語………………………………………………………278
　　2．3　共通語の規範性と文体的特徴…………………………………280
　　2．4　共通語の第三言語性と文体的特徴……………………………281
　　2．5　共通語の敬体本質性と普及上の役割…………………………282
　3．方言における文体的差異―「場面と言語」研究への課題―……284
　4．むすび…………………………………………………………………286
第3章　方言イメージの形成……………………………………………290
　　要旨………………………………………………………………………290
　1．はじめに………………………………………………………………290
　2．調査の概要と被調査者の性格………………………………………291
　3．大阪短大生の六方言に対するイメージ……………………………292
　4．態度と言語イメージ…………………………………………………297
　5．方言認定と方言イメージ……………………………………………299
　6．終わりに………………………………………………………………305
　〔調査票項目〕……………………………………………………………308

目　次

V　談話構造の地理的変種

第1章　談話型から見た喜びの表現……………………………313
　　　　―結婚のあいさつの地域差より―
　1．はじめに……………………………………………………313
　2．とりあげる言語資料………………………………………314
　　2.1　『方言資料叢刊』………………………………………314
　　2.2　考察対象とする項目…………………………………314
　3．あいさつ表現の概観………………………………………315
　　3.1　談話型の分析…………………………………………315
　　3.2　最も多くみられる談話型……………………………316
　　3.3　〈相手の心情推測〉添加型……………………………317
　　3.4　〈尋ね〉添加型…………………………………………318
　　3.5　〈ゼロ形態〉型…………………………………………320
　　3.6　その他の型……………………………………………320
　4．喜びの表現にみる地域差と共通性………………………321
　　4.1　要素の種類と談話型…………………………………321
　　4.2　諸外国語との対照……………………………………322
　5．おわりに……………………………………………………323
第2章　談話からみた東の方言／西の方言…………………325
　1．東西差のいろいろ…………………………………………325
　2．研究の対象と方法…………………………………………325
　　2.1　資料……………………………………………………325
　　2.2　対象とする談話の性格………………………………326
　　2.3　分析の方法……………………………………………326
　3．談話の要素と談話型………………………………………327
　4．要素ごとにみた談話の地域差……………………………329
　　4.1　出現要素の頻度とばらつき…………………………329

4．2　「東」の謙遜表現…………………………………………329
　　4．3　近畿圏の特殊性……………………………………………329
　　4．4　話し手自身の感情表現の「東西差」……………………331
　5．談話からみた東の方言／西の方言……………………………332
第3章　談話の型について……………………………………………334
　1．談話の型……………………………………………………………334
　2．モティーフとモティーフ素……………………………………335
　3．気づかれにくいテキスト型……………………………………336
　4．意味と形態からみるテキスト構造……………………………337
第4章　談話の種類について…………………………………………339
　1．コミュニケーションにおけるテキスト種理解の重要性……339
　2．テキスト種の合図としての特定の言い回し…………………340
　3．テキスト種の合図をとらえる難しさ…………………………340
　4．メタ言語では語りえないテキスト種…………………………341

Ⅵ　言語行動における言語・心理・社会

第1章　方言談話にみる謝罪的感謝表現の選択……………………347
　1．謝罪は言語の問題か……………………………………………347
　2．感謝と謝罪………………………………………………………348
　　2．1　研究の目的…………………………………………………348
　　2．2　研究の方法と対象…………………………………………349
　3．謝罪的感謝表現の選択と非選択………………………………350
　　3．1　〔道具借り〕場面にみる謝罪的感謝表現の選択………350
　　3．2　〔贈り物〕場面にみる謝罪的感謝表現の選択…………353
　4．「親しい場面」における言語選択……………………………355
第2章　方言談話にみる感謝表現の成立……………………………358
　　　　―発話受話行為の分析―
　1．はじめに…………………………………………………………358

2．説明すべき言語事実………………………………………………358
　3．先行研究……………………………………………………………360
　4．話し言葉の世界―感謝表現の成立と不成立―…………………362
　5．感謝表現の三側面―発話受話行為の観点から―………………364
　6．おわりに……………………………………………………………368
第3章　勧め的依頼表現について…………………………………………371
　1．はじめに……………………………………………………………371
　2．使用する談話資料について………………………………………371
　3．要求的依頼表現と勧め的依頼表現………………………………372
　4．談話中の「共起」ということについて…………………………375
　5．おわりに……………………………………………………………380
第4章　八丈町末吉洞輪沢における待遇場面形成の要因……………382
　1．はじめに……………………………………………………………382
　2．目的と方法―「場面」の形成過程における仮説を通して―…382
　3．調査の概要と調査地域・対象者…………………………………385
　4．調査結果……………………………………………………………387
　5．考察…………………………………………………………………387
　　5．1　《地位》と《未知》……………………………………………387
　　5．2　《年齢》と《地位》……………………………………………392
　　5．3　男女による差異………………………………………………393
　6．結論…………………………………………………………………395
　7．おわりに……………………………………………………………396
第5章　近隣社会の言語行動………………………………………………403
　1．はじめに……………………………………………………………403
　2．近隣社会の言語行動とは何か……………………………………403
　　2．1　一次的近隣社会と二次的近隣社会…………………………403
　　2．2　言語行動とは何か……………………………………………405
　　2．3　近隣社会と言語行動の相関…………………………………406

目　次

3．一次的近隣社会における言語行動………………………………407
　3.1　対人評価語彙と性向語彙……………………………………407
　3.2　性向語彙のシステムと運用のメカニズム…………………408
　3.3　〈労働秩序〉と〈つきあい秩序〉……………………………409
　3.4　日本国内における性向語彙システムの地域差……………413
4．二次的近隣社会における言語行動………………………………414
　4.1　位相について…………………………………………………414
　4.2　方言共同体と共通語共同体…………………………………416
　4.3　二次的近隣社会を支える言語媒体の発達…………………417
　4.4　二次的近隣社会を支える組織………………………………418
5．一次的近隣社会と二次的近隣社会の諸相………………………419
　5.1　一次的近隣と二次的近隣をつなぐ学校集団………………419
　5.2　国際化と近隣社会……………………………………………421
6．おわりに……………………………………………………………423

Ⅶ　談話論と日本語教育学

第1章　日本語教育と国語教育の接点………………………………429
　　　　―だ・である体の習得について―
　要旨……………………………………………………………………429
1．はじめに……………………………………………………………429
2．音声言語テキストと文字言語テキストの性格…………………431
　2.1　「です・ます体」と「だ・である体」との変換……………431
　2.2　形式的・要素的な変換………………………………………433
　2.3　テキストの意味的構造に関る変換…………………………435
3．母語話者と日本語学習者の文体変換能力の調査………………437
4．調査結果……………………………………………………………439
　4.1　結果一覧………………………………………………………439
　4.2　話者・項目別の結果…………………………………………443

5．日本語教育と国語教育に共通する課題―結論にかえて―……………444
第2章　比喩の形式と意味……………………………………………………450
　　　　―日本語教育のための基礎的研究―
　要旨……………………………………………………………………………450
　1．テキスト理解と比喩―日本語教育上の困難点―………………………450
　2．比喩研究の最近の動向……………………………………………………452
　　2．1　日常言語における比喩―認知言語学的比喩研究―………………452
　　2．2　文法的比喩―機能主義文法における比喩観―……………………453
　3．比喩の形式と意味…………………………………………………………455
　　3．1　形式の顕在と陰在……………………………………………………455
　　3．2　談話と比喩……………………………………………………………457
　4．比喩からみた身体慣用句の形式と意味…………………………………458
　　4．1　日本語学習者における比喩理解の困難点…………………………458
　　4．2　慣用句の比喩に関する先行研究……………………………………459
　　4．3　身体慣用句の形式と比喩のしかた…………………………………459
　　4．4　比喩のありかた―「顔」を例に―…………………………………461
　5．おわりに……………………………………………………………………463
第3章　言語運用からみた敬語………………………………………………467
　1．はじめに……………………………………………………………………467
　2．地域方言と敬語運用………………………………………………………468
　3．社会構造と敬語運用………………………………………………………469
　　3．1　社会構造の変化と敬語運用…………………………………………469
　　3．2　社会方言と敬語運用…………………………………………………470
　4．言語体系と敬語運用………………………………………………………471
　　4．1　体系と運用との関係の整理…………………………………………471
　　4．2　敬語の意味の構造と要素選択に関する条件………………………473
　5．談話と敬語運用……………………………………………………………474
　6．日本語教育に役立てるために……………………………………………476

目　次

第4章　日本語教育学と日本語教育……………………………………478
　　　　　―学の対象を整理する―

　1．はじめに……………………………………………………………478
　2．日本語教育学と日本語教育の定義………………………………479
　　2．1　従来の考え方…………………………………………………479
　　2．2　日本語教育学の対象と日本語教育…………………………480
　　2．3　第二言語と外国語……………………………………………480
　3．日本語習得行動を構成する四要素………………………………481
　　3．1　静態と動態……………………………………………………481
　　3．2　習得主体………………………………………………………481
　　3．3　習得様態………………………………………………………482
　　3．4　習得支援者……………………………………………………482
　　3．5　習得日本語……………………………………………………483
　4．日本語習得行動という動態………………………………………484
　　4．1　習得日本語と言語共同体……………………………………484
　　4．2　変種生成過程からみた第二言語習得………………………485
　　4．3　日本語習得行動が生まれる社会的文脈……………………485
　5．日本語教育とは何か………………………………………………486
　　5．1　習得支援者と習得様態………………………………………486
　　5．2　狭義の日本語教育とは何か…………………………………487
　　5．3　習得日本語研究の重要性……………………………………488
　　5．4　母語教育と第二言語教育との相関…………………………490
　6．おわりに……………………………………………………………491

第5章　日本語教育学と方言学………………………………………494
　　　　　―学の樹立改変と談話研究への広がり―

　1．はじめに……………………………………………………………494
　2．日本語教育学の提唱………………………………………………494
　3．日本語教育学という名称の功罪…………………………………495

4．方言学の対象………………………………………………… 496
　5．方言学が扱ってこなかった地域語……………………………… 497
　6．「気づかれにくい方言」という考え方…………………………… 498
　7．日本語教育学と方言学………………………………………… 499
　8．談話研究を要として…………………………………………… 500

初出一覧……………………………………………………………… 503
索　　引……………………………………………………………… 509
Abstract …………………………………………………………… 539
Table of Contents ………………………………………………… 541
Acknowledgements ……………………………………………… 543

序

日本語談話論の輪郭

1. 本書の目的と立場

　談話は、文章との連続的な性質を研究する必要があるとともに、談話独自の特徴を考察する論を必要としている。本書は、これまで明瞭な輪郭をもっていなかった領域に「談話論」という造語による名付けを与え、従来別個に追及されていた視点を統合し、新たな研究領域の可能性を提示することを目的としている。本書が扱う論点は、文章論や談話分析といった従来の論の枠組みでは扱いにくく、談話論という新たな枠組みを立てることによって包括的な考察へとふみだすことができるものである。

　これまでは文章の研究が中心であって、ややもすると談話の研究は文章研究の添え物としてあつかわれる傾きが強かった。このことは、「文章論」という術語は現在確立しているものの、「談話論」という術語が今日まで無かったことからも知られよう。また、「談話分析」「会話分析」などの術語で示される研究は、談話や会話を用いる原理的なしくみの追及が中心におかれるものの、それらがよって立つ話しことば世界の地理的、社会的変種を含んだ豊かな言語実態およびそれらとの関係に必ずしも十全に目を向けるものではなかった。本書は、考察の中心を話しことばである談話におき、日本語における種々の談話の実態研究に関心を寄せると同時に、言語使用における談話の生成解釈のしくみの解明をめざすものである。この点で、多様な言語実態と個人における言語使用がどう関係しているかについては、格別の関心を払っている。

　ちなみに、音声と文字という媒体の異なりがあるものの、自律的単位として抽象的に記述しうるレベルにおいては、談話と文章はともに言語の最大単

位であって、両者に共通した連続的な性質が幅広く認められる。本書では、言語の最大単位が有する言語記号としての抽象的自律的側面（これを特にテキストと呼ぶことがある）に関して、その記述を有効に進めうると判断した場合は、話しことばとともに書きことばにも言語資料を求めた。しかしながらこうした方法をとったからといって、文章に研究の焦点をおくものではない。本書は、談話を文章の延長もしくは隷属物とみなす立場には立たず、談話に焦点をおき、日本語の談話を文章と共通する性質も含めそれ自体有機的な総体として観察し、考察する立場に立っている。

以下、本書『日本語談話論』で展開する論のうち特に重要だと考える論点のいくつかについて、ここに提示する新たな言語観との関係に言及しつつ概説したうえで、本書の構成と内容の概略を記しておきたい。

2．談話の創造性について

談話を記述するにあたって特に留意すべきは、談話が有している創造的な性格をどのように言語観に取り込むかという点にある。構造主義的には、言語は音声と語の二重分節として捉えられてきたが、音声も語も所与の単位であり個人の創造性とは無関係な単位である。観察が構造主義的モデルの枠内にとどまるのであれば、言語は諸現象から帰納される客観的に観察可能な事実として十二分に記述しうる。ところが、語より上位の単位である文は、語の組み合わせにより無限の文が創造可能であるとされる。ここにおいて、意味内容の創造という問題を俎上にのぼすことになるのであるが、文論では基本的に言語記号自体に内在する自律的、完結的意味の生成規則がより中心的課題となるものであり、意味内容自体の創出に関る創造的活動はまだ真の対象にはならない。ちなみに、文の生成に関わる形態論および構文論自体は、先の音声や語と同様に社会的慣習として個人の外に所与の事実として存在する。その意味で、文は、音声や語と同様、客観的観察が可能なレベルにある。

これらに対して、談話は異なった性格を有する。たしかに談話・文章には

抽象的単位として客観的に記述しうる側面があり、それについてはテキスト論として「結束性」「整合性」「構造」という3種の観点からすでに記述研究が行われてきた。「結束性」「整合性」「構造」は、静態的に観察可能なテキストにおいて、意味内容を混乱なく秩序だって伝えることを可能にするための約束ごとであり、言語に内在する自律的特徴として、また個人が左右できない社会的慣習としてあることを指摘しうる。

　しかしながら、談話を観察してみると話線は行きつ戻りつし、文を直接構成要素として成立するとは限らず、不整表現と呼ばれる整わない表現がみられ、文章のような整ったテキストが有する結束性、整合性、構造とは異なったしくみのありかたを予想させる。こうした談話を研究するには、その談話が、一人の個人（私）によって考えながら産出されるという時間軸に沿った展開を観察する視点が不可欠である。また、この時、意味内容自体は個人（私）によって一回的、創造的に産出されるものであるから、意味論的にはこうした創造性を言語観のうちに位置付けることが談話論における中心的課題のひとつとなる。さらに重要視したいことは、こうした個人（私）が行う創造的活動が、所与の社会的慣習性（規則性）として在る言語の自律的側面と、どのような関係にたつかという問題である。このことは、これまで言語学の枠組みの中で真正面から問われることはなかったように思う。談話論の枠組みでこの課題を扱い、日常言語を対象として、表現の言語学的しくみを問う端緒を開こうとしたのが本書である。

3．言語内的諸単位の関係について

　語は、基本的に形式と意味が対当する単位である。それに対して、談話は形式と意味は必ずしも対当しない。意味内容は表現された言語形式を超えて存在する。字義通りの意味がわかっても談話総体の意味理解には必ずしも届かない。話し手が意識的無意識的に表現していること（「意味内容」と呼ぶ）は、言語を使用しつつ言語を超えて伝達される。談話とは、言語形式を選択

的創造的に用いて意味内容を言語形式へと実現していく過程であり、同時にまた言語形式を手掛かりに解釈する過程である。形式の生成、解釈には、言語文脈とともに言語外現実が参照される。

　なぜ、談話が字義を超えた意味を表現しうるかを考察するために、まず、言語内的諸単位がどのように関係しつつ談話を推進していくか、という点の観察を行う必要がある。従来の言語学では、言語内的諸単位の関係については、特に音声と語の二重分節性をめぐって考察されることがあった。しかしながら、談話論においては、音素、音節、形態素、語、句、節、文、連文などの分節的に得られる種々の言語内的諸単位すべての関係を位置付ける必要がある。そればかりではなく、音声面における超文節的単位であるアクセント、イントネーションや、記号面における超文節的単位である話体（文体）や話種（テキストの種類・テキスト種）についても同様に行う必要がある。また、パラ言語や、頷きなどの非言語的要素の考察も必要である。談話論においては、こうしたすべてのレベルにある単位相互の関係について整理し、考察対象とする必要がある。

　さて、談話は、個人（私）が意味内容を考えつつ上述した言語内的諸単位を組み合わせて談話形式となし、相手と交流しながら話す中で実現されていくものである。こうした談話の動態的しくみについては、分析的視点と結節的視点を止揚し、統合的に考察する視点を必要とする。本書では、言語内的諸単位が時間的に同時に結節していくとする「同時結節」という新たな言語観を提示する。談話を構成する音声面における最小単位は音調句であり、音調句においては、語以上のレベルにあるすべての分節的単位が同等、同時に選択関係に立ちうる。そう考えることによって、談話が文のみからは構成されないこと、つまりは談話におけるいわゆる不整表現の表れが説明可能になることを述べるものである。これらは、本書第Ⅰ部、第Ⅱ部でとりあげる。

4．談話における語の役割について

　談話において、語という単位は重要な働きをしている。語は意味を有して自立する記号面における最小の単位であり、談話の構成要素としての資格を有する最小の記号的単位でもある。この点、形態素が文を構成する最小単位であること（これについては異見もあろうが）とは異なっている。
　さて、語は、談話において、まず第1に結束性を保証する重要な役割を担っている。第2に、語は談話全体を統べる様式的特徴である話体（文体）および話種（テキストの種類・テキスト種）を形成することに与っている。
　まず第1の点についてとりあげよう。結束性については、同一語反復や関連語句の反復により結束性を保つこと、指示詞によって前方照応や後方照応が行われることで結束性が生じること、あるいは接続詞が文を超えて前件と後件を結ぶことから結束性が保証されること等々の事象は、すでに指摘され研究もされてきている。しかしながら、談話の結束性に関して、語が、語の資格のままその役割を果たしている事実に対しては、ほとんど注意が払われていないように思う。従来の研究ではテキストは文から構成されるということが自明の前提とされてきたが、そうだとしたら、結束性という重要な事象に関与するのがなぜ文ではなく文の一部を成す語なのであろうか。また、テキストは単位同士が階層性をなして結節していると考えられてきたが、文の下位レベルにあり文の一部でしかない語が、より上位の文という単位を超えて、なぜさらに上位にあるとされるテキストの結束性に直接関与しそれを左右することが可能なのか。従来の研究では、そこが問題にされたことはなかった。この問題を解くためには、現実の文章や談話は、語、文、テキストという抽象的単位が階層性を成してできており、全体は静態的な構造を有している、とされてきた言語観を疑ってみることなしには説明がつかない。
　ちなみに、本書では接続詞語彙をとりあげて考察を行う。結論を先に述べれば、接続詞語彙は、形式が有する意味ではなく、それ自体独立した意味的

単位体のレベルにある前件と後件を結んでいると見ることで、語がテキスト全体の意味的結束性の操作に関わるしくみを記述説明するものである。意味的単位体は必ずしも形式とは対当しない単位体であり、このことは「形式が、一定の意味を有する」という構造主義的な言語観では理解しにくい。「話し手の表現したい意味内容が、表現形式を自在に選択する」という逆方向の表現論的言語観、動態的結節的言語観をとることではじめて理解可能になるものである。ひとつの意味内容はさまざまな表現形式によって表現することが可能であり、適切な言語選択が行われていれば、どのように表現されたとしても、話し手の表現したい内容を汲み取ることができる。すなわち、ハリデーとハサンが提示した、テキストは意味内容を形式化し実現していく過程であるとする言語観が必要である。そうでなければ、接続詞という語が、前後広範にわたるテキストの意味内容を結びつつ結束性に直接関与するしくみは真には理解しえない。

　ちなみに、文という単位は、形式に対当した意味的まとまりを有する。テキストは、文のように形式と対当した単位によってのみ組み上げられているのではなく、複数の層が時間的に同時並行的に結節しているものであり、そう考えることにより、ある種の語が意味的単位体の層を支配する力を持つことについても説明可能になるのである。詳しくは本書第Ⅰ、Ⅱ部および第Ⅶ部第2章を参照されたい。また、談話の全体的特徴に、文より下位の単位が直接関与することについては、第Ⅴ部の談話構造を論ずる部でも触れている。

　なお、語が話体（文体）や話種（テキストの種類・テキスト種）を形成する働きについても少し記しておきたい。話体（文体）や話種（テキストの種類・テキスト種）とは、記号面において談話全体の様式を統べる超分節的単位のことであると考える。談話は、特定の人、特定の場所、特定の時、特定の場面の中で具体的に使用される様相を通して、異なった様式的特徴を生んでいく。それは、一つには話体（文体）であり、もう一つにはジャンルなどの言葉で呼ばれることもある話種（テキストの種類・テキスト種）である。語は、そうした談話の様式的特徴を形成するのに重要な役割を果たしている。

このような語の役割については、本書第Ⅲ部、本書第Ⅴ部第3、4章、第Ⅶ部第1章に触れている。なお、話体（文体）や話種（テキストの種類・テキスト種）の特徴を形成するのは、語とともに、談話展開それ自体の言語差が関与しているが、これについては本書第Ⅳ、Ⅴ、Ⅵ部の一部で触れてはいるもののいずれも静態的観察の域を出ておらず、動態的言語観にたった観察および考察は今後の課題として残している。

5．話体（文体）・話種（テキストの種類・テキスト種）について

先に、話体（文体）や話種（テキストの種類）は記号面において談話全体の様式を統べる超分節的単位のことであると述べたが、談話論においてはこれらを2種の課題に分けてとらえる必要がある。

第1には、類型的話体（類型的文体）や話種（テキストの種類・テキスト種）がどのように形成されているかという課題である。第1の課題においては、言語共同体において社会的慣習として認められているそれらの実態を解明する必要がある。具体的に述べれば、方言と共通語（本書第Ⅳ部、第Ⅴ部、第Ⅶ部第3章）、社会方言（第Ⅵ部第4章、第5章、第Ⅶ部第3章）、待遇表現による類型的文体のあり方（第Ⅳ部第2章、第Ⅶ部第1、3章）、雑談やスピーチなどの別、また皮肉や冗談などの別等にみられる話種（テキストの種類・テキスト種）の特定（第Ⅴ部第4章）等々の問題である。

第2の課題は、類型的話体（類型的文体）や話種（テキストの種類・テキスト種）が社会的慣習として認められる事実に立脚しながら、そうした言語的事実に則ったうえで個人（私）が自分自身の独自の話体（文体）をどう形成していくのか、そのしくみを問うことにある。第2の課題については、理論的考察（第Ⅲ部、第Ⅴ部第3、4章）のほか、語を利用した話体（文体）変換の問題（第Ⅲ部第3章、第Ⅶ部第1章）、また、談話構造や語が関与する話種（テキストの種類・テキスト種）の変換の問題（第Ⅲ部第3、4章）等がある。今後は、コードスウィッチングの問題とともに、コードミキシン

グの問題を発展的に研究する必要があろう。コードスウィッチングは談話生成時に一つの話体、話種が選択され談話全体の様式を決定していくという考え方にたつものであるが、現実の談話を観察すると必ずしもそうではなく、これら記号面の超分節的単位においてもきめ細かく切り換えられていることが分かる（第Ⅴ部第4章）。つまりは、コードミキシングの観点から十分に観察を行う必要がある課題である。このことは、個人（私）が、共時的通時的状況のなかで他者と交流しながら談話を生成するしくみの解明や、談話の構成要素に関する理論的考察の深化を行いつつ進めることが必要かと考えるが、本書はこの点に十分言及するものではなく、今後の課題として残すものである。

6．言語と言語外現実について

　談話論においては、言語内的諸単位の関係とともに、言語と言語外現実の関係についての考察が重要な論点のひとつになる。このことは、運用論という領域がすでにあることからも分かるように従来の言語学の枠組みでも研究対象とされてきた。また、社会言語学の枠組みでも、言語行動が研究対象とされている。さらに、近年では、認知言語学の枠組みで認識と言語の問題が詳しく扱われるようになってきているし、人類言語学においても、行為と言語と認識の問題は扱われてきている。

　これらに対して、本書が談話論の枠組みで新たに問題にしようとしているのは以下の点にある。すなわち、社会が言語使用にどのように影響し、また、言語使用が社会形成にどう影響するのか、両者を別個の課題とせず、一体の関係のもとにとらえることを最終的な目的とする。言うまでもなく、ただちにこの目的が達せられるわけではなく、まずは問題を分割し、それぞれの問題を考察することを積み重ねていく必要があろう。しかしながら、談話を真に観察しようとするとき、この二つの方向性がどう有機的に関連して実際の談話を生成、解釈していくか、という視点に立たない限り説明できない事象

がある。

　本書では、談話を、抽象的単位体として観察するとともに、次のような言語観によってもとらえる。すなわち、文章は最終的にはすべて語り手の視点から創出され、自身の言語的文脈を唯一の参照資源とするのに対して、談話はそれぞれの話し手の視点がそれぞれにあり、話し手は自身と相手の言語および場面から資源を得ており、談話には、視点、文脈、言語計画は複数存在し、調整や共振といった相互的現象がみられるとするものである（第Ⅰ部第3章より）。こうした談話観にたてば、個人（私）以外の人間の言語は、その個人（私）にとっては、言語外現実のひとつとなる。こうしたとらえかたは、言語外現実が個人（私）の言語使用に影響を与え、個人（私）がどのように言語外現実に影響を与えていくのかを問題にするモデルにつながっていく。また、談話において話し手と聞き手は交替するため、個人（私a）と個人（私b）の言語計画がどのように相互的に影響を与え合って談話が推進されるのかという点は、大きな課題になる。また、もっと大きな視点をとれば、個人（私）が身をおく、言語共同体の性格、媒体、コミュニケーションの様態に関する規範や実態についても考察の対象となるし、また、そうした言語外現実が、共同体の言語そのものの形成にどのように関与しているかも問題となる。本書では、こうした立場のもとに、いくつかの観点から考察を進めるものである。

　まず、個人（私a）が生成した談話が、別の個人（私b）に受容されることによって伝え合いが成立するのであるが、こうしたしくみは言語面では完了せず、非言語面にも目を向ける必要がある。このことは言語行為理論がすでに対象にしているが、そこでは文を単位とした静態的、規範的な記述方法をとるものであるため、本書では談話論の観点から試論を述べる（第Ⅵ部第1、2章）。

　また、言語そのもののあり方として、行為型と表現型のずれの問題が指摘できる。たとえば日本語の「すみません」という表現型は、〈感謝〉と〈謝罪〉という行為型を表す場合があることはよく知られた事実であるが、同様

序

の現象を〈依頼〉と〈勧め〉の連続性についても指摘する（第Ⅵ部第3章）。このように、ある表現型が直接示唆するのとは別の行為型と結びついていることは、異文化異言語話者間では伝えあいを阻害する要因となるものである。本書ではこうしたことの一部を観察、指摘するにとどまっているが、今後は体系的考察を行う必要がある領域であろう。

　談話を生成、解釈する言語行動（談話行動とも呼ばれることがある）がどのように成り立っているか、言語の話し手や状況を考慮した考察をする必要がある。本書の談話観にしたがうと、表現主体、表現様態、表現受容者、表現言語と、それらの動態的関係を考察対象とする必要があることになる。談話を言語行動の視点からとらえ位置づけ、あわせて、近隣社会と位相の問題を整理しながら、日本語の国際化にもふれる。さらに、日本語教育であつかわれる教育言語および言語習得行動に即して考察を行う（第Ⅵ部第4章、5章、第Ⅶ部第4、5章）。

　言語と言語外現実の問題は、先にも述べたように種々の言語観によって研究の対象とされてきたものであるが、対象世界が広きに亘るために整理が難しい分野である。本書においても問題を網羅することはかなわず、部分の整理にとどまっているが、今後の進展を期してひとまずのまとめとしたい。

7．応用談話論について

　応用言語学の沃野は広がっている。言語の応用研究の三大分野は、教育、情報処理、医療であろうが、本書では、教育の分野についてとりあげる。

　言語教育の目的はといえば、言語に対する正しい認識を育て、かつ言語によって理解、表現する能力を伸ばすことにあるといえよう。言語による理解、表現とは、談話もしくは文章という媒体を用いてそのつど一回的に成される活動全体のことにほかならない。こうした活動能力を伸ばす教育をより適切に行うために研究上必要とされるのは、談話、文章を用いた理解、表現活動の解明である。この点で、談話論は応用研究的意義と、その成果を通じて実

際の教育に寄与する有効性を有している。こうした観点から、本書は、日本語談話論と日本語教育学に関する部を設けている。

ところで、応用研究に関する考え方には大別して2種ある。基礎研究の上に応用研究があるという考え方と、応用研究と基礎研究は乖離したものではなく相互に影響を与え合いながら螺旋状に発展していくとする考え方である。本書は、後者の考え方に立つものである。言語教育上、学習者や児童、生徒がつまずきやすい箇所というものが認められるが、後者の立場に立つと、それには言語が有する本質的な性質が関係しているという見方をとることになる。そのため、言語学習上の困難点に関する研究的考察を行うことは、言語そのものの基礎的研究に直結することになるのである。他方、こうして言語の本質がより明らかになっていくことによって、学習を助ける方策の開発は容易になっていく。また、基礎的研究に立脚し、言語の本質に根ざした教育方法や技術が開発されることによって、それらは対処的その場的なものから、より効果的で安定性を有したものになるのである。このように、基礎研究と応用研究は、前者の上に後者が発展するものではなく、両者は相互に影響を与え合って発展していくと考えるものである。なお、当然のことながら、実際に行われる言語教育の成果を左右する要因は言語以外にも存在し、複合的であるため、教育方法の開発には複合的研究領域への理解と学際的協働が必要となる。しかしながら、言語教育の本質は言語についての正確な研究を措いては考えられないことも一方の事実であり、この点で、言語教育に対して果たすべき言語研究の重要性と責務を自覚する必要があるかと思う。

本書第Ⅶ部は、特に外国語として日本語を教育する場合をとりあげ、学習上の困難点を指摘しながら、それを通じて日本語談話論における新たな考察視点を示しつつ論考したものである。先に述べた意味では、本書全体が応用研究であり、また、同時に基礎研究ともなっていると位置づけることもできるが、第Ⅶ部においては、特に日本語教育学の観点から言語を観察し、また、日本語談話論と日本語教育学との関連性についても追究する部とした。第1章、第3章は類型的文体に関する基礎研究である第Ⅲ、Ⅳ部と、第2章は談

序

話観に関する第Ⅰ部、第Ⅱ部と、第4、5章は、言語行動に関する第Ⅵ部とそれぞれ関係するものとなっている。

8．本書の構成と内容

　以上、本書は、談話論という対象のすべてを描ききるものではないが、日本語談話論を構成する重要ないくつかの課題をⅦ部に分けてとりあげ、新しい知見を提示しようとするものである。日本語談話に関し、結節法（第Ⅰ部）、結束法と整合性（第Ⅱ部）、話体・文体（第Ⅲ、Ⅳ部）、談話構造と話種（第Ⅴ部）、談話行動（第Ⅵ部）、応用談話論（第Ⅶ部）についてとりあげ、現代日本語変種の実態とそれらの個人語における位置づけに配慮しながら、言語的単位の諸関係を整理し、言語と言語外現実との関係を整理しながら、多角的に論じる。以下に、各部においてとりあげる論点の概要を記す。二つ以上の部にまたがる主題を扱った論もあるが、いずれかに位置付けている。

　第Ⅰ部「談話の結節法」は、談話と文章の違いについて論じ、談話という単位の言語的性格の解明を試みるものである。構造主義的分節観と表現的結節観の両視点を統合して記述することにより談話が推進されるしくみについて説明が可能になる、という立場を示しながら、日本語談話における、抽象的単位間の関係のありかたについて論ずる。「同時結節」という新たな談話観を説明する部である。

　第Ⅱ部「接続詞の意味・用法と談話展開機能」は、接続詞に属する一語一語の意味・用法を分析することによって、語が談話の結束性および意味レベルの整合性とどのように関係しているかを考察しようとしたものである。接続詞は語から段落まで様々な階層にある単位を結ぶことから、これを意味的な現象として捉えることによって包括的な記述説明ができることを述べる。また、談話の結束性や整合性に与る語が存在するが、接続詞もそうした語の一種である。語の意味・用法を分析することによって、なぜ語が談話の結束性に働くのか、そのしくみを記述説明する。また、談話は、意味内容を実現

する形式を自由に選んでいくことによって表現される創造的単位であって、意味と形式が一義的に対当するものではない。このしくみについても、接続詞の意味・用法を分析することによって記述、説明した。第4、7章では、受話の冒頭に注目して、相手発話の取り込み方について接続詞がどのような働きをするか解明している。

第Ⅲ部「文体形成における語の役割」は、語がどのように文体的変種の形成に関与するかについて考察したものである。語がもつ文体的意味について、その外的性質と内的性質という観点から整理考察し、語の文体的意味は内的性質によって記述するという立場を明確にした。語彙論と文章論、談話論の関係に論究するものである。

第Ⅳ部「言語接触における共通語と方言の類型的文体形成」は、共通語と方言が接触したとき、両者はどのように類型的文体を形成するか、方言に対する態度も含めて考察したものである。

第Ⅴ部「談話構造の地理的変種」は、談話構造について考察している。談話構造はテキスト言語学の中核的論点の一つであるが、ここでは、古典的手法を日本方言の談話構造分析に適用したことが新しい試みであり、それによって日本語における地域的談話変種の存在を指摘している。また、談話型という考え方の理論面についても多少の整理をしている。また、談話の種類についても言及している。

第Ⅵ部「言語行動における言語・心理・社会」は、言語と心理と社会はどのように関係して言語行動となるかについて考察したものである。第1章から第3章は表現を中心に、第4章は心理を中心に、第5章は社会を中心に、それらの関係を述べている。とくに、第1章～第3章では、依頼、感謝などのような行為型とその表現型とのずれについて扱っている。また、談話の意味内容は、発話だけで完結するものではなく、受話者の受け止めによって伝達の成功不成功が左右されることから、受話者の受け止め方によっては表現そのものを尽くしても伝達が不成功に終わる場合や表現が完全ではなくても容易に伝達が成功する場合があるなど、談話における言語表現そのものの限

序

界についても触れている。

　第Ⅶ部「談話論と日本語教育学」は、談話論の観点から既存の日本語教育学や方言学をとらえなおす新しい視点を提示するものである。日本語習得上の困難点がどこにあるか談話論の観点から指摘しつつ、文体変換、比喩、敬語運用という論点をとりあげ考察を加えながら、第二言語習得を日本語習得行動としてとらえる立場を新たに示し、論じる。日本語教育学は日本語の効果的な習得・教育方法を新たに開発する学であるとともに日本語の習得行動の現象やしくみを研究する基礎学であるという二面を有しているとし、方言学は習得日本語の視点をたて、日本語教育学は習得日本語を日本語の一変種として位置づけることで、日本語研究において新たな研究的観点をたてる可能性がうまれることを述べる。言語研究が談話レベルまで進んできた現在であるからこそ、包括的にこれらを扱う方向を模索することが可能になったとするものである。

I　談話の結節法

第1章　談話の最小単位と文字化の方法

1．はじめに

　話しことばと書きことばは、連続的な面ももつが多くの点で異なってもいる[1]。ここではひとまず、前者を談話、後者を文章と呼び、以下の3点について考察したい。

(1)　談話の最小単位は何か
(2)　それを、どのように文字化する必要があるか
(3)　談話観をどうたてるか

　談話は日常生活では、文字でそのまま書かれることはない。談話は音声によって話されることばである。したがって、記憶に耐える媒体に置き換えなければ研究の対象とすることは難しい。たしかに、音声付映像資料作成もひとつの方法ではある。映像をそのまま検索する方法が発達すれば、すぐれた記憶媒体のひとつとなろう。しかしながら一方で、文字化資料の作成を試みることは、対象の精密な観察を助けることにもなる。
　談話を文字化する営みは、談話のしくみの解明とともに進む。談話のしくみが明らかになった時、最終的な文字化方法も定式化されるだろう。しかしながら、談話研究が途上の現在では、どのように文字化するかをめぐって議論すること自体が、談話を解明する糸口ともなる。そこで、のちの修正を恐れず、現段階の考察を明らかにしておこうとするものである。

I 談話の結節法

2. 従来の研究

2.1 談話研究と文字化の意義

　談話研究では、対象をどう捉えるかという問題から始めなければならない。文章の正書法は、談話をそのまま記述するには適さない。音声自体の表記には国際音声字母があるが、これは単音の記述のために用意された記号であり、アクセントやイントネーションなど超分節的単位の記述を目的としてはいない。

　また、談話は、言語音のみの文字化では不十分である。文章はことばのみで文脈が生成されることを目的に書かれるが[2]、談話は、発話者の声そのものやしぐさ、服装など、複数の情報が同時並行的に情報伝達の媒体となって、実時間に添って不可逆的に進んでいく。コミュニケーションに関与する非言語情報については、必要であればそれらにも着目し、文字化を試みる必要がある。

　本論の考え方を述べる前に、従来の研究では文字化についてどのように考察されてきたか、ふりかえってみたい。現代日本語の成人の共通語談話を対象とした研究からとりあげる。

2.2 『談話行動の総合テクスト―東京・下町・資料(1)―』

　国立国語研究所（1980）は、談話そのもののしくみの解明を目指して行われた日本における初期の談話研究である。談話を行動として捉え、非言語情報も含めた文字化を試みている。

　特徴は、実時間に添った文字化方法を構想したことである。5名の話者を上から並べ、会話が進んでいく流れに添って、これを分断せずに線条的にそのまま記している。

　談話行動の総合テクストという名のとおり、非言語情報も表記しようとしている。ここでは「①非言語的表現の種類（うなずき、模写、指示、象徴な

ど)、②非言語的表現にかかわる身体部位、③非言語的表現が現れる時間的位置、④非言語的表現の動作主体および相手」が記載されている。また、付加的情報として「①テキスト本文の標準語訳、②言語的表現についての注記、③非言語的表現についての注記」が付されている。

　カタカナ表記が採用され、時代を反映して手書きである。文字化は「いわば中程度でかつ常識的な表記をする方針」で作成されており、このテキストをもとに必要に応じて分析の目的にそった精密なものが作れると判断されている[3]。声のスピード、声の質や大きさ、ポーズの長さなどは示されていない、顔の表情、各種動作の変量の程度は示されていず、言語的表現、非言語的表現両者のきわめて正確な対応関係を示す点で十分とはいえない、と解説にある。

　発話の単位については、一人の参加者のひとまとまりの音声言語連続（笑い、短かいあいづちも含む）を「発話」と呼び、音声言語面の単位としたとある。これらは、他の参加者の音声言語連続や時間的ポーズとの関連で設定されている。つまりは、時間的空白と話者交替のいずれかがあったところまでの連続をひとまとまりと考えているのである。資料にはそれぞれの末尾に「#」が付されている。「文」との関係でいえば、文の一部分だけの場合も、複数の文が該当する場合もあるとある。

　イントネーションは、観察可能な場合には上昇調、下降調、平調のすべてを記録し、顕著な音調が注意された場合は記述した、とある。

　また、発話と発話の時間的な位置関係は、発話の冒頭部に留意して示したが、発話の終結点は、参加者の発話速度がまちまちであるため示しえなかったとある。

　以下に、文字化の一部を転載する。原文は手書きである。

I 談話の結節法

国立国語研究所　渡辺班（1980）の文字化

2.3 『方言談話資料(1)〜(10)』

国立国語研究所は、『方言談話資料(1)〜(10)』(1978-1987)を公刊している。手書きの文字化資料であり、すべて録音テープが添えられている。

方言語彙や語法をより自然な談話資料の中で得ることが目的で作成された。注釈がついており、方言研究者の手で作成された信頼できる資料である。録音テープがついていることも、その価値を高めている。

文字化は、表音的カタカナ表記で分かち書きされている。分かち書きであるため音声的な切れ目は記載されず、発話の実相には必ずしも忠実ではない。あいづちは、その位置に括弧に入れて示され、実質的な話者交替があったところで、行をかえて表記されている。発話の単位については言及されていない。下線は発話の重複部分。

第1章 談話の最小単位と文字化の方法

以下に、文字化の一部を引用する（『方言談話資料(1)』より「長野県上伊那郡中川村大字葛島」の「縞手本の話」の冒頭部を転載。294頁。原文は手書き。(1)～(10)は注釈）。

国立国語研究所（1978）の文字化

A　オネーサマー(1)　コネーダ　ゴモシン(2)　シトイタ　シマチョー(3)　モッ
　　お義姉様，　この間　　お頼み　しておいた　縞手本を　　持って
　　テ　キテ　オクレタ(4)。
　　来て　くださった？

B　ハイ(5)。　アノー　アリマシタモノデナン(6)。　ニサンサツ　ココエ
　　はい。　あのう（捜したら）ありましたものですからね。2,3冊　ここへ
　　ダシテ　オキマシタノ(7)。　（A　アリマシタ(8)。）
　　出して　おきましたの。　　　　ありましたか。

A　ホーカナ(9)。
　　そうかな。

B　ハイ。　オゴランテ(10)。
　　はい。　御覧になって。

2.4 『日英語対照研究シリーズ(2) 会話分析』

　メイナード（1993）は、日英語の会話の対照研究である。会話分析という書名からうかがわれるように、文字化資料を使用した実証的研究をめざしている。

　文字化に際して、メイナードは「発話の細分化」という現象に言及し、「文」より小さな「PPU（Pause-bounded Phrasal Unit）」という単位を新たに提唱している。「PPU」とは、「ポーズによって区切られる語句という単位（96頁）」であり、「会話表現を観察していくと、発話に区切れのあるところ、又は会話全体を貫く拍子の抜けたところが比較的はっきりと分かる。」と主張する。メイナードは、PPUを会話の最小の単位と考えて文字化を行

I 談話の結節法

っていると解釈され、また、次にみる文字化における記号「/」は、このPPUを表現していると考えられる。

　文字化の要領は、概略、次のように説明されている（88〜89頁参照）。日本語は、漢字仮名交り文で記し、「確認できる発話の区切れ」には「/」を用いる。「文末のイントネーションが認められ、文法的に文と認められる発話が終わる所」には「。」を、「疑問表現の上昇イントネーションが認められる所」には「？」を記す。話し手の発話のすぐあと聞き手があいづちを送る時は、「⁄」で結んでその関係を示し、「[」で二人の会話当事者が同時に発話し始める点を示す。笑い、又は笑いに似た発声は「(笑)」で示す。等々である。

　これに従えば、会話はたとえば次のように文字化されることになる。

(1) （F１：留学）
(1.1) A：ねえ、⁄
　　　　　（B：1 うん）
　　　　出発する日が決まったんだ。/
(1.2) B：そうよかったね。/
(1.3) 　　で ⌈いつ？ /
(1.4) A： ⌊2月27日なんだけど /
　　　　見送りにきてくれる？ /
(1.5) B：もちろんだよ。/ ⌈(笑)
　　　　　　　（A： ⌊笑)

2.5 『日本語の談話の構造分析—勧誘のストラテジーの考察—』

　ザトラウスキー（1993）では、文字化資料文字列の右側に「発話機能」が、左側には「ストラテジー」が、それぞれ記号化されて付されている。

　文字化は、基本的に漢字仮名交り文で表記される。発話は、次の場合、行をかえて記すとされる。参加者の交替箇所、沈黙、接続助詞で示された従属

第1章　談話の最小単位と文字化の方法

節が発話中に二つ以上連続する場合、文や節が終助詞で終わっている箇所、あいづち、である。倒置は行をかえない。また、「相づち的な発話」は、先行発話の終わる位置に記すが、〈自己注目表示〉の機能をもつ「相づち的発話」は、右側にはよせない。会話の重なりは「//」で表記する。沈黙の長さは会話のリズムに応じて記し、イントネーションについては上昇と下降の二種を「？」「。」で示し、さらに別に「！」でも示す、とされている。

談話は、話段、発話という、より下位の単位に分割できるとされる。発話は話段の構成単位とされるが、杉戸の定義が踏襲され「一人の参加者のひとまとまりの音声言語連続（笑い声や短いあいづちも含む）で、他の参加者の音声言語連続（同上）とかポーズ（空白時間）によって区切られる」とされる（64頁）。文字化には、談話、話段が示されている。

「発話機能」は、国立国語研究所『談話行動の諸相』（1987年）に発表されたものを一部修正して用いたとある。発話機能は、「会話を分析する際の単位ではないが、「談話」の認定に関わる重要な分析観点である（67頁）」とされ、分析結果が記入される。文字列の右側部分のうち左が「勧誘者の発話機能」、右が「被勧誘者の発話機能」で、「注目要求→」「←情報要求」などがそれに当たる。二つ以上の発話機能をもつ発話もあるとされている。

また発話始発部ストラテジーの記号化部分については、たとえば「＋」は「能動的な参加態度」、「－」は「受動的な参加態度」を示し、左に「情報提供者の参加態度」、右に「協力者の参加態度」が記入される。

これらに従えば、会話はたとえば次のように文字化されることになる。

```
博物館への誘いの談話：
勧誘の話段1
  1A    あのさ、                    注目要求→
  2B          うん。                                      ↑(継続)の注目表示
  3A    トンボ玉博物館できたじゃない。    情報提供
  4B    －知らなーい。                                    情報提供
  5A    トンボ玉って、ほら、ある//じゃない。 情報提供
  6B                 うん。                                ↑(継続)の注目表示
  7A    あれを集めたのが、あるんだよ。    情報提供
```

I 談話の結節法

```
 8A +  これから行ってみない？         共同行為要求→
 9B    －うーん。                              ↑自己注目表示
10B    これから？ (0.9)                      ←情報要求
11B    +どこにあるの？                       ←情報要求
12A    松川。                       情報提供
13A +  車ならすぐだし、             情報提供
14A +  まだ間に合うよ。             情報提供
15B    －そうだねえ。                          ↑自己注目表示
16B    +どっちの車で行く？                   ←情報要求
17A －  あたし、道、知ってるから。  情報提供
```

2.6 「自然な談話における「繰り返し応答」のパタンとタイミング」

　杉藤美代子他（1999）は、大阪府河内に住む4名の男性話者と司会者（女性）の会話を収録、文字化し、座談の開始から45分について「繰り返し応答」を抽出している。話がはずんだため、それぞれの発話には時間的な重なりが多い。先行する発話の末尾と「繰り返し応答」の始まりまでの時間、聞いてその言葉を繰り返すまでの時間は、最も短いもので0.142secであり、最長は3.413secであったことを明らかにしている。

　発話の重なりは、狭帯域スペクトログラムを聴覚と視覚の両者をもって観察し、時間的位置を測定している。実時間とともに進行するイメージで表記された文字化資料に、重なりの実測値を記入する方法で表記されている。「繰り返し応答」に目的を絞って、重なりの実測値情報を書き入れる目的で文字化された資料である。

　右に、文字化の一部を転載する（同掲書13頁より）。

3．談話文字化における問題点と課題

3.1　何をどのように何の目的で

　以上、談話の文字化に関して具体例をあげた研究をふりかえった。これらも参照しながら、文字化の際の問題点と課題を整理しておきたい。

第1章　談話の最小単位と文字化の方法

杉藤他（1999）の文字化

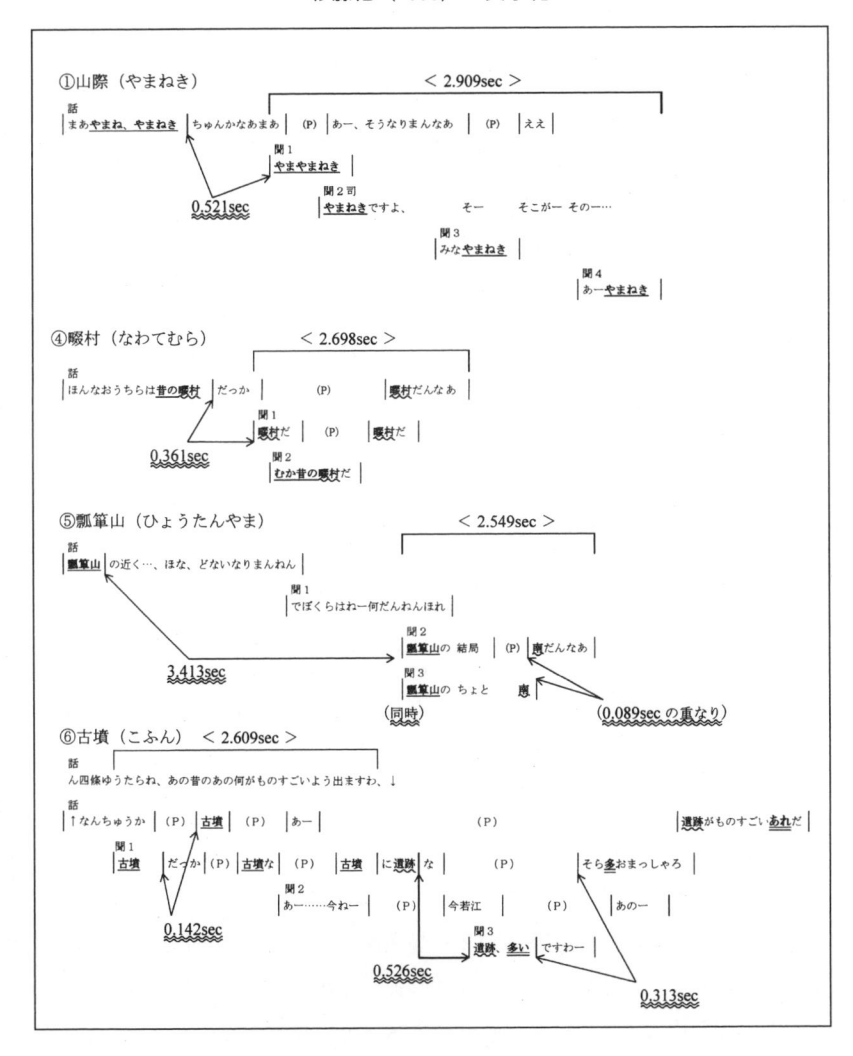

①山際（やまねき）　＜ 2.909sec ＞
話　｜まあ**やまね、やまねき**｜ちゅんかなあまあ｜（P）｜あー、そうなりまんなあ｜（P）｜ええ｜
聞1　｜**やまやまねき**｜
　　　0.521sec
聞2司｜**やまねき**ですよ、｜　そー　｜そこが一｜その一…｜
聞3　｜みな**やまねき**｜
聞4　｜あー**やまねき**｜

④畷村（なわてむら）　＜ 2.698sec ＞
話　｜ほんなおうちらは昔の**畷杖**｜だっか｜（P）｜**畷杖**だんなあ｜
聞1　｜**畷杖**だ｜（P）｜**畷杖**だ｜
　　　0.361sec
聞2　｜むか昔の**畷杖**だ｜

⑤瓢箪山（ひょうたんやま）　＜ 2.549sec ＞
話　｜**瓢箪山**の近く…、ほな、どないなりまんねん｜
聞1　｜でぼくらはねー何だんねんほれ｜
　　　3.413sec
聞2　｜**瓢箪山**の　結局　｜（P）｜**恵**だんなあ｜
聞3　｜**瓢箪山**の　ちょと　　恵｜
　　　（同時）　　　　　　（0.089secの重なり）

⑥古墳（こふん）　＜ 2.609sec ＞
話　｜ん四條ゆうたらね、あの昔のあの何がものすごいよう出ますわ、↓｜
話　｜↑なんちゅうか｜（P）｜**古墳**｜（P）｜あー｜　　（P）　　｜遺跡がものすごい**あれ**だ｜
聞1　｜**古墳**｜だっか｜（P）｜**古墳**な｜（P）｜**古墳**｜に**遺跡**な｜　（P）　｜そら**釜**おまっしゃろ｜
　　　0.142sec
聞2　｜あー……今ねー｜（P）｜今若江｜（P）｜あのー｜
聞3　｜**遺跡**　**多い**｜ですわー｜
　　　0.526sec　　　　　　　　　　　　0.313sec

文字化の際に踏まえなければならないのは、次の3点である。

(1)　どのような情報を文字化するか
(2)　どのように文字化するか
(3)　何の目的で文字化するか

I　談話の結節法

　どのような情報をどう文字化するかは、談話研究の目的と密接に関係する。談話は、先にも述べたように、同時にいくつもの情報が提供されつつ実時間に添って展開していく。どのような情報を研究上必要なものと認めるのか、また、それをどう文字化するかは、研究目的を明らかにした上で、条件を満たす文字化の方法を検討するしかない。談話というのは膨大な情報の集積であるので、コミュニケーションに関与する有用な情報を特定していくには、目的をしぼりながら研究を進めてみなくては分からない。過不足なく談話を写した完成された談話テキストの記述に向かって、小目的を定めながら少しずつ進むしかないというのが、現状である。

　文字化に際しては、エティックなレベルとイーミックなレベルのどちらで記述するのか十分に意識しながら進まなければならないだろう。言語音でいえば、音声記号で書くか、音韻記号で書くかの違いがある。研究目的によってどちらの表記を用いるか決まってくるが、ふたつのレベルがあることは認識されている必要がある。

　ただし、どんな研究をするにせよ、最終的に談話のしくみの解明を目指すのなら、まず考察しておかなければならないことがある。それは、談話の姿と単位の問題である。

　談話研究において、音声というものの正しい認識はきわめて重要である。談話においては、意味は、音声という形によって担われる。これが姿である。また、談話研究においては、音声がどのように意味を伝えていくのかを知ることも大切である。談話レベルでの単位を見出すことがその第一歩になる。こうした考察がなければ、談話のどんな側面に光をあてようとしても、談話を正確に捉えることはできまい。談話の捉え方が文字化に反映されるのであるから、文字化によって正確な談話テキストを作成することを目指すならば、表記するか否かは別として、姿と単位についての認識をもつことは大切である。談話の姿についてはこのあと第4節で、談話の最小単位についてはこのあと第5節で考察したい。その前に、文字化資料の作成媒体と共有化の問題についても、ふれておきたいと思う。

3.2　文字化資料の作成媒体と共有化

ここでは、以下の4点に触れておきたい。

(1) 冊子テキストと電子テキストの作成
(2) デジタル化した音声付映像資料との連動
(3) 利用者の裁量で情報が追記できる設計
(4) 「成長するデータベース方式」の採用

(1)について。冊子テキストは、談話の全体と部分の関係を視覚的に把握できるなど、種々の便から重要であり、必要となる。また、検索の便を考えると、電子テキストが重要である。パソコンのソフトウェアに依存しない汎用性、継続性を考えると、テキストファイルでの作成が望ましい。文字列の検索能力が高いエディタで開けるようにしたい。

非言語情報は、目的によって必要なものは記号化して文字化する必要があることはすでに何回か述べた。ここで、特筆しておかなければならないのは、それらの記号は、いわゆる「タグ」ではないということである。

「プレーンテキスト」と「タグ付テキスト」という概念の別がある。文章テキストを電子化した場合、品詞や活用、あるいは原典の記載頁、行などを、当該の文章以外に盛り込めば、それはタグ付テキストになる。文章はすでにあるものなので[4]、「プレーンテキスト」と「タグ付テキスト」が対立概念になるのである。しかし、談話テキストには、そもそも「プレーンテキスト」という概念が該当しない。談話の情報伝達のあり方を忠実に文字化しようとすれば、文字列のみのテキストにはなりえない。文字列以外の情報を記載していないテキストは、談話のごくごく一部をしか文字化していないのである。文章のテキストとは異なる性質をもつ談話テキストは、談話の情報伝達に関与する記号を過不足なく記載した姿がいわば実体であり「プレーン」なのである。そこから、検索や研究の便のための情報を加え、加工してあればそれがまさに「タグ」にあたるのである。ザトラウスキー (1993) が記した発話機能などは、分析上付されたタグにあたる。

談話のしくみを解明する目的で談話テキストを作成する場合は、上述の意

で「プレーン」なものを提出することが目的であり、それが成功すれば「プレーン」な談話テキストそのものが高い説明能力を蔵していることになる。

(2)(3)について。文字化の妥当性について検証したり、研究上別の情報を再文字化して加える場合を考えると、音声付映像資料は添付しておきたい。事情が許せば、劣化しないデジタルデータが望ましい。ただし、この場合、音声付映像資料といえども場面の一部を再現しているに過ぎないことは、よく認識する必要がある。

(4)について。人的ネットワークによって資料の提供を容易にし、成長するデータベースを作成するプランについては大西（2000）の「JDnet」の提案などがある。(1)の議論がもう少し進展しなければ(4)へは進めないので、本論ではひとまず措く。

4．談話の姿と文字化

談話の文字化に際しての必要条件は、私見によれば以下の2点である。
　(1)　「私」と「私」の交替が明示されること。
　(2)　実時間に添った展開を示しうる表記であること。

「私」を手短に説明するのは難しいが、「この世界を構成する唯一の視点のこと」である。それぞれの談話が意味するところは、当事者以外にはうかがいしれない側面がある。当事者はそれぞれが歴史を背負って世界を認める唯一の視点をもった「私」と「私」であって、それぞれに相容れない異質な他者の関係にたつ。

こうした「私」と「私」は、ある時には話し手になり、聞き手になる。そして、別の時には聞き手になり、話し手になる。両者の交替によって対話が進行していくのであるから、その姿が明示されるような表記でなければならない。3人以上の場合は、「雑居する時間」[5)]の問題が出てくるが、基本的には対話の場合と同様である。

また、談話は、実時間に添って、時には間があき、時には発話が重なりな

第1章　談話の最小単位と文字化の方法

がらやりとりされていく。そうした実時間の実相が明示的に表記されることが望ましい。

　上記2点を満たすためには、国立国語研究所　渡辺班（1980）が採用した、実時間に添って、話者の交替の様が明示された表記が、近い姿である。これを、オーケストラなどの楽譜になぞらえて「楽譜方式」と名づけたい。研究目的によっては楽譜方式表記をとらない、あるいはとれない場合にも、会話は実時間に添って不可逆的に展開される姿を持つことを忘れないようにしたい。

　ところで、実際に楽譜方式に拠ろうとすれば、音声記号を用いて表記し、分かち書きはせず、発話の実時間に合わせて間があれば空白で示し、間がなければそのまま続けるということになる。たとえ語の途中で空白が生じてもそれに即して表記していく。

　しかしながら、楽譜方式を採用すれば、現実的な問題として発話の重なりは厳密には表記できない。また話の遅速は表記できない。実時間を横軸にとり、早く発話された場合には実時間距離の中に文字を小さくして、遅く話された場合には文字を大きくするなどして示さなければならないことになるが、現実的に無理である。汎用性と保存性のために、電子データはテキストファイル形式が妥当であることは先に触れたが、テキストファイルは文字の大きさを変えることはできないので、話の遅速の厳密な表記はあきらめなければならない。もっとも、時間の目盛りを記入する方法に頼ることもできる。これはタグを付すということである。また、話の遅速や話の重なりなどの研究のためには、音声付映像データに戻って目的に応じた何らかの表記法を用いる必要が生じる。たとえば、杉藤（1999）の文字化のようなものになろう。(1)(2)を満たすことを基本とし、目的に応じて工夫することが必要である。

Ⅰ 談話の結節法

5．談話の最小単位について

5.1 川上の「句」

談話研究において、音声というものの正しい認識はきわめて重要であると述べた。

談話がどのような単位で形成されているかの考察は、音声そのものに即して観察されることが必要である。

先行研究では、談話の最小単位に関する考察がメイナード（1993）にあり、PPU であると主張されている。これは、ポーズで区切られる単位である。しかし、音声が意味を担う姿を考えると、ポーズをもって定義することには疑問が生じる。意味を担う単位のひとつとしてイントネーションがあることは知られている。イントネーションの表記自体は、先行研究でも意識されていたが、単位と関係して論じられてはいない。こうしたことを考慮しながら、以下、川上蓁が提唱し続けている「句」という単位についてここにとりあげ考察したい。なお、「句」は音調単位であって、文法論で説かれる句とは異なる。

川上（2000：8）は、次のように述べている。

(1) つとに私は「句」という術語を提唱し、上昇は句の始まり（単語や分節の始まりではなく）を示すこと（音韻論的に無意味だなどと言い捨てられるべきものではないこと）を説き、アクセントとは別の次元のその上昇現象を「句頭音調」と称した。句とは、その途中に切れ目を感じさせない、長さ不定の言葉である。

川上は、昭和 30 年代というごく早い時期に音調からみた「句」という単位を見出し、一貫してその存在を主張して現在に至っている。川上（1995）が上梓され、氏の仕事の全容を知ることができるようになったのは幸いである。

川上は、東京語のアクセントについて段階観を否定し、下降そのものの有無、位置だけを抽象した動的アクセント観をとる。たとえば、カンゴフ〈看

護婦〉はゴで下がるが、その下降契機がゴとフの境界にあるとする。アクセントとしては、その下降契機の位置だけを示せば足るとするのである。それを「｀」で示す。

　一方、上昇音調は、アクセントではなくイントネーション的単位の始まりを示すものだとする（川上 1957：85-86，川上 1961：134）[6]。上昇と下降の解釈については、上野（1989）がほぼ同様の考え方を示している。

　さて、上昇は単語に生得の特徴などではなく、逆にあったりなかったりする現象であることを示し、話し手が感じたこと、こだわったこと、注意を促した場合などに、そこで上昇が起こることを次のような例で指摘している。以下(2)から(4)の例では、「妹」という単語のイからモにかけての上昇はあったりなかったりしていることに注意したい（「「」は上昇の位置、「｀」は下降の位置を示す記号。以下、用例と説明は川上 2000：8）。

　(2)　イ「モート
　(3)　キ「ミノイモート
　(4)　ダ｀レノイモート｀ダ

　また、「あなたの妹です」を発話する次のような音調の例をあげ、(5)と(6)では、話し手の意図が異なって解釈できることを指摘している。

　(5)　ア「ナ｀タノイモート｀デス（ママ）
　(6)　ア「ナ｀タノイ「モート｀デス（ママ）

　(5)は、特に「あなたの妹」だということにはこだわっていない発話であるのに対して、(6)のようにイからモにかけて上昇がみられると、「そこで話し手が心を新たにしたことを示」し、「アナタノから引き続いて惰性、余力でイモートを軽く言い流してはいけないと話し手が感じたこと、イモートという語にこだわったこと、重く見たこと、この語につき聞き手に注意を促したことなどを表わす」のである。

　この、上昇の位置によって区切られる単位を川上は、「句」と呼んでいる。(5)は、全体でひとつの句、(6)は、上昇のあり方から、二つの句でなりたっている。上昇の位置は単語の特徴ではなく、「句」の特徴であると説明され

I 談話の結節法

るのである。

　また、「句」は、上昇の位置で話し手の感情を示すものでもある。次の「私の、あれは、姉ですよ。」という発話は、それぞれ別の主観的意味を表している。川上（1957：86-87）。「｜」は、句切れを示す記号。

(7)　ワ「タシノアレワ｜アネ「デﾞスヨ　　遅上り型句頭音調
　　　ワ「タシノアレワ｜ア「ネデﾞスヨ　　並上り型句頭音調
　　　ワ「タシノアレワ｜「アネデﾞスヨ　　早上り型句頭音調

　さて、川上、上野は、音調研究において上昇の位置を観察することによって、「句」という単位の存在を指摘した。両者にとって、句というものはあくまでも「音調単位」であり、広義のイントネーション単位であった。

　イントネーションは意味のまとまりに関係している。ここでは、「句」を、以下「談話を形成する最小の単位」として定義しなおしたい。メイナードは、談話の単位は文より小さいことを指摘した。これは事実であるが、しかし、それはポーズで定義されるPPUではない。イントネーション単位として定義される「句」である、というのが本論の主張である。

5.2　談話展開と「句」

　談話の単位は、文ではなくて「句」である。「句」とは、先に本節(1)で引用したように「その途中に切れ目を感じさせない、長さ不定の言葉」である。話し手の考えのまとまりや感情を表すことができる。

　文章を分解してまず得られるのは、「文」という単位である。文が文章の直接の構成要素であり単位をなしていることは定説通りであるといってよいだろう。文章テキストは、呼吸時の息のあり方や一時の記憶負担量からくる量的制約から開放されている。しかし、現実の場面の直接的支えがないため、文章は文字列だけで意味が再構成されるように表現されなければならない。そのためには、述語が支配する格を言語化し、整備された文を産出する必要がある。文章の作成には規範的な意識も働くし、時間をかけた推敲も可能である。整った文章であればあるほど、文章構造のはっきりとした、また、一

読して文意が通るような文の集積で書かれた文章が出現する。文章は、その完成度ということを問題にすることができる。完成度や美意識の審査の対象としうるように、文章を練ることができるのである。

　それに対して、談話の場合には、相手の出方によってこちらの話す内容が変る。語られたそばから音声は消えていってしまうので、記憶にきざまれたところにしたがって話は進展していく。相手の話の確認だけではなく、自分の話自体も自分自身で確認しながら進展していく。言い直しや、訂正もある。こうした中では、完成した文のような単位を繰り出すことはなかなか難しいし、双方の記憶の負担からいっても、内容が分かる程度にできるだけ短く、的確なことばを用いた方がよい。また、談話では、言葉の文字列の比重は相対的に下がり、五感を利用し、場面情報を活用しながら伝達が行われる。複数の媒体が同時並行的に利用されるのが談話のコミュニケーションである。

　談話においては、言葉は声で表現される。音調という手段に頼って意味のまとまりをつけるシステムは、考えながら話す談話にはうってつけである。「句」という単位は、あらかじめ定まった長さを持つものではない。話し手の考えること表現したいことに対応して、短くも長くもまとまりをつけることができ、聞き手は、その音調を手掛かりに、話し手の言いたいことを「句」の意味のまとまりで捉え、「句」が次々に短く繰り出されるのを手掛かりに、きめ細かく相手の思考を追うことができるのである。そして、句の切れ目で言葉をさしはさむこともできる。川上（1961：136）は、次のように、句音調は息の切れ目で定義されないことを指摘している。

　　(8) 切れ目というのは、（中略）息の切れ目に限ったものではなく、さらに意味が広い。たとえ息の切れ目がなくても、言葉がとぎれた感じを与えられることはある。そこで、言葉に切れ目の感じを与えるものを総てひっくるめて「言葉の切れ目」と小稿では呼ぼうと思うのである。では、言葉の切れ目における、息の切れ目以外の要素は何か。それは、音調である。しかも、音調こそ言葉の切れ目の本質である。音調的な切れ目を伴わぬ息の切れ目は、まず不可能に近いが、逆に、音

I　談話の結節法

　　　調的な切れ目は、息の切れ目を伴わぬ場合が少なくない。つまりは、句音調というものは、主体的に考えながら意味のまとまりを繰り出していくものであり、息の切れ目というような物理的な制限とは異なって、話し手が自由に操ることができるものであることを示している。

　文章は、目的をもって産出された表現がそこに存在する。時枝（1977：68）が述べるように「文章の経験は、常に表現の展開をたどる継時的行為としてのみ成立する」ことは確かであろうが、一端読了すれば内容はすでに読み手が知った事柄となり、全体をあとづけてその構造を問うことが可能になる。なぜなら、文章というものは、はじめから構造を意識して書かれるべきもので、実際そう書かれた文章を我々は文章とみなすからである。

　しかし、談話は、こうした「あとづけ」では捉えることができない。実時間とともに推移する不可逆的な性質を持つのは、文章ではなく談話である。談話は常に実時間とともに当事者によって推進され、展開されていくものである。その展開は、一字一句たがわず文字に移されることなど、一般の言語生活においては想定されていない。即興を写譜するように談話を写し、それを研究上、文字化資料とするにすぎない。文字化により作成される談話テキストは、当事者の間でやりとりされた談話の軌跡であって、その全体が読まれる目的をもって産出され推敲された文章とは異なるのである。

　文章は静的、談話は動的であるともいえる。文章は、静的な構造を問うことができるが、談話では静的な構造は問うことが難しい。動的な構造化のあり方が談話研究の中心的課題である。その場その場の舵取りのあり方や、長い談話の中ではその全体を双方がどのように関係づけていったか、どのように対話が推進され展開されたかを解明することが談話研究の目的であり、研究上のとるべき視点である。「談話における構造化の方法」は問えるが、「談話における構造」を問うことは、文章構造を問うことと比べてより多くの何かを切り捨てることになることは確かである。また、双方が構造化の意志をもって成された談話は「あとづけ」で構造を問いやすいが、そうでない談話は、構造を問うことが無意味になる場合すらある。

このような言語観にたてば、川上蓁、上野善道が提唱した「句」という単位は、意味のまとまりと関係するために、発話主体が操作的に使用可能な単位として、談話推進、談話展開において有効に機能していると述べることができる。現代共通語において、談話主体は、意味のまとまりを形式化できるイントネーション単位であるこの句を利用して談話を生成している。また、聞き手は、句を手掛かりに意味のまとまりを受け取り、理解を行っている。談話における最小単位は、発話主体が表現しようとする内容をひとまとまりの姿として差し出すことを可能にする、内容主導・形式随行型の、音調により形式化される単位である。

5.3 句末、文末の上昇調について

川上（1963）は「文末などの上昇調について」と題された論文である。ここでは、文末の上昇、句末の上昇がとりあげられ、狭義のイントネーションについてプロミネンス（卓立）の弁別ともからめながら整理されている。それを簡単に記し、これも意味の弁別に関係する声の上げ下げとして談話テキストに記載したい。

文の末端に現れる上昇調は、川上によれば次の4種の型に分類できるとされる。

(9)　句末上昇調　　　第一種　普通の上昇調
　　　　　　　　　　　第二種　浮き上がり調
　　　文末上昇調　　　第三種　反問の上昇調
　　　末端卓立調　　　第四種　強めの上昇調

第一種の「普通の上昇調」は、句末にもあらわれる。文末は、その文の最後の句の末にほかならないので、結局、第一種の上昇調は句末の上昇調である。第二種も、同様である。「相手とのつながりを求める気持ちを表わす」のが上昇調の意味である。第一種はより重い態度、第二種はより軽い態度をあらわす。第三種は、文末にしかあらわれない。第三種を音調の形から第一種と区別することはできず、両者、上昇をあらわすが、型として異なる。第

Ⅰ　談話の結節法

二種の上昇調は、アクセントの滝を打ち消す力をもつが、第三種の上昇調にはその力はない。第三種の意味は、反問。第四種は、任意の長さの単位の末端の一拍が、その前後の部分より高まる。イントネーションというよりはプロミネンスで、「末端卓立型強調法」と名づけてもよい。第四種は本質的に強めである。第一種と第四種は似ている場合があるが、強さにおいて違い、それが意味の違いをもたらす。

　第一種、二種の上昇は「『」であらわされている。第一種と第二種は上昇する句末の位置が異なっている。第四種は上昇に強めを加えて「『"」で表記される。第三種は一段下がった所から発して上昇するから、「˅」と「『」の組み合わせで表記できる。

　以上、川上の観察をひとまず借りたい。なお、近年聞かれるようになった、句末拍が長音化し、上昇・卓立をみせて下降する音調は川上ではとりあげられていない。この聞き取りと解釈の問題や、その他談話の最小単位と音声的相の関係については、更に研究を進める必要がある。課題としたい。

6．句を表記した談話テキストの一例

　句を表記した談話テキストの一例を以下に掲げる。
　ここでは、東京生え抜きの話者によらない共通語の談話を文字化した。現代の共通語化の趨勢と日本語話者中に占める東京ネイティブの割合からいえば、大多数は東京方言以外の母方言をもちながら共通語を話す人々である。こうした人々の共通語には「気づかれにくい方言」も含めて方言の干渉がみられる。東京語の音調とは異なるものも見出されるかもしれないし、それを記述するには、できるだけ音声を観察できるような表記がよい。「句切れ」の位置は音韻論的解釈に入るであろうから、多少読みにくいが、第１次文字化は音の上がり下がりと強めのみを記す。音声記号は具体音の表記であるとはいえ、抽象された記号でもある。音声記号程度の抽象をかけた表記を試みようとしたのである。

第1章　談話の最小単位と文字化の方法

　簡易音声記号で表記し、川上に従って、上昇する位置に「「」を、下降する位置に「'」を、句末、文末の上昇には「『』を付した。句末の上昇と強めは、「『"」で表記。句の切れ目にあいづちが出てくるが、あいづちの無音化した頭の縦ふりは「＊」で表記した。これも句の切れ目に出ている。ただし、重なりについての厳密な表記にはこれでは限界があることは、先に述べた通りである。緩急については、人間の息の長さから推して、以上の表記で見当がつく場合もある。また、移動動作が伴う会話における声の大小や身体の向きなどの考察は、今後の課題である。
　話者Aは大学教官、話者Bは、翌日卒業式を控えたそのゼミ学生である。ノックして部屋に入ってくるところを文字化した。音声付映像資料の公開については別途考えたい。以下、調査の概要も含めて記す。

文字化の目的：談話の最小単位の発見と検討
収録の概要：収録日　　2000年3月14日　18：05～18：55
　　　　　　収録場所　信州大学人文学部沖研究室
　　　　　　収録者　　沖　裕子・斎藤有紀恵・青柳にし紀
　　　　　　収録方法　8ミリビデオ2台とカセットテープ1台で映像と音
　　　　　　　　　　　声を収録
文字化の概要：簡易音声記号を使用。Aを上、Bを下にした楽譜方式。音の
　　　　　　　上昇、下降の位置および卓立を文字化。以下は、文字行の下
　　　　　　　の行に記した。頭の縦ふりを、「＊」。状況の最低限の説明を
　　　　　　　「＃（　　）」。「×」は聞き取り不能箇所。
話者Aの生年・性別：1955年　女性
話者Aの言語経歴：0-18；長野県松本市，18-27；東京都区内，
　　　　　　　　　27-32；和歌山県海南市，32-38；奈良県奈良市，
　　　　　　　　　38-45；長野県松本市
話者Bの生年：1977年　女性
話者Bの言語経歴：0-18；埼玉県大宮市，18-22；長野県松本市

I　談話の結節法

状況の概要：学生Bは4年生で、翌日に卒業式を控えている。指導教官であるAの研究室を尋ねる。アポイントメントはとってあったが、どんな用件かAは知らされていない。これは、この教官と学生にとって、日常的な面会のしかたである。1週間前にゼミの研修旅行で韓国へ同行しているので、親しみの余韻が残っている。話者Bがインフォーマントになるのは2回目。目的と方法をよく理解し、収録後のインタビューでは、ふだんとかわらず自然であったとのこと。教官Aについても同様。

内容の概要：Bがノックをして教官Aの研究室に入り、用件を告げる。明日の卒業式の翌日、ゼミ仲間の4年生とともに教官宅に招かれているが、その折の正確な時間や服装について尋ねている（詳細は卒業式の日に伝えるということになっていた）。以下の文字化は、1件めの用件の切出し部分まで。

楽譜方式で句音調を記した文字化

A 「ハ゜イ 「ドー゜ゾー

B シ「ツレー゜シマース
#（ノック）　　　　#（ドアを開けて入る）

A 「ア゜ー 「ハイ 「ドー『ゾ"
　#（その場でたちあがり、やや離れたドアの前のBに声をかける）
B ス「ミマゼ゜ン 「ヨ゜イショ

A 「サ゜ードーゾ

B 「アース「イマゼ゜ン 「ハイ 「アリガ゜トーゴザイマ゜
#（笑）

第1章　談話の最小単位と文字化の方法

A

B　　スキョ"ーワス「イマセ"ンデシタ「ジカンオト"ッテイタダイ『テ"

A　「ド"ーゾオ「カケクダサ"イ　　　　　「ハ"イ
　　　　　　　　　　　　　＃（着席する）
B　　　　　　　　　　　　「エット"ー　　「アノーフ「タツー
　　　　　　　　　　　　　＃（着席する）

A　　　　　　　　　「ハイ　　　　　　　「エ"ッ

B　「ア"ルンデスケード"『モ"'ー　エトヒ「ト"ッ『ワ"'ーアノー　エ

A　　　　　　　　「ハ"イ　　　　　　　　　＊

B　ー「ジューロクニチノー　　コ「ト"ナンデスケ『ド"'ー「チョ"ット

A　　　　　　　　　　　　　　　　　　　　　　　　　＊

B　ニネ"ンセ"ート"カノマ"エダトハ「ナシニク"カッタノ『デ"'ー　ア

A

B　ノジュ「ーロクニチー'ワ"　エトー　ド「ノヨ"ーナカッコ×オシ「テイ
　　　　　　　　　　　　　　＃（笑

41

I 談話の結節法

A　　　　　　　　　　　　　＊

B　ッタ゚ライ゚ーカッテイウコト『ト゚゛ア゚トジ「カン　ノセーカクナジカ
　　　　　　　　　　　　　）

A　　　　　　　「エー

B　ンデ゚スト『カ゚"゛ー　　「ア゚ト―　ナ゚ンカコ「チラ―デ―ト゚ド「ン

A

B　ナプーニ　ウ「カガ゚ッタ゚ライ゚ーノガ゚ナンテイウノオヨネンセーデ
　　　　　　　　　　　　＃（笑

A　　　　　　　　　　　「アーソ゚ーデスカ　「フーン

B　ハナ゚シテタンデスケ『ド゚"゛ー　　　　　「パイーヨ「ーフクト゚
　　　　　　　　　　　　）

A「エ゚ー「エ゚ー　　　　　「エ゚ー

B　カナ゚ンカ　アノ「センセ゚ーガリョ「コーント゚キニ「チョ゚ットキ゚

A
　　　　　　　　＃（笑　　　　　　　　　　）
B　レーナカッコーオシ「テキ゚タ『ラ゚ッテオッシャ゚ッテタ゚ノ『デ゚"゛ー
　　　　　　＃（笑

第1章　談話の最小単位と文字化の方法

A　　「エ゛ー

B　　　　　「キレー゛ナカ゛ッコーッテナ゛ンダローッテミンナ゛デユッテ゛タ
　　）　　　　　　　　　　　　　　　　＃　（笑

A　　　　　　　　「アーソ゛ーデスカ　　　「アッソ゛ー『オア゛ーハ

B　ンデ゛スケ『ド"ー　　　「ドンナ　「ドンナ　　　　　ハ゛イ

A　「ナシッ゛テソノコ「ト　　　「アーソ゛ーデスカ

B　　　　　　　　　　「ハ゛イ「マ゛ズヒトツメ゛ガ「ハ゛イソレナ゛ン

A　　　　　　　（略）

B　デスケ『ド"'ー（略）

7．おわりに

　以上、談話の最小単位は、メイナード（1993）が主張するPPU（Pause-bounded Phrasal Unit）ではなく、「句」であることを述べた。「句」は川上蓁が発見した音調単位であるが、これが談話における形式上の最小単位として機能していることを本論では主張した。「句」とは、「その途中に切れ目を感じさせない長さ不定のことばで、句頭に上昇音調を持つイントネーション単位」である。イントネーションは意味のまとまりと関係している。

Ⅰ　談話の結節法

　談話と文章は異なった姿をもっている。文章は、文を形式上の単位とした構造体であり、構造化をめざして推敲を重ね、産出される。そのようなものを我々は文章と呼ぶ。それに対して談話は、異質な他者どうしが実時間に添って不可逆的に、言語音以外の情報を同時並行的に活用しながら推進、展開させるものである。推進、展開させるためには、話し手自身も考えながら言葉を繰り出す必要がある。句は長さを問わないために、話し手が意味のまとまりを自由につけながら、ある程度長くもごく短くも繰り出すことができる。現代共通語では、このように意味のまとまりを自由につけられるイントネーション単位である句を最小形式として利用している。談話における最小単位は、発話主体が表現しようとする内容をひとまとまりの姿として差し出すことを可能にする、内容主導・形式随行型の音調形式であり、これによって、様々な現象の説明が可能になってくる。

　談話の文字化は、どのような情報をどう記すか、研究目的によって検討される必要がある。談話に利用される情報は多岐にわたるから、現段階ではすべてを文字化することは困難である。文字化は、談話のしくみの解明と手を携えて行われる。研究対象の絞り方によっては表記不能な場合があるにせよ、談話テキスト作成に際して、談話の姿と単位の考察は怠るべきではない。談話は実時間とともに「私」と「私」が交替する姿を明示する「楽譜方式」を基本イメージにおきたい。また、最小単位である「句」を意識した文字化が工夫される必要がある。

　「句」より上位の単位、また、文法的単位との関係については今後別に論じたい。「句」を談話の最小単位と認めることによって説明可能になる現象についても記述する必要があろう。

注
1)　談話と文章には、連続的な側面もある。文章を読みあげる「読みことば」や、知己の間で時間をおかずやりとりする手紙や電子メイルなどの分類の問題があるからである。

2) これは大雑把な議論で、実際はその文章が誰によって書かれたか、どのようなジャンルだと判断されるか、などが読解の前提として影響を与えてくる。
3) 録音テープを参照しながら、という意味にはとれない。
4) 校訂の問題は措く。
5) 茂呂（1999）参照。
6) 以下1995年以前の論文は閲覧の便を考えて収められた川上（1995）の頁で引用し、論文の発表年は発表時で記す。

参考文献

上野善道（1989）「日本語のアクセント」杉藤編（1989）所収
沖　裕子（1993）「OCRとエディタ検索による個人的フルテキストデータベースの構築と活用」『花園大学国文学論究』第21号
沖　裕子（1994）「話し言葉テキストの性格と電子化テキスト化」『人文科学とコンピュータ』22巻5号
大西拓一郎（2000）「方言研究とネットワーク―JDnet構想―」第89回変異理論研究会発表資料
川上　蓁（1995）『日本語アクセント論集』汲古書院
川上　蓁（2000）「具体音声から抽象されるもの」『国語と国文学』第922号　東京大学国語国文学会
国立国語研究所（1978-1987）『国立国語研究所資料集10　方言談話資料(1)～(10)』秀英出版（ただし、(1)は非売品。）
国立国語研究所　渡辺班（1980）『談話行動の総合テクスト―東京・下町・資料(1)―』（昭和54年度文部省科学研究費補助金　特定研究「言語」・渡辺班「談話行動の実験社会言語学的研究」　課題番号410228）
国立国語研究所（1987）『国立国語研究所報告92　談話行動の諸相―座談資料の分析―』三省堂
ザトラウスキー，ポリー（1993）『日本語の談話の構造分析―勧誘のストラテジーの考察―』くろしお出版
杉藤美代子編（1989）『講座日本語と日本語教育2　日本語の音声・音韻（上）』明治書院
杉藤美代子・Nagano-Madsen, Yasuko・北村美穂（1999）「自然な談話における「繰り返し応答」のパタンとタイミング」音声文法研究会編『文法と音声Ⅱ』くろしお出版
時枝誠記（1977）『時枝誠記博士著作選Ⅲ　文章研究序説』明治書院
メイナード，泉子・K.（1993）『日英語対照研究シリーズ(2)　会話分析』くろし

Ⅰ　談話の結節法

　お出版

茂呂雄二（1999）「開かれたディスコース概念のために」『月刊言語』第28巻第
　21号　大修館書店

〔付記〕　本研究は、日本学術振興会科学研究費補助金基盤研究(C)(2)「東京・大
　阪方言の談話展開にみる接続詞の役割についての対照社会言語学的研究」（平
　成12・13年度／課題番号12610429／研究代表者沖裕子）の成果の一部である。
　アクセント研究史については、国立国語研究所、三井はるみ氏にご教示を賜っ
　た。記して謝意を表します。談話資料収集に御協力下さった方々に、この場を
　借りて、厚く御礼申し上げます。

第2章　同時結節のしくみと東京方言談話

要旨　結節モデルは動態的統合的であって、従来の分析的な分節モデルにかわる言語観であることをまず述べる。結節とは宮岡伯人が明確にした言語モデルであるが、宮岡（2002）において（ア）分節と結節の非対称性、（イ）結節の二面性〔＝二面結節〕が指摘されている点が重要である。本論では、結節の第3の特徴として（ウ）結節の同時性〔＝同時結節〕という特徴が存在することを新たに指摘する。

次に、川上蓁の上昇音調に関する一連の論考を参照し、東京方言談話の観察をとおして次のような同時結節の実例を指摘する。第1に、分節モデルでは別の階層に属するアクセント単位とイントネーション単位（＝音調句）が、談話においてともに一つの上昇音調を利用して同時結節していることを明らかにする。第2に、文末の上昇音調による文意の異なり、また、句末の卓立と焦点化される意味のミスマッチ、という二つの現象に、記号面と音声面の二面結節および同時結節がみられることを指摘する。

1. はじめに

文法と音声は相互に関係することが、近年話題にされるようになった[1]。文法と音声は、言語の分節モデルからすればそれぞれ別のレベルに属する現象であるとされてきたものである。分節観にしたがうと、談話・文章、文、節、句、語、形態素、音節、音素などの階層をなす単位が得られるが、伝統的には、形態素と語や、語と文など、直接となりあう階層間の関係について関心がもたれてきた。文のレベルと音のレベルはとなりあう階層にある単位ではない。このようにとなりあう関係にない文法と音声が相互に関係した現象である、と考えることは、言語をとらえる視点の変化に関係しており、つまりは言語観の見直しとかかわる課題である、といえよう。

Ⅰ　談話の結節法

　本論では、文法から音声を考えるというよりは、言語の最も大きな単位である談話を扱う談話論の視点から、意味や文法的現象と音声がどのように関係しているか考えようとするものである。ここでは、原理的な問題と、具体的な問題について、それぞれ考察したい。まず、談話という観点からみたとき、統語的事象と音声的事象が相互に関係することを言語学的にはどう定式化しうるのか、マルティネの分節モデルとは別の新たな言語観を示すものである宮岡伯人の結節モデルをとりあげ、検討を加えたい。そして、川上蓁が発見した東京方言のイントネーション単位である「句」を談話論の視点から再考しながら、東京方言談話における文法と音声の結節について、具体的に指摘していきたい。

2．言語の分節モデルと結節モデル

2.1　分節と結節の違い―宮岡（2002）より―

　「結節」という考え方は、宮岡（2002）が「語」とは何かを再考するなかで明確に概念化したものである。宮岡の関心は語にあるため、膠着語タイプのエスキモー語や日本語を有効にとらえる必要から「結節」という概念が提唱されているが、結節モデルは言語全般をとらえるモデルともなりうるものである。ここで宮岡は次の（ア）（イ）という２点の事実を指摘し、「結節」がこれまで漠然と考えられてきたように、分節を逆に辿るだけのものではないことを明らかにしている点が重要である。宮岡（2002）は、結節の特徴として次の２点を指摘している。

　　（ア）　分節と結節の非対称性
　　（イ）　結節の二面性〔＝二面結節〕

（ア）と（イ）は、言語研究史上、従来の言語観そのものに変革を迫る契機となる重大な指摘であると論者は考える。

　それでは、宮岡の述べる結節とはどういう言語観であるのか、整理してみたい。結節は、分節という考え方とは別の言語観を示すものとして提出され

ている。分節とは、近代言語学の礎となった構造主義言語学が提唱した言語の基本的な認識の一つである。マルティネが提唱した「二重分節」という考え方は、広く知られるように次のようなものである。『ラルース言語学用語辞典』(J. デュボワ他著／伊藤晃他編訳、1980年、大修館書店、311～312頁「二重分節」の項)より示す。

> いかなる発話も2つの面にわかれて分節されている、という人間のことばに特有な組み立てを、マルティネの機能主義的仮説では〈二重分節〉と呼ぶ。第1の面、すなわち第一次分節においては、発話は意味をになった単位（表意単位：文、連辞、語、など）に線形に分節される。その最小の単位は記号素（あるいは形態素）と呼ばれる。（中略）第2の面、すなわち第二次分節においては、各々の記号素が、今度はその記号表現(シニフィアン)の面で、意味を持たない単位（弁別的単位）に分節される。その最小の単位とは、各言語に一定数存在する音素である。（後略）

これに対して、宮岡（2002：9）は、構造主義言語学が指摘した言語の線条性をふまえながら、次のように述べている。

> 人間言語は線条的（継時的）だとはいえ、音素も形態素も、実際の発話のなかでは、ランダムにならんだ一本調子の数珠つなぎとして繰りだされていくものではない。それぞれ単独にあるいは複数個が一定の（結合法則的な）「型」をもつ「纏まり」すなわち「節（articulus）」を結び、それらが一定の順序にしたがって、つぎつぎと繰りだされることによって、線条的な発話―話線の流れ―を形づくっていく。

こうした、言語が「発出音を媒体にしている事実そのもの（同掲書9頁）」に着目すると、「人間は、『素』を纏めあげていく夥しい結節規則を適用しながら言語を操っている（同7頁）」ことになる、と宮岡は述べている。分節という概念は、言語を分析して得られる知見であるのに対して、結節という概念は、言語を統合的な過程としてみた時に得られる知見である。

こうした言語を過程としてとらえるみかたは、時枝の言語過程説にも片鱗がみられる。また、ごく素朴に分節とは逆向きの方向を想定することは、結

Ⅰ 談話の結節法

節という命名こそされなかったものの、広く受け入れられてきた考え方ではある。しかしながら、宮岡が「結節」と命名し、提唱している概念には、先にも述べた(ア)(イ)の2点が含まれていることで、卓越した言語観になっていると考えるものである。

2.2 分節と結節の非対称性と二面結節

結節という考え方が卓越しているのは、分節と結節が非対称であることを明確に指摘したことにある。分節と結節が非対称的であると宮岡が喝破したことは、そもそも記号と音声とがそれぞれ独立した性格（宮岡の術語でいえば記号と音声の二面性）をもっていると気づいたことに端を発している。しかしながら記号と音声の二面性については、とりあげられることが少なかったとはいえ、後述するように複数の人々によってすでに指摘されている。宮岡の功績は記号と音声の二面性に気づいたことというよりは、むしろ二面性の事実が言語の普遍性に根ざすことに気づき、新たな言語観の確立を試みたところにあるといえるだろう。

結節について、宮岡（2001：18）は次のように述べている。

> 分節と結節は、ただたんにコインの裏表、つまり方向が逆向きというだけではない。分節に第一次と第二次があるのにたいし、結節は二面的あるいは並行的である。分節の「二重」性と結節の「二面」性にはねじれがある。

宮岡の述べる結節の二面性、すなわち「二面結節」とは、音声面と記号面とにそれぞれ独自の結節のありかたがあること、そして、音声と記号という二つの面における結節は必ずしも一致しない、という事実に着目して得られた考え方である。たとえば、音声境界と記号境界が一致しない「ミスマッチ」の問題はその典型である[2]。

二面結節とは、音声（表現・カタチ）と記号（内容・意味・機能）が一致するとは限らないことを指している。結節におけるこうした音声と記号の不一致が表面化する現象について説明する前に、まず音声と記号とが一致する

例を宮岡（2002：34）があげる「危機言語問題はいま」の例で説明する。この発話は次のように二つの内容をもっている。

　⑴　危機言語問題は、いまどういった状況にあるか
　⑵　危機言語問題はいまが正念場

こうした内容の違いに即して、次のような記号面の形態的な違いがある（＝は後倚辞の左端、＋は複合語内部の形態素境界、≠は音声上の休止を伴わない音韻句内部の自立語境界）。

　(1′)　危機＋言語＋問題＝ハ≠イマ
　(2′)　危機＋言語≠問題＝ハ≠イマ（〜＝イマ）

また、(1′)(2′) は、音声面でもカタチが異なり、表現し分けられている。宮岡（2002）は、≠で示される自立語境界が音声面での休止性と関係している、と述べているが、むしろ川上蓁の「句音調」で説明した方が的確な記述を与えられるであろう[3]。川上の表記にしたがえば、東京方言では(1′)は2句、(2′)は3句または2句の異なった音調的単位として実現することが明確になる。すなわち、次のようなカタチを与えられるのである。

　(1″)　キ「キゲンゴモ'ンダイワ｜「イ'マ
　(2″)　キ「キゲンゴ｜モ「ンダイワ｜「イ'マ
　　　　（あるいは、キ「キゲンゴ｜モ「ンダイワイ'マ）

なお、川上に準拠し本論で使用する記号を簡単に説明しておく。「｜」は、句音調による境界。川上は、「｜」で区切られた単位を句と呼ぶが、文法的句との衝突を避けて本論では音調句と呼ぶ場合がある[4]。「「」はピッチの上昇位置、「'」は下降位置、「『」は卓立等の上昇位置、「"」は、強めの音調を表す[5]。

　このように、⑴⑵の内容が、記号面では(1′)(2′)という異なりを有した記号列となり、それに沿って音声的な表現のカタチ(1″)(2″)を与えられる。これは、記号面と音声面が一致する例である。

　ところが、一方で記号面と音声面が不一致である現象がみられる。たとえば、川上（1977：348）は、次の⑶⑷などをあげて説明している。

I 談話の結節法

 (3) ロシアトルコ戦争

 (4) 中流家庭の奥様風

これらは、記号面では(3')(4')のような語境界をもつ。

 (3') ｛(ロシア) ＋ (トルコ)｝（戦争）

 (4') ｛(中流家庭の)（奥様）｝風

ところが、音声面では、次のように語境界と一致しないアクセントをもつのである。

 (3″)（ロシア）＋（トルコ戦争）

 (4″)（中流家庭の）（奥様風）

　宮岡（2002）はこうしたミスマッチという現象に着目したが、その際、このミスマッチという現象は決して異例なのではないととらえたのである。ミスマッチは、人間言語にとってむしろ自然の理であるというみかたに立つことによって、そこから、記号面と音声面の「二面結節」という概念を導き出すとともに、分節と結節の非対称性を明確に指摘することに成功したのである。

2.3　結節は階層を成すか―結節の同時性―

　宮岡は、記号と音声の二面結節というすぐれた考え方を示したが、記号面における「語」より上位の結節については、「語、倚辞句、句というカタチで上位の結節をつくり、それら上位の結節がさらに上位の結節へという形で階層的な結節化が進んでいくものと考えられる。(28頁)」と述べ、そこに単純な階層性を予測している。二面結節という優れた考え方は、むしろ語レベルでとまってしまっているともいえる。また、音声面の階層的な結節についても「音節からさらに、音脚、アクセント結節、韻結節、イントネーション結節、気息結節へと、階層的に上位の結節をつくっていく（30頁）」というように、下位の結節から上位の結節へと進む階層性、いわば分節の逆方向を肯定してしまっている。

　記号と音声がそれぞれ別の結節の系統をもっており、また、意味とカタチ

にはねじれがある二面結節であるという指摘はすぐれたものであった。また、分節と結節は非対称であることも指摘されている。しかしながら、その指摘にしたがうとすれば、意味とカタチのそれぞれの系統において、より下位の結節がより上位の結節を階層的に形成していくと考えてしまっては齟齬をきたすことになってしまうだろう。はたして、「階層をなして結節される」という命題は事実なのであろうか。あるいは、分節と結節の非対称性は語レベルでとめおかれるものであり、それ以上のレベルにおいては分節と同様に階層をなして結節されるものであろうか。それが本論で問題とする点である。

　宮岡（2002）の主たる関心は、「語」とは何か、という問題にあった。分節と結節の非対称性、結節の二面性という２点のすぐれた指摘も、いわば「語」という単位を考察する上で記号（意味）と音声（カタチ）のあり方を考究した結果であるともいえるだろう。これに対して本論では、談話という言語の一番大きな単位から、記号と音声の問題の一端についてさらに考察を進めてみたい。

　結論を先に述べれば、本論では、分節と結節の非対称性、結節の二面性に加え、
　　（ウ）　結節の同時性〔＝同時結節〕
という新たな第３の知見をくわえ、宮岡の結節的言語観の修正を提案するものである。すでにみたように、音声面での結節と記号面の結節は同調せずミスマッチという現象がしょうずるのであるが、現実の人間言語の生成つまり談話という最大単位の結節を生成する過程では、音声と記号面の結節は協働してことにあたっていることを看過することはできない。

　このことはあまりにも当たりまえのことではあるものの、同時性は時間的進行と関係する概念であるため、言語を静態としてみる分節という分析的モデルではとらえにくいものであった。結節という動態的統合的モデルの出現をまって、はじめて「同時性」という時間を含む概念を有効に位置づけることが可能になったといえる。

　同時結節とは、音声と記号面の同時結節はもちろんのこと、分節モデルで

I 談話の結節法

得られた記号面、音声面それぞれの各階層における事象が、同時的に協働して結節を推進するしくみと姿も指す。後者の具体例については次節にふれることとする。前者の同時結節を考えさせる好例は、先にみた例(3)(4)である。音声面と記号面はそれぞれの結節法をもち、両者のあいだにはミスマッチがみられた。ミスマッチとは、本論の視点にたって述べなおせば、分節的には異なる階層にある事象が結節において同時に見られ、かつ、それぞれの階層における意味・機能が統合されないまま結節される現象である。逆説的ではあるが、ミスマッチがみられること自体が分節レベルの複数の事象が協働して時間的に同時に結節を生成すべく働いた結果である。音声面と記号面の一致がみられた例(1)(2)においても、一致するということはすなわち結節において音声面と記号面が同時に進行していることにほかならない。本論では言語の本質に「結節の同時性」という性格があることを指摘するものである。

3. 東京方言談話にみる同時結節の諸相

3.1 結節と上昇音調

以下では、東京方言談話を例として、言語現象の中にどのような同時結節が認められるか具体的に観察していきたい。なお、談話論においては対象方言を特定する必要がある。なぜなら談話の生成解釈において必須である記号面と音声面において、ことに音声面の特徴は言語（方言）によって性質が異なるからである。言語（方言）を特定せずに、話しことばである談話を論ずることはできない[6]。そこで、本論では東京方言談話を例とし、川上蓁の発見した「句」（すでに述べたように文法的句と区別して本論では音調句と呼ぶことがある）を再考しながら、同時結節について考察を進めるものである。

音調句とは、談話において意味のまとまりをつけるスプラセングメンタルで可変的な単位である[7]。ちなみに音調句とはイントネーション単位であり、句の始まりは上昇音調をてがかりに示される。音調句は上昇音調をてがかりにその始まりを知ることができるが、どこで終わるかは次の始まりから逆算

しなければ特定できない。また、上昇音調は句末、文末にも観察されるのであるが、これらの上昇音調は新たな音調句の始まりとはされない。こうしたことは、イントネーション単位が単に音調のみで規定できるものではなく、語彙・文法境界等の意味事象と関係する単位であることに起因している。音調句の考察には、意味と音声の両面のしくみに言及する必要がある。

本論では、東京方言にみられる上昇音調全般について、まず川上において観察され述べられてきたところを一度整理してみたい。それを通して、同時結節のありかたについて、考察を試みることにする。

3.2 アクセント単位とイントネーション単位の同時結節

川上によると、東京方言において記号列にみられる上昇は、整理すれば次の位置に現れることになる[8]。

(5) 音調句の始発を示す上昇音調：アクセント単位内の上昇
(川上 1956：66)

　　　早上り型　　「トンデモナ゛イ
　　　並上り型　　ト「ンデモナ゛イ
　　　遅上り型　　トン「デモナ゛イ
　　　　　　　　　トンデ「モナ゛イ
　　　　　　　　　トンデモ「ナ゛イ

(6) 句末・文末の上昇音調（川上 1963）

　　　第一種　　普通の上昇調：句末上昇調Ⅰ（文末も含む）
　　　　　　　　「ソ゛ーナンデス『ネ
　　　　　　　　「ド゛ンナゴチソ『ー
　　　　　　＊「ビ゛ールクダサ『イ
　　　第二種　　浮き上がり調：句末上昇調Ⅱ
　　　　　　　　「ソ゛ーナンデ『スネ
　　　　　　　　「ド゛ンナゴチ『ソー
　　　　　　　　「ビ゛ールクダ『サイ

I　談話の結節法
　　　　第三種　　　反問の上昇調：文末上昇調
　　　　　　　　　　「ビ゜ールクダサ゜『イ
　　　　　　　　　　オ「トート゜『ー
　　　　第四種　　　強めの上昇調：末端卓立調
　　　　　　　　　　ゼッ「タイ『ニ｜ハ「ンタイデ゜ス
　　　　　　　　　　ゼッ「タイ『ニ"ハンタイデ゜ス
　　　　第五種　　　つり上げ調：文末のみ
　　　　　　　　　　ブ「ンカホ゜ーソーデゴザイ『マス
　　　　　　　　　　ダ「イトーセ゜ーテツ『デス

　さて、これら東京方言談話にみられる上昇音調を整理すると次のことがいえる。(5)は音調句の始発を示し、(6)は句末あるいは文末に位置する。上昇音調がすべて音調句に関係するわけではなく、音調句の始発に関わるのは(5)の上昇部分のみである。

　ところで、今日では川上の研究をふまえつつ、上野（1989：190）にみられるように、「東京方言の音調型は、単語（アクセント単位）に決まっている『下げ核』の有無と位置、および、句音調という二つの合成から成る」という考え方が受け入れられている。この考え方に従えば、音韻的アクセントの本質は下降の有無とその位置のみである。これに異を唱えるものではない。しかしながら、本論では、句の扱いについては、別に考えたく思う。

　上野によれば、アクセントと句音調を合成して音調型が決まるのであるから、句音調とアクセントとは同等の資格にたつ音調であると解釈される。しかしながら、句音調を沖（2001）が述べるように、意味内容に付随して発話主体が選択的に操作できる可変的な単位であると考えれば、アクセント単位と句音調（イントネーション単位）とは、別の階層に属する事実である[9]。

　上昇位置は、たしかに音韻的アクセントにとって本質的な特徴ではない。しかしながら、アクセントはピッチの相対的高低によって決まる型であるという考え方をすれば、東京方言の場合、下降位置だけではなく上昇位置も文節内の下降位置との関係で決まっていると考えておいても不都合ではない。

すなわち下降位置が2拍めよりあとにあれば1拍めから2拍めにかけて高くなり、下降位置が1拍めと2拍めの間にあれば、1拍めの前に高まりがあって1拍めが高くなる。その位置は、句に属する上昇位置ではなく、アクセントとして決まっているとみるのである[10]。

句は、アクセントとしての上昇位置を利用し、句頭においてその上昇位置を顕現させることによって示される。主体の判断により意味内容をひとまとまりの続きとして示したい場合には、続くアクセント単位の句頭の上昇を示さないことによって意味内容のまとまりがさらに続くことを表現する。このように考えたほうが、時間軸にそって繰り出される談話生成モデルを考える上では自然である。

これは従来のアクセント型や反省的型という考え方を認めるものであるため、逆行のように思われるかもしれないがそうではない。アクセントと句の働きの本質を区別しようとするところからくる見方である。

ちなみに、プロミネンスはアクセントを破壊しないが、「強調（intensity）」はアクセントを破壊する。早上り型、遅上り型は、イントネーション的特徴である「強調（intensity）」による現象である（川上1960）。この場合、アクセントがそこ（並上り型の無標の位置）にあるという前提にたたなければ、早上り、遅上りの現象をアクセントの破壊と捉えることはできないであろう。アクセントと句のレベルが異なるものであり、それらが音声言語表現において同時に結節しているとみることによって、上昇音調に無標（並上り型）と有標（早上り型・遅上り型）があることの説明が容易になる。

以上をまとめると次のようになる。
　① アクセント単位と関係した上昇位置がある。
　② アクセント単位における上昇音調がアクセント単位とは別物である音調句というイントネーション単位の形成にも利用されている。

上述の点に注目すれば、宮岡のいうアクセント結節とイントネーション結節（＝音調句）という階層の異なった別の単位が、それぞれの結節をなすにあたって、特定位置の同じ上昇音調を利用して、時間的に同時に発現してい

Ⅰ 談話の結節法

る点を明確にすることができる。つまりは、「音節からさらに、音脚、アクセント結節、韻結節、イントネーション結節、気息結節へと、階層的に上位の結節をつくっていく（宮岡2002：30再掲）」というように階層をなして、結節していくとはいえないことになる。分節という分析的モデルでは、アクセント、音調句は、明らかに別の階層における別の単位として析出される。しかし、結節という動態的統合的モデルにおいては、アクセント単位と音調句というイントネーション単位は時間的に同時に一つの現象を利用しながら現れ、談話結節をなし、談話を推進していくのである。

以上、音声面において異なる階層にある単位が、同一の事象を借りて時間的に同時に表現されている事例を指摘した。

3.3 文末上昇音調にみる文法と音声の同時結節

句末または文末の上昇音調は、文法情報と同時に結節され、多くは次のように一定の意味を生み出すことになる。「これ、つくえ」という2音調句からなる例をあげてみよう[11]。

(7)　　上昇音調なし：コ「レ｜ツ「クエ　　　〈断定〉
(8)　　第一種　　　：コ「レ｜ツ「ク『エ　　　〈質問〉
(9)　　第三種　　　：コ「レ｜ツ「クエ'『　　　〈反問〉
(10)　第四種　　　：コ「レ｜ツ「ク『エ"　　　〈強い断定〉（卓立音調）

川上は、第一種から第五種の上昇音調を整理するのに、句末、文末という概念を用いていることはすでにみたが、この点は一考の余地があるものである。句は音調句の意味であり音声的な単位であるのに対して、「文末」ということばにみられる「文」という概念は記号的単位である。「句末の上昇音調」というかぎり、音声という形のうえでの位置を指定する表現でありえる。しかし、「文末の上昇音調」という場合、それはすでに記号的意味解釈が入った記述となってしまっている。そこで、この点についても少し考察してみる。

「コレツクエ」という発話にあっては、「コレツクエ」が文であるか文でな

いかは、時間的に後にくる記号の分布からしか判断できない。次の(11)のように、「コレツクエ」の後ろに「ニシヨーカ」と続けば、「ツクエ」はそこで文が終わるとはいえないため、ツクエが文末とはいえないことになる。

　　(11)　コ「レツ「クエ　　ニ'シ「ヨ'ーカ　（空白はポーズ）

　さて、(7)から(10)の「コレツクエ」という記号列はすべて相同である。しかし、談話として実現するためには、必ず音声的形が必要になる。このとき、(7)～(10)までのいずれかの句末音調が選択されなければならない。また、選択された句末音調によって、「コレツクエ」という記号面の意味の一部が決定される。(7)のように上昇音調がなければ、「これつくえ」全体の意味は、断定である。(8)のように第一種の上昇音調が選択されれば、「これつくえ」全体の意味は、質問である。(9)のように第三種の上昇音調が選択されれば、「これつくえ」全体の意味は、反問である。また、(10)のように第四種の上昇音調が選択されれば、「これつくえ」全体の意味は、強い断定である。このように句末の上昇音調が選択された場合に、記号面においてそれが文末であった場合には、そうした記号情報とともに〈断定／質問／反問／強い断定〉などの意味が決定されることになる。それが文末であるという記号情報、すなわち(11)のようにそれが文の途中ではないという記号情報と、第何種の上昇音調かという音声情報の種類とが同時に判断されて、(7)から(10)の意味が判断されることになるのである。つまりは、この場合、音声面と記号面の二面結節が時間の進行とともに同時に結節されなければ、記号列全体の意味を生成・解釈できないことになる。このように見ていくと、結節は音声面、文法面が単独に結節されるだけでは談話という単位を推進しえず、音声面と文法面という、分節観においては異なるレベルにある単位が協働しあって同時に働き結節することにより談話結節が実現しているといえる。周知の事実ではあるものの、このこともまた、結節が同時であることの一つの例である。

3.4　句末卓立音調にみる文法と音声の同時結節

　ほかに、句末卓立調における次のような現象の指摘がなされている。

Ⅰ 談話の結節法

(12)　ゼッ「タイ『ニ｜ハ「ンタイデ｝ス
　　　ゼッ「タイ『ニ"ハンタイデ｝ス
(13)　ホ「ントー『ワ｜イ「ヤ'ナンダ
　　　ホ「ントー『ワ"イヤ'ナンダ

これらの場合、「「に」や「は」だけに対する強調ではなく、「絶対に」や「本当は」ということば全体に対してこの末端卓立調が適用されたものと見られる。(川上 1963：284-285)」という指摘がある。強調したいのは「絶対に」「本当は」という記号面の意味内容であるのに、音声面における卓立は、「に」「は」にしか施されていないことは、ミスマッチの一例であろう。

では、次のような例はいかがであろうか。

(14)　エート　ツ「クエ『ト｜コ「クバンモハコビマショ'ー
(15)　エート　ツ「クエ　　『ト｜コ「クバンモハコビマショ'ー
　　　（文字列と文字列の間の空白はポーズを示す）

(14)は、「つくえと」という句末の「と」に卓立がみられる場合である。この場合、「つくえと」という音調句全体が強調されたのかといえば、そうではない。「と」を高く言うことで、「と」自体が強調されたと考えることができる。机だけではなく、並列する情報が継起的に後続することを強調して示したいのだと解釈される。すなわち「と」自体の意味の強調のために「と」に卓立が置かれたと解釈されるのである。(15)のように、「つくえ」でいったんポーズがあって話し手がやや考え、さらに「こくばん」も運ぼうというように発話する場合には、格助詞「と」の卓立は、まさに「と」自体の意味の強調と解釈される。

以上、卓立の焦点が(12)(13)の「絶対に」「本当に」と、(14)(15)「机と」で異なることをみた。ともに、音声的には句末に卓立がある例である。記号的には「絶対に／本当に」も「机と」も文節であるが、前者は副詞、後者は「名詞＋格助詞」という異なりがある。では、これらの例において句末の卓立音調と卓立される記号列との関係の差異がみられたことは、副詞句と格助詞の異なりに帰結させればよいのだろうか。これについては、結論を急がず、

記号列と音調が同時に結節される場合の卓立音調と卓立の焦点の相関に関してどの階層の情報が強く関与するのか、さらに多角的に検討することが必要であろう。この点については稿を改めて論じたい。本論では、卓立とその焦点についても不一致（ミスマッチ）が生じていること、そして、文法的結節と音声的結節が同時に結節されない限りその不一致であることも論じえないことを、いま一度指摘したいのである。

4. おわりに

これまで述べてきたところを簡略にまとめておく。

結節モデルは動態的統合的であって、従来の分析的な分節モデルにかわる言語観を提出するものであることを、まず述べた。結節とは宮岡伯人が明確にした言語モデルであるが、宮岡（2002）において（ア）分節と結節の非対称性、（イ）結節の二面性〔＝二面結節〕が指摘されている点が重要であると考えた。本論では、結節のしくみに（ウ）結節の同時性〔＝同時結節〕という特徴があることを新しく指摘した。

具体的には、川上蓁の東京方言に関する一連の論考にしたがい発話の上昇音調に注目すると、次のような同時結節が指摘、観察された。

まず、音声面において異なる階層にある単位が、同一の事象を借りて同時に表現されている事例を指摘した。アクセント単位とイントネーション単位（＝音調句）という、分節において異なる階層に属する単位が、談話においてはともに一つの上昇音調を利用してそれぞれの単位の結節の始まりを表現している結節のありかたである。

次に、文法面と音声面の現象が時間的進行とともに二面的、同時的に結節されている2種の事例を観察した。第1に、記号面（文法）と音声面の同時結節の原理を通して、文末の上昇音調と文意の関係を観察、整理した。第2に、句末の卓立によって焦点化される意味が文節の性格によって異なる2例のミスマッチを観察し、こうした現象も二面結節とともに同時結節の概念を

Ⅰ 談話の結節法

適用しないと解釈しえないことを示した。

　最後に、今後の課題について記す。本論の目的は結節原理の究明にあるため、どのような言語事象がどのように同時結節するのかその諸相を網羅的には明らかにしていない。言語事実を二面結節と同時結節に着目して再評価しながら位置づけ、談話論の観点から結節の包括的かつ具体的モデルを構築することが今後の課題である。

注
1) その成果の一端は、音声文法研究会が編んだ『文法と音声』にまとまっている。英名は SPEECH AND GRAMMAR だが、文法と韻律的特徴の関係に関する論考が多い。
2) ミスマッチそのものは、これまでにも複数の人々によって指摘され、研究がなされている。早田（1969）は、複合語アクセントの音形と文法構造の不一致についてはやい時期に考察した。また、川上（1977）もこうした指摘を行っている。その後、窪薗（1995）はこの問題を詳細に検討し、形態特徴、音韻特徴、意味特徴、統語特徴の四つの基準がある程度まで独立性を保っていることを指摘した。また、定延（1997）は、ミスマッチ現象は従来の言語記号観では解決できず、言語行動観によって有効に説明できるとしている。なお、定延の視点は、宮岡のとる言語観と一脈通じるものであろう。
3) 川上蓁は、句音調について早く昭和 30 年代から明らかにしている。
4) 斎藤（2003）参照。
5) 東京方言において、アクセントの下降音調の現れる位置は一定しておりかつ消えることはないが、上昇音調の現れる位置は句音調のつけ方によって消えることがあり、また、発話主体の感情によって上昇位置をかえる。このことから上昇音調は、音韻論的アクセントの指標とはならず、音調句生成の指標となる、とされる。
6) 杉藤（1997）、沖（2002）参照。
7) 沖（2001）は音調句を談話論の観点から再考してその本質を論じ、音調句が談話の最小単位であるとしている。
8) 以下、引用する川上文献は初出年を記し、頁は参照の便を考えてそれらが再録されている『日本語アクセント論集』によって記す。
9) なお、いうまでもなく、分節的分析モデルでは、イントネーション単位はアクセント単位より上位のレベルにあると考えられてきた。

10) 東京方言アクセントにまず相対的な音の高低のあり方から帰納される「調素（トネーム）」を認め、その組み合わせでアクセントの型があるとする金田一（1957）の考え方に近い。なお、金田一のようなアクセント段階観で考えても、川上のようなアクセント方向観で考えても、アクセント単位がもつ種類の記述において、東京方言の場合、下降の有無と位置が最小限の弁別的特徴であることに変わりはない。
11) 第二種、第五種は、川上（1965）の述べる「強調（intensity）」にあたると考えられるので除く。また、「いつ行く」という記号列にはすでに質問を表す「いつ」があるため、〈質問〉という文意を表すのに上昇音調は必須ではないことを川上（1963）はすでに指摘している。そうした例も存在すると同時に、他方(7)から(10)のように記号列だけでは意味が決定されない例も存在する。意味の決定に際して、記号列と音調のどの階層が強く関与するのか、多角的に考察する必要がある。なお、今後は言語記号と同時に繰り出される非言語情報も含めてさらに考察する必要があるであろう。

参考文献

上野善道（1989）「日本語のアクセント」杉藤美代子編『講座日本語と日本語教育2　日本語の音声・音韻（上）』明治書院

沖　裕子（1993）「OCRとエディタ検索による個人的フルテキストデータベースの構築と活用」『花園大学国文学論究』第21号

沖　裕子（1994）「話し言葉テキストの性格と電子化テキスト化」『人文科学とコンピュータ』22巻5号

沖　裕子（2001）「談話の最小単位と文字化の方法」『人文科学論集〈文化コミュニケーション学科編〉』第35号　信州大学人文学部紀要　［本書Ⅰ、第1章として収録］

沖　裕子（2002）「談話の方言学」日本方言研究会編『21世紀の方言学』国書刊行会

音声文法研究会編（1997）『文法と音声』くろしお出版

音声文法研究会編（1999）『文法と音声Ⅱ』くろしお出版

音声文法研究会編（2001）『文法と音声Ⅲ』くろしお出版

川上　蓁（1956）「文頭のイントネーション」『国語学』25（『日本語アクセント論集』再録）

川上　蓁（1963）「文末などの上昇調について」『国語研究』16（『日本語アクセント論集』再録）

川上　蓁（1965）「強調による語形破壊とその適用範囲」『音声の研究』11（『日

I 談話の結節法

本語アクセント論集』再録)
川上　蓁（1977）「アクセント単位の大きさ、強さ」『国語学』111（『日本語アクセント論集』再録）
川上　蓁（1995）『日本語アクセント論集』汲古書院
川上　蓁（2000）「具体音声から抽象されるもの」『国語と国文学』第922号　東京大学国語国文学会
木部暢子（2002）「方言のアクセント」北原保雄監修／江端義夫編『朝倉日本語講座　第10巻　方言』朝倉書店
金田一春彦（1957）「日本語アクセントの音韻論的解釈」『国語研究』第7号　国学院大学（『日本語音韻の研究』に再録）
金田一春彦（1967）『日本語音韻の研究』東京堂出版
窪薗晴夫（1995）『語形成と音韻構造』くろしお出版
斎藤有紀恵（2003）「音調句からみた東京方言談話の対人的変異」『信大日本語教育研究』第3号　信州大学日本語教育学研究室
定延利之（1997）「ミスマッチを収容できる言語観を求めて」音声文法研究会編『音声と文法』くろしお出版
定延利之（2003）「書評論文　宮岡伯人著『「語」とはなにか：エスキモー語から日本語をみる』」『日本語文法』3巻1号　くろしお出版
杉藤美代子（1997）「話し言葉のアクセント、イントネーション、リズムとポーズ」杉藤美代子監修／国広哲弥他編『アクセント・イントネーション・リズムとポーズ』三省堂
早田輝洋（1969）「単語のアクセントと文のアクセント」『文研月報』20巻8号（『音調のタイポロジー』所収）
早田輝洋（1999）『音調のタイポロジー』大修館書店
宮岡伯人（2002）『「語」とはなにか　エスキモー語から日本語をみる』三省堂

〔付記〕　本研究は、日本学術振興会科学研究費補助金基盤研究(B)(1)「方言における文法形式の成立と変化の過程に関する研究」（平成14年度～平成17年度／課題番号14310196／研究代表者大西拓一郎氏）の成果の一部であることを記し、謝意を表します。

第3章 談話は文によって構成されるか
―― 談話実現単位における同時結節の観点から ――

1. はじめに

「文章・談話は文によって構成される」という命題が真であることはほとんど疑われたことがない。本論では、談話と文章を区別する立場にたち、談話論の観点からこの問題を検討してみたい。談話と文章に共通する原理と談話固有の特徴についてまず述べていく。また、談話という言語の最大の単位をとらえるには、従来の静態的言語観である分節観が示した単位の階層性を肯定するだけではなく、動態的言語観である結節観からも談話機構をとらえなおす必要があると考える。音調句を談話実現単位という観点から新たにとらえなおし、同時結節の観点からこの問題に関する知見を述べたい。

以下にあげる六つの論点を設定し、次節より順をおって述べていく。

(1) 日本語研究史において、談話という術語が登場したのはいつか。
(2) 談話は、どのような単位か。
(3) 談話は、文章とどのように異なるか。
(4) 談話は文によって構成される、という命題は正しいか。
(5) 談話を構成する形式面の単位の特徴。
(6) 談話を構成する記号面の単位と結節上の特徴。

2. 日本語研究史における「談話」の登場

今日では、書かれたものを「文章」、話されたものを「談話」と呼ぶことが一般的である。たとえば、近年著された入門書であり教科書としての目的

I 談話の結節法

も備えていると思われる佐久間他編(1997:18)では、次のように述べられている。

> コミュニケーションの主要な手段として、ことばが用いられた場合、その実現された結果としてのことばのまとまりに対して、文字によるものを一括して「文章」、同じく音声によるものを「談話」と呼んで区別するのが一般的である。

今ではあたりまえに使用されている「談話」という術語であるが、日本語研究に登場したのはさほど遠いことではない。次のような事実をみると、少なくとも1980年までは術語として一般的でなかったことが知られる。たとえば、1977年に刊行された『国語学研究事典』[1])及び1980年に刊行された『国語学大辞典』[2])には、それぞれ「文章」という見出しはあるものの「談話」という見出しはなく、また、索引中にもあげられてはいないのである[3])。

それでは、日本語研究史上「談話」という術語はどのように使用されるにいたったのであろうか。今日の談話研究につながるような研究は、言語生活の研究としてはじまり、また、1950年代から1970年代を中心に「話しことば」の研究として行われていたものが基礎となっている。この間の研究史は、宇野(1980b)に収められた一連の当時の展望論文によってくわしく知ることができる。また、1970年から1980年代初めにかけて社会言語学の隆盛とともに「言語行動」の研究が盛んとなり、今日の談話研究の基礎を形成していく。しかしながら、「談話」という術語はこのときもまだ使用されるにいたっていない[4])。なお、言語(方言)研究においては、産出された話しことばをまとまった単位としてあつかう際には、「発話(utterance)」という概念と術語が用いられることが一般的であった。

「談話」を今日に近い用法で使用したもっとも早い文献は、『方言談話資料』全10巻であろうか。話しことばに関する実証的研究は標準語問題、国語教育問題と関係が深かったこともあって、国立国語研究所が中心となり実証的資料や研究書が作成されてきた。『方言談話資料』もこうした研究のひとつに位置づけられる。表1にまとめて記す。

表1　国立国語研究所による話しことば資料と研究[5]

刊行年等	資料及び研究書（研究者氏名／敬称略）
1963年	島根県松江市「24時間調査」とその文字化資料[6]。 （南不二男ほか）
1960・1963年	話しことばの文法調査を目的とした録音資料とその文字化 及び『話しことばの文型(1)(2)』 （大石初太郎・飯豊毅一・宮地裕・吉澤典男）
1980年	文字化資料『談話行動の総合テクスト—東京・下町・資料(1)—』 （渡辺友左・南不二男・江川清・米田正人・杉戸清樹ほか）
1979～1987年	日本各地の方言の談話の収集、文字化資料 『方言談話資料(1)～(10)』 （佐藤亮一ほか　地方調査員も含む）

　さて、「談話」は『方言談話資料』において「話されたことばそのものの全体」を指して使用されており、管見によれば今日につながる「談話」という術語が日本語研究上明瞭に用いられたのはこれが初出ではないかと思われる。同掲書は、共通の場面設定によって会話を収録、文字化し、会話の地域差という観点から収集された資料が含まれていることが注目に値する。ただし、『方言談話資料』は資料の収集が目的であり、談話的特徴そのものの研究が本資料において達成されているわけではなかった。

　一方、こうした日本国内の研究とは別に、ガーフィンケルによって提唱されたエスノメソドロジーが1950年代半ばよりアメリカ合衆国でおこり、その影響を受けたconversational analysis（会話分析）が次第に日本語研究にも影響を及ぼすようになっていた。また、Discourse Analysis（談話分析）が1970年代より盛んになった[7]。ちなみに、国語学会学会誌『国語学』において2年ごとに特集する展望号で、井上（1986）は「言語生活」を執筆し、その節見出しに「談話分析」をあげている。こういった言語研究の影響もあ

って、2004年現在、「談話」という術語は日本語研究においてさかんに使用されている。なお、上記の研究において談話は構造化された文連続の産出を指す文章と同義に使用されることもあるのに対し、会話は整わない現実の発話そのものを指して使用されるという異なりがあるともいわれるが、本節冒頭にみたように今日の日本語学においては、音声によるものを談話と呼ぶことが一般的になっているのである。

ここにはふれなかったが、これとは別に「文章」研究の流れが日本国内にはあり、また、伝統ある欧州諸国言語学のテクスト研究の流れがある。

さて、談話と文章は、先にみたように、現在、媒体によって区分けされているとはいうものの、実際の研究においては両者を一律に論ずる研究のほうが圧倒的に多いこともまた事実である。そこで、本題に入る前に、談話という単位の基本的性格（第3節）と談話に特有の特徴（第4節）について、まず整理しておきたい。

3. 談話という単位が有する二側面

談話という単位のとらえかたについて、先行研究には概略二つの立場からの定義がみられる。一つは、談話を文より大きな単位であって言語的には内容的まとまりを有したもっとも大きな単位であるとする定義である。ここでは語や文がそうであるように、談話もまた抽象的単位として設定され、談話を談話たらしめている言語的性格が考察の中心におかれる。もう一つは、談話を現実のコミュニケーションを行うことばの実現単位としてとらえる定義である。実現単位としてとらえるということは、談話を時間に拘束された不可逆的で一回的な、また、主体の創造的、表現的言語活動としてとらえることであるといってもよい。ここでは談話を動的過程としてとらえ、その産出のしくみを考察することに研究の中心がおかれる。いずれの立場をとるにしても、両定義は、談話だけではなく、文章の定義としても通じるものである。

談話と文章を区別せずにテクストまたはテキストとして研究してきた言語

学の歴史をみれば、前者の立場から、言語的まとまりは、結束性（cohesion）と整合性（coherence）、および構造的特徴（macrostructure）[8]によって説明される見通しがたてられている。また、後者の立場に立脚した研究もいくつかみられる。たとえば、エーコ（1979）の、モデル読者を想定しながら作者はテクストをつむぎだしそれを実際の読者（経験的読者）が読む、という生成解釈過程の研究。また、テクストの意味とは、それを構成する記号の意味を単に加算して得られるものではなく、テクストそれ全体が表現している内容のレベルに存在することから、テクストの表層に現れる筋から受け手がいかにファーブラ（物語の基本図式、行動の論理、登場人物たちの統辞法、出来事の時間的に秩序づけられた進行）を構成していくかという解釈過程の研究。またそれが受け手の能力によっても左右されることもすでに言及されている（以上エーコ1979、エーコ1993：160-167参照）。さらに、時枝（1960）、定延（1997,2000）、宮岡（2002）、沖（2001,2004）のように、過程的な言語観のモデル化を推進しようとする研究もみられる。

　このように、談話は、（Ⅰ）抽象的単位としての性格、（Ⅱ）実現的・一回的・表現的単位としての性格を有するのであるが、どちらも談話の性格をよくあらわしている。本論でこれらに加えることがあるとすれば、談話研究はそのどちらかの言語観によって進めるべきではなく、両者ともに談話の性格であることを認識しながら進めることが重要であると考えることにある。これについては、後に述べる。

　さて、（Ⅰ）（Ⅱ）は、談話のみならず文章にも通ずる性格である。では、文章と比較して談話が有する特徴的な性格というものはあるのだろうか。この点について次節で整理しておきたい。

4．談話と文章の区別は必要か

　談話は、文章とどのように異なっているのだろうか。先にみた佐久間他編（1997：18-19）では、談話と文章を分ける固有の特徴は存在するものの[9]、

I　談話の結節法

「記号としてのことばの本来の役割から考えれば、付随的・補助的なものである」としている。

　本論では、両者の顕著なことなりは媒体、場面、他者との関係における特徴にあると考え、これらを単に付随的・補助的な差異とは考えない立場にたつ。なお、以下の特徴は、談話のうちでも特に話し手と相手とからなる対話・会話に典型的に見出すことができるものである。ちなみに3人以上の談話は組織や歴史の問題がより重要な観点となり、必ずしも2人の談話と同様には扱えない側面があるが、本論のテーマには当面関係しない。そこで、以降、特にことわらないかぎり、談話というとき、その典型的な特徴をしめす2者間の対話・会話を指して用いることにする。なお、対話と会話は特に区別せずに用いる。談話は、これら三つの観点において次のような特徴を有する。

　(7)　媒体：音声による。
　(8)　場面：相手と時間（いま）・空間（ここ）を共有する。
　(9)　他者：話し手と相手が即時的なやりとりをする。

　媒体が何であるかは、言語的に大きな異なりを生む。文章は文によって構成されるといってもおおむね正しいが、談話は文のみによっては構成されない。このことは媒体が音声であることからくる性格である。本論の中心的テーマとなる本論点については、このあと第5～7節で述べていきたい。

　また、談話が(7)～(9)に示したように特定の時間、空間において、話し手が相手とともに音声で即時的に行う様態をもつことから、さらに次のような談話と文章の違いを認めることができる。

　(10)　談話資源が複数存在するか、あるいは一つか。
　(11)　文脈が複数存在するか、最終的に一つであるか。
　(12)　調整、共振等の特徴がみられるか、否か。

　談話は自分以外の話し手とともに言語行動を行うことから、資源参照方法、視点において文章とは異なる性格をもつ。文章は最終的にはすべて語り手の視点から創出され自身の言語的文脈を唯一の参照資源とするが、談話はそれ

ぞれの話し手の視点がそれぞれにあり、話し手は自身と相手の言語および場面から資源を得ている。また、談話においては文脈も視点も言語計画もいまここに同時に複数存在して相互に相手に関与していく。であるからこそ、調整、共振といった概念が有効になるのであり、このことは文章の生成解釈という言語行動にはみられないものである。

　本論がとりあげる「談話は文によって構成されるか」という論題にはこれらのなかでも特に(7)から(9)の特徴が直接に関係してくると考え、考察を進める。

5．一語文は文か談話か

　先に、談話は文のみによっては構成されないこと、そしてそれは談話が音声という媒体によっているからであるという見通しを述べた。以下、この問題について論究していきたい。ちなみに、談話は文によって構成されるかという問に答える前に、文とは何か、という問題にある程度答えておく必要があろう。そこで「一語文」をとりあげ検討してみたい。

　山田孝雄いらい国語学の伝統の中では主として意味的な観点から「文」の成立が熱心に問われてきた。文の成立には命題と陳述が必要であり、この陳述の認め方によっては「火事！」や「もしもし」や「そう？」というような独立語一語もまた文であるとする考え方が主流である。これらは「一語文」と名付けられている。さらに、発達的観点から幼児の発する「ウマウマ」「マンマ」といった食べ物の認知や要求その他を意味する「一語文」も、「形態的には単語形式でありながら、意味上は文の機能を果たす」とされることが定説である[10]。

　ここでは尾上（1986）の論を借りて、一語文ははたして文か否か考えたい。尾上は、「驚きや感動を表現する文の中で、次の(A)から(E)までに類型化される文形式をもつものを感嘆文と呼ぶことにする。」とし、以下の例を挙げている。

Ⅰ　談話の結節法

(13)　（A）　わあ！
　　　（B）　ねずみ！
　　　（C）　痛い！
　　　（D）　青い空！
　　　（E）　空が青い！

これらのなかで、たとえば(B)が感嘆文となることについては次のように説明されている。

(14)　(略)「ねずみがいる」[11]から驚くのであり、そこに見えたのがほかならぬ「ねずみである」から驚くのである。「ねずみ」というものではなく、「ねずみがいる」こと、あるいは「それがねずみである」こと、あえてことばにすればそのいずれとも言い表わせる一つの事態が驚嘆という心の動きの機縁としてあり、その機縁が驚嘆の中核としてもの的に「ねずみ」という語で表わされ、それが一語で感情的経験の全体を代表するのである。

　　表現としてこのようなあり方をする「ねずみ！」ということばが「ねずみがいる」や「それはねずみである」という平叙文の省略でないことは明らかであろう。平叙文は対象のあり方を描写、説明して一つのことを描きあげるのに対し、感嘆文は感情的経験の全体を表現する。驚嘆という心の動きの全体に対応する感嘆文としての「ねずみ！」は、驚嘆の機縁たる事態の一構成要素としての「ねずみ」ではない。

ここには、「ねずみ！」ということばが、驚嘆の中核をねずみという対象を「もの」として言語化し提示したものであることが述べられている。この説明からいえば「ねずみ！」は、「ねずみだ！」の省略文であるという解釈は成立しない。また、次の場面における「ねずみ！」という発話は、感嘆文とは認められなくなるだろう。

　たとえば、親にあたる人がカードをめくり、それを見た人はそこに何が書かれているかを当て、先に当てた人が勝つという複数の参加者からなるゲー

ムをしていたとしよう。そのカードに描かれていたのがねずみであった。すると、カードがめくられた時、それを認識した参加者は大きな声で少しでも早く「ねずみ！」と答えるであろう。これを(B-2)とする。(B-2)の「ねずみ！」は、「あえてことばにすれ」ば、「それはねずみである」という平叙文にあたる意味が認められることになるだろう。少なくとも先の説明からすれば、これを感嘆文とは認めにくい。どちらの「ねずみ！」も、音声という形で表現される。「ねずみ！」という話しことばで発話された音声のみを手掛かりにしたときには、(B)の「ねずみ！」と(B-2)の「ねずみ！」をまぎれることなく分別することは難しいであろう。さらにまた、ねずみを発見したときに、驚くことなく、ねずみがいる、という意味を込めて「ねずみ！」と発話した場合には、それは感嘆文であろうか。この「ねずみ！」を(B-3)とすると、(B)と(B-3)の「ねずみ！」も、音声という形から分別することが難しい場合がある。

　ところで、「ねずみ！」は、(B-2)のように「これは？」「ねずみ！」というように先行する問の発話の答えとなるか、(B)のように先行する発話がなくて「ねずみ！」が発話されるかによって「ねずみ！」という発話の意味が異なってきている。(14)のように説明することができるのは、発話場面情報を参照しているか、あるいはこうした文字列の連接情報または言語文脈を参照しているからであろう。

　また、(B)と(B-3)のように、ともに先行する言語文脈はなく発話場面も共通しているにもかかわらず、一方は《感嘆》、他方は《指示》の場合もある。この場合、両者の差異は、発話者の心情に驚きがあるかないかという点にあり、話者の心情レベルで差が生じていること自体は事実であるが、音声的形からの弁別は困難であり、発話の連接情報によっても両者は区別されない。また、蛇足ながら、「ねずみ」という単語の意味が多義であると認めることも当然できない。

　以上まとめると、次の(B)(B-2)(B-3)にみられる意味は、場面情報なり、言語文脈情報を参照してはじめて、その個別的意味が理解できるといえ

I 談話の結節法

る。
(B)　　　ねずみ！　（たった今ねずみを見て驚く場合の「ねずみ！」）
(B-2)　ねずみ！　（カードをめくって、描かれている絵を早くあてた人が勝つゲームをしている場合の「ねずみ！」）
(B-3)　ねずみ！　（たった今ねずみを見たことを急いで伝えたいが、驚いてはいない場合の「ねずみ！」）

　こうした意味は、記号列自体が有する自律的な意味として記述できるとは考えにくく、したがって、文という抽象的単位の意味として認めることには疑問が生ずる。ちなみに、抽象化した記号列において自律的に意味が決定できず、言語文脈や場面情報を参照しなければ得られない個別的意味は、運用の問題とされてきた。上述の問題も、これに該当しよう。

　言語文脈は、「文」という単位ではなく、文をこえる、より大きな単位によって担われるものである。また、場面情報を参照しつつ発話し、それを手掛かりに解釈する言語行動が行なわれるのも、談話レベルにおいてである。つまりは、「一語文」と呼ばれてきたところの意味は、文という抽象的単位に認められるものというよりは、文より大きな単位である談話に認められるものであり、この場合の談話とは、抽象的単位として得られる談話の意味ではなく、一回的実現的な発話全体をいう場合の「談話」を指していると考えることができる。

　つまるところ、「ねずみ！」は、発話場面の中で話し手によって発話された上述の意味における談話であり、発話時の言語文脈と発話場面情報によって、上記の意味が表現され解釈されているという事実に注目すれば、これを一語からなる談話、すなわち「一語談話」と記述することが妥当であろう。「ねずみ！」は、「一語文」ではなく、「一語談話」である、と考える。

　以上、「ねずみ！」のほかにも「わあ！」などは、一語談話ではあるが一語文ではないことになる。文とは抽象的に取り出すことができるレベルにおける単位であって、単肢言語である現代日本共通語においては、述語を有した記号的まとまりを指して「文」と定義する考えにくみする。この定義にし

第3章　談話は文によって構成されるか

たがえば、「痛い！」は、一語談話であり、かつ、「痛い！」という発話から「文」を抽象できることになる。この場合は述語のみの文であって、格は省略された一文である。ちなみに、先の「ねずみ！」「わあ！」という一語談話から抽象的に抽出されるのは、「ねずみ」「わあ」という「語」である[12]。

　ところで、「ねずみ！」「わあ！」には、文の成立に必要な陳述があるとする考え方が従来の定説であり、「陳述」の有無を根拠としてこれらは「文」であると認定されてきた経緯がある。しかしながら、以下のようにイントネーションによって一文の陳述的意味が異なる現象がある。

　(15)　それ、机〈断定〉（平調）
　(16)　それ、机？〈質問〉（上昇調）

この用例では、記号列は相同であって、イントネーションという音声情報によってしか、いわゆる陳述的意味は決定できない。また、以下のような用例では、陳述は、「だ」という指定辞に記号的に認められるものであり、(17)は、「机だ」という名詞述語を有した文であることが記号列のみで決定できる。

　(17)　それ、机だ

　以上あげてきた例をみると、陳述は「それ、机だ」のように指定辞などの形式によって抽象的に抽出される記号列において文を成立させる陳述と、イントネーションのような超分節的な音声情報によって決定される陳述、そして、先の(B)〜(B-3)のように場面情報によって運用的に決定される陳述など、少なくとも3種類に分別できることを認めなければなるまい。こうしたことはこれまでの研究でも指摘されているが、方言的事実に立脚しつつ、それらが同時結節した時の法則性等については必ずしも実証的に解明されているわけでもない。本稿ではこれ以上の考察には踏み込まないが、今後は、書きことばを主たる資料として抽象的に決定できる単位体のみを対象としたこれまでの言語学をこえて、対象を話しことばにおく談話論の視点から、陳述そのものを体系的に再考する必要があるかと思う。

6. 談話を構成する音声面の最小単位―二面結節の観点から―

談話には、それを抽象的単位とみるとらえかたと、実現的・一回的・表現的単位として動態的な過程とみるとらえかたがあることは前述した。後者の観点からしばらく考察してみよう。典型的な談話は、複数の話し手がその場でそれぞれ新たな言語的文脈を作り出す言語行動である。新たな言語的文脈を作り出すためには、話し手は自分自身の言語文脈と相手の言語文脈および場面を参照し、それらを資源として自らの視点で考えながら、時間的にそのあとのことばを繰り出す主体となる。このような言語行動を支える言語的なしくみはどのように存在するのであろうか。

談話は音声という形によって産出される。音声の観点から考察すると、現代日本共通語の基盤となる東京方言には、音調句というイントネーション単位が認められることが川上蓁の一連の研究によって明らかにされている。音調句はアクセントの上昇位置を利用して同時結節される[13]。談話論の観点からみれば、音調句とは意味のまとまりを音声的に表現する内容主導・音声形式随行型の可変的な単位であり、音調句は談話の最小単位として認められる（沖 2001）。音調句とは主体が選択的に操作しうる単位である。

ところで、分節観に対して、結節という術語で言語モデルを描いてみせたのは、宮岡（2002）であった。宮岡は重要な以下の2点をそこで指摘している（沖 2004）。

　(18)　分節の過程を逆にしたものが結節ではない。
　　　　〔分節と結節の非対称性〕
　(19)　言語は音声と記号という二面において結節される。〔二面結節〕
宮岡の考え方は、言語を実現過程としてみようとする動態的言語観に属している。(19)の二面結節とは、言語が音声面（形）と記号面（意味）の二面の結節系列をもっていることを指摘したものである。さらに宮岡は、音声面の結節と記号面の結節にはミスマッチが生じ、しかもミスマッチが本質的な姿

であることを示唆している。つまりは、音声面と記号面がそれぞれに自律性を有した結節系列であることが二面結節という術語をもって明確に指摘されたことが重要な点である[14]。

こうした二面結節の観点から音調句を再考すると、音調句は、談話の、音声形式面における結節の最小単位として位置付けることができる。音調句は、句音調によって表現したい意味内容に即して音声的まとまりをつけていく結節のありかたであるから、記号面と無関係に産出されるわけではない。しかしながら、音調句は内容を指定する形式ではないという性質をもつため、これを音声面における自律的な単位として位置付けることができる。音調句が可変的であることも、記号面の結節とミスマッチをおこすことも、また、ミスマッチを最小限にとどめるための操作的な巧拙が生ずることも、音調句が内容主導・形式随行型の単位であることからくる特徴である。

東京方言を母体とした現代日本共通語において、句音調が記号面の内容を直接に指定することなしに、なお記号面の内容と関係を保つことができるのは、私見によれば句音調がアクセントの上昇位置を利用していることと関係している。ちなみにアクセントは、アクセント単位（多くは文節）において記号ごとに所与のものとして定まっている。このアクセントの上昇位置に音調句の始発を重ね、それよりあとにくるアクセント単位の上昇位置を採用しないことによって時間的にあとの表現がひとまとまりであることを表すことができる。句音調はこのようにしてひとまとまりであることを操作的に表現しうるスプラセグメンタルな単位である。非選択的なアクセント単位の上昇を利用し、句音調という選択的、表現的なイントネーション単位の上昇が時間的に同時に結節する機構をもっていることによって、音調句は記号面の内容と直接関わることなく形式面で自律した単位として存在しうる。

本論のこうした考え方は、上昇位置はアクセントではなく句音調のみがもつ特徴であるとし、アクセントの下降と句音調の上昇が合成されて音調型を形成するという川上、上野の考え方とは異なっている。しかしながら、いま述べてきたように考えることによって、上昇位置の問題を談話の機構という

Ⅰ　談話の結節法

観点から統一的に説明することができると考えるものである。

　音声面の結節からみれば、イントネーション単位である音調句が最小単位となって談話が実現されていくことは、談話を時間的に不可逆的な一回的、表現的な実現過程としてみたときに指摘しうる事実である。これをふまえ、音調句と記号面の結節がそれではどのようなありかたをするか、次に考察してみたい。

7．談話実現単位における記号面の同時結節

　談話における記号面の結節について考察していく。談話において必ずしも整った「文」が連接されていくのではないことは、伊佐早（1953）によって不整表現という命名がなされるなどしてこれまでにも指摘されてはいる。しかしながら「文章」の研究が主流であったために、話しことばにおけるこうした現象に関する説明は必ずしも十全であったとはいえない。そもそも不整表現という命名の根拠も、文章が正しく道理にかなった正当なものであり、話しことばはそれにはずれたものであるという認識が根底になかったとはいえない。本論では、「談話は音声によって実現される」という事実に即して考察を続けたい。

　さて、結節の観点から宮岡が指摘した先の二つの事実に加えて、沖（2004）は次の点を新たに指摘した。

　　⑳　分節観においては階層をなす事実が、結節観から観察すると階層をなして結節するとはいえず、時間的に同時に結節する現象がみられる。〔同時結節〕

⑳は、言語分節観から得られた抽象的単位（音素、音節、形態素、語、句、節、文、文連接、文章など）は階層を成しているが、言語の結節においてはそれらは階層性を成さず、時間的に同時に言語の表現列に発現することを指摘したものである。

　次の談話資料を用いて、ここでは記号面の同時結節現象を指摘し、説明し

第3章 談話は文によって構成されるか

てみたい。(21)は自然談話を簡易音声記号で楽譜方式[15]によって文字化し、句を記入した資料を示す。句は、「｜」によって囲んだ。ポーズがあいた場合は、新たな句の始まりにも「｜」を記し、音調句のまとまりが見やすいように表示した。「「」は、音調がそこで上がるところ、「'」は下がるところを示す。また、ここから、話し手Bの発話を音調句ごとに行替えをして抜き出して示したものが(22)である。読みやすさを考慮し、(22)は漢字仮名交じり表記にし、長音は「ー」を用いてある。

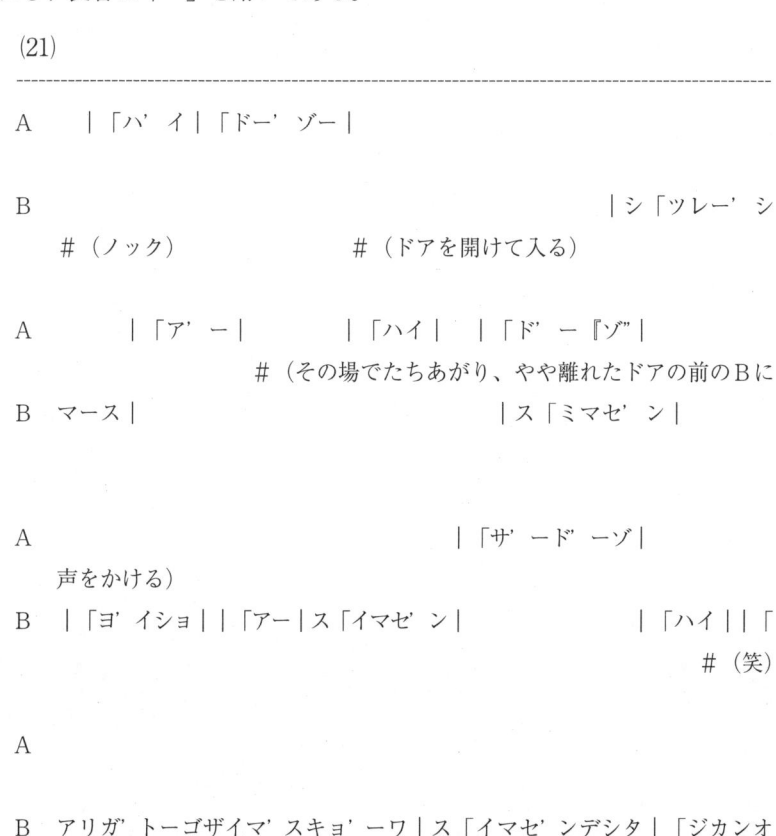

(21)

A 　｜「ハ'イ｜「ド-' ゾー｜

B 　　　　　　　　　　　　　　　　　　　｜シ「ツレー' シ
　 #（ノック）　　　　　　 #（ドアを開けて入る）

A 　　　｜「ア' ー｜　　　｜「ハイ｜　｜「ド' ー『ゾ"｜
　　　　　　　　　#（その場でたちあがり、やや離れたドアの前のBに
B 　マース｜　　　　　　　　　　　　｜ス「ミマゼ' ン｜

A 　　　　　　　　　　　｜「サ' ードーゾ｜
　声をかける）
B 　｜「ヨ' イショ｜｜「アー｜ス「イマゼ' ン｜　　　｜「ハイ｜｜「
　　　　　　　　　　　　　　　　　　　　　　　　　 #（笑）

A

B 　アリガ' トーゴザイマ' スキョ' ーワ｜ス「イマゼ' ンデシタ｜「ジカンオ

79

I 談話の結節法

A　　　　　　　　　｜「ド ーゾ｜オ「カケクダサ イ　　　　　　｜「ハ'
　　　　　　　　　　　　　　　　　　　　　　　　　　　＃（着席する）

B　ト'ッテイタダイ『テ"｜　　　　　　　　　　　｜「エット' ー｜
　　　　　　　　　　　　　　　　　　　　　　　　　　　＃（着席する）

A　イ｜　　　　　　　　　　　　　　　　　　　｜「ハイ｜

B　　｜「アノー｜フ「タツー｜｜「ア'ルンデスケード'『モ"ー　エト｜ヒ「ト

A　　　　　　｜「エ'ッ｜　　　　　　　｜「ハ'イ｜

B　 'ッ『ワ"'・アノー　エー｜｜「ジューロクニチノー｜　｜コ「ト'ナン

A　　　　　　　＊（頷き）

B　デスケ『ド"' ー｜「チョ'ットニネ'ンゼ ート'カノマ'エダト｜ハ「ナシ

A　　　　　　　　　＊（頷き）

B　ニク'カッタノ『デ"' ー　アノ｜ジュ「ーロクニチー'　ワ"　エトー｜｜

A

B　ド「ノヨ' ーナカッコ×オ｜シ「テイッタ'ライ'ーカッテイウコト『ト"
　　　＃（笑

第3章　談話は文によって構成されるか

A　＊　　　　　　　　　　　　　　　　　　　　｜「エー｜

B　｜「ア'ト｜ジ「カン　ノセーカクナジカンデ'スト『カ"'ー｜｜「ア'
　　）

A

B　トー　ナ'ンカ｜コ「チラーデードー｜ド「ンナフ'ーニ｜｜ウ「カガ

A

B　ッタ'ライ'ーノカ'ナンテイウノオヨネンセーデハナ'シテタンデスケ
　　　　＃（笑

A　　　｜「アーソ'ーデスカ｜｜「フーン｜　　　｜「エ'ー｜「エ'ー｜

B　『ド"'ー｜　　　｜「ハ'イー｜ヨ「ーフクト'カナ'ンカ　アノ｜「
　　　　　　　　　　）

A　　　　｜「エ'ー｜

B　センセ'ーガ｜リョ「コーント'キニ｜｜「チョ'ットキ'レーナカッコーオ
　　　　　　　　　　　　　　　　　　　　　　　　　　＃（笑

A　　　　　　　　　　　　　　　　　　　　｜「エ'ー｜
　　＃（笑　　　　　　　　　　　　　　　）
B　｜シ「テキ'タ『ラ'ッテオッシャ'ッテタ'ノ『デ"'ー｜｜「キレー'ナ
　　　　　　　　　　　　　　　　　　　　）

81

I 談話の結節法

A |

B　カ゚ッコーッテナ゛ンダローッテミンナ゛デユッテ゛タンデ　スケ『ド"
　　　　　　　　　　　　＃（笑

A　「アーソ゛ーデスカ｜　　｜「アッソ゛ー『オ｜ア゛ー｜ハ「ナシッ゛テ

B　ー｜　　｜「ドンナ｜｜「ドンナ｜　　　　　｜ハ゛イ｜
　　　　　　）

A　ソノコ「ト｜　　｜「アーソ゛ーデスカ｜

B　　　　｜｜ハ゛イ｜「マ゛ズヒトツメ゛ガ｜｜「ハ゛イソレナ゛ンデス

A　　　　　（略）

B　ケ『ド"゛ー｜（略）

---

(22)
　しつれーしまーす
　すみません
　よいしょ
　ああ
　すいません
　はい
　ありがとーございます今日わ
　すいませんでした

第3章 談話は文によって構成されるか

時間おとっていただいて
えっとー
あのー
ふたつー
あるんですけーどもー　えと
ひとつわーあのー　えー
じゅーろくにちのー
ことなんですけどー
ちょっと二年生とかの前だと
話しにくかったのでー　あの
十六日ーわ　えとー
どのよーなかっこ×お
していったらいーかっていうことと
あと
時間　のせーかくな時間ですとかー
あとー　なんか
こちらーでーどー
どんなふーに
うかがったらいーのかなんていうのお四年生で話してたんですけどー
はいー
洋服とかなんか　あの
先生が
旅行んときに
ちょっときれーなかっこーお
してきたらっておっしゃってたのでー
きれーなかっこーってなんだろーってみんなでゆってたんですけどー
どんな
どんな

I　談話の結節法
　　　はい
　　　はい
　　　まずひとつめが
　　　はいそれなんですけどー

　さて、(22)にまとめたBの発話を観察すると、語も、句も、節も、文も、一つの音調句として実現していることが分かる。また、(22)には文連接（文章）は出現していないが、これも一つの音調句として実現する。たとえば別の談話資料から次の例をあげておきたい。「広い心の人です。そんな感じがしました。」という二文を、一音調句で発話している例である。
　(23)　│ヒ「ロ'イココロノヒト'デスソンナカンジガシマ'シタ│
これらのことから、語以上の単位はすべて、談話というレベルの意味的なまとまりとして音調句という一つの単位となることが観察されるのである。
　このことは、分節観からみて記号的に別の階層に属する単位が、談話結節においては、音声という形式面における最小単位において同一の資格にたつことを示している。これは、静態的・構造主義的言語観である分節観から得られる抽象的な単位（語以上の単位）と、動態的・表現論的言語観である結節観から得られる実現的単位（音調句）の関係を統合して観察したことによって指摘しうる事実である。換言すれば、談話結節における音声面での最小単位である音調句という実現単位において、分節観で得られる語以上の記号的単位が時間的に同時に選択関係におかれていると記述することができる。沖（2004）では、音声面での同時結節の例を指摘しているが、このことは記号面における同時結節の例として新たに指摘することができる。
　動態的過程として談話をとらえなおすと、抽象的単位が、実現的単位において結節する姿としてとらえることができる。抽象的単位は分節観から得られ、実現的単位は結節観から得られる単位である。両者の関係をみることにより、談話の結節において、談話は文のみによって実現されるのではないことを明らかにしうる。談話においては、同時結節の機構のなかで、語以上の

すべての単位（語、句、節、文、文連接、文章）[16]が音調句という音声形式による最小単位の実現的単位として認められるものである。

　ちなみに、文章が文をその基本単位とするのは、文章という言語行動のもつ諸々の特徴や制限がそのようにあらしめているからである。文章は文字によって表現される。文章においては、音声面がいかにあるかは解釈によって補うしかない。文章生成は自らの記号的な言語文脈のみを資源として推進され、また解釈も文章によって与えられた記号的言語文脈のみを資源として行う。そして、推敲を重ね整ったものが文章の名で呼ばれる。記号面の結節のみで意味が通る文章を書こうとする限り、述語を有した文を用い、意味のまとまりをよく表現する単位を連ねていくことが必要になるし、またそうした文章を文章と呼ぶのである。こうした事情によって、文章の多くは、文によって構成されるのである。

　なお、付言すれば、文章が文から構成されているとはいっても、文章自体の結束性と整合性を保証するものは文ではない。また、談話の結束性と整合性を保証するのもここでみた実現的単位とは別のところにある。この問題については、本書II部で主として論じ、さらに本書V部前半でもとりあげる。

8．おわりに

　以上述べたことを、要約して示したい。

　談話という術語が日本語研究において登場したのは、1980年代以降のことである。今日では、書かれたものを「文章」、話されたものを「談話」と呼ぶことが一般的になってはいるが、研究の実態をみると必ずしも両者の区別がなされないまま記述されることが多い。

　談話・文章は、それを抽象的単位としてとらえることもできるし、また、不可逆的で一回的な表現的単位、すなわち実現的単位としてとらえることも可能である。談話・文章は、この両者の側面をともに有している。

　談話が文章と異なる点は、複数の話し手が、時間（いま）と空間（ここ）

Ⅰ　談話の結節法

を共有し、音声言語によって即時的なやりとりをしていくことにある。文章が文字によって自らの言語文脈のみを資源として推進され、作者が読み手とともに相互的な調整や共振をすることがないこととは大きく異なっている。談話は、自分自身と相手の言語および場面という資源を利用して次の談話を繰り出していく主体的行為である。視点、文脈、言語計画は複数存在し、調整や共振といった相互的現象がみられる。

　こうした特徴をもつ談話をとりあげ、その構成単位を考察すると次のようなことが分かる。談話は、音声と記号の二面が同時に結節される姿をもつ。このとき、東京方言を母体とした現代日本共通語における音声面の形式的最小単位は、超分節的な音調句という内容主導・形式随行型の可変的実現単位である。こうした実現単位において、語以上の抽象的単位が時間的に同時に範列的選択関係にたつ。こうした談話機構により、談話は文から構成されるのではなく、語以上のすべての単位がその実現的単位となることを明らかにした。このことは、記号面における同時結節の例として新たに指摘しうることである。

　いわゆる「一語文」を、本論では「一語談話」と捉えなおすことも、こうした談話観による。一語がまとまりをなして、場合によっては「完結した談話」として実現する姿をもつ場合もあることは、談話を実現的・表現的単位としてとらえることによって分かることである。

　分節観で得られる談話は、言語の最大単位である。しかし、分節観ではなく結節観から観察したときに、談話は最大の単位であるという記述は当を得なくなることが分かる。このことは、一方で談話が閉じた単位か開いた単位かという議論に関係し、これまで文章が「一つのまとまり、統一を形作っている」[17]と定義されてきたことと対照させながら、談話という単位の完結性をめぐる議論をいま一度行ってみる必要があるであろう。この問題は、複数の視点、複数の文脈、複数の言語計画とそれらのあいだの調整、共振としてある談話のしくみをどう説明するかという課題につながっていく。また、談話を動態的な単位として考察するとき、結束性、整合性、構造はどのように

認められるのかという点の論議とも関係する。

注
1) 佐藤喜代治編。明治書院刊行。
2) 国語学会編。東京堂出版刊行。
3) 先に言及した『国語学大辞典』は、「話しことば」「書きことば」「音声言語と文字言語を見出しとして立てている。また、『国語学研究事典』は、「話しことば」「書きことば」については見出しとしてあげ、また、「音声言語」「文字言語」を索引にあげている。
4) 宇野義方による「談話と文章の特質」という論文が1958年にあるが、そこではまだ「談話」と「話」の区別が明確にはなされていない。また、ほぼ同時期の柴田(1955)では、「一対一の談話、つまり、対話」「談話(一対一の対話)」「談話における言語行動」などのように使用されており今日に近い用法であると思われるが、同論の中で「対話」と「談話」は併用され、いわば"ゆれ"が生じている。
5) 表1以降の国立国語研究所の話しことば研究には、2005年現在進行中である前川喜久雄、小磯花絵らの「話しことばコーパス」資料の作成があげられる。
6) 島根県松江市において「国民各層の言語生活の実態調査」の一環として行われたものである。午前6時から午後10時の間、一市民の家庭において行われたすべての会話を録音し、その文字化資料を作成したものである。
7) サーサス他著(1995)に収められた訳者解説による。また、池上(1983:7)によれば、「テクスト」はヨーロッパ系統の論文で普通であるのに対し、「談話」は、アメリカの学者によって好んで用いられる、とある。
8) 結束性については、ハリデイ&ハサン(1976)、整合性については、亀山(1999)、構造的特徴については、池上(1983)参照。プロップらのロシアフォルマリズムによる民話研究や、ダンダスらによるアメリカ構造主義によるアメリカインディアンの民話研究などが構造的研究の推進力となった。
9) それが何であるか、網羅的に明らかにはされていない。
10) 『国語学辞典』307頁。言語習得の項。
11) 下線は原典では傍点。
12) 「もしもし」や「おい」などは、語としての意味においてすでに相手に対する呼びかけという意義素を有している。「はい」「いいえ」などの応答詞も語義レベルで、相手からの問いかけに対する返答という相互作用における意味を有している。これらは、語という記号それ自体に相互作用面での意味を記述でき

Ⅰ　談話の結節法

るものであるが、抽象的単位体としての性格は、「文」ではなく、「語」である。
13) 川上はこれを「句」と呼んでいるが、文法的句と区別して、本論では「音調句」と呼ぶ。川上は、上昇位置そのものが句音調を示すとしているが、沖 (2004) は、同時結節の観点から、アクセントの上昇位置を利用して句音調が実現しているととらえた。
14) なお、定延 (1997,2000) が、「スキャニング」という概念を提示していることに少しふれておきたい。同掲書は、宮岡 (2002) よりはやく積極的な動態的言語観を提示していることが注目される。定延 (2000) の第5章は「意味と形式のミスマッチ？―『分節ミスマッチ』を中心に―」と題して複合語の意味と音韻の区切れが一致していない例をとりあげ、音韻製作に関わるスキャニングは2チャンク（2単位）の参照を行うという2チャンク仮説を提唱するものであった。本論は、動態的言語観について同じ発想にたつものであるが、2チャンク仮説をとらないのはチャンクを段階観アクセントによって説明していることに疑問があるからである。早田 (1969) 川上 (1977) が複合語のアクセント形と文法構造の不一致についてはやい時期に考察し、窪薗 (1995) が複合語の語形成を問題にして形態特徴、音韻特徴、意味特徴、統語特徴の四つの基準がある程度まで独立性を保っていることを指摘した。これらに対して定延の主張は、複合語もしくは臨時一語的なものを通じて言語の表現生成に関する性質そのものを問題にしたところに真骨頂がある。そうであれば、複合語もしくは臨時一語を扱うのにアクセント、それも段階観アクセントによってそして抽象的単位の生成規則によって論じるのではなく、談話表現の生成に関係する音声面の形式単位、少なくともアクセント方向観から出発した句音調に注目して説明する必要がある、と考える。また、アクセント段階観をとると、この場合必然的に2チャンク仮説に帰結してしまう、という基本的な問題をはらんでいることも指摘したい。
15) 談話への参加者ごとにラインを分け、参加者それぞれの発話の相互関係が分かるように時間軸に沿って書き記す文字化の方法を、楽譜方式と沖 (2001) は名付けた。
16) これらの単位の定義については、定説にしたがう。しかしながら、文連接と文章の違い、句、節と文の違い、形態素と語の違いなどは、談話論の見地から再考する余地が残されている。
17) 時枝 (1960) の定義。市川 (1978) は、文章が統一体であることを前提に広告誌面や統一テーマのもとに収録されるクラス文集などをとりあげて、これらにも「文章の統合方式」を見出そうとする議論を行っている。

第3章　談話は文によって構成されるか

参考文献

池上嘉彦（1975）『意味論』大修館書店

池上嘉彦（1983）「テクストとテクストの構造」国立国語研究所『日本語教育指導参考書Ⅰ　談話の研究と教育Ⅰ』大蔵省印刷局

伊佐早（宮地）敦子（1953）「はなしことば　序―不整表現を中心として―」『国語国文』第22巻第3号　京都大学国文学会

市川　孝（1978）『国語教育のための文章論概説』教育出版株式会社

井上史雄（1986）「昭和59・60年における国語学界の展望　言語生活」『国語学』第145集

宇野義方（1958）「談話と文章の特質」『国語教育のための国語講座6　談話と文章の理論と教育』朝倉書店　（宇野（1980a）所収）

宇野義方（1972）「昭和45・46年における国語学界の展望」」『国語学』第89集

宇野義方（1980a）『言語生活研究　コミュニケーションの基本的問題』明治書院

宇野義方（1980b）『言語技術研究　コミュニケーションの実際的問題』明治書院

上野善道（1989）「日本語のアクセント」杉藤美代子編『講座日本語と日本語教育2　日本語の音声・音韻（上）』明治書院

エーコ，ウンベルト著／清水康雄訳（1993）『物語における読者』青土社（原典：Umberto Eco 1979 *Lector in Fabula* Gruppo Editoriale Fabbri, Bompiani, Sonzogno, Etas S. p. A.）

エーコ，ウンベルト著／和田忠彦訳（1996）『エーコの文学講義』岩波書店（原典：Umberto Eco 1994 *Six Walks in the Fictional Woods* Harvard University Press）

大石初太郎（1971）『話しことば論』秀英出版

沖　裕子（2001）「談話の最小単位と文字化の方法」『人文学論集〈文化コミュニケーション学科編〉』第35号　信州大学人文学部紀要　［本書Ⅰ、第1章として収録］

沖　裕子（2004）「同時結節のしくみと東京方言談話」日本語文法学会『日本語文法』第4巻第1号　くろしお出版　［本書Ⅰ、第2章として収録］

岡本夏木（1985）『ことばと発達』岩波書店

尾上圭介（1986）「感嘆文と希求・命令文―喚体・述体概念の有効性―」『松村明教授古希記念・国語研究論集』明治書院

川上　蓁（1977）「アクセント単位の大きさ、強さ」『国語学』第111集

川上　蓁（1995）『日本語アクセント論集』汲古書院

亀山　恵（1999）「談話分析の基本概念」田窪行則他『岩波講座言語の科学7　談話と文脈』岩波書店

I 談話の結節法

菊澤季生（1933）「国語位相論」『国語科学講座Ⅲ国語学　国語位相論』明治書院
金田一春彦（1956）『話しコトバの技術』光風出版（金田一春彦（1977）『話し言葉の技術』講談社学術文庫として復刻）
窪薗晴夫（1995）『日英語対照研究シリーズ(3)　語形成と音韻構造』くろしお出版
国立国語研究所（1955）『談話語の実態』
国立国語研究所（1960）『話しことばの文型(1)―対話資料による研究―』秀英出版
国立国語研究所（1963）『話しことばの文型(2)―独話資料による研究―』秀英出版
国立国語研究所（1971）『待遇表現の実態―松江 24 時間調査資料から―』秀英出版
国立国語研究所（1978-1987）『国立国語研究所資料集 10　方言談話資料(1)～(10)』秀英出版（ただし、(1)は非売品）
国立国語研究所　渡辺班（1980）『談話行動の総合テクスト―東京・下町・資料(1)―』（昭和 54 年文部省科学研究費補助金　特定研究「言語」・渡辺班「談話行動の実験社会言語学的研究」　課題番号 410228）
国立国語研究所（1983）『日本語教育指導参考書Ⅰ　談話の研究と教育Ⅰ』大蔵省印刷局
国立国語研究所（1987）『談話行動の諸相―座談資料の分析』三省堂
サーサス，G. ガーフィンケル，H. サックス，H. シェグロフ，E. 著／北澤裕・西坂仰訳（1995）『日常性の解剖学―知と会話』マルジュ社
佐久間あゆみ・杉戸清樹・半澤幹一編（1997）『文章・談話のしくみ』おうふう
定延利之（1997）「ミスマッチを収容できる言語観を求めて」音声文法研究会編『音声と文法』くろしお出版
定延利之（2000）『認知言語論』大修館書店
柴田　武（1955）「町野町の言語生活―敬語の社会心理学―」『能登―自然・文化・社会』平凡社（柴田武（1978）『社会言語学の課題』　三省堂　所収）
杉戸清樹（1993）「言語行動における省略」『日本語学』第 12 巻第 10 号　明治書院
田窪行則・西山佑司・三藤博・亀山恵・片桐恭弘（1999）『岩波講座　言語の科学 7　談話と文脈』岩波書店
田窪行則・金水敏（2000）「複数の心的領域による談話管理」坂原茂編『認知言語学の発展』ひつじ書房
寺村秀夫・佐久間まゆみ・杉戸清樹・半澤幹一編（1990）『ケーススタディ日本

語の文章・談話』おうふう
時枝誠記（1941）『国語学原論』岩波書店
時枝誠記（1950）『日本文法　口語篇』岩波書店
時枝誠記（1955）『国語学原論　続編』岩波書店
時枝誠記（1960）『文章研究序説』山田書院（復刻 1977『時枝誠記博士著作選Ⅲ』明治書院）
永野　賢（1959）『学校文法文章論』朝倉書店
永野　賢（1972）『文章論詳説』朝倉書店
永野　賢（1986）『文章論総説』朝倉書店
浜田寿美男（1995）『意味から言葉へ―物語の生まれるまえに』ミネルヴァ書房
浜田寿美男（1999）『「私」とは何か』講談社
林四郎・南不二男編（1974）『敬語講座1　敬語の体系』明治書院
林四郎・南不二男編（1973）『敬語講座6　現代の敬語』明治書院
林四郎・南不二男編（1973）『敬語講座7　行動の中の敬語』明治書院
早田輝洋（1969）「単語のアクセントと文のアクセント」『文研月報』19巻5号（早田 1999 所収）
早田輝洋（1999）『音調のタイポロジー』大修館書店
ハリデイ, M. A. K.・ハサン, ルカイヤ著／安藤貞雄・多田保行・永野龍男他訳（1997）『テクストはどのように構成されるか―言語の結束性―』ひつじ書房（原典：Halliday, M. A. K. and Hasan, Ruqaiya 1976 *Cohesion in English* Longman Group Limited）
ハリデー, M. A. K.（2001）『機能文法概説―ハリデー理論への誘い―』くろしお出版（原典：Halliday, M. A. K. 1994 *An Introduction to Functional Grammar Second Edition* Edward Arnold (Publishers) Limited
牧野成一（1993）「省略の日英比較―その引き込みの表現効果―」『日本語学』第12巻第10号　明治書院
増山繁・山本和秀（2002）「テキスト自動要約における新たな展開と展望―統計的方法、換言処理、そして…―」『情報処理　特集テキスト自動要約―知的活動支援の基本技術として―』Vol. 43　No. 12　通巻 454 号　情報処理学会
丸山直子（1996）「助詞の脱落現象」『月刊言語』第25巻第2号　大修館書店
南不二男（1974）『現代日本語の構造』大修館書店
南不二男（1979）『講座言語第3巻　言語と行動』大修館書店
宮岡伯人（2002）『「語」とは何か―エスキモー語から日本語をみる』三省堂
森田良行（1993）『言語活動と文章論』明治書院
山口仲美（1979）『論集日本語研究8　文章・文体』有精堂出版

Ⅰ　談話の結節法

〔**付記**〕　本研究は、日本学術振興会科学研究費補助金基盤研究(B)(1)「方言における文法形式の成立と変化の過程に関する研究」(平成 14 年度〜平成 17 年度／課題番号 14310196／研究代表者大西拓一郎氏) の成果の一部であることを記し、謝意を表します。

II　接続詞の意味・用法と談話展開機能

第1章　接続詞は何を結ぶか

1．はじめに

　接続詞は、従来、文法論、文章論、語彙論の各領域で扱われてきた。このことは、接続詞がどのようなレベルの現象・事実であるか、諸説あることを示している。

　本論では、研究史を概観しつつ立場を明らかにし、「逆接」という接続現象に焦点をあてて考察を加え、接続詞による接続とは何か言語学的な位置づけを与えることを目的とする。

　ここで主張したいことの概略は以下の通りである。

(1) 接続詞は、語から段落まで様々な単位を結びつける。そこで、接続詞による接続は、語彙論、文法論、文章論などの特定領域内での対象というよりは意味的な現象として捉え、包括的に扱った方が有効である。

(2) これまでの接続詞研究は、一語は一つの接続機能を担うとしてきた。しかし、一語は複数の接続機能をもつ。

(3) 接続詞語彙による接続には、語の意味レベル、単位と単位の結び方のレベル、テキストにおける談話展開の担い方のレベルという、3種のレベルが認められる。

(4) 〈逆接〉は、語レベルでの意義素として記述できる。

Ⅱ　接続詞の意味・用法と談話展開機能

2．接続詞研究に関する諸説とその問題点

2.1　研究の流れ
従来の接続詞研究を整理してみたい。

明治以降の研究をふりかえると、大きくは二つの流れがあった。一つは文法論における研究、もう一つは文章論における研究である。近年、これに意味論・語用論の観点からする研究が加わった。

2.2　文法論からみた接続詞研究
1973年までの接続詞研究史については、すでに詳細な整理を井手（1973）が行っている。井手は、オランダ語文典にたてられた「接続詞」が、国語の品詞分類にも影響を与えた経緯をまずまとめ、その後の研究における接続詞の扱いを5分類し、概略次のように述べている。「接続詞」という品詞をたてるのが、橋本進吉、木枝増一他。それに対して、山田孝雄、松下大三郎他は、接続詞を副詞であると考えた。また、接続詞を誘導語とみるのは、佐久間鼎。そして、詞と辞の論から接続詞を辞に属するとみるのは時枝誠記である。また鶴田常吉、杉山栄一らは、接続詞を2品詞に分けた。このように、井手（1973）は文法論からみた接続詞研究を総括している。

2.3　文章論からみた接続詞研究
文章論からみた接続詞研究の代表は、市川孝、永野賢、また、時枝誠記であろう。すでに森岡（1973）がこれらについて概観し、また自身の論を述べている。

たとえば永野（1959：78-87）は、文と文との連接関係を「展開型・反対型・累加型・同格型・補足型・対比型・転換型」の7類型に分類。接続詞についても、接続の意味関係からみて「前の事がらを原因・理由とする結果や結末が、次にくることを表すもの。また、事が順調に運ぶ場合のきっかけや

前おきなどを表わすもの。」など七つに分類し、接続詞の分類と文連接の7類型とは対応するとしている。

2.4　意味論・語用論からみた接続詞研究

意味論研究の進展とともに、語の個別の用法を通じて意味分析を行う研究が1980年代よりさかんになった。

また、語用論では坂原（1985）がある。坂原は、認知科学的な立場から、日常言語の推論は言語表現には表れない前提となる知識を必要とすることを述べ、言語使用が省略的であるのに対して言語理解が補足的性格をもっていることに言及した。そして、「解釈を行なうコンテクストを変化させることにより取り消すことのできる意味は、文法によって定まる言語的意味ではなく、使用意味である。言語学では、こうした意味は、語用論で扱う。（23頁）」とし、条件文の意味を考察する中で、譲歩文、擬似譲歩文が、逆接と関係することを指摘している。 意味論研究は、語に内在する意味を記述しようとする過程で、語がもつ用法の多様な広がりを明らかにした。また、語用論では、話し手・聞き手が行う推論の様態と言語表現との関りを射程に収め、知識、暗黙の前提など言語以外の要素をとりこみ、これまでの文章論の枠とは異なるテキスト生成・理解のパラダイムを提示している。

2.5　接続詞研究に関する諸説とその問題点

これまでの研究を概観すると、接続詞は、言語現象としてどのレベルで扱いうる事実なのか、いまだ特定されていないことが分かる。

接続詞は、まず、語という形態によって担われているので、語彙論で扱うことができる。また、接続詞語彙は文を超えて前件と後件を結び、当該の文以前の文意を、当該文の中にもちこむ。この場合、接続詞語彙は後件を含む文内の一要素となるので、その文を対象とすれば、文法論で扱われるべき側面がでてくる。しかしながら、結ぶ前件と後件を均等に観察しようとすれば、これを一文を対象とした文法論の枠で扱うにはそもそも無理があるとも言え

るだろう。また、となりあった二文の連接を主たる観察対象とする文法論的文章論では、段落と段落を結ぶこともある接続詞語彙の考察には不十分であることが指摘できる。そしてまた、文章論における接続詞研究では、まず、文章における接続の型を研究することが先にあって、それを語が担うという順序で考えている。こうした考察方法をとると、一語一語がもつ接続の仕方の異なり、一語がもつ複数の用法という面には光が当てられにくくなる。

このように、あるひとつの枠組みからのみ接続詞語彙を限定して考えることは接続詞の全体像をかえって分かりにくくしている。接続詞は、語彙的事実であり、かつ文法的事実、談話構成的事実である。あるいはまた、言語内的事実であり、語用論的事実でもある。研究にさきだって、このように複数のレベルにまたがる現象としてあることをまずおさえたい。

なお、接続詞がなくても接続という現象は認められる（永野、市川等参照）。では接続詞語彙が何故あるかというと、前件と後件を結ぶ「話手の立場の表現」であるとする時枝（1950：165）と同様の立場をとる。品詞的には「接続詞」をたて、「副詞」とは区別をつけておきたい。

こうした言語現象に対して、ここでは以下のように問題を設定し、論じたい。

3．課題と方法

3.1　一語一機能説への疑問

ふりかえってきたように接続詞研究には幾多の説があるが、しかし、いずれの説にも共通してみられる態度は、一語をひとつの分類基準に属させる分類方法である。

接続詞語彙そのものの分類を提出している論には、永野（1959）市川（1957）塚原（1969）佐治（1970）田中（1984）などがあり、また、多くの文法論的な研究では体系記述の中で、接続詞語彙の例示がなされている。これらの研究では、「逆接の接続詞には『しかし』『けれども』がある」という

記述か、あるいは「『しかし』『けれども』は逆接の接続詞である」という言い方がなされ、一語が複数の用法分類を受けている例を探し出すことは難しい。

これまで、接続詞の分類には諸説あり、定説をみていないのは、実はこうした「一語一機能説」が原因となっているのではないだろうか。

そのように考え、本論では、「語」を手がかりとしてそれら一語一語の接続様態の観察を行うことから出発し、「接続」の本質を考察する、という手順をとりたい。つまりは、「語」によって担われる接続のひとつひとつの様相を見ていくことによって、接続詞語彙による接続とは何か、また、接続が語によって、どのようなレベルでどのように担われているかを観察しようとする。

接続詞は、語、句、文、段落など、さまざまな単位を結び付ける。そこで接続詞による接続は、語彙論、文法論、文章論などの特定領域内での対象というよりは、意味的な現象として捉え、包括的に扱った方が有効だと考えるものである。

3.2 接続のレベルの立体化

「しかし・けれども・ところが」などの語群は共通する意味をもつと感じられる。これらは、従来「逆接・逆態」などと呼ばれてきたものである。これらの語群の中からひとまず、広い用法をもちよく使用される「しかし」を例に述べていきたい。

「しかし」は、沖（1995,1998b）がすでにとりあげている。沖（1995）で明らかにしたのは、次の3点である。

(5)　① 広義の「反対」概念を結ぶこと、これが「逆接」である。
　　　② 「しかし」は、「推論」「対比」「前件評価」の三つの用法をもつ。
　　　③ 「しかし」の3用法は、いずれも、何らかの「反対」概念を結んでおり、語義として〈逆接〉が記述できる。

以下、第4節では、これら3用法を前件と後件の関係すなわち接続詞語彙

が結ぶ単位同士の関係づけレベルでのものと位置づけ、一般化を試みたい。第5節では、沖（1995）で、いわゆる「転換」は「前件評価」の用法に含めるとした点を再考したい。沖（1998a）をふまえ、「転換」はテキスト展開レベルの現象であることを指摘し、単位同士の接続レベルでの用法とどのような関係にあるかを明らかにする。第6節で結論を述べる。

4．単位の関係づけからみた接続

4.1 「しかし」の意味・用法

「しかし」は、次の3用法を持つ（沖1995）。
　(6)　①事故にあった。しかし、怪我はなかった。…………[推論用法]
　　　 ②和菓子は好きだ。しかし、洋菓子は嫌いだ。………[対比用法]
　　　 ③天気予報ははずれた。
　　　　　しかし、どうしてこの頃当たらないのだろうか。

　　　　　　　　　　　　　　　　　　　　………[前件評価用法]

用法①は因果関係の推論が関係し、以下の括弧内に示した省略された部分と、言語的に明示された「しかし」の後件とが反対関係になる。この考え方は坂原（1985）に従っている。
　①′　p（ならばふつうq）しかし〜q
　　　　事故にあった。（ふつう、怪我をする。）しかし、怪我はなかった。
用法②は、空間的な事象に関する発信者のとらえ方を表すもので、次のような図式で考えられる。αとβ、AとBとが反対関係にあるもので、αとβのみ、またAとBのみが反対関係であってもよい。
　②′　　|α　：　A|　　　　|和菓子：好きだ|
　　　　　　しかし　　　　　　　　しかし
　　　　　|β　：　B|　　　　|洋菓子：嫌いだ|
ところで、『国語学大辞典』の「接続」の項では次のように説明されている。この記述は、これまでの接続研究の大体を総括していると考えてよいだ

(7) 前件と後件との接続関係は、前件が後件に対して依存的である条件接続（順接など）から、前件と後件が独立的である対等の接続（並列など）まで、色々の場合がある。条件接続においては、前件が後件に対する条件を表わし、前件と後件との互換は許されない。(井手至)

さて、先行研究では、「しかし」の類は「逆接・逆態」などとして条件接続に分類されてきた。しかし、用法②をみると知的意味のレベルで前件と後件の入れ替えが可能であるので対等の接続をしている。つまり、「しかし」は、必ずしも「条件の接続」専用の接続詞ではなく、いわゆる「対等の接続」も担う用法をもっていることが指摘できる。

　用法③は、①とも②とも異なっている。②とは連続的で「{α：A} しかし {α：B}」と考えられるが、テーマαは後件の文脈にも引き継がれているものの、言語化されるAとBには明確な「反対」関係は見出せない。後件は、「しかし」の直前まで述べられてきた事柄の連鎖を一旦措いて、それに対する発信者の詠嘆や感想がいわば「挿入」されている。佐藤（1987：52）はこの用法を、「(今話している話題とは異なるが、) シカシ私は違うことを言ウ」という表現で簡潔に示したが、当を得ている（括弧は論者）。この用法では、後件の言表態度は「受信者」に対して向けられており、「受信者」と「発信者」が向かいあって「反対」の状況にある。「しかし、いい天気だ」は前件が落ちたこの用法で、副詞化していると考えられる。

4.2　接続の種類

　条件接続は「前件が後件に対して依存的」であるというより、時間的な順序性が関与するために入れ替えが不可能になると考える。対等接続は、時間とは無関係である。ここでは、前者を「時間的接続」、後者を「空間的接続」と呼びたい。そのことで、前者には継起的な性格の接続も含めて考えられるようになる。たとえば「朝起きた。そして、顔を洗った。」は時間的接続、「太郎は赤が好きだ。そして、花子は青が好きだ。」などは空間的接続となり、

Ⅱ　接続詞の意味・用法と談話展開機能

「そして」などの用法の広がりも合わせて捉え易くなる。ここでは、「しかし」の用法に即して二者の命名をこのようにしておく。

　前件評価用法は、「評価的接続」として1種をたてたい。前二者が、命題と命題の関係を示す表現だとすれば、これは発信者の判断を、それが主観だとして後件に提出しようとする。「しかし」ではどちらかといえば周辺的な用法だといえなくもないが、「つまり」などでは、前件を要約・解釈した内容が後件に表われ、発信者の主張を主観だとして提出する評価接続がむしろ主たる用法になる。

　以上述べてきたものは、前件と後件という要素の結び方レベルにおける、接続の種類である。

　なお、〈逆接〉は、意味的には語義レベルのものである。語、句、文、段落という形態のいずれを結んでも〈逆接〉の解釈が成立する。今述べてきたように一語は複数の用法をもっている。だが、その語はあくまでも一語としてのまとまりをなす意味をもち、語の意義素として〈逆接〉は記述できる。

　ちなみに〈逆接〉を意義特徴としてもつ語類が、逆接の接続詞語彙である。

5．文章の構造からみた接続

　接続される前件と後件は、ふつう接続詞の近くにおかれる。特に時間的接続では順序性が関係するので離れた位置にあると前後関係が汲みとりにくくなる。ところが、空間的接続では前件と後件の間に何らかの展開部が挿入されてもさほど意味がとりにくくなることはない。たとえば、次の(8)では、mはMのテキスト的展開部、nはNのテキスト的展開部で、「しかし」は談話構造上mからNに移る位置に置かれているために、「しかし」によって「転換」が起こっているように感じられる。しかしながら、この例では、「しかし」はMとNを反対関係で結んでおり、用法的には「｜名称変更：問題解決する｜　しかし　｜名称変更：問題解決しない｜」という対比用法である（沖1998a参照。なお、用例の記号と括弧は論者が付した）。

(8)【M中曾根首相が本部長をしている政府の「国鉄余剰人員対策本部」が12日の閣議で「国鉄職員雇用対策本部」へと名称変更を決め、国鉄内の「余剰人員対策推進本部」も「雇用対策推進本部」と呼ぶことになった。】【mイメージが悪いから「余剰人員」の文字を削除したのだという。

　広辞苑によると「余剰＝あまり。のこり。剰余」とある。人間に余りも残りもあるはずはなく、なるほど印象の悪いことばだ。】【Nしかし問題は、ただ言葉を言い換えればすむ、というものではあるまい。】

【n政府はこの日の閣議で、分割・民営化案で「余剰」となる6万1000人の再就職計画も決めた。国鉄職員の側からすれば、この数だけ国鉄を去ってゆかねばならないということだ。「余剰人員の1人も路頭に迷わせないのが私の責務だ」と国鉄総裁は語っているが、このところ、「余剰人員」をめぐる暗い話ばかりが伝えられている。】

（天声人語1986年9月13日）

また、次の例でもそこで語り口や文体が変わって「転換」が起こったと感じられる。これら(9)(10)は、後件に相手めあての文がたった前件評価用法である。

(9)　屋久島へ行って「幻の杉」を探しませんかと誘われた。縄文杉みたいな大杉が山の奥の奥にあるらしい、数年前山中で迷った親子が十人でかかえるほどの、恐ろしいような杉にであったというが、それが幻影であったのかどうか確かめたい、島出身の知人がそういう。

　おいしそうな話なので、同行した。島の若い人たちにまじって二晩、雲霧に包まれた深奥の森にテントをはり、巨樹を探した。道のない尾根から谷へ、谷から尾根へと歩き回り、正直いって心臓がのどからとびでる思いだった。

　しかし屋久島という島の、この緑のゆたかさはどうだろう。深い緑、若やいだ緑、天空にひろがる緑、地をはう緑、おどろおどろしい形の風倒木や切り株をおおうコケの緑、そのコケに根をおろす幼樹の緑、

Ⅱ 接続詞の意味・用法と談話展開機能

　　　雨にぬれて光る緑、一瞬の晴れ間にきらめく霧の中の緑。（天声人語
　　1985年3月29日）
　(10)　杉浦「一応、読者を想定して、はい、いつも書いてますけど。」
　　　　宮本「やっぱり。しかし、その「はい」っていうの、やめてくれ
　　　　　ません？」　　　　　　　　　　　　　　（浜田1995から転載）

　転換は、文脈が挿入されていることによって結果的に転換を果たす例（文脈挿入用法：例(8)）と、別の文章様式にずれる形で「しかし」の後件が表れて転換が感じられる例（文体変換用法：例(9)(10)）の少なくとも2種が認められる。

　これまでの研究では、言ってみれば、「転換」は「条件接続」「対等接続」と並びたつ第3の分類であった。しかしすでに述べたように、前件と後件の結び方自体は(6)にみた単位接続レベルの用法で説明できる。そこで、単位接続のレベルと、テキストにおける接続のレベルを区別し、「転換」を後者のものとして位置づける。

6. 接続のレベルと用法の分布そして語義

　以上述べてきたところをまとめたい。
　「しかし」を例に、接続のレベルと用法の分布を整理してみると図1のようになる。
　テキストの意味は非分節的であり、言語記号が有する字義通りの意味を超えたところに存在する。テキストとは意味的単位体であるので、テキストの構造といった場合には、意味構造を指すことになる。こうしたテキストレベルの意味は一元的ではなく、複雑な重層的意味構造が認められ、そのすべてを記述的に尽くすことは不可能である。また、テキストの意味構造は、空間的な構造を示す面も持つし、自身の言語的文脈を資源としながら時間軸にそった展開的構造を示す面も持ち、単純ではない。
　そうした意味構造のうち、本論と関係するところをとりあげてみた。接続

第1章　接続詞は何を結ぶか

詞という語詞が直接的に支配する前件と後件の意味的まとまりのあり方を、図1では「単位レベルの接続」とした。また、「テキストレベルの接続」は、テキストの意味構造に関わる接続様態を指している。

図1　「しかし」からみた接続のレベルと用法の分布

単位レベルの接続	語のもつ用法 （用例）		テキストレベルの接続	他品詞との関係
時間的接続	推論用法 （事故にあった。 しかし、 怪我はなかった。）		転換接続	→ 副詞と相通
空間的接続	対比用法 （和菓子は好きだ。 しかし、 洋菓子は嫌いだ。）	文脈挿入用法 〔＝転換用法１〕 （用例(8)）		
評価的接続	前件評価用法 （予報ははずれた。 しかし、どうして 当たらないのか。）	文体変換用法 〔＝転換用法２〕 （用例(9)(10)）		

7．おわりに

　以上、一語一機能説を再考してみることで、図1の知見が得られた。この枠組みは、他の接続詞を分類する場合にも有効に働くと信じるが、接続詞語彙全体を見渡した最終的な分類は改めて論じたい。
　また、「しかし・けれども・ところが」などは、〈逆接〉という意味を共有するものであるが、語は、それぞれ独自の意味を持っている。そうした各語の意味の違いが、さらにきめこまかい差を表現していく。これについては語義の問題に入る。
　接続助詞による接続も逆接を担うが、時間の認め方の点で別に論じなけれ

Ⅱ　接続詞の意味・用法と談話展開機能

ばならないこともある。今後の課題として残したい。

参考文献

市川　孝（1957）「文章の構造」岩淵悦太郎他監修『現代国語学Ⅱ』筑摩書房
井手　至（1973）「接続詞とは何か─研究史・学説史の展望」『品詞別日本文法講座6　接続詞・感動詞』明治書院
沖　裕子（1995）「接続詞「しかし」の意味・用法」『日本語研究』第15号　東京都立大学国語学研究室　[本書Ⅱ、第3章として収録]
沖　裕子（1998a）「接続詞と接続助詞の「ところで」─「転換」と「逆接」の関係性─」『日本語教育』第98号　日本語教育学会　[本書Ⅱ、第6章として収録]
沖　裕子（1998b）「チャレンジコーナー」『月刊言語』第27巻第9号～12号　大修館書店　[第9～10号を再編し、本書Ⅱ、第2章、第3章補説として収録]
坂原　茂（1985）『日常言語の推論』東京大学出版会
佐竹久仁子（1986）「「逆接」の接続詞の意味と用法」宮地裕編『日本語研究（一）現代編』明治書院
佐治圭三（1970）「接続詞の分類」『月刊文法』第2巻第12号　明治書院
佐藤恭子（1987）「接続詞の分類について」『名古屋学院大学外国語教育紀要』名古屋学院大学外国語教育研究センター
田中章夫（1984）「接続詞の諸問題─その成立と機能」『研究資料日本文法　第4巻　修飾句・独立句編　副詞・連体詞・接続詞・感動詞』明治書院
塚原鉄雄（1968）「接続詞」『月刊文法』第1巻第1号　明治書院
塚原鉄雄（1969）「連接の論理─接続詞と接続助詞」『月刊文法』第2巻第2号　明治書院
塚原鉄雄（1970）「接続詞─その機能の特殊性─」『月刊文法』第2巻第12号　明治書院
時枝誠記（1941）『国語学原論』岩波書店
時枝誠記（1950）『日本文法　口語篇』岩波書店
時枝誠記（1955）『国語学原論　続編』岩波書店
時枝誠記（1960）『文章研究序説』山田書院（復刻1977『時枝誠記博士著作選Ⅲ』明治書院）
永野　賢（1959）『学校文法文章論』朝倉書店
永野　賢（1972）『文章論詳説』朝倉書店

永野　賢（1986）『文章論総説』朝倉書店
浜田麻里（1995）「トコロガとシカシ：逆接接続語と談話の類型」『日本語教育論集　世界の日本語教育』第5号　国際交流基金　日本語国際センター
松下大三郎（1928）『改撰標準日本文法』（1930年訂正版により1974年勉誠社復刻）
宮地　裕（1983）「二文の順接・逆接」『日本語学』第2巻第12号　明治書院
森岡健二（1973）「文章展開と接続詞・感動詞」『品詞別日本文法講座6　接続詞・感動詞』明治書院
森岡健二（1994）『日本文法体系論』明治書院
森重　敏（1970）『日本文法通論』風間書房
森田良行（1988）『基礎日本語辞典』角川書店
山田孝雄（1908）『日本文法論』寶文館
渡辺　実（1971）『国語構文論』塙書房

引用言語資料
朝日新聞社（1992）『朝日新聞―天声人語・社説 増補改定版（英訳付）1989～1991』日外アソシエーツ株式会社（電子ブック）

〔付記〕　論者の言語経歴は次の通りである。1～18才、長野県松本市。18～27才、東京都杉並区、世田谷区。27～32才、和歌山県海南市。32～38才、奈良県奈良市。38才～、長野県松本市。以上、本書第Ⅱ部では、意味分析を行うので、記す。

第2章　談話における形と意味のありかたについて
――逆接表現の考察から――

1．はじめに

　談話は、文字列が担う字義通りの意味を超えた意味を有する意味的単位体である。談話を表現という観点からとらえると、発信者が表現主体として有する意識的、無意識的意図のもとにその談話が生成されている。談話は発信者の意図が関与した意味的単位であり、また、受信者は談話を手掛かりに発信者の意図した表現内容を解釈、理解しようとする。

　談話の表現内容を示す意味のレベルと、談話という形態を実現している言語形式（単語、句、節、文、文連接）が有する意味のレベルはどのような関係にたつのだろうか。言語形式として実現されたひとまとまりの談話という形態から、どのように、その言語形式という形態を超えた意味内容のレベルが存在しうるのだろうか。こうした疑問について、逆接表現を一対象とし、考察してみたい。

2．反対語という解釈・見立て行動

2.1　談話と反対語

　言語学は、自律的な体系として観察可能な範囲を研究対象として限定し、大きな成果をあげてきた。しかし、言葉を使うという観点からみると、そこには特定の言語集団に属する発信者と受信者がおり、使用される場面や心理、知識など、体系外の要因が関与している。以下にみる反対語は、この仕組みを理解しなければ意味のあり方がうまく記述できないもののひとつである。

第2章　談話における形と意味のありかたについて

2.2　反対語の種々相

たとえば「そば―うどん」「鳶―鷹」などのような、文化的な知識を背景に成り立つ反対語がある。「そば―うどん」は「常食する和風の麺類」という点で共通しており、その典型である両者が、「そば」でなければ「うどん」、「うどん」でなければ「そば」、という相補的な反対関係で捉えられている。また、「鳶―鷹」は、「人物の力量」という上位概念を共有し、「鳶」は凡庸、「鷹」は傑出した人物の比喩であるという知識を下敷きに、「平凡―非凡」という反対関係が成立している。「鳶が鷹を生む」などの成句からも反対関係は容易に知られる。

さらに次のような例もあげられる。

(1)　上位概念　：部屋の様式
　　　反対語　　：和室―洋室
　　　反義　　　：在来（前・旧）―外来（後・新）
(2)　上位概念　：家の貸借者
　　　反対語　　：大家―店子
　　　反義　　　：貸す―借りる
(3)　上位概念　：ピッチャーの投球結果
　　　反対語　　：ストライク―ボール
　　　反義　　　：あたり―はずれ

意味論的に見ると、反義とは、共通する意義素を持ち、意味特徴の少なくとも一つが反対の関係にある二語のことである。したがって、反義語は類義語の一種になる。

2.3　意味論的反義と解釈的反義

典型的な反義には、相補関係、相対関係、反照関係などがあることがよく知られている。「男―女」「表―裏」などは、一方の否定が他方を表す相補関係にたつ反義対である。「大きい―小さい」「おいしい―まずい」「好きだ―嫌いだ」などは、性質や程度などの連続した特徴を表す領域の語彙で、一方

Ⅱ　接続詞の意味・用法と談話展開機能

の否定が必ずしも他方にはならない。これらは形容詞などに多く見られる相対関係の反義対である。また、「教える―教わる」「売る―買う」「上り坂―下り坂」「先生―生徒」などは、視点をかえてものごとを見ることによって取り出される反照関係にたつ反義対である。

　以上は、否定、状態性、視点などから、両者の関係を抽象的に取り出して整理できる、単語の意味世界の内部で分類可能な反義といえるであろう。ところで、「2.2」で取り上げたのは、そうした基本的な反義対ではない。具体名詞に意味論的反義関係を読み込んで成立する反義対、という種類のものである。

　先に例をあげた「大家―店子」「ストライク―ボール」などは、個々の単語の意味を学習すれば、それらを反対語として結びつけることはさほど難しくない。「貸りる―借す」「あたり―はずれ」という基本的な反義の読み込みは容易である。

　しかし、たとえば「鶴―亀」のように、「鶴」と「亀」の単語の意味を知っていただけでは母語話者の持つ反対語意識が理解できないものもある。鶴は千年生きる、亀は万年生きるという寓意的知識や、「鳶―鷹」のように「鷹」が傑出した人物の暗喩となることなどの、言葉にまつわる知識が必要である。

　母語話者集団にとっては自然に身についた知識であるが、それらを知らなければ反対語として対を結ぶことができない。簡単そうにみえる「そば―うどん」も、日本で常食される麺類に関する言語外の知識がなく、また、その両者が「そば？　うどん？」などと対比的にとりたてられることが多いという運用・使用上の経験的知識がないままに、単語の意味を個々に覚えただけでは、それらを反対語として見立てることは難しい。

　先の「和室―洋室」の例は、現代日本の部屋の様式を観察することによって知る対立である。ところが、料理の様式となると「和―洋―中（華）」の三語がセットとなる。「和―洋―中華―エスニック」という四語を対比させるサブ言語集団もあるかもしれない。「そば―うどん」も、「きしめん」の常

食地域では二語対立とは異なっている可能性もある。また、上位概念の設定の仕方自体も、文化的な影響を受けることがある。人間の性別には基本的に「男―女」しかないが、「言語における性」という上位概念を設定すれば「男性―女性―中性」という三語がセットになる言語慣習もあるからである。

2.4　文化理解に支えられる言語解釈

　このように、ある種の反対語は、ある言語集団の物の見方に関する意識に依存し、その文化の概念構造によって対語として想起されるものである。そして、共有する上位概念を設定しなければ、下位に位置づけられる語をとりたて、関係づけることはできない。

　また、具体名詞の場合は特に、ことばの意味それ自体の中に反対関係があるというよりは、その語が指し示す事柄の情報の中に使用者が反義を見出していくという性格をもっている。従って様々な事柄を関係づけて反対関係を見出すためには、深浅があるにせよそこに必然的に解釈や見立てという行為が働く。解釈や見立ては、単語の意味世界の内部で処理可能な基本的な反義の世界を中核としながら、言葉を使う人間によって行われる言語行動であり、表現のレベルを扱う談話論にもつながる性格を有している。

　反対語がなぜそうした対を成すのかは、その言語集団に属する人間にとっては、かなりな程度自明なことである。しかし、当該の母方言話者でない場合や、外国語としてその言語を学ぶ場合、あるいは特定の専門領域に携わる人のみが知りうるような物の見方に関わる場合、そうした言語集団に属さない人にとっては反対語の対を言語的知識として学び、覚えなければならない。

3．逆接表現の生成と解釈

3.1　逆接接続語使用による反対概念付与

　「落語は好きだが、漫才は嫌いだ」のような例をみよう。「落語―漫才」は、単語それ自体としては反対語ではない。話芸という集合の中で同類項をなす、

Ⅱ　接続詞の意味・用法と談話展開機能

類縁語と呼ばれるものである。ところが、それらが「〜だが、〜だ」という逆接の文脈で使用されると、両語に反対関係が読みとられる。

　また、「見る」と「する」も単語レベルでは反対語ではない。ところが、逆接表現を用いて、(4)のようにすると、そこに反対関係が生じる。

　　(4)　スポーツは、見るのはよいが、するのは嫌だ。

さらに、(5)のような逆接表現の例では、「文面─字」という類縁語にも反対関係が見出される。

　　(5)　この手紙は、文面はよいが、字はよくない。

　さて、(4)(5)では、それぞれどんな反対関係が表現されているだろうか。また、これらのことから逆接、あるいは逆接表現というものの性格についてどう説明できるだろうか。

　(4)の後件「するのは嫌だ」は、「自らスポーツをすることは嫌だ」の意である。また、前件「見るのはよい」には、「自らスポーツをしなければよい」という主張が含まれていると解釈される。そこで、「スポーツの自らの実践」という上位概念に対して、「実践しない─実践する」という対立点を見出し、本来の「見る─する」が持つ語の意味に加えて、相補関係にたつ反対関係を表現したと解釈される。

　(5)は、「もらった手紙の性格」に関して主張がなされている。「文面」は表現された内容、「字」は表現された媒体を指すと解釈される。そこで、「文面─字」という語の意味に加えて、「なかみ（内側）─みかけ（外側）」という相補関係に立つ反対関係を表現したという解釈がたつ。

　以上の観察を通じて、「逆接」とは、〈逆接〉の意義を有する語を使用することにより担われる表現のあり方を指したものであり、事柄に反対関係を見出した発信者の認識のあり方を伝える、「表現」レベルの仕組みを問うものであることが分かる。その意味で、前節でみた、単語レベルの意味世界の帰結から得られる反対語とはいささか異なった側面がみられる。

第2章　談話における形と意味のありかたについて

3.2　言語の創造的使用

　個人にとって、単語は所与の世界に属す。語形も、語形が切りとる意味のあり方も、個人で勝手に変えることはできない。たとえば、現代日本語では「蝶」というものを指すのに、／チョー／という語形で、「蛾」を含まない〈蝶〉を指すということはすでに決まっている。語形と意味の結びつきは、本来は恣意的なものであるが、ある個人にとってはすでに与えられたもので、それを使うほか選択の余地はないものである。なぜなら、言葉が通じるためには、その言語集団に属する発信者と受信者のあいだで、生成・解読コードにくいちがいがおきないようにしておかなければならないからである。特に意味を担う最小の単位である単語は、談話を組み立てる部品として、言語集団の成員間で記号の同一性が保証されていないと、不都合が起こる。

　しかし一方、言葉というものは、一回一回異なる、人間の、自由な新しい認識や感情を語り合うために存在するものである。単語の固定された指し示し方だけに依存していたのでは、語が指す限りのものしか表現できないことになってしまう。

　こうした要請に応えて、人間の言語は、単語を組み合わせてさらに大きな単位を作ることを可能にし、複雑な内容を表現できるような仕組みを発達させてきたのだといえよう。それでは、創造的に「表現」を使用することができるのは、言語のどのようなしくみによっているのであろうか。

3.3　逆接の意味型を担う言語形式の多様性

　さて、「3.1」にあげた「〜だが、〜だ」という逆接表現は、発信者が、事柄に対して、共通する上位概念を設定し、少なくとも一点に反対の関係で対立する特徴を見出していることを伝えるのが、その本質である。

　「スポーツは、見るのはよいが、するのは嫌だ」という文では、いっけん「見る—する」という語が対比されているように見えるが、たとえ次のように叙述された場合でも、そこで表現したい内容の骨組みは、先の解釈に記したのと同様の反対関係であることに変わりはない。

113

(6) スポーツは、自分で直接しないでビールでも飲みながら見るだけならよい_が_、暑いなか体を動かして汗まみれになるのは嫌だ。

　逆接表現には、接続助詞を用いて複文で表現する「〜だが、〜だ」だけではなく、「〜だ。<u>しかし</u>、〜だ」など、二文連接で接続詞を用いるものもある。そして、前件と後件が語であっても、句、節、文であっても、さらには段落であっても、そこに反対関係の認識を表現することができる。つまり、語以上の階層にある単位であれば、それがどのような形式であれ、前件と後件に、発信者が考える、事柄に関する反対関係の認識が表現できることでは共通しているのである。

3.4　理解行動における言語形式への意味付与

　ところで、このことを理解の方向から見なおしてみたい。逆接表現で表現された場合、受信者の側からすると、そこに反対関係を解釈して探そうとする言語行動がおきる。たとえば次の例をみよう。

(7) 鯨は好きだ_が_、電線は嫌いだ。

「鯨—電線」は、類縁語ですらない。しかし、そのような前件と後件の結びつきに対しても、文脈を推察して解釈をしようとするものである。たとえば、「命のあり方」を上位概念として、「生きている—生きていない」という対比を表現しようとした、という解釈も一例として可能であろう。「が」という語を使用することによってそこに逆接表現型を認め、表現されている内容を読み取ろうとする意味付与行動が起きるのである。もし、意味を汲み取ることが様々な点で困難であっても、大抵は、発話場面や前後の言語的文脈の中で、解釈ができるだけ一義的に決まるように双方無意識の協力をしながら談話は進行していくことが多い。

4. 「しかし」による逆接表現の型とそれを担う言語形式

4.1 対比的逆接を例として

「しかし」について観察したい。「しかし」で担われる逆接には3種あり、ひとつは(ア)のような意味構造をなしている。具体例として①があげられる。

　　(ア)　|α　：　A|
　　　　　　　しかし
　　　　　|β　：　B|

①和菓子は好きだ。しかし、洋菓子は嫌いだ。

　　　　|和菓子　：　好きだ|
　　　　　　　　しかし
　　　　|洋菓子　：　嫌いだ|

さて、①はαとβ、AとBにそれぞれ広義の反対関係がみられるタイプである。このほか、αとβのみに反対関係がみられABは同内容の叙述であるタイプ（②とする）、αβは同内容でAとBに反対関係がみられるタイプ（③とする）、がある。①②③タイプの逆接表現の例を、接続詞「しかし」を用いてそれぞれ以下に2例ずつあげる。ちなみに、①や②に比べて、③タイプの例は少ない。③は、αとβが同じものでありながら、Aと反対関係にあるBを同時にそなえていなければならないからである。「母は厳しい。しかし、母は優しい。」「この液体は薬になる。しかし、毒にもなる。」のように、あるものに関して相反する性質が同時にみつかるような場合が③にあたる。

　　①上りは苦しい。しかし、下りは楽だ。
　　　そとは暑い。しかし、なかは涼しい。
　　②和菓子は好きだ。しかし、洋菓子も好きだ。
　　　行きは大変だった。しかし、帰りも大変だった。
　　③母は厳しい。しかし、母は優しい。

この液体は薬になる。しかし、毒にもなる。

4.2 逆接表現型にみる言語形式の多様性

逆接表現は、どのようなテキストレベルの意味のありかた（型）によって担われているのだろうか。

さて、ここでは、

　　（ア）　|α ： A|
　　　　　　　しかし
　　　　　　|β ： B|

のような |α：β| と |A：B| という二項もしくはどちらかの一項に反対関係が見出される型を、逆接表現の典型的型のひとつとして捉えた。しかし、単語や文のレベルと違い、「表現」というレベルに形態論を持ち込むことはなかなか難しい仕事である。

次のような例をみよう。

(8)　兄のところに産まれた子供は女だった。しかし、姉のところに産まれた子供は男だった。

上記の例は①タイプの逆接表現であるが、「兄のところに産まれた子供」「姉のところに産まれた子供」全体が対比されている。しかしそこに明確な反対関係が認められるのは、補文で表現される内容に「兄ー姉」という反対語が含まれるからである。(8)は、「|α：A| しかし |β：B|」の型の、項がそのまま単語という言語表現となって現れた(9)のような例とは異なっている。

(9)　上り（α）は苦しい（A）。しかし、下り（β）は楽だ（B）。

また、次のような例ではどうだろうか。清水幾太郎氏の名著『論文の書き方』の一節から引用した。千字でまとめる紹介文を書くのに読書ノートをとって読んだ、という下りである。

(10)　（略）当然の話であるが、丹念に読んで行けば、読んで行くほど、重要な論点が次から次へと現われて来る。逸し難いと思われる個所

が続々と殖えて行く。それは私の頭に充満し、ノートを埋めてしまう。読むだけなら、それでよい。しかし、読むことだけが私の仕事ではなく、私は紹介の文章を書かねばならないのである。(同書3～4頁)

傍線を引いた部分は、文字通りの意味だけを追っていったのでは、著者が言いたいことを把握できない。「しかし」という逆接の接続詞を用いて筆者が言いたかったことは、次のことである。

(10′)　読むだけなら、それでよい。しかし、書くためにはそれではよくない。

4.3　言語形式として表現されない意味を知る

　単語という単位では、形式と意味の結びつきは、その言語共同体の成員にとっては明らかである。また、文という単位でも、有限に収斂する文生成の規則によって、文の字義どおりの意味はまぎれなく担われる。ところが単語や文に比べると、文章や談話（テキスト）は、書かれたり話されたりしたことの総和であるから、全体量が大きくなる。また、発信者と受信者の関係の中で生成されるので、単語や文のように、発話の場から切り離してそれ自体を閉じた抽象体として想定することすらもできにくい。

　そこで、テキストという全体を扱う前に、テキストを構成するユニットのひとつである「逆接表現」という小単位のテキストレベルの意味と、記号化された言語形式が有する形と意味をどう考えるかということが、ここで問題にしたいことである。

　逆接表現に関していえば、そのひとつの答えが、「逆接表現の型」という、典型を設定する方法である。①②③タイプに下位分類される(ア)という典型的型は、取り出された抽象的な枠組みである。その意味の枠組みに従って、発信者があることを述べようとしている限り、α、β、A、Bという項には、語以上の階層にあるどんな単位の言語形式によって記号化された文字列が盛り込まれても、逆接表現として機能する。

Ⅱ　接続詞の意味・用法と談話展開機能

　受容・理解活動からこれを逆にみると、枠に盛られた表現から発信者の意図を汲みとるには、字義通りの意味を読むだけでは不足する場合がでてくる。たとえば、先の(10′)は用例(10)下線部の要約でもあるが、こうした要約的読解は、知識や文脈などを手がかりに発信者の意図や内容を理解したうえで、意味的にも記号的にも短く再構築しなければならない。複雑な表現になればなるほど、的確に短く読み解くのが難しくなるのである。

4.4　逆接と順接の別は語が担う

　さて、(ア)は、「しかし」という逆接の接続詞だけではなく、「そして」という順接の接続詞でも連接可能である。しかし、その場合、同じ型であっても、表現全体の意味が変容する。

　　(11)　和菓子は好きだ。しかし、洋菓子も好きだ。

　　(12)　和菓子は好きだ。そして、洋菓子も好きだ。

　(11)の用例では、発信者は「和菓子」と「洋菓子」に反対の特徴を見出している。一方(12)では、発信者は「和菓子」と「洋菓子」を、「菓子」という集合に属する類縁語として認め、表現している。このような全体の意味の違いは、「しかし」を用いるか「そして」を用いるかによって生じている。つまりは、テキストレベルの構造的意味型は相同であっても、接続詞を使用すると、その語のもつ意義によって表現型全体の有する意味が変容する。発信者という主体がとらえる事態の捉え方を表現する語として接続詞を位置づけることができるというのは、こうしたことを指しているのである。

　なおまた、(13)のように接続詞を用いない表現も可能である。

　　(13)　和菓子は好きだ。洋菓子も好きだ。

この場合の解釈は、前後の文脈から決定されるか、もしくはあいまいになる。

参考文献
沖　裕子 (1995)「接続詞「しかし」の意味・用法」『日本語研究』第15号　東京都立大学国語学研究室　[本書Ⅱ、第3章として収録]

河上誓作（1987）「対義と否定」『日本語学（特集対義語）』第6巻第6号　明治書院
坂原　茂（1985）『日常言語の推論』東京大学出版会
佐藤信夫（1992）『レトリック認識』講談社
田中章夫（1987）「対義構造の性格」『日本語学（特集対義語）』第6巻第6号　明治書院
宮地敦子（1970）「対義語の条件」『国語国文』39巻7号
宮地　裕（1983）「二文の順接・逆接」『日本語学』第2巻第12号　明治書院
村木新次郎（1987）「対義語の輪郭と条件」『日本語学（特集対義語）』第6巻第6号　明治書院
毛利可信（1987）「対義語、類義語・類縁語」『日本語学（特集対義語）』第6巻第6号　明治書院
森岡健二（1982）「対義語とそのゆれ」『日本語学』第1巻第1号　明治書院
森岡健二（1987）「私の対義語観」『日本語学（特集対義語）』第6巻第6号　明治書院
森田良行（1989）『基礎日本語辞典』角川書店

引用言語資料
清水幾太郎（1959）『論文の書き方』岩波書店

第3章 接続詞「しかし」の意味・用法

1. はじめに

　現代共通日本語を対象として、「しかし」が有する語義を記述したい。
　本論では、「しかし」がどのような用法を持っているか再考し、またその複数の用法的特徴を超えて、「しかし」が一語として持っている共通した意義素について言及する。
　「しかし」はこれまで多くの文法論の中で「逆接の接続詞」として説明されてきた。しかし、逆接とは何か、必ずしも定説をみていない。その点についても触れる。

2. 「逆接」とは何か

　実際の意味分析に入る前に、「逆接」とは何かについて考えを示しておきたい。
　「しかし」は、逆接の接続詞と説明されることが多いのだが、「逆接」について統一した説明はなされていない。本論では、「しかし」は「反対」概念を結び付ける接続詞であると定義する。
　「反対」とは何かについては、反対語（または反義語・対義語などとも。以下便宜的に反対語で統一する）の研究を通じて、すでに村木（1987）、森岡（1982,1987）などが、その輪郭を明らかにしている。
　村木は、反対語を、以下の6種に分けた。
　　相補分布による反義対
　　両義性にもとづく反義対

第3章　接続詞「しかし」の意味・用法

　　程度性をもつ反義対
　　視点がらみの反義対
　　変化に関わる反義対
　　開いた反義対

　また、森岡 (1987) が、「火―水」「鷹―鳶」「天―地」という対は、「熱い―冷たい」「上等―下等」「上―下」など具体名詞を比喩的に用いて抽象世界の対義関係を示したものと説明している。そして、森岡 (1982) では、「山―川」「鶴―亀」「パン―バター」というような対を「セット語」と呼んでいる。

　具体名詞の比喩的用法、及び、セット語は確かに反義ではない。ただし、「しかし」の結び付ける「反対」概念を説明するためにはこれらも含めておいた方が都合がよい。また村木の示した「全体―部分」「一般―特殊」「国公立―私立」のような「開いた反義対」も、狭義の反義とはいえないがここでは含めたい。

　こうした概念を「反対」と呼び、「しかし」はこれら「反対」概念を何らかの方法で結び付ける働きをしていると考える。これが、いわば「しかし」に関する「逆接」の意味的説明である。

　逆接を、Aと否Aとを結び付けるとする考え方もある（岩澤1985）。否定は反義と密接に関係はするが、「しかし」が結ぶのは必ずしも否定関係のみではなく、先に述べた「反対」という、より広い概念が関係している。

　「しかし」が反対概念を結び付ける仕方を意味的・形式的特徴から分類すると、以下2種3類が得られる。

```
 ┌ 直列的判断 ──── { 推論
 │
 └ 並列的判断 ──── ┌ 対比
                    └ 前件評価
```

　「直列的判断」とは、坂原 (1985) が提示した

　　pのときは、普通～qであるが、意外なことにも、qである

のように、条件文に基づいた因果関係を推論する判断を指して用いる。これを下敷きとして、

Ⅱ　接続詞の意味・用法と談話展開機能

　　　p しかし q

のように使用される。この場合、〜q と q とが反対概念として背景的に認められる。

　一方「並列的判断」とは、以下のような連接上の形式を持つ判断様式を指して用いる。

　　　｜α　；　Ａ｜
　　　　しかし
　　　｜β　；　Ｂ｜

α と β、または Ａ と Ｂ のいずれか又は両方に「反対」概念が対置させられているのが「対比」である。そして、以下のような形式をとり、内容上特に反対概念が見出せない場合もあるのが「前件評価」である。

　　　｜α　；　Ａ｜
　　　　しかし
　　　〔｜α　：　Ｂ｜　話し手・書き手→聞き手・読み手〕

｜α；Ｂ｜にはどんな文の種類が来てもよい。しかし、最も特徴を捉えた例は｜α；Ａ｜が事実描写で｜α；Ｂ｜が主張・感想の場合である。｜α；Ｂ｜は、暗々裡に話し手・書き手の主張を述べるもので、それは「聞き手・読み手」に対して主張されている。「聞き手・読み手は α について、Ｂ と考えることはないかもしれないが、私は Ｂ と考える」という主張がなされている。「しかし」が反対を結ぶことを基本義とするならば、「前件評価」では内容上「反対」概念が明確には出てこない。これはモーダルな面で「話し手・書き手（の主張）」と「聞き手・読み手（の主張）」を「反対（セット的反対）」と捉えて、「しかし」が選択されたものと考えるのである。よく話し言葉に見られる「転換」といわれる用法は、「前件評価」に含める。

　本論では、「しかし」に大きくこのような3用法を認め、それぞれ「推論のしかし」「対比のしかし」「前件評価のしかし」と名づける。これらは、「しかし」の語義として認められる中心的意義をもとに派生される3用法である。なお、「しかし」が談話管理上持つ機能的意味は、これとは別に扱う

立場をとる。

以下、3用法について分類整理し、それぞれ節を分けて述べて行く。

3．推論の「しかし」

3.1　条件文・譲歩文と「しかし」

坂原 (1985) は、日常言語の推論を包括的に扱ったが、「しかし」についても重要な新しい指摘をしている。主要な点は、譲歩文と「しかし」の使用とが関係することを明らかにしたことである。

譲歩文は、条件文の推論から導きだされる。

　　pならばq

という条件文の最も正統な否定、

　　pであってもqでない

を譲歩文と考える（坂原1985：124）。また、条件文だけではなく、理由文、反事実的条件文についても、暗黙の前提が満たされないときにそれらは否定され譲歩文になる。

　⑴　藤田は頭が悪すぎるから（r）、
　　　いくら勉強しても（p）、
　　　志望大学には受からない（q）。〔用例は坂原〕

rは暗黙の前提で、⑴は譲歩文である。このpとqの間に「しかし」が挿入される。ちなみに、

　⑵　藤田はいくら勉強しても、頭が悪すぎる。

のような文は擬似譲歩文とし、語用論的な扱いを施して、通常の譲歩文と分ける（坂原1985：157）。

また、「p，しかし，q」とは、

　　pのときは、普通～qであるが、意外なことにも、qである

を意味しており、逆接の接続詞「しかし」は、この語によって結びつけられる命題が（暗黙の前提によって）通常両立不可能であるという含みを持つ、

とする（坂原1985：144-145）。 要約すれば、「しかし」は条件文の前件と否定された後件とを結ぶため、「条件文の文の否定である譲歩文と関係する」と坂原は指摘したのである。

従って「しかし」は譲歩文と関係して、次のような位置に現れることになる。

(3) 勉強した。しかし、志望大学には受からなかった。

(4) 勉強した。しかし、頭が悪すぎる。

ここで実例を捜せば、(5)がこのタイプの「しかし」である。

(5) 誰にでも理解出来る言葉で私は書かねばならない。今度は外国文献が相手ではない。日刊新聞なのであるから、万人が関心を持つようなアクチュアルな問題を自分で探し出さねばならない。もちろん、毎日、内外大小の事件が発生しているのであるし、私はそこから好きな問題を選べばよいのであるから、自由と言えば、これほど自由なことはない。しかし、そうなると、一体、どれをテーマに選んだらよいのか、なかなか決心がつかない。あれも駄目、これも工合が悪い、ということになる。（論：12）

この用例(5)は、

(6) ｛自由である（p）｝ から、普通 ｛決心がつく（q）｝

　　　　　　　　　　　　　　意外なことにも｛決心がつかない（〜q）｝

という推論の中で、前件pと後件qを「しかし」が結んでいる。

(7) 自由である（p）。しかし、決心がつかない（〜q）。

3.2　qが文の場合

坂原が指摘した意味分析を敷衍すれば、qに文が来た場合も「しかし」の使用と関係する。

譲歩文 ｛r（暗黙の前提）、pであっても〜q｝ に関して、前提rを前件Pとし ｛pであっても〜q｝ という譲歩文そのものを後件Qとする。

　Pのときは、普通〜Qであるが、意外なことにもQである

が「しかし」の意味であった。すると、譲歩文｛pであっても〜q｝の否定は条件文｛Pならばq｝に戻る。そこで、

(8)　｛藤田は頭が悪い（P）｝普通｛勉強しても、志望大学に受からない（Q）｝
　　　　意外なことにも
　　　　　　　　　　｛勉強したら、志望大学に受かった（〜Q）｝

というように考えると、

(9)　藤田は頭が悪い。しかし、勉強したら、志望大学に受かった。

という文ができる。

｛勉強したら、志望大学に受かった｝はテンス過去で表現された「結果」である。次のように非過去でもよいが、その場合は、「意外なことにも」という「含み」は消えてしまう。

(10)　藤田は頭が悪い。しかし、勉強すれば、合格する。

(9)(10)は前の(3)とは推論内容が変わる。

(3)　勉強した。しかし、志望大学には受からなかった。

は「藤田は頭が悪い」を暗黙の前提としてと考えるために譲歩文となった。従って(3)は｛勉強する｝ことより、暗黙の前提｛頭が悪い｝の方が、条件的には強いと考えている。それに対し、(9)(10)では、｛勉強する｝ことの方が、暗黙の条件｛頭が悪い｝よりは強いと考えられている。

実際の文連接の中でテンスの関る意味は大きいが、これ以上の検討は今後の課題としたい。

類例として他に以下のようなものをあげることができる。比較のためにあげたcは、譲歩文からできた「しかし」である。

(11)　a　人間は弱い。しかし、志を高く持ったので、成長した。
　　　b　人間は弱い。しかし、志を高く持てば、成長する。
　　　c　（人間は弱い。）志を高く持った。しかし、成長しなかった。

(12)　a　今年の風邪のビールスは強力だ。しかし、うがいを頻繁にしたので、治った。
　　　b　今年の風邪のビールスは強力だ。しかし、うがいを頻繁にすれ

ば、治る。

　　c （今年の風邪のビールスは強力だ。）うがいを頻繁にした。しかし、治らなかった。

4．対比の「しかし」

　「対比の用法」を「しかし」が持つことは、これまでも指摘されている。ところが説明は様々である。例えば岩澤（1985：41）は「逆接関係を示す用例の中で、特にAと否Aの対立を強調する用法」と述べ、森田（1980：191）は「前件の内容を述べたうえで"それに対し"と、全く新しい事実や意見を出して対照させる」と述べている。両者は、あげる用例も説明も異なっている。

　本論が主張する対比の「しかし」とは、以下のような形式的特徴を持ち、αとβ、AとBのいずれか又は両方に「反対」概念が対置させられるタイプである。

　　　　｜α　：　A｜
　　　　　しかし
　　　　｜β　：　B｜

その反対のあり方によって、以下の3種類をあげることができる。

　　　①｜α　：　A｜　　②｜α　：　A｜　　③｜α　：　A｜
　　　　　しかし　　　　　　しかし　　　　　　しかし
　　　　｜反α；反A｜　　　｜反α：　A｜　　　｜α　：反A｜

では用例をみていく。

　(13)は、①の例である。(13)は、(14)のように考えることができる。

　　(13)　私は一応カトリックだから、五十パーセントはこの先生の意見に賛成である。剣道や柔道をやる者が、決してすべて神道を信じているとは限らないからである。しかし五十パーセントは賛成することができない。（手紙：196-197）

(14)　　α ；　A　｜五十パーセントは　　　；　　意見に賛成　　　　　｜
　　　　反α；反A　｜残り五十パーセントは；　意見に賛成できない｜

①にはほかに次のような例があげられる。

　(15)　和菓子は好きだ。しかし、洋菓子は嫌いだ。

　(16)　当人がその気になれば、いつでも何でも学べる。しかし当人にほんとうにその気がなければ、何をやっても無駄である。（手紙：175）

(15)では「α和菓子；β洋菓子」がセット的反対、「A好きだ；B嫌いだ」が村木（1987）の「段階的な反義」の関係にある。

次は②の例である。

　(17)　日本に住みながら、南京虫の知識を持つことに意義を感じているなどというのも、もちろん滑稽なことである。しかし南京虫に刺されて、痒くて寝不足して死にそうになるのもまた滑稽なことなのである。（手紙：154）

(17)は、

　(18)　α　 ；｜南京虫の知識を持つ｜　ことに意義を感じていること
　　　　 A　 ；｜滑稽である｜

　　　　反α；｜(南京虫の知識を持たず)｜　刺されて痒くて寝不足で死にそうになること
　　　　 A　 ；｜滑稽である｜

と考えることができる（ただし(18)では、反αは言語化されてはいない）。

　なお、αと反αとは反対の関係にあるが、「しかし」の前の部分全体や、内容すべてではなく、反対の関係にあるものやことがどこかに織り込まれていればよいということに注意を促したい。

次は、③の例である。

　(19)　その忠告は有り難い。しかし、その忠告は同時に迷惑でもある。

　(20)　母は厳しい。しかし、やさしい。

③はαが、A、反Aという反対概念を同時に具えていることが必要である。従って、③では狭義の反義は出現しない。また、「ある条件下ではAで、別

Ⅱ 接続詞の意味・用法と談話展開機能

の条件下には反Aである」ということになると、①のタイプになる。

5．前件評価の「しかし」

「しかし」の対比の用法③で、Aと反Aとが明確な反対概念を示さなくなると、これから述べる「前件評価のしかし」に近いものになってくる。
　前件評価の「しかし」は次のような形式的特徴を持つ。

　　(21)　{α　；　A}
　　　　　　しかし
　　　　　{α　；　B}

(22)の例では、「いいこと」「つらいこと」とは文脈的な関連はあるものの特に反対の関係にはない。

　　(22)　体を鍛えることはいいことだ。しかし、身体を鍛える事はつらいことでもある。

また、

　　(23)　明日は晴れるとニュースで言っている。しかし、晴れるとどうして分かるのだろうか。

では、「反対」の関係は、言語化された（されうる）部分には見出せない。
　いくつか、用例をあげてみたい。
(24)は、(25)のように考えることができる。

　　(24)　今でも私はしばしば「そんなこと怖いわ」とか「僕はとてもそういうことに耐えられませんね」とかいう言葉を聞く。もちろん人はさまざまな個人の歴史や体質を考慮して、自分の行動を決める。そして無理はしない方がいいという原則も明らかである。
　　　　しかし「怖い」とか「耐えられない」とかいう人は、それなりの狭い範囲の体験しかできない、と思うようになった。（手紙：140-141）

第3章　接続詞「しかし」の意味・用法

(25)　|恐い・耐えられない|　という言葉を聞く。

　　　　しかし

　　　|恐い・耐えられない|　という人は、／Ｓだ／と思うようになった。

「しかし」をはさんで、前の｜　　｜で囲んだ部分αがそのまま「しかし」の後でも引き取られている。だが、(25)に「反対」概念は見出せない。

　次の例をみよう。(26)は「|α；A|　しかし　|α；B|」の「しかし」の後ろのαが省略されているが、(27)のように考えることができる。

(26)　「その他の者」に避難民を入れることにすれば、自衛隊機が湾岸の紛争地域に行って避難民を運ぶことに問題はない、と昨日の衆院予算委員会で海部首相は説明した。それを聞いて、外国の避難民を貴賓とおなじに待遇して悪いことはないのだが、とつぶやいてみる。しかし、うなずけない。(人語91年2月5日)

(27)　|外国の避難民を貴賓とおなじに待遇|　して悪いことはないのだが、
　　　　　　　　　　　　　　　　　　　　　　　　　　　とつぶやいてみる。

　　　　しかし

　　　（|外国の避難民を貴賓とおなじに待遇|　することは、）うなずけない。

ここでも、「反対」概念は特に見出せない。

　また、次の例(28)は、「この最後の言葉は」というように、指示詞を用いて「しかし」の前の部分αを受けている。「この最後の言葉」というのは、直前に引用された手紙の最後の言葉を指している。

(28)　昨日も私はアフリカのある国の奥地に入って、人々と共に住み込んでいる日本人の若い神父から手紙を受け取ったばかりである。

　　　「我々修道会の神父は、とにかく電気も水道もない所で、生活しています。（中略）この国の南部では、金を持たず、建物も造らない外人神父は『悪い神父』なのです。とは言うもののやはり、人々の生の現実を目の当たりにして、何とかしなければと思わなければ神父はつとまらないのかもしれません。そして何かをしようとして、人の間にはさまれて、もがいて、自分の無力さを知らされるのも、ひ

129

Ⅱ　接続詞の意味・用法と談話展開機能

とつの修道なのかもしれません。結局は共に居て生きる事しかできません」
　　金を持って来られない外人神父は悪い神父だとする、凄まじい強欲なアフリカの一面がここに覗いている。しかしこの最後の言葉は限りなく美しい。
　　　　　　　　　　　　　　　　　　　　　　　（手紙：222-223）

(29)　‖結局はともに居て生きる事しかできません。‖
　　　　　　しかし
　　｛この最後の言葉（「結局はともに居て生きる…」）｝は、限りなく美しい。

「しかし｛α；B｝」のBは、「しかし」の直前まで述べられてきた、事柄の繋がりには関係しない。論旨を離れて、書き手の詠嘆とでも言うべき感想がいわば「挿入」された格好になっている。

ではなぜ書き手の感想が、「しかし」という接続詞によって挿入されるのであろうか。そこには、書き手が主張を届ける相手である読み手が意識されていると考えられる。

展開されているトピックについて、相手に向かって「書き手である私はこう思う」ということを主張するのである。αという何らかのトピックについて述べるのであれば(26)(28)のように書き手の主張や感想であろうが、(23)のように疑問であろうが、また、(22)のように一般的（だと思われている）事実描写であろうがかまわない。文の種類は問わないのである（北野 1989 参照）。Bが事実描写の場合は、αと事実Bを結び付けるという書き手の考えが表明される。「読み手・聞き手」に対して「書き手・話し手」がこう思うのだという、いわばモーダルな態度が意味される。

接続詞「しかし」には二つの働きがある。前を受けて後に展開する文法的な働き。意味的に「反対」概念を結ぶ働き。

文連接は接続詞に頼らなくても内容的なレベルで基本的に保証されるため、接続詞は、純然たる命題内の単語ではなく言表態度の文法形式に属すると言われる。従って、「しかし」のどの用法にもモーダルな側面が多かれ少なか

第3章　接続詞「しかし」の意味・用法

れ見られる。ところが特に「前件評価」のタイプは「言表態度」に重点がおかれるような印象を与えるのは何故かというと、意味的に反対を結ぶ働きを言語内には持たないためであろう。言語内に「反対」が見出せないため、〈書き手・話し手の主張〉と〈読み手・聞き手〉というセット的反対の状況が「しかし」によって取り立てられる様だけがはっきりするのだと考える。

　話し言葉に典型的に見られる(30)のようないわゆる「転換」は、「前件評価」と同用法に含める。

　　(30)　しかし、今日は楽しいなあ。
話し手、聞き手が共有している非言語的な状況である ｛今日のさま｝ が α で、それを「しかし」が引き取り、｛α が、私は楽しい｝ と聞き手に向かって主張していると考えられる。なお、非言語的な情報による推論に関しては、浜田（1991）が「では」を例に分析している。

　(30)の例は、説明の仕方は色々であるが、これまでの研究では特別の用法として立てられることが多かった。話題が「転換」されるかのような印象を与えるのは事実だからである。この点に関しては、談話の機能分析の観点から改めて考察してみたい。本論では、興味の中心は単語の意味記述にある。語義の点では形式的、意味的特徴から帰納して、大別すれば「前件評価」のタイプと同用法に含めてよいと考えている。

6．複合的な事例

　実際の用例を見ると、以上3用法に截然と分類できるわけではなくどの用法とも決めかねる例が出てくる。それは何故かといえば、省略をどのように補うかということと関係し、また、事柄にどの程度「反対」の意味を読み込むかに関係している。

　ここでは簡単に前者のみに触れる。以下の用例で、
　　(31)　a　この品物は高い。しかし物が悪い。
　　　　　b　この品物は高い。しかし物がいい。（森田 1980：191 の用例）

aは「推論のしかし」、bは「前件評価のしかし」である。「高ければ、普通物はいい、しかし、意外なことに物が悪い」からaは作られている。bは、「この品物は高い。しかし（この品物は）物がいい（からお勧めできる／のはなるほど立派だな／等々）」から作られ、文脈を補わなければならないのが「前件評価」の例である。

　ところが、aは、同時に「前件評価のしかし」であるとも言える。省略の補い方によっては、「この品物は高い。しかし（この品物は）物が悪いから（お勧めできない／やめた方がいい／等々）」という解釈も成立するからである。［本章末補説参照］

　できるだけ言語化された形式を手掛かりに意味を受容することが大切であるが、事柄にどの程度「反対」の意味を読み込むか、という後者の大きな問題については、すでに触れる紙幅がつきた。稿を改めたい。

7.「しかし」の意義

　「しかし」は、述べてきたように三つの用法を持つが、語としては一語である。その基本的意義を以下に簡単にまとめることにする。

　　接続詞「しかし」の意義
　　〈前の部分を後の部分に引き取る形で連接を果たし；何らかの「反対」
　　　概念を結び付け；話し手・書き手の主張を聞き手・読み手に向かって
　　　成す〉

引用文献
岩澤治美（1985）「逆接の接続詞の用法」『日本語教育』第56号
北野浩章（1989）「「しかし」と「ところが」―日本語の逆接系接続詞に関する一考察」『言語学研究』第8号
坂原　茂（1985）『日常言語の推論』（認知科学選書2）東京大学出版会
浜田麻里（1991）「「デハ」の機能―推論と接続語―」『阪大日本語研究』3

村木新次郎（1987）「対義語の輪郭と条件」『日本語学』第6巻第6号　明治書院
森岡健二（1982）「対義語とそのゆれ」『日本語学』第1巻第1号　明治書院
森岡健二（1987）「私の対義語観」『日本語学』第6巻第6号　明治書院
森田良行（1980）『基礎日本語2』角川書店（引用頁は1988年刊行第4版より示した）

引用言語資料
朝日新聞社「天声人語（1991年の欄）」（人語91）
清水幾太郎（1959）『論文の書き方』岩波新書（論）
曾野綾子（1992）『二十一世紀への手紙―私の実感的教育論』集英社（手紙）

補　説

1．対比的逆接と推論的逆接の分別理由(1)

　逆接には、3種の型がある。そのうち次のような(ア)と(イ)について補足したい。(ア)を、対比的逆接、(イ)を推論的逆接と呼ぶことにする。

　　(ア)　｜α　：　A｜
　　　　　　しかし
　　　　　｜β　：　B｜
　　(イ)　p（ならばふつうq）しかし〜q

　形態的にみると、(ア)は、反対項はすべて顕現している。ところが、(イ)は、直接的にはqと〜qとが反対関係をなす項になるものであるが、そのひとつであるqは省略され、陰在している。

　(イ)のqと〜qが実際(ア)と同様の反対関係にあることに着目すれば、両者ともに対比的逆接だとする考え方も可能であろう。しかし、次のような違いがあるので、逆接の下位分類として別立てに考える。

　対比的逆接では、発信者が、ものごとの性質や状態を静止的に取り出して関係づけを行っている。前件と後件は、同時にこの世界に存在しており、時間的な順序性は問題にならない。

　それに対して、推論的逆接は「pならばq」という条件文が関係するものである。条件文とは、坂原（1985：45）に従うと、「pを仮定すると、qは真となるもの」である。ここには推論という過程があり、pとq、ひいては前件pと後件〜qに、時間的な前後関係が生じている。

2．対比的逆接と推論的逆接の分別理由(2)

　逆接を結ぶためには、「しかし」「けれど」「ところが」などの接続詞や、「〜が」「〜のに」などの接続助詞などが用いられる。また、「そうしたところが」「そうだけれども」などの句がその役割を果たすこともある。そこで、これらをまとめて「接続語」と呼ぶことにしよう。
　推論的逆接と、対比的逆接の両者を区別するのは、両者の違いによって次のような現象が観察されるからでもある。
　たとえば、接続助詞「〜が」と「〜ところで」で比べてみよう。(イ)の推論的逆接は両者とも結べるが、(ア)の対比的逆接は、「〜が」でしか結ぶことができない。

　(1)　(ア)　○和菓子は好きだが、洋菓子は嫌いだ。
　　　(イ)　○頑張ったが、うまくいかない。
　(2)　(ア)　×和菓子は好きなところで、洋菓子は嫌いだ。
　　　(イ)　○頑張ったところで、うまくいかない。

　このように、接続語によっては、推論的逆接は結べるが、対比的逆接は結べない、などのような例が見つかることから、この両者を分けておくことが必要になる。

3．擬似譲歩文による逆接

　推論的逆接について、いま少し説明を加える。
　次の(3)は、「pならばq」という条件文である。それに対して、(4)を譲歩文という。

　(3)　スイッチを入れれば、テレビがつく。
　(4)　スイッチを入れても、テレビがつかない。

譲歩文とは、条件文「pならばq」が否定されたものである。この場合、

Ⅱ 接続詞の意味・用法と談話展開機能

「pであってもqでない」つまりpとqとは無関係であるとするのが、譲歩文である。坂原（1985）は、譲歩文と「しかし」が関係することを指摘した。譲歩文のpを前件、qを後件として、逆接の接続詞「しかし」で結ぶことができる。

(5)　スイッチを入れた（p）。（ふつう、テレビはつく（q）。）
　　　しかし、テレビはつかない（～q）。

また、(4)の譲歩文は、次のような擬似譲歩文というものを作る。

(6)　スイッチを入れ（p）ても、停電だ（r）。

擬似譲歩文というのは、普通は明示されない何らかの原因r（ここでは「停電だ」）があり、そのためにpであってもqではない、となるものである。暗黙の前提を言語化して示したのが(7)である。

(7)　停電だ（r）から、スイッチを入れ（p）ても、テレビはつかない（～q）。

擬似譲歩文もまた逆接と関係し、後件には暗黙の前提rをとる。

(8)　スイッチを入れた（p）。しかし、停電だ（r）。

(8)のような逆接は、「p（ならばふつうq）しかし、～q」というような反対関係が分かりにくいために、これまで扱いが困難であった。しかし、上記のように擬似譲歩文からなる推論的逆接と考えることによって、語用論的な扱いで処理することが可能になる。

森田（1980：191）に次のような例があがっている。

(9)　この品物は高い。しかし、物が悪い。
(10)　この品物は高い。しかし、物がいい。

(9)(10)の前件は同じであるが、接続詞「しかし」で結ばれた後件は異なっている。次に示すように、(9)は、典型的な推論的逆接、(10)は、理由条件文の擬似譲歩文からできている推論的逆接であると考えることができる。

(9′) この品物は高い(p)。(高ければふつう物はいい(q)。) しかし、物が悪い(〜q)。

(10′) 条件文

「高いので(p)、買わない(q)。」

譲歩文

「高くても(p)、買う(q)。」

暗黙の前提を言語化した擬似譲歩文

「物がいいので(r)、高くても(p)、買う(q)。」

擬似譲歩文による推論的逆接表現

「高い(p)。しかし、物がいい(r)。」

坂原は、理由文、反事実的条件文の譲歩文や擬似譲歩文も、逆接と関係することを述べている。

第4章　対話型接続詞における省略の機構と逆接
―― 「だって」と「なぜなら」「でも」――

1. はじめに

　沖（1995）では、接続詞「しかし」を取り上げ、その用法と意味を分析した。その結果「しかし」が推論的用法と対比的用法の2種をもつこと、「逆接」とは前件と後件において何らかの「反対」概念を結ぶものであることを述べた[1]。

　本論ではその分析をふまえ、「逆接」と「理由説明」のふたつの性格を持つとする説がある接続詞「だって」をとりあげ、「逆接接続詞群」に分類できるかどうか検討したい。類義語「なぜなら」「でも」と比較した意味分析を行いながらふれていく。「だって」も「でも」も会話の受話の冒頭部で出現する用法を持つが、こうした対話型の用法の機構の解明には、「省略」という現象が関っていることを述べる[2]。

2. 先行研究

2.1 「だって」の性格について

　接続詞「だって」について詳細に論じた先行研究に、メイナード（1993）、蓮沼（1995）がある。それまでの接続詞の概観では理由説明などに入れられることの多かった「だって」について、両論はこの語が「逆接」の性格も合わせ持つとした。蓮沼（1995：266）は次のように説明している。

　(1)「だって」は、日本語の接続表現の類型から見た場合、やや特異な
　　　性質を有している。すなわち、「でも」「けれども」のように、前の内

容から予想されることに反する内容を述べる「逆接型」に属する特性と、「なぜなら」「というのは」のように、前に述べたことの理由を後から補足する「補足型」の特性の両面を有しているのである。

2.2 「だって」の意味について

蓮沼 (1995) は、メイナード (1993) を継承しつつ修正・発展を加え、「だって」の機能に関して次の(2)および(3)のような仮説を提出し、その用法を(4)のように4種に分類している。

(2) 「だって」は〔OけれどもP（なぜなら）Qだから〕で示されるような3項の関係づけにかかわる機能を基底に有する。その異なる意味は、話者交替や対立の有無といったコンテクストの相違によって、3項のうちのどの部分の関係が顕在化するかによる。

(3) O：自分の立場と対立すると話し手によって解釈されるような聞き手（や第三者）の発話や行動。対立が顕在する用法では、言語的であるにせよ非言語的であるにせよ、コンテクストに存在する
P：話し手の立場を表す発話や行動
Q：話し手の立場を正当化する発話（Pの理由・根拠など）

(4) 〈抗弁型〉〈挑戦型〉〈補足型〉〈折衷型〉

また、メイナード (1993：183-184) は、「だって」が話し手の発話態度や感情を表すことを指摘し、そして同時に、「「だって」がいわゆる「命題内容」に直接貢献することなく、論理学上の命題を枠組みとした形式意味論で論じられる意味の外側に属するものであることを示している」としている。このような見方から導きだされたメイナードの「だって」の意味記述に関して、蓮沼 (1995) は、論理的関係を的確に認識しているとはいえないとしている。接続詞の文法的な性格に関する認識についても論議があるといえる。

2.3 「だって」の類義語について

森田 (1980) が、類義語との異同を指摘している。

Ⅱ 接続詞の意味・用法と談話展開機能

「だって」と「なぜなら」、そして「だって」と「でも」とは、同じ分布環境をもつ場合がある。森田（1980：269-271）では次の(5)～(8)は「なぜなら」に置き換えがきき、(9)～(13)は「でも」に置き換えがきくとしている。用例をそのまま引用して示そう。比較のための「なぜなら」「でも」は、論者がいちいちについてここで添えた（句読点、カギなどは論者が削除したり添えたりした箇所がある）。

なお、森田は「置き換えがきく」としているのでそのまま併記したが、論者の直感は少し異なっている。会話の冒頭部に来る「なぜなら」について、(7)は「どうして～」「なぜなら～」という呼応があるためか、それほど大きな違和感はないともいえるが、(8)は「うん。なぜなら～」などとしないとそのままでは使用しにくいように感じる。この点については後に述べたい。

(5) 「今日は、車で来た。$\begin{Bmatrix} だって \\ なぜなら \end{Bmatrix}$、遅刻しそうだったから。」

(6) 「遊びに行ってはいけません。$\begin{Bmatrix} だって \\ なぜなら \end{Bmatrix}$、まだ宿題が終わってないんでしょう。」

(7) 「どうして行かないの」「$\begin{Bmatrix} だって \\ なぜなら \end{Bmatrix}$、頭が痛いんだもの。」

(8) 「あら、テレビ消しちゃったの」「$\begin{Bmatrix} だって \\ なぜなら \end{Bmatrix}$、つまらないんだもの。」

(9) 「試験前だから勉強しなさい」「$\begin{Bmatrix} だって \\ でも \end{Bmatrix}$、疲れちゃったんだもの。」

(10) 「早く寝なさい」「$\begin{Bmatrix} だって \\ でも \end{Bmatrix}$、まだ明日の予習が終わってないんだ。」

(11)「早く行きなさい」「{ だって / でも }、今日は一時間めが休講なんだよ。」

(12)「今日は一時間めはないんでしょう」「{ だって / でも }、休講だなんて先生言わなかったよ。」

(13)「太郎さんのお母さん、ご病気なんですってね」「{ だって / でも }、さっきそこで会ったよ。そんなはずないじゃない。」

さらに同書では、(9)～(13)が「でも」と置き換えが可能であることをふまえながら、「だって」と「でも」の意味的な異同について次の(14)のように説明している。

(14)「だって」の回答は、否定を前提として、なぜ否定するのかの理由を説明する弁解・言いわけ意識である。

　「でも」は、相手の主張に賛成し肯定しながらも、しかし、それが実行できないことを以下で述べる。"私はそうしたいのだが、それがだめなのだ"という残念がる意がある。

2.4　本論の課題

こうした先行研究をふまえ、「だって」の類義語「なぜなら」「でも」と比較した意味分析を行い、「だって」が接続詞として持つ性格について考察したい。

3.「だって」の用法と意義

3.1　会話における省略

「だって」には、文連接中で使用される独話型の用法と、会話の受話の冒頭で使用される対話型の用法とがある。まず、森田が「なぜなら」と置き換

II 接続詞の意味・用法と談話展開機能

えがきくとした文を再掲しよう。(5)(6)が前者、(7)(8)が後者の例である。なお、会話の主を「a」「b」としておく。

　(5)　「今日は、車で来た。だって、遅刻しそうだったから。」
　(6)　「遊びに行ってはいけません。だって、まだ宿題が終わってないんでしょう。」
　(7)　「a　どうして行かないの。」「b　だって、頭が痛いんだもの。」
　(8)　「a　あら、テレビ消しちゃったの。」
　　　　「b　だって、つまらないんだもの。」

(5)(6)では、「だって」の後ろの文が前の文で述べられた事柄の〈理由説明〉になっている。(7)(8)ではどうであろうか。

(7)は、「a　どうして行かないの。」という質問に対して、「b　だって、頭が痛いんだもの。」と答えているのだが、「だって」の前には「行かない。」という回答が省略されていると考えるとこの談話の構成がはっきりしてくる。下線部が、言語的に明示された部分である。

　(7′)　「a　どうして行かないの。」
　　　　「b　行かないよ。だって、頭が痛いんだもの。」

(8)も同様である。「だって」の前にあると考えられる省略「消したよ。」を明示して補うと、意味がよく通ってくる。

　(8′)　「a　あら、テレビ消しちゃったの。」
　　　　「b　消したよ。だって、つまらないんだもの。」

会話の受話の冒頭で「だって」が出現した場合には、このような省略があると考えよう。すると、(5)(6)と(7)(8)の別なく、後ろの文が前の文の理由説明を行っているというひとつの統一した意義記述で「だって」の説明が可能である。また、森田が「でも」と置き換えがきくとした(9)から(12)の「だって」についても、こうした省略を補ってみると、後の文が前の文の〈理由説明〉になっているとすることで同様に説明がつく。

　(9′)　「a　試験前だから勉強しなさい。」
　　　　「b　勉強しない。だって、疲れちゃったんだもの。」

(10′)　「a　早く寝なさい。」
　　　「b　寝ない。だって、まだ明日の予習が終わってないんだ。」
(11′)　「a　早く行きなさい。」
　　　「b　今すぐは行かない。だって、今日は一時間めが休講なんだよ。」
(12′)　「a　今日は一時間めはないんでしょう。」
　　　「b　ないことないよ、あるよ。だって、休講だなんて先生言わなかったよ。」

　つまり、会話の受話の冒頭に出現する対話型の「だって」は、「だって」の前件となる文を省略する機能がある、とすることができる[3]。

3.2　省略の内容と形式

　前節で見た省略の機構に関して、話者aの発話を〔X〕、話者bの発話の省略部を〔P〕、「だって」の後ろに来る部分を〔Q〕とする。
　省略部〔P〕が〔X〕との関係でどのように現れるかをみたい。
　前掲の用例をみると、「遊びに行ってはいけない」という禁止に対して「いや行く」と拒否し、「勉強しなさい」という命令に対して「勉強しない」と拒否している。《命令》《依頼》《勧誘》に対しては、〔X〕の意図に反する主張を〔P〕がしている。
　それでは〔X〕が質問文の場合にはどうであろうか。単純質問文では、事柄〔P〕そのものは〔X〕に対して単に事実を述べるだけである。

(15)　a　受かったの？〔X〕
　　　b　(受からなかったよ。〔P〕) だって、勉強しなかったもん。〔Q〕
(16)　a　受かったの？〔X〕
　　　b　(受かったよ。〔P〕) だって、勉強したもん。〔Q〕

「受かったの？」という質問〔X〕に対して、〔P〕は事実として「受かった」場合も「受からなかった」場合もある。(15)の〔P〕は「受かった」、

(16)の〔P〕は「受からなかった」である。

　相手に対して反対を唱えるという点で〔P〕は〔X〕の意図と関連があるのであるが、この質問文に対する〔P〕の在り方をみると、〔P〕と〔X〕には事柄そのものに関する反対関係が見出せる訳ではない。「受かった？」に対する答えが「受かった」という場合があることから考えると、「だって」は〔X〕までを支配するのではなく、事柄のレベルでは〔P〕と〔Q〕の関係を結ぶものだと考えるものである[4]。〔X〕と〔P〕はモーダルなレベルでの対立で、話者の主観を表現する機能を対話型の「だって」が担っているといえよう[5]。

　(15)(16)が「だって」を冒頭に据えて、その理由説明を後ろにとる省略機構で表現された場合、どちらの場合にもｂの談話全体が次のようなニュアンスを伴う。

　　(15′)　勉強しなかったから結果は当然だ。当然落ちた。そんな質問はされるまでもない。
　　(16′)　勉強したから結果は当然だ。当然受かった。そんな質問はされるまでもない。

相手が質問するという行為そのものや発話意図に対して、感情的抵抗がこめられているともいえる。この、談話全体に生じる、相手の意図に対する感情的抵抗という含意は、「だって」だけに限らず「でも」や「だから」などいわば受話の冒頭部に来る対話型の接続詞には共通してみられる特徴ともいえるものである。「だって」が特に〔X〕に反する主張〔P〕を持つことで生ずるモーダルな意義とは別に、対話型談話全体の含意として改めて論じる必要があろう。

3.3　先行研究と関連して

　「だって」の持つ論理的な関係について本論では蓮沼の行った3項を立てるという(2)の述べ方と類似点は多いともいえる。しかし、(3)の3項をどのように理解・適用するかという点、すなわち「だって」が結ぶO・P・Qの

構造の解釈の点で違いがある。

　蓮沼は〈抗弁型〉とする用法で(17)への適用あるいは解釈を次のように行った。（Oは、本論〔X〕にあたる。）

(17)　晴江：〔自分が勤めることになった出版社について〕
　　　　　　変にさ、派手っぽいところよりいいのかなって。〔P〕
　　　陽子：出版社派手っぽい。雑誌の編集者なんて、いまあこがれの
　　　　　　的なんだから。〔O〕
　　　晴江：<u>だって</u>、そういう"ノンノ"とか"アンアン"とか、そう
　　　　　　いうとこじゃないもの。〔Q〕　　　（蓮沼1995：270より）

しかし、今述べてきたところから、本論では以下のような適用もしくは解釈が成立すると考える。「だって」は事柄レベルで〈理由説明〉を表し、モーダルなレベルで〈相手の意図に反する主張〉を述べている。

(18)　晴江：〔自分が勤めることになった出版社について〕
　　　　　　変にさ、派手っぽいところよりいいのかなって。
　　　陽子：出版社派手っぽい。雑誌の編集者なんて、いまあこがれの
　　　　　　的なんだから。〔X〕
　　　晴江：(私が勤めるのは派手っぽい出版社ではない〔P〕)<u>だって</u>、
　　　　　　そういう"ノンノ"とか"アンアン"とか、そういうとこ
　　　　　　じゃないもの。〔Q〕

　蓮沼の〈挑戦型〉の解釈は、本論が行った解釈とほぼ同様のものであるのだが、〈抗弁型〉についても(18)のように考えることにより、語義のレベルでは〈抗弁型〉と〈挑戦型〉の区別は解消され、さらに〈補足型〉との異同も吸収しながら、意味的には4種の用法を共通に括る一義的な意味から統一的な説明が可能になったと考える。

　ただし、蓮沼は談話の機能という点からの解明を目指し、論者はできるだけ語義に即した記述を目指している。接続詞の談話機能の点から考えると「〈抗弁型〉〈挑戦型〉」という視点は示唆に富み、この区別の解消が必要であるかどうか。本論ではまだ正しく位置付ける準備がない。

Ⅱ 接続詞の意味・用法と談話展開機能

また、メイナードの提起した接続詞としての性格に関して、「だって」は命題内容にも関与し、またモーダルな要素も担う接続詞であるという結論が導かれた。接続詞は基本的に複数の文（等）をつなぐ品詞であり、前件と後件を関係づける。省略の機構という観点からみていくと、「だって」は〈理由説明〉という命題内容間の論理関係の表現に関与しており、聞き手の意図に反する主張を述べるというモーダルな要素とともに、事柄の関係づけ的な側面があることは見おとしてはならない基本的な性格であるといえる。

また、森田が、「「だって」の回答は、否定を前提として、なぜ否定するのかの理由を説明する弁解・言いわけ意識である。」としたことについても、「省略の機構」という観点から説明を加えることができた。

3.4 「だって」の意義

「だって」の形式と意義について、以下のような形式化を行う。分布によってⅠ型・独話型とⅡ型・対話型を分ける。Ⅱ型には、明確にモーダルな意味が生じる[6]。事柄的な意味としては、〈理由説明〉という一義でどちらも説明可能である。なお、形式については次の(13′)から(21)のように、〔P〕が顕在し〔Q〕の後ろに来る場合、「だって」の直後に〔P〕がきてそれから〔Q〕が来る場合、「だって」の直後に〔P〕が顕在し〔Q〕が隠在する場合、また、「だって」のみで〔P〕も〔Q〕も隠在する場合があることを付記する。ただし、これらは頻度は低い。なお、どの場合においても、〔P〕も〔Q〕も発話者ｂの発話中に存在することを指摘したい。

(13′) 　a　太郎さんのお母さん、ご病気なんですってね〔X〕
　　　　ｂ　だって、さっきそこで会ったよ。〔Q〕そんなはずないじゃない。〔P〕
(19) 　a　学校に行きなさい。〔X〕
　　　　ｂ　だって、やだよ。〔P〕熱があるんだよ。〔Q〕
(20) 　a　学校に行きなさい。〔X〕
　　　　ｂ　だって、やだよ…。〔P〕

(21)　a　学校に行きなさい。〔X〕
　　　b　だって…。

(22)　Ⅰ型．会話の冒頭部以外の「だって」
　　　　　形式　〔P〕〔だって〕〔Q〕
　　　　　意義　〈理由説明〉（Pの理由をQで説明する）
　　　Ⅱ型．会話の冒頭部における「だって」
　　　　　形式　発話者a：〔X〕
　　　　　　　　発話者b：Xの意図に反する主張〔P〕〔だって〕
　　　　　　　　　　　　〔Q〕
　　　　　　　＊「〔X〕」「〔だって〕〔Q〕」が顕在〔P〕が隠在のことが多い。「〔だって〕〔Q〕〔P〕」「〔だって〕〔P〕〔Q〕」「〔だって〕〔P〕」という、〔P〕も顕在する形式をとる場合がある。また「〔だって〕」という〔P〕も〔Q〕も隠在した形式もある。
　　　　　意義　〈聞き手の意図に反する主張＋理由説明〉（Pの理由をQで説明する）

4．「なぜなら」について

「だって」と「なぜなら」との違いについて少し述べる。

「だって」は、会話の受話の冒頭部に来ることができるが、「なぜなら」はその位置には出現しえないと考えておきたい。(8′)は言えるが、〔P〕が省略された(8″)は非文である[7]。

(8′)　「a　あら、テレビ消しちゃったの。〔X〕」
　　　「b　消したよ。〔P〕 { なぜなら / だって }、つまらないんだもの。〔Q〕」

(8″)　「a　あら、テレビ消しちゃったの。〔X〕」
　　　「b ｛*なぜなら／○だって｝、つまらないんだもの。〔Q〕」

　こうした分布のあり方を観察すると、「だって」は「Ⅰ・Ⅱ型」の接続詞であるが、「なぜなら」は基本的に「Ⅰ型」の接続詞であるということになる。意味的な観点からみると、「なぜなら」の基本義は〈理由説明〉にあり、〈聞き手の意図に反する主張〉という積極的な意義は持たない、ということになる。ここが「だって」と「なぜなら」が異なる点である。

5.「でも」について

　「だって」は「でも」とどのように異なるのであろうか。
　「でも」は次のように使用される。

　　(23)　一所懸命勉強した。でも、不合格だった。
　　(24)　洋菓子は好きだ。でも、和菓子は嫌いだ。
　　(25)　有意義に過ごすのはいい。でも、無為に過ごすのもいいものである。
　　(26)　母は厳しい。でも、やさしい。

　(23)は推論的用法、(24)から(26)は対比的用法である。これら4タイプは、典型的な逆接の接続詞「しかし」が持つ基本的な用法である。「でも」はこうした逆接の基本的な用法をすべて具えている[8]。
　このようなⅠ型・独話型の用法に加えて、会話の受話の冒頭部に出現するⅡ型・対話型の用法がある。
　Ⅱ型の「でも」を観察すると、「だって」の構造と同じく省略がなされていると考えられる。ただし、そこで省略されているのは、「相手の主張を肯定する表現〔P〕」である。さらに、「でも文」を挟んでその後ろに、bの談話全体の主張である「反〔P〕」を表す〔Q〕が省略されている。「でも」の直後に置かれる明示された表現〔Y〕は、内容的には〔Q〕の理由となっている。「〔Y〕だから〔Q〕」と補うと分かりやすい。森田の例で、省略され

第4章　対話型接続詞における省略の機構と逆接

た部分を補って示そう。下線部が明示された言語表現である[9]。

(9′) 　a　試験前だから勉強しなさい。〔X〕
　　　 b　勉強するよ。〔P〕でも、疲れちゃったんだもの。〔Y〕今は勉強しない。〔Q〕

(10′)　a　早く寝なさい。〔X〕
　　　 b　寝るよ。〔P〕でも、まだ明日の予習が終わってないんだ。〔Y〕すぐには寝ない。〔Q〕

(11′)　a　早く行きなさい。〔X〕
　　　 b　行くよ。〔P〕でも、今日は一時間めが休講なんだよ。〔Y〕すぐには行かない。〔Q〕

(12′)　a　今日は一時間めはないんでしょう。〔X〕
　　　 b　ないよ。〔P〕でも、休講だなんて先生言わなかったよ。〔Y〕一時間目はあるかもしれない。〔Q〕

このⅡ型の「でも」は、Ⅰ型と同様の逆接接続詞である。省略されたＰの基底義を前件とし、省略されたＱの基底義を後件としている。(9)から(12)は対比的逆接用法で、次のように記すことができる[10]。

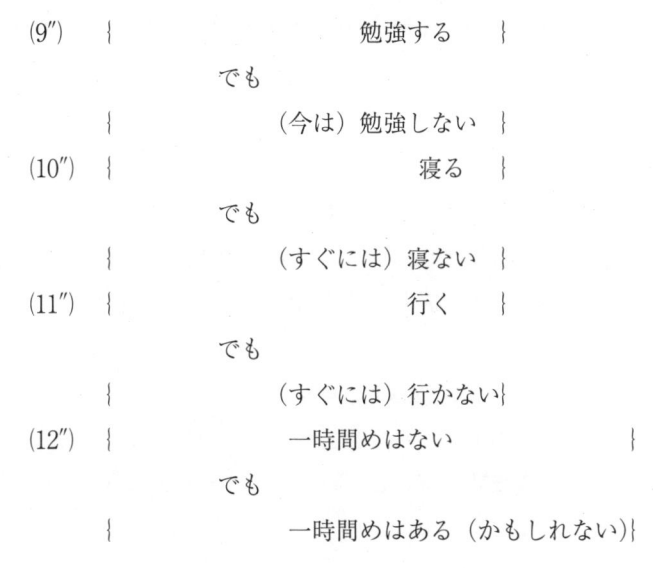

(9″)　｜　　　　　　　勉強する　　　　｜
　　　　　　　でも
　　　｜　　　　(今は) 勉強しない　　　｜

(10″)　｜　　　　　　　寝る　　　　　｜
　　　　　　　でも
　　　 ｜　　　　(すぐには) 寝ない　　　｜

(11″)　｜　　　　　　　行く　　　　　｜
　　　　　　　でも
　　　 ｜　　　　(すぐには) 行かない　　｜

(12″)　｜　　　　一時間めはない　　　　｜
　　　　　　　でも
　　　 ｜　　　　一時間めはある (かもしれない)｜

Ⅱ　接続詞の意味・用法と談話展開機能

形式の点では(27)のように〔P〕〔Y〕〔Q〕が隠在する場合がある。なお、Ⅱ型の場合、「だって」では時に〔P〕が言語化されて顕在することもあったが「でも」にはそうした現象は見られない。(28)のように〔P〕と〔Q〕が現れる場合があるが、この場合「でも」は受話の冒頭部には来ておらず、bの「でも」はⅡ型ではなくⅠ型であると考える[11]。

(27)　a　試験前だから勉強しなさい。〔X〕
　　　　b　でも…。

(28)　a　試験前だから勉強しなさい。〔X〕
　　　　b　うん。〔P〕でも、今はしない。〔Q〕

(29)　Ⅰ型．会話の冒頭部以外の「でも」
　　　　　　形式　〔P〕〔でも〕〔Q〕
　　　　　　意義　〈逆接〉（前件〔P〕と後件〔Q〕に事柄的逆接関係を
　　　　　　　　　もつ）
　　　　Ⅱ型．会話の冒頭部における「でも」
　　　　　　形式　a：〔X〕
　　　　　　　　　b：Xの意図を入れる主張〔P〕〔でも〕〔Y〕だから
　　　　　　　　　　Xの主張に反する主張〔Q〕
　　　　　　　＊「〔X〕〔でも〕〔Y〕」が顕在、〔P〕と〔Q〕は隠在。
　　　　　　　　ただし「〔でも〕」のみが顕在する場合もある。
　　　　　　　＊〔Y〕は〔Q〕の理由説明
　　　　　　意義　〈相手の意図を入れながら反対の主張をする＋逆接〉
　　　　　　　　＊〔P〕が前件　〔Q〕が後件

6．逆接について

「だって」について、類義語「なぜなら」「でも」と比較しながら意味分析をしてきた。

さて、「だって」に関してメイナード（1993）蓮沼（1995）が「逆接型」（の側面）とみなしたのは、それぞれ「相手に対する反対の意志」「前の内容から予想されることに反する内容を述べる」ことを指したものであった。

本論では、「だって」と同じように「でも」もⅠ型Ⅱ型を持つ接続詞であり、Ⅱ型においては同様に省略の機構が働いていることを見てきた。その際、「でも」を「逆接の接続詞」と規定できたのは、省略を復元した文連接の中に、事柄としての前件〔P〕と後件〔Q〕が「反対」関係にあったことによる。

それに対して、「だって」の省略の復元でみられたのは、前件〔P〕の理由説明を後件〔Q〕がしており、その関係を「だって」が結ぶ姿であった。そして、〔X〕と〔P〕をみると、必ずしも「反対」関係にあるとはいえないものがあった。〔X〕と〔P〕は、〈相手の意図に反する主張〉というモーダルなあり方で対立していた。

そこで、ひとまず「だって」を理由説明の接続詞群に分類しておきたい。

7．おわりに

以上、「だって」を中心にして類義語「なぜなら」「でも」と比較しながら意味分析を行い、意義素を記述した。「だって」と「でも」はともに独話型（Ⅰ型）と、対話型（Ⅱ型）の用法を持つ語である。対話型の用法では省略という機構が働いていると考えることにより、両語とも事柄的意義を考える上では対話型独話型の区別をつける必要がなくなり、一義で説明できることを述べた。対話型の用法では相手の発話を受けるあり方からモーダルな意味が生じており、このようなモーダルな意味は、対話型を持たない「なぜなら」にはないことを述べた。「逆接」は、事柄間の関係において生じる意味に限る考え方を述べた。従って、「でも」が〈逆接〉接続詞であるのに対して、「だって」は〈理由説明〉の接続詞であり、逆接の接続詞群には入らない。

Ⅱ　接続詞の意味・用法と談話展開機能

「でも」の意義に関してはさらに他の逆接接続詞とも類義関係が生じるため、「だって」と比較してここに述べた意義だけではおそらく十全ではない。また、これら三語について、前件と後件を実現する文の性格の差、および文体的意味の差についても十分にふれることができなかった。今後の課題として残したい。

注
1)　「反対」概念とは、これまで言われてきたような「否定」概念だけではなく、いわゆるセット的反対をも含む広い概念である。詳細は沖（1995）を参照されたい。
2)　「対話型」に対立するのは「独話型」。蓮沼（1991）が用いた。
3)　対話型の用法にこうした省略が生ずるのは、相手の発話は受けて返すという会話の原則と無関係ではなかろう。
4)　また命令・依頼・勧誘などの場合も「勉強しろ」「勉強しない」であって、モーダルな部分での拒否・断りなどを表し、事柄そのものにみられる「反対」ではないことに注意したい。
5)　(5)(6)のような文中の「だって」にも、聞き手が反対することを予測し、それに対抗してあらかじめ理由説明をする、というニュアンスが感じられる場合もある。
6)　Ⅰ型においてもそうしたニュアンスが感じられる場合もあることについては、注4参照。
7)　ただし「どうして」疑問文に関しては、「なぜなら」が冒頭におかれても非文ではない。また、「なぜなら」は「〜だから」という呼応が来ることが多い。しかし実際の用例に当たると呼応が見られない場合もある。論旨からややはずれるので、こうした文の共起制限については今は措く。
8)　これらの用法は、沖（1995）が「しかし」の分析で整理した、基本的な用法である。まだ記述が不足している「前件評価」を除くとすれば、用法的な基本はこの4種に収斂すると考えている。
9)　ここで「Q」を補う考え方は、1995年度信州大学人文学部で論者が担当した日本語学演習で、学生大平明美さんの発表内容に示唆を受けたものである。
10)　「逆接をどのように読み取るか」という課題はまだ未解決なものとして残したい。ここでは詳述する紙幅はないが、これら4例は、「|後で：勉強する| でも |今は：勉強しない|」「|後で：寝る| でも |今は：寝ない|」などのように

第4章　対話型接続詞における省略の機構と逆接

「{α：A} でも {反α：反A}」のタイプの逆接と読んだ方が妥当かもしれない。
11)「だって」は〔X〕に質問文をとりえるが、「でも」の場合〔X〕には質問文は来ない。ここでとりあげた3語に関して〔X〕〔P〕〔Q〕〔Y〕に位置しうる文の性格については、網羅的に触れることはしなかった。いずれ稿を改めたい。

引用文献

沖　裕子（1995）「接続詞「しかし」の意味・用法」『日本語研究』第15号　東京都立大学国語学研究室　［本書Ⅱ、第3章として収録］
蓮沼昭子（1991）「対話における「だから」の機能」『姫路独協大学外国語学部紀要』第4号
蓮沼昭子（1995）「談話接続語「だって」について」『姫路独協大学外国語学部紀要』第8号
メイナード，泉子・K.（1993）『会話分析』くろしお出版
森田良行（1980）『基礎日本語2』角川書店（引用頁は、1988年刊行第4版より示した）

第5章　接続詞「あるいは」と「または」の意味について
——談話展開機能の獲得にふれて——

1. はじめに

　「あるいは」と「または」は、意味的にみて類義の関係にある。この二語を比較しつつ、両語の意味をそれぞれ明らかにするのが、本論の目的である。
　日本語教育学にとって、現代日本語そのものの明示的な分析は、「何を教えるか」という課題の基礎となるものである。本論では、語の分布（用法）をできるだけ明示的に示しながら、それらの分布の広がりを産む語の意義を、意義素の形で記述したい。
　さて、「あるいは」と「または」の分布には重なるものと重ならないものがある。次のような例では「あるいは」と「または」は置き換えがきく[1]。

(1)　スキー場では眼の為に、ゴーグル{○あるいは／○または}サングラスを着用して下さい。

しかし、次のような場合には、両語の分布は重ならない。

(2)　親が元気な内は、{○あるいは／*または}京都、{○あるいは／*または}金沢というようにしばしば家族旅行をした。

(3)　この件に関しては、{○あるいは／*または}課長より係長の方が詳しいかもしれない。

　これらをみると、「または」の分布は、「あるいは」の分布に包摂される関

第5章 接続詞「あるいは」と「または」の意味について

係にある。そこで、本論ではまず、両語の分布の重なる部分について比較し（第2節）、そののち「あるいは」のみが持つ分布領域の観察を行う（第3節、第4節）。そして、分布相互の意味的関連を考察しながら、分布の広がりを産む根幹をなすと思われる、その語が一語として持つ意味的性格を意義素として記述するという手順をとりたい（第6節）。なおまた、(1)(2)(3)の用法から派生したとみられる「談話展開機能を持つ分布」についてふれたい（第5節）。結論は、第7節に記す。

　本論は、現代日本語という共時態を対象として考察した時にみえてくる意義の諸相を扱っている。通時態との連関は興味深い課題であるが、本論の直接的な目的とはしていない。現代日本語において、「接続詞」という品詞的範疇に分類される語の数は多い。まずはそれに属する一語一語の意味分析を重ねていきながら、最終的には接続詞というものの語彙・文法・談話的な役割、また、下位分類についても考察したいと願うものである。その一環として、ここに二語の類義語の意味分析を示す。

　なお、本論中の実例は、断らない限り、朝日新聞の「天声人語」を用いる。接続詞としての用法を検索するのに適切なテキストだと判断したからである。スペースの関係から、原文では改行なしに記号「▼」で区切られているところを段落相当と判断して、本論では改行して示している。

2．「A　あるいは／または　B」

　まず、「あるいは」と「または」の分布が重なるところについてみておきたい。
　(4)から(7)は、「あるいは」の実例、(8)から(11)は「または」の実例である。これらはいずれもそれぞれ「または」でも「あるいは」でも置き換えがきき、分布が重なっている。前件Aと後件Bについては、以後それにあたる部分を【　】でくるんで示す。

155

Ⅱ　接続詞の意味・用法と談話展開機能

(4)　討論といえば、米国では中学から討論になじんでいる。【2人】あるいは【4人】が賛否2派にわかれ、ルールに従って議論する。(88年9月9日)

(5)　今の日本には、海の玄関口に、これといって【目立つ表札】、あるいは【象徴】がない。(中略) 米国入りする時、東海岸からはいる欧州の人は、ニューヨークの湾内にある「自由の女神」に迎えられ、自由の国への希望に燃える。しかし、西海岸にはいる東洋からの移民は、巨大な橋、ゴールデン・ゲート・ブリッジを見て、威圧される。氏自身、戦前、欧州は歓迎、東洋はお断りかと感じたそうだ。(88年9月10日)

(6)　大げさな言い方だが、人生は選択の連続だ。一瞬ごとに、人はいくつかの道の1つを選んでいる。【何をするにしても】、あるいは【しないにしても】、反対の行き方や別の道が多分ある。だが、1つを選びとる。(89年9月3日)

(7)　脳死と臓器移植をめぐっては、さまざまな意見がある。【「臓器移植がふえれば早すぎる死の判定が起こる恐れがある」と考える人がいる。】あるいは【「自分の最後の社会的貢献として、新鮮な臓器を必要な人にあげたい」と願う人がいる。】一方「1日も早く臓器移植を」と熱望する人がいる。(88年1月14日)

(8)　タケノコは文字通り竹の子で、【筍】または【笋】とも書く。(91年3月20日)

(9)　2年前の初夏だった。日本は米国との交渉で、長い間の問題だった牛肉・オレンジの輸入自由化を結局受け入れた。だが、直前まで「【自由化】、または【それを前提とした交渉】に応じられる状況ではない」(安倍自民党幹事長)「自由化困難という日本側の考えを率直に話してくる」(佐藤農水相)と強硬な発言が続いた。(90年1月23日)

(10)　【働いて金をため】、または【働きながら】世界を見て歩く。(90

第5章 接続詞「あるいは」と「または」の意味について

年2月24日)

(11) いま、1日に約4万人の子供が飢えや感染症で死んでいる。はしか、ジフテリア、結核、ポリオ、破傷風、百日ぜき。カード約10枚の収益で、【これらの病気の、6種類の予防接種ワクチン1人分をまかなえる。】または、【幼児死亡の大きな原因である下痢性脱水症を防ぐための経口補水塩を、70人分用意することができる。】(90年10月6日)

　これらの例から分かるように、前件Aと後件Bには、形態的にみると、単語、句、節、文のいずれかをとることができる。(5)(9)のように、一方が名詞、他方が名詞句という場合もあり、その意味ではAとBとが必ずしも形態的に同様でなくてもかまわないが、品詞性など文法機能の点では同一であることが求められる。

　さて、では、意味的にみると、前件Aと後件Bとは、どのような関係にたつのであろうか。

　結論から述べると、これらの用法では、前件Aと後件Bとが列挙されていると考えられる。列挙される前件Aと後件Bは、(ア)その集合に含まれる要素のすべてがたっている場合と、(イ)その集合に含まれる要素が複数ある場合にそのいくつかを任意にとりたてる場合、とがみられる。

　(ア)の例は、たとえば(8)の「筍または笋」である。「タケノコを書き表す漢字」という集合に入る要素は「筍」と「笋」であり、他にはない(と書き手は認知している)。それを「または」で結んで列挙している。また、(4)でも、米国の中学での討論のやり方は「2人」の場合と「4人」の場合の2種類である(と書き手は認知している)。

　(イ)の例としては(5)があげられる。「海の玄関口に掲げられる何か」は、「目立つ表札」とも「象徴」とも表現される何ものかであるが、書き手があげたこれらの他に「モニュメント」などの表現も妥当なものとして考えられる。「海の玄関口に掲げられる何か」に関して考えられるそれらの中で、別の観点からの表現(「目立つ表札」「象徴」「モニュメント」などなど)のな

Ⅱ　接続詞の意味・用法と談話展開機能

かから、書き手の意図にあった表現を列挙したものになっている。同様に(7)では、脳死と臓器移植をめぐる様々な意見を「AあるいはB一方C」という形で列挙している。この場合のAは、「『臓器移植がふえれば早すぎる死の判定が起こる恐れがある』と考える人がいる。」であり、Bは「『自分の最後の社会的貢献として、新鮮な臓器を必要な人にあげたい』と願う人がいる。」であり、Cは「一方『1日も早く臓器移植を』と熱望する人がいる。」であるが、これらのほかにも、現実世界を考えれば意見はいくつもあろう。「臓器移植そのものが日本人の死生観を変えることにつながるので、慎重になるべきだという人がいる。」「実質的に臓器の売買が行われない体制ができるまでは待つべきだという人もいる。」など、他にもD、E…といくつも考えられる。書き手の表現意図に即して、項をとりあげて列挙し、これらを「あるいは」「または」が結ぶことができるのである。

　その文章中、問題にされている事柄の集合に含まれる要素をとりあげて結ぶ、という働きでは(ア)も(イ)も一つのものであるが、(ア)の場合は、取り上げられる要素は閉じた関係にある。それがひいては、当該文で書かれた内容が現実世界で実現される場合には、どちらか一方が選ばれるということにもなる。たとえば、文字に書かれる場合には、「筍」か「笋」のどちらかが選択され、米国での討論の場合はそのディベートは「2人制」か「4人制」のどちらかで実現されることになるのである。また、(6)のように前件Aが「何をするにしても」で、後件Bが「しないにしても」であるように、対比的に捉えられた場合も、閉じた要素である。さらにまた、(9)のように前件Aが「自由化」で、後件Bが「それを前提とした交渉」であるというように、程度（この場合は譲歩の程度）に即して順序づけした表現がくる場合もある。これらの場合についても、(ア)に含めて考えたい。

　(イ)の場合には、取り上げられる要素は開かれた関係にある。つまりは、前件Aと後件Bとは、あることについて、複数の観点から見たものの見方のうちの二者を示す、ということになる。列挙された前項Aと後項Bとをたよりに、読み手は書き手が意図した何かへと近づく解釈を試みることになる。

第5章 接続詞「あるいは」と「または」の意味について

こちらでは、現実世界では、前件も後件も同時に存在することが可能である[2]。

従来は、「選択的な」「並列的な」というように(『日本国語大辞典』)、あるいは「二つ以上の事物の中から、どちらか一つを選ぶ場合や、どれか一つに決める場合(ときにはどちらとも決まらない場合)。(森田1988：99)」などと説明されてきたが、本論では上述のように説明した。

これを図示すれば、以下のようになる。

(ア) その集合に含まれる要素の　　(イ) その集合に含まれる要素が複数
　　 すべてを列挙する　　　　　　　　 ある場合に、そのいくつかを任
　　　　　　　　　　　　　　　　　　　意にとりたて列挙する

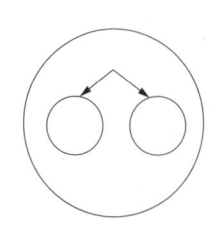

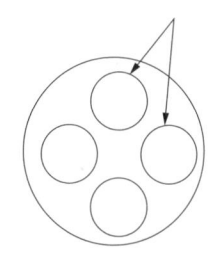

図1　「あるいは」と「または」による列挙のタイプ

3.「あるいはA、あるいはB」

次に、「あるいは」特有の分布に関して、以下順次みていきたい。
まず、「あるいはA、あるいはB」という分布がある。以下が実例である。
　(12)　関東軍の中には、玉砕した部隊もあるが、主流は奥地の開拓団を
　　　　見捨てて敗走した。婦女子の多い避難民は敗戦の情報さえ知らさ
　　　　れずにさまよい、あるいは【集団自決をし】、あるいは【ソ連軍の銃撃
　　　　で戦死し】た。遺体の下敷きになって生き残り、中国人の養父母に
　　　　育てられた孤児もいる。(85年9月11日)
上例(12)の「あるいは集団自決をし、あるいはソ連軍の銃撃で戦死した」

159

Ⅱ　接続詞の意味・用法と談話展開機能

は、典型的な「あるいはA、あるいはB」の分布を示している。「あるいは」はもともと、漢文訓読で使用された表現であることも手伝って、現代日本語においても「文章語」としての硬度を持った単語である。わけても、この「あるいはA、あるいはB」は、天声人語7年分のデータを検索しても、この1例であった。

　しかし、「あるいはA、あるいはB」という典型的な分布は持たなくても、同様に考えてもよい例がみつかる。(13)がそれである。

　　(13)　伊豆大島を脱出する時、なにを持ってきたかという問いに位牌（いはい）と答えた人が多かった。着のみ着のままでも位牌だけは忘れない、という気持ちはわかる。
　　　　置いてきたもので心にかかるものは、【ひもにつないできた犬】、あるいは【ネコ】、あるいは【乳牛】だという。ほっておくと牛が乳房炎になる、と心配する人がいた。ぶじ脱出はできても、いつ島に戻れるのかという不安は続く。(86年11月23日)

(13)の「あるいは」は、「置いてきたもので心にかかるもの」という集合に含まれる要素から、「ひもにつないできた犬」「ネコ」「乳牛」をあげて、それらを「あるいは」が結んだと解釈することもできるが、同時に、「置いてきたもので心にかかるもの」は、「ひもにつないできた犬（だという人もあるし）」「ネコ（だという人もあるし）」「乳牛だ（という人もある）」という解釈も成り立つ。後者の場合には、「（あるいは）犬、あるいはネコ、あるいは乳牛」という分布だと解釈されるのである。なお、この分布では、A、Bは単語ではなく、述語を含んだ文（節）である。

　このように見ていくと、「AあるいはB」と「あるいはA、あるいはB」は、そのどちらであるか解釈が重なる用例があるということが知られよう。以下の2例も「AあるいはB」という形態をとっているが、解釈は、上述と同様に両義的である。

　　(14)　寒天、こんにゃく、ゼリー、液体を含みブヨブヨになって形を保っているものを、ゲルと呼ぶ。(中略)

第5章 接続詞「あるいは」と「または」の意味について

たとえばゲルの液体の濃さを変える。温度を変える。電気刺激を与える。刺激によって【ゲルは突然、数百倍から1000倍に膨れる】。あるいは【縮まる】。(85年12月13日)

(15) 東京の路地にはまた、信仰が生きている。突然、【1万4000体の石地蔵が並ぶ風景にであう】かと思うと、【江戸の昔の殿様が、写生に使った虫の霊を慰めるために建てた「蟲塚」がある】。あるいは【恋のために放火した八百屋お七の墓が路地の奥にある】。(86年10月11日)[3]

「あるいはA、あるいはB」は、「あることに関して異なった事例を列挙する」というものであるが、今みたように「AあるいはB」が「あるいはA、あるいはB」と両義的に解釈しうる用例をみると、分布は連続的であることが分かる。その両者に共通した意味を求めると、〈加えながら列挙する〉ということであろう。

4．「あるいはB」

接続詞は前件と後件を結ぶ働きを持つが、以下のような「あるいはB」という分布を見ると、前件Aがみられず、「あるいは」が副詞として働いていることが分かる。

(16) 大作曲家バッハが死亡して150年ほどたった1890年代半ば、その墓を移転しようとしたら、古びた棺が壊れた。こぼれ落ちた遺骨がほかの数体のものと混じってしまった、という。バッハの頭がい骨はどれだろうか。

　　この難問を解いたのが、あるいは【今日の科学捜査の事始めかもしれない。】(90年4月13日)

(17) 公社実現の推進者、山本茂夫さんが回想している。武蔵野市内の広壮な邸宅に、70歳のひとり暮らしの女性がいた。現金収入はわずかな年金だけだった。特別養護老人ホームに入って亡くなった後、

Ⅱ　接続詞の意味・用法と談話展開機能

不動産が1億6000万円で処分された。
　　いくら不動産があっても死後に処分されたのでは、本人に1銭も入らない。生前に不動産を活用することができたら、あるいは【もっと安定した老後が送れたのではないか】。(85年8月24日)
(18)　会計検査院が各省庁や公団などの一部を調べただけで約214億円のむだ遣いがみつかった。しらみつぶしに調べれば、何百億、何千億円の税金がむだに使われていることがわかるだろう。
　　いや、あるいは【不正に、不当に使われている税金は何兆円になるかもしれない】。逆にいえば、節約をすればそれだけのカネがうくということだ。「倹約は大きな収入だ」というフランスのことわざがあった。(87年12月12日)

　これらの分布の特徴の第1は、「あるいは」が修飾する述部にある。「事始めかもしれない」「送れたのではないか」「なるかもしれない」など、事柄の可能性を書き手が推測するものになっている。また、第2点の特徴として文頭から「あるいは」が始まることはない。「この難問を解いたのが、あるいは……」「生前に不動産を活用することができたら、あるいは……」「いや、あるいは……」の如くである。
　さて、それでは、このような書き手の推測が、なぜ「あるいは」によって担われるのであろうか。それに答えるために次のような実例をあげたい。
(19)　戦後まもなく、アメリカの週刊誌に、日本人にとって、民主主義とは "It can't be helped" democracy だという記事がのった。「仕方なし民主主義」である。
　　仕方なく、おしきせの民主主義の衣を着たかと思うと、今度は「仕方なし再軍備」へ向かう。「ああ一体どこまで行ったら既成事実への屈伏という私達の無窮動は終止符に来るのでしょうか」と、丸山真男さんが嘆いていた。
　　防衛費のGNP比1％枠をはずすことを中曾根首相は決断したらしい。これもまた、【アメリカの圧力による「仕方なし1％枠はず

第5章 接続詞「あるいは」と「または」の意味について

し」なのだろうか】。あるいは【「アメリカの圧力」とやらを利用した巧妙な作戦なのか】。(85年7月26日)

(19)は、「AあるいはB」の分布であるが、AとBとはそれぞれ「アメリカの圧力による『仕方なし1％枠はずし』なのだろうか」と「『アメリカの圧力』とやらを利用した巧妙な作戦なのか」である。この例の前件を省略すると次のようになる。

(20) 戦後まもなく、アメリカの週刊誌に、日本人にとって、民主主義とは "It can't be helped" democracy だという記事がのった。「仕方なし民主主義」である。

仕方なく、おしきせの民主主義の衣を着たかと思うと、今度は「仕方なし再軍備」へ向かう。「ああ一体どこまで行ったら既成事実への屈伏という私達の無窮動は終止符に来るのでしょうか」と、丸山真男さんが嘆いていた。

防衛費のGNP比1％枠をはずすことを中曾根首相は決断したらしい。これもまた、あるいは【「アメリカの圧力」とやらを利用した巧妙な作戦なのか】。(85年7月26日)

(20)の、「これもまた、あるいは……なのか」は、前述した「あるいはB」の二つの分布の特徴を満たすものになっている。

つまり「AあるいはB」の前件と後件が推測文である場合に、その前件を自明のこととして省略しうると、その結果副詞用法が得られると説明することができる[4]。

すると、これもまた分布「AあるいはB」と連続的であることが分かる。

ちなみに共時態の記述からすれば、どちらを基本的な用法とみて、どちらを派生的用法とみたらよいのであろうか。

森田(1988：98)は、副詞の用法が接続詞の用法を生むとしているが、いかがであろうか。共時態の記述だけからみると、接続詞としての「AあるいはB」が基本的な用法で、そこから副詞用法が派生しているというようにここではみられる。「省略」という過程が「だって」「でも」などの対話型接続

詞を産んでいると沖（1996, 1997）は説明したが、ここにも「省略」という現象によって説明しうるものがあることにふれておきたい[5]。

　事柄と事柄、命題と命題を結ぶ性格の接続詞が、連接可能な文の性格を拡大し、書き手の推測を表すモーダルな表現をその射程に納める。そしてさらに、「省略」によって一方のみが明示的にBとして残ったのが、ここにみた副詞用法なのだと考える。

　ただしかし、それではなぜ省略可能なのかという課題が残るが、これは別項に譲る。

5．談話展開機能の獲得

5.1　「A―a あるいは B―b」

　さて、これまで述べてきた3種「AあるいはB」「あるいはA、あるいはB」「あるいはB」は、現代語の「あるいは」が持っている基本的な分布であるといえよう。

　これらの前件と後件の位置というものに注目すると、見てきた限り、「AあるいはB」「あるいはA、あるいはB」は、接続詞といっても、それぞれを直前直後に置き結んでいて、その意味では語、句、節、文を単純につなぐ連結詞であった。

　ここでは、そうした単純な連結詞としての用法が拡大して、「離れたところのものを連結」している分布について言及しておきたい。

　まず、以下に実例をあげる。「離れたところのものを連結する」というのは、前件Aのあとに A を補足する叙述が入ることを指す。また、これと連動して、後件Bの後ろにも、Bを補足する叙述が入る場合がある。これを「A―a あるいは B―b」の分布としよう。

　　(21)　戦争をめぐる事実についての知識が若い世代に欠けている、だからアジア諸国の人々と話をしていて困ることがある、と若い人が言うのを聞いたことがある。つい先月の本紙への投書でも、戦争の歴

第5章 接続詞「あるいは」と「または」の意味について

史をほとんど教えてもらっていない、と高校生が書いていた。

　現実の世界に目を見開いておく訓練の問題である。今回、興味をひかれるのは、父母が騒いでいるのが保守系市議を通して市教委に伝えられた、と市教委が説明していることだ。親たちは、教材が自分の子どもに「刺激的過ぎる」と思ったら、【なぜ子どもに自分の考えを言わないのだろう】。

　そこで意見をかわすのが1つの教育ではないか。あるいは、【なぜ教師と意見交換をしなかったのだろう】。政治家を通じて市教委を動かす、つまり力によってことを運ぶ、という発想は、自ら管理を招くもの。およそ教育とは無縁だ。（89年9月21日）

　ここでは、前件A「なぜ子どもに自分の考えを言わないのだろう。」と後件B「なぜ教師と意見交換をしなかったのだろう。」とが列挙され「あるいは」で結ばれている。ところが分布を見ると、前件と「あるいは」の間にa「そこで意見をかわすのが1つの教育ではないか。」という一文が入っている。しかし、後件と結ばれる前件は、あくまでAとBの部分である。aは挿入された部分で、テキストの意味構造でいえば、展開部分である。

　文と文を助詞などの接続表現でつないで複文として表現する手だてがあるが、なぜ、接続詞という単語が産まれたのかということを考えれば、現代語の記述の中で、このような分布を用法的拡大として扱うことの是非が説明できるだろう。前件と後件を分布上連続して結んでいる限り、接続詞という単語としての独立語が産まれる意味は希薄である。名詞、名詞句、節など、要するに一文内の要素を結んでいるうちは、単純な連結詞である。接続詞が文と文を結ぶと、一文内の機能から、二文連接という談話レベルの機能を獲得する。それがさらに、直前・直後ではなく、離れた位置にある二文をも結びつける力を持った時、ここで述べるようなテキストの構造に関与する談話管理詞としての接続詞の誕生をみたと言えるのである。

Ⅱ 接続詞の意味・用法と談話展開機能

5.2 「あるいはA—a、あるいはB—b」

また、以下のように「あるいはA、あるいはB」を基本用法としたものにも、次のような例がみられる。これは、「あるいはA—a、あるいはB—b」という分布である。

⑵ なるほど、私たちの感情は、見聞きするものと無関係ではない。演出が可能かどうかはともかく、こんな刺激にはこんな反応と推測もできそうだ。だが公開準備中の「エクスプロラトリアム展」(科学技術館・東京北の丸公園)をのぞいて驚いた。ここには日常的な知覚を裏切るような装置が並んでいる。

【目の前の金属製のバネ】を取ろうとするが取れない。実物としか見えないのに、実体がないのだ。【1枚の鏡を2人が表裏からのぞく仕掛け】も不気味だ。自分の顔と同時に相手の顔もうつる。明るさを調節しながら顔を合成する。あるいは、【壁のお面】。当方が動くのを、顔を動かして追う。妙だ。(89年6月17日)

「日常の知覚を裏切るような装置が並んでいる」ことの例として、A「目の前の金属製のバネ」B「1枚の鏡を2人が表裏からのぞく仕掛け」C「壁のお面」というものが列挙されている。そしてそれぞれの後に、a「を取ろうとするが取れない。実物としか見えないのに、実体がないのだ」b「も不気味だ。自分の顔と同時に相手の顔もうつる。明るさを調節しながら顔を合成する」c「当方が動くのを、顔を動かして追う。妙だ」が補足として挿入されている。

ここで「あるいは」が結ぶものは、「あるいは金属性のバネ、あるいは一枚の鏡、あるいは壁のお面（が並んでいる）」という解釈もできるし、「あるいは金属性のバネが取れないこと、あるいは一枚の鏡を表裏からのぞく仕掛けが不気味なこと、あるいは壁のお面が妙なこと」という解釈もできる。しかし、言えることは、この例では、結ばれるものが、形態的には自由に表現されていて、読み手はその前件と後件を形態的というよりは内容的に判断する様態が出現しているということである。第4節までの例を単純な連結と

第5章　接続詞「あるいは」と「または」の意味について

呼ぶとすると、これは複雑な連結と呼んでおこう。

5.3 談話展開機能

次のような例をみよう。

(23) 富士の湧(わ)き水が危機にあるときいて、現場の柿田川を見に行った。柿田川、といっても全長わずか1.2キロの長さだ。短いがしかし、その清流の美しさは日本屈指のものだろう。

　川底のあちこちから、湧き水が噴きあげているのが見えた。富士山の雪は解けて地下にしみこみ、地下を流れ、長い歳月をへて、静岡県清水町のこの溶岩の裂けめから湧く。透き通った流れの底から砂を含んだまま、もこもこと湧く。いや、湧くというよりも、踊っている。

　柿田川では、驚かされることばかりだった。【山奥の渓流に生息するアマゴが、この都市を流れる川にいるというのも驚きだし】、【川面に沿って、真一文字に飛ぶヤマセミの姿を見ることができたのも驚きだった】。

　あるいはまた、【この川でしか見られないといわれるミシマバイカモが、冬も水中で花を開くという話に驚く】。湧き水は冬の最中でも１５度の温かさを保つからだ。２月の初め、川べりにはもうセリが新芽を吹き、トウカイタンポポが咲く。(88年7月30日)

A「……のも驚きだし、」B「……のも驚きだった」C「……に驚く」では、テンスと構文が不揃いである。挿入補足の部分は、C─cの部分にしかついていないが、しかし、このテキストの構造を見ると、「あるいは」のところから、別の話題を切り出す機能を担っていることが分る。(ただしかし、これは「あるいは」という一語の性格ではなく「あるいはまた」の「また」の部分が一緒になって担った可能性もあるので、この点については、今後「また」の分析を行う際の課題として残したい。)

　「あるいは(また)」が、位置的に離れた前件と後件を結び、別の話題を切

167

Ⅱ　接続詞の意味・用法と談話展開機能

り出す機能を担っているという点を示すのに、さらに以下(24)の例をあげておきたい。前件と後件が形態的に不揃いであるだけではなく、分布上、大きく離れた位置に現れ、重要な談話展開機能を担っていることに注目したい。全文を引用する。

(24)　【雌のコアラのパープルが死んだ】。ストレスが原因だった。続いてやはり雌のユカリが死んだ。これもストレスらしい。この知らせをきいて、オーストラリアの民主党党首チップ氏は、日本にコアラを贈ることを中止するよう呼びかけているという。

　わが国では、安楽死処分にされる捨て犬や捨て猫の数は毎年、70万匹を超すといわれている。コアラの死を悼む気持ちの中で、70万匹の犬や猫の死、ということがどうしてもちらつく。そのことに目をつぶって、コアラの死だけを論ずる気持ちにはなれない。

　<u>あるいはまた</u>、【エリマキトカゲのことがある】。あの熱狂の中で、70匹ものエリマキトカゲが日本に「上陸」させられたことは記憶に新しい。ヤミで持ち込まれ、冬を越せずに死んだものも少なくないという。私たちの動物とのつきあい方にはなにかひどく冷酷なところがある。おびえて死んでいったコアラはあわれだが、惜しまれての死であっただけにまだしも幸せだったというべきか。いや、これもまた人間の手前勝手な解釈かもしれない。

　コアラが死んだからといって、ただちに「だから連れて来るべきではなかった」という合唱に加わりたくはないが、昨今のコアラ誘致合戦は、やはりやや異常だった。

　この1年間に13匹がやって来たし、さらに12匹が来る予定だという。コアラのような繊細な動物の場合は、もっと落ち着いた形で飼育体験を積み重ね、5年、10年がかりで徐々に数をふやす、という道を進むべきではないか。

　昔、中国に四不像という珍奇なシカの仲間がいた。絶滅寸前の時、イギリスで飼育されたものが次第に数をふやし、いまは世界各地で

第5章　接続詞「あるいは」と「または」の意味について

数百頭を数えるまでになった（日本の多摩動物公園にもいる）。この四不像を本来の生息地である中国へも送る、という話がある。専門家の飼育の努力が種の保存に役立つことがある、という話をつけ加えておきたい。（85年10月6日）

5.4　「A—aまたはB—b」

さて、以上、「あるいは」を中心に述べてきたが、「または」についても同じことが言える。次のような実例がそれにあたる。

(25)　「銀杏（ぎんなん）を焼きてもてなすまだぬくし」星野立子。【白い鬼皮をつけたまま焼く】。【はぜたのを、熱いうちにむいて食う】。野趣を味わうのだろう。または、【まず鬼皮をむき、さらに褐色の薄皮をむく】。青緑色の実が現れる。茶わんむし、なべ料理などにいい。（90年10月10日）

しかし、今回の天声人語という限られた資料では、これ1例しか見出せなかった。そもそも「あるいは」の使用例よりも、「または」の使用例の方が、この資料中ではごく少なかったのである。使用数の差が示すものについては、工藤（1982）に、その重要性の指摘があるが、今後の課題として残したい。

6．「あるいは」「または」の分布と意義の差

以上、分布を中心に観察・考察したことをここで一旦整理し、両語の意義について考察したい。

まず、「あるいは」の分布は、現代日本語の共時態を対象とすると、その派生関係も含めて次頁図2のように整理できる。

Ⅱ　接続詞の意味・用法と談話展開機能

①型　「AあるいはB」
②型　「あるいはA、あるいはB」

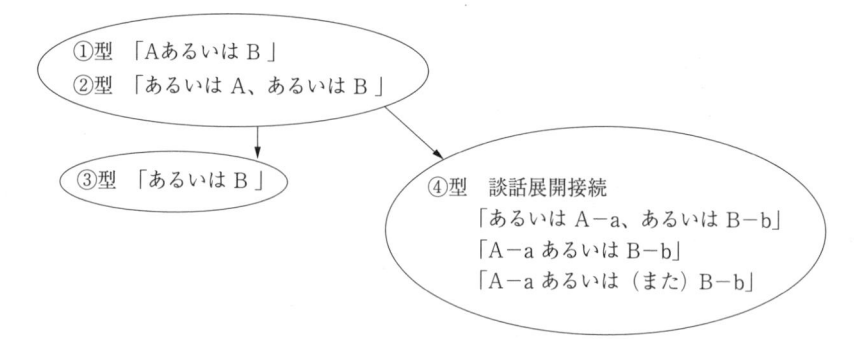

③型　「あるいはB」

④型　談話展開接続
「あるいはA−a、あるいはB−b」
「A−a あるいは B−b」
「A−a あるいは（また）B−b」

図2　「あるいは」の分布

また、「または」の分布は、「あるいは」の番号にならって示すと図3のように整理できる。

①型　「AまたはB」

④型　談話展開接続
「A−a または B−b」

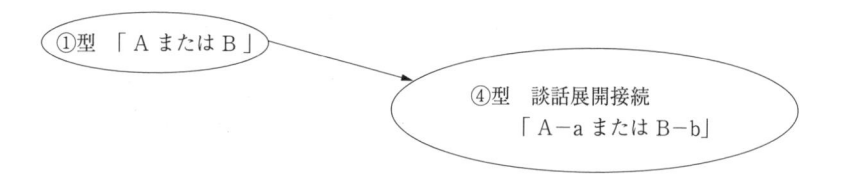

図3　「または」の分布

分布的には、「または」は「あるいは」に包摂される関係にある。

では、分布がこのような包摂関係にある場合は、その意義の差は、どこに求められるであろうか。

「あるいは」は、①型のほかに②型を持ち、また、③型の副詞用法が派生している。他方「または」は②型を持たず①型のみで、③型も派生していない、ということを考えると、そこに両語の性格の違いが求められるであろう。

①型と比べた②③型の特徴は何であろうか。①型は単語・句・文等を結んでいた。前件と後件を形態的にみると、一文の内に前件・後件があるものと、一文を超えた文と文の連接に関与するものがあることになる。②型は、基本的に文と文の連接であった。従って「あるいは」の後件は、述部までかかることが知られた。また、③型は、文と文の連接であり、後件は推測文で

170

あった。②③型が、後件に文をとり、しかも③型のように推測文がとれること、それらが中心的意味にかかわっていると考えることが妥当である。〈ある事柄について列挙する〉という点では、「または」も「あるいは」も同様であった。そこに、〈書き手・話し手の観点が加わる〉から、後件に推測文をとることもできるのである。そこで、「あるいは」の意義素は、〈ある事柄について、書き手・話し手の観点から見た事例を列挙する〉というように記述することができる。

一方「または」は、①型のみで②③型の広がりを持たないので、その中心的意義は〈ある事柄についての事例を列挙する〉というように記述することができる。

「または」の方は、事例を列挙するということにその中心がある[6]。それに対して、「あるいは」の方は意義の中に用法の広がりを産む要素を秘めており、〈書き手・話し手の観点が加わる〉という意味的特徴が、モーダルな文をとることにもひいてはつながり、副詞的用法を産むのであると説明できよう。

②型に特徴的に現れるように、複数ある要素の中から適切な項を、まず選び、また加えて、言語化するという〈加えて列挙する〉という意味特徴も、「あるいは」はもっている。加えて列挙するのであるから、項の数は、二項のみならず、三項でも四項でも構わないことになる。「AあるいはB、あるいはC」という表現が可能である理由がここにある。また、「あるいはA、あるいはB」という分布自体も、加えながら列挙していくことそのものであるから、三項以上の連結が可能である[7]。これも意義素として広く認めて、〈ある事柄について、書き手・話し手の観点から見た事例を、加えながら列挙する〉というようにまとめておきたい。

7．おわりに

以上、「あるいは」「または」の分布を観察することにより、分布から両語

Ⅱ　接続詞の意味・用法と談話展開機能

の意義の差を記述した。一語が持つ複数の分布の連続性を保証するところの、それぞれの一語としての意義素を記述する立場にたっている。

　全体の論旨と結論をまとめておきたい。

　「あるいは」の分布は①型「AあるいはB」②型「あるいはA、あるいはB」を基本的な用法として、③型「あるいはB」を派生していることを指摘した。そして、また、①型②型は、「A―a あるいは B―b」「あるいは A―a、あるいは B―b」というように、a、bという挿入部分が入りながら前件と後件を接続する分布を派生していることを指摘した。これを、④型、談話展開用法と呼んだ。

　「または」は、「あるいは」と対比して述べれば、①型「AまたはB」の分布を持つ。そして、④型「A―a または B―b」を、同様に派生していた。

　両語が④型への広がりを持っていることは、これらの接続詞が談話管理機能を広汎に得たということを示している。要素の連結が一文内に止まるうちは、談話管理機能は持ち得ない。また、隣り合う文と文を連接する場合でも、接続助詞等の持つ文法的機能と、さほどは変わらない。離れたところの文と文を結ぶ機能を得た時に、接続詞が語として独立していることの価値が発揮されると考えられる。そこで、両語が④型を得たということは、この意味で接続詞化の程度を深めた現象として認めることができよう。

　さて、これらの分布から、両語がそれぞれ一語として持つ意味的性格を考察し、意義素をそれぞれ次のようにまとめた。

　「あるいは」：
　　〈ある事柄について、書き手・話し手の観点から見た事例を、加えながら列挙する〉
　「または」：
　　〈ある事柄についての事例を列挙する〉

　用法をすべて網羅し、用法ごとに説明を施して終わることも一法ではあろう。が、本論では、分布は分布として観察対象とし、分布（用法）の広がりが連続性を持っていることに着目した。そして分布間の連続性は、それぞれ

が一語として持つ意義素が保証しているのだと考えた。その結果、「あるいは」「または」の各一語形の意義素を、上述のように記述したものである。

　今回は、限られた、しかし接続詞を考察する上ではひとまず適切だと考えた言語資料を用いたが、今後は現代日本語のコーパスを構築し、それにあたることが課題である。「あるいは」と「または」の使用頻度の差についてもそれによって説明が可能になることを期したい。

注
1) 「あるいは」に関しては、少なくとも(1)(2)(3)のような用法の幅があるうえ、文法機能からみて(1)(2)は接続詞、(3)は副詞と考えられ、2品詞にまたがっている。研究者によっては(2)も接続詞とみる。佐治（1970）、森田（1988）など。ここでは『日本国語大辞典』に従っておく。
2) 論理学では論理和（disjunction, logical sum）を表すのに、「または」という和語の接続詞が使われてきた。この場合の定義によれば、次のような注意が生じる。

　　A∪Bを〈AまたはB〉と読む。（略）これは、〈A、Bの少なくとも一方が真である〉という意味の命題を表しているのであって、〈A、Bのうちの一方だけが真である〉ということを表わしているのではない、ということには一応の注意を要する。（前原1966：7）

　たしかに我々は、日常言語では「AまたはB」を「AかBのどちらか一方」と認識することが多い。しかし、こうしてみると、(ア)の例はたしかに「どちらか一方」であるが、(イ)の例では、同時に成り立つと考えることもできる。
3) 「1万4000体の石地蔵が並ぶ風景にであう」は、意味的にみると列挙されたうちの一つと考えられるが、形態的にみると、「あるいは」の直接の支配とはなっていない。
4) ただし、文章全体の文脈から言えば、運びを変えることが必要になるし、また主題も変容する。
5) このように現代日本語の共時態の記述から考察すると、接続詞用法が基本で、そこから副詞用法が説明できる。歴史的な変化の方向を考えることと共時態の記述とはひとまず別のことであるが、簡単な参考のために辞書記述だけ記しておきたい。『大漢和辞典』には、「或」の字義として、「未定・想像をあらはす助辞」が第1にあがっていることも、看過できないことではある。しかし、『日本国語大辞典』をひもといてみると、「AあるいはB」「あるいはA、ある

いはB」の初出文献には、10世紀の天暦、長保の資料があがっている。それに対して、「あるいはB」の初出文献は、時代を下った明治年間の『浮雲』『露団々』があがっている。

6) 従って、単に列挙することがその役割であって、前件と後件に文をとる場合には、書き手・話し手の判断がくる文はとりにくいように感じる。今回の用例調査では結論が出なかったので、今後の課題としたい。

7) 三項を結ぶ実例も、以下のようにある。この場合、論者の語感では、(1)は、「または」におきかえにくい気がする。また、(2)は、「脅され、殴られ、あるいは飢えを経験していた。」というように「あるいは」の方が座りがよいように感じる。「または」を使うと、「脅され、殴られ」が前項で、「飢えを経験し」ていたことが後項であるように感じられる。「あるいは」は加えて列挙していくため、項の数が増えていっても構わないが、「または」は基本的に二項連結なのであろうか。

　　(1) 国柄は違っても、カネの【魅力】、【引力】、あるいは【魔力】は変わらない。(88年7月7日)
　　(2) モザンビークで避難民となった子供50人のうち、42人が暴力で父か母を失い、11人が親が殺されるのを見たり聞いたりし、29人が殺人を目撃し、16人が誘拐され、全員が【脅され】、【殴られ】、または【飢えを経験し】ていた。(91年12月20日)

参考文献

井手　至 (1973)「接続詞とは何か―研究史・学説史の展望―」鈴木一彦・林巨樹編集『品詞別日本文法講座6　接続詞・感動詞』明治書院

沖　裕子 (1996)「対話型接続詞における省略の機構と逆接―「だって」と「なぜなら」「でも」―」中條修編『論集　言葉と教育』和泉書院　［本書II、第4章として収録］

沖　裕子 (1997)「新用法からみた対話型接続詞「だって」の性格」『人文科学論集〈文化コミュニケーション学科編〉』第31号　信州大学人文学部紀要　［本書II、第7章として収録］

京極興一・松井栄一 (1973)「接続詞の変遷」鈴木一彦・林巨樹編集『品詞別日本文法講座6　接続詞・感動詞』明治書院

工藤　浩 (1982)「陳述副詞の意味と機能―その記述方法を求めて―」『国立国語研究所報告71　研究報告集3』秀英出版

国広哲弥 (1982)『意味論の方法』大修館書店

小林賢次 (1996)『日本語条件表現史の研究』ひつじ書房

第 5 章　接続詞「あるいは」と「または」の意味について

佐治圭三（1970）「接続詞の分類」『月刊文法』第 2 巻第 12 号　明治書院
阪倉篤義（1993）『日本語条件表現の流れ』岩波書店
田中章夫（1984）「接続詞の諸問題―その成立と機能」鈴木一彦・林巨樹編集『研究資料日本文法 4　修飾句・独立句編』明治書院
塚原鉄雄（1970a）「連接の論理―接続詞と接続助詞―」『月刊文法』第 2 巻第 2 号　明治書院
塚原鉄雄（1970b）「接続詞―その機能の特殊性―」『月刊文法』第 2 巻第 12 号　明治書院
前原昭二（1966）『数理論理学序説』共立出版
宮地　裕（1983）「二文の順接・逆接」『日本語学』第 2 巻第 12 号　明治書院
森岡健二（1973）「文章展開と接続詞・感動詞」鈴木一彦・林巨樹編集『品詞別日本文法講座 6　接続詞・感動詞』明治書院
森田良行（1988）『基礎日本語辞典』角川書店（引用頁は 1989 年刊行第 2 版により示す）

引用言語資料
朝日新聞社(1992)「朝日新聞―天声人語・社説　増補改定版（英訳付）1985～1991」日外アソシエーツ株式会社

第6章　接続詞と接続助詞の「ところで」
——「転換」と「逆接」の関係性——

要旨　「ところで」は、名詞に格助詞がついて二語である場合と、一語化している場合とがある。一語化した「ところで」には、複文を作る接続助詞用法と、文章・談話の中でいわゆる「転換」の働きをする接続詞用法がある。「ところで」の意味・用法を記述することで、それらの用法間の差異と連続性について言及した。一語化した「ところで」をとりあげ、接続助詞と接続詞の用法をみると、命題間の「逆接」をつなぐ点では共通した意味を担う。しかし、接続助詞用法では推論の逆接のみを仮定的に表現しているのに対して、接続詞用法では、推論の逆接だけではなく対比の逆接をも担えることを明らかにした。「転換」という性格は、接続詞「ところで」の逆接命題に談話的展開部が付加され、連接内容が変化したことによって実現していた。さらに「逆接・転換」が語彙的にやきつけられた結果、副詞用法の「ところで」を派生していることも明らかにした。

1．はじめに

「ところで」は以下(1)から(5)に見るように、さまざまな用法を持つ。
(1) 日当たりのいいところで、タンポポが咲いている。
(2) 隠れ家を出て空港に着いたところで、逮捕された。
(3) 頑張ったところで、この件はうまくいかない。
(4) 漢字辞典には、画数が書いてあって便利だ。ところで、この画数が辞典によって違うこともあるが、それは案外知られていない。
(5) ところで、今何時ですか？

(1)は、名詞「ところ」と格助詞「で」から成る。この場合「ところ」は「場所」という原義を保っている。格助詞自体を除くことはできないが、以

第6章　接続詞と接続助詞の「ところで」

下のように、場所を表す他の格助詞に取り替えることが可能である。

　　(1′)　日当たりのいい $\begin{Bmatrix} ところで \\ ところに \end{Bmatrix}$ 、タンポポが咲いている。

それに対して(2)の「ところ」は形式名詞化しており、「で」を除いて次のように言っても意味はそれほど変わらない。

　　(2′)　隠れ家を出て空港に着いた $\begin{Bmatrix} ところで \\ ところ \end{Bmatrix}$ 、逮捕された。

また、「空港に着いたところを、逮捕された」「今、空港に着いたところだ」などのように言うことも可能である。また、「ところで」の形はとっていても「材料はナズナ、ツクシといったところで、これらをさっとゆがく」などのように「ところ・だ」の活用形とみるべきものもある。

　これらに対して、(3)から(5)は、「で」を他の助詞・助動詞に代えることもできず、また取り除くことも不可能である。

　一語化した(3)から(5)のような「ところで」をみると、(3)は、複文の形成に与っているので接続助詞である。(4)は、自立語として後文の文頭に使用されており、文と文を連接する働きをもった接続詞である。また、「ところで」はいわゆる「転換の接続詞」に分類されてきたが、(5)はそれが会話の冒頭に置かれた用法である。

　「ところで」の様々な用法は、こうしてみると非連続にみえるが、意味分析をするとそこに共通したものが見出される。本論では(3)(4)(5)のような一語化した「ところで」を対象にして意味分析を加え、各用法の特徴を明らかにしたい。その上で、「ところで」の共通性と差異性が、共時態の中でどのようなあり方をしているのか、記述したい。

　(3)のような例を「接続助詞用法」、(4)のような例を「接続詞用法」と呼ぶ。接続助詞用法と接続詞用法は、それぞれ独自の文・談話文法上の働きを持つ。と同時に「ところで」が一語として持つ固有の意味もある。本論の目的は、「ところで」一語が担う中心的意味を下敷きにして、どのように文・談話文法的な意味・機能が広がっているかを問うことにある。さらにまたその記述

を通じて、いわゆる「転換」といわれるしくみについても明らかにしたい。

以下、接続詞用法、接続助詞用法の順で述べていく。その後、両者の共通性と差異のあり方についてまとめたい。

2．接続詞「ところで」の意味・用法

2.1 独話型接続詞と対話型接続詞

蓮沼（1993）ら、接続詞の最近のいくつかの研究によると、独話型・対話型の区別をつけることが重要であることが指摘されている。本論もその立場にたつ。そこで、まず、書きことばと話しことばそれぞれの位相での使用を分別して、観察していきたい。

2.2 書きことばにみる「ところで」

実例をあげる。以下は、文章全文を引用したものである。なお、文中の「【A】《a》【B】《b》」の記号は、論者が付した。

(6) 話し上手の時代（天声人語1985年10月28日）

　　近ごろ話すことへの関心が高まっている。本屋をのぞくと「気くばり話法」「スピーチで成功する」「話し上手で心をつかめ」といったたぐいがずらり並んでいる。取次店のコンピューターに打ち出してもらったら323部あった。大半がここ数年のものだ。ちなみに書く方は38点だった。

　　【A町の話し方教室も盛んなようだ。】《a「あなたの幸福を約束する日常会話」「人を動かす説得話法」といった案内が目につく。生徒はサラリーマン、教師、主婦、学生などさまざまだ。講義は自己紹介のし方あたりから始まるのが普通のようだ。一例をあげればこんな調子になる。

　　1分間自己紹介法。最初の5、6秒が勝負だ。だじゃれでもこじつけでもいいから、なにか面白いことをいって名前を売り込む。あとは

第6章　接続詞と接続助詞の「ところで」

職業、趣味、特技、人柄。最後にもういちど名前をいって「よろしく」で結ぶ。

　人気科目は即席スピーチという。さっとマイクをつきつけられて「なにかひとこと」といわれたとき、ドギマギせずに話すにはどうしたらよいか。どんな話題でもこなすにはどういう手があるか。それを30秒とか5分とか時間を切って練習する。

　日本はもともとおしゃべり文化の国で、井戸端会議ふうの話は得意だ。けれど多少とも公式的な話になると下手で、ここではむしろ以心伝心が尊ばれる。沈黙が金ともされてきた。当節は、そうはいかないようである。》

　<u>ところで</u>、【Bついでに聞き方教室というものも広めてもらえまいか。】《bたとえば、話し上手な政治家先生などの話はどう聞いたらいいかを勉強する。胸の内を聞くわけだ。

　日本語の「聞く」には是非を判断するという意味もある。そのへんも学びたい。味わって違いを知るという意味もある。聞き酒がそれだろう。聞香ということばもある。いずれも音のないところに耳を澄ますのだ。》世が話し上手の時代というなら、そんな聞き上手も大事にしたい。

さて、(6)の文章は「【A】《a》【B】《b》」の構造をもつことを明らかにしたが、そこから次のことが分かる。
　① 内容的にaはAに属し、bはBに属している。
　② 「ところで」は、話題がaからBに変わる位置に用いられる。
　③ 「ところで」は、AとBを意味的に結ぶ働きをしている。

　aは、Aの展開部にあたり、bはBの展開部にあたっている。括弧で《a》《b》を囲んでみると、AはBと並び立つものであることが見出せる。言語は線条的に表現されるので、「A→a」と流れてきた話線からさらに「A→a→B」と続ける時、aとBとは内容的に転換しているように感じられる。「a→B」を自然な流れにする操作記号として「ところで」が用いら

179

Ⅱ 接続詞の意味・用法と談話展開機能

れていることになる。

しかしながら、文章全体の構造を視野に入れると、「ところで」の後件Ｂは、離れた手前にある前件Ａと、意味的に関連づけられていることが分かる。

これまでの研究では着眼点が②にのみ置かれてきた。「転換」という命名がそれを端的に語っている。しかし、「ところで」には③の働きがあり、前と後を結び「関連づけ」することによって「接続詞」の性格を持つといえる[1]。

では、「ところで」は、ＡとＢをどのように繋いで「関連づけ」しているのであろうか。ＡとＢを取り出すと、次のようになる。

(7) 　Ａ　町の話し方教室も盛んなようだ。

　　　Ｂ　ついでに聞き方教室というものも広めてもらえまいか。

このＡとＢを検討すると、以下のように二項対比的な関係にあることが分かる。

(8) 　Ａ　|話し方教室：盛んである|

　　　Ｂ　|聞き方教室：盛んにしてほしい|

(8)の前項は話すことと聞くこと、後項は現状と希望という対比になっている。

以上の構造は、次の(9)のように《ａ》の部分が短いものにもあてはまる[2]。

(9) 　山を豊かに（天声人語 1990 年 5 月 4 日）

　　　柏餅（かしわもち）の季節である。米国東部の山野を歩いていて、よく柏餅を思い出した。そっくりの葉が茂った木に出合うのだ。亭々とそびえ、やや白っぽい葉の裏を風にひるがえしている。甘いあんこの味、それを包む葉の香りが脳裏によみがえる。

　　　【Ａ土地の人に名を聞いた。ホワイト・オークだという。】《ａ白いカシワか。ホワイトは白、漢字も木偏に白だ、などと感心する。》ところで、【Ｂオークというと日本ではカシと訳すことが多い。】《ｂそう記した辞書もある。》だが、カシは落葉しない。オークは落葉する。

オークすなわちカシ、ではない。(略)

文の長さが問題なのではなく、文章の内容構成の問題だということを(9)はよく示している。(9)のa部分はAに属している。しかも続くBの内容とは非連続であると同時に、意味的にはBとAが繋がれている。そして、BはAと以下のように対比的である。

(10)　A　|英語の名前は：「ホワイト・オーク」だという|
　　　　B　|日本語の訳名は：「カシ」である|

2.3　話しことばにみる「ところで」

これまでの研究では「関連づけ」の機能がほとんど省みられず、「話題を転換させる」機能のみがなぜ注目を浴びてきたのだろうか。第1に、Ａａが手前の非常にかけ離れた位置にある場合も多いこと、第2に、非言語的な文脈にＡａが認められ、言語化されていない場合があることの2点であろう。特に話しことばでは、この二つの理由から、突然に新しい話題が切り出されたかのようにみえる場合がある。

しかしこのような場合でも、第1に、Ａａが話の大分手前で触れられていないかどうか、また、第2に、非言語的な文脈にＡａが認められないか、この2点を調べれば該当するものが見つかる場合がある[3]。

話しことばには冗長性がみられるので、「A→a→C→ところで→B→b」という話線がありうる。しかしこの場合でも「A→a→B→b」の構造を下敷きにして、Bの直前に「ところで」が現れるのである。また、非言語的な文脈では例えば(12)のような復元が可能である（★印が非言語的な文脈）。

(11)　外来語の表記見直し（天声人語1986年12月11日）

　　　若いころ、ベニスと書いたらベネチアと直された。ベネチアまで行って「ところで、ベニスはどこにあるの」ときいた日本のご婦人がいた、という笑い話があった。昔のプラーグは、今はプラハと書く。ダンチヒはグダニスクだ。現地の発音を重んじて、そう呼ぶようになった。(後略)

Ⅱ 接続詞の意味・用法と談話展開機能

(12) ★【A ⦅「ベネチア」は：ここである⦆】
　　★《a 従って自分は現に今ベネチアを見学している。》
　　ところで【B ⦅「ベニス」は：どこか⦆】
　　★《b 「ベニス」がここであることに気付く。》

話し手が、聞き手と同じ非言語的文脈を共有していると認めている時に、(11)のような発話が可能である。

2.4 副詞化した「ところで」

例えば、一度もその話をしたことのない人同士の間で、突然に次のような発話があったとしよう。

　　(13) 「ところで、結婚しないの？」

初めて切り出される内容でも、「ところで」を用いることにより、あたかもその話を以前にしたかのような効果をもたらすことになる。

この場合、「ところで」を用いることによりあたかも A a の了解が話し手聞き手の間にあって、初めての話ではないかのように和らげている。これは、先に見た基本的構造を踏まえての表現効果をねらった操作的・修辞的な表現である。見方をかえると、「関連づけ」と「転換」の機能が、前後の文脈なしに実現されており、「ところで」の語彙的意味にこれらの機能の「やきつけ」[4]が起こっていると考えられる。文脈と切り離してその一語を取り出しても、「関連づけ」と「転換」が表現されるので、このような「ところで」は、接続詞というよりは、副詞用法とみてよい。

このような副詞としての「ところで」が派生すると、前後の文脈の中で、話題を変える位置に使用しさえすれば、当該文脈中の「関連づけ」は考慮せずに、単に転換を示す指標として自由に「ところで」を用いることができることになる。

ただし、先に見た用例(11)「ところでベニスはどこにあるの」は、あくまで舞台はベネチアないしベニスという場所での発話になるので、非言語的な文脈が必要とされる。二者の区別が必要であろう。

第6章　接続詞と接続助詞の「ところで」

さて、接続詞から派生して副詞化した「ところで」を記述したが、接続詞「ところで」は接続助詞「ところで」と密接な関係を持っている。そちらとの関連についても、以下、考察しておきたい。

3．接続助詞「ところで」の意味・用法

接続助詞「ところで」は、次のような使われ方をする。
(14)　頑張った<u>ところで</u>、この件はうまくいかない。
(15)　食べなかった<u>ところで</u>、生きてはいられる。
(16)　講演会に行った<u>ところで</u>、得るものは何もないだろう。
(17)　その時、取りに来てくださった係の編集者の前で良心的に、「この小説、うまく行きませんでした」とうなだれて見せた<u>ところで</u>お互いにみじめになるだけである。（手紙240頁）

接続助詞「が」と比べると、たとえば次のように同様の文脈で用いられる。
(18)　頑張った $\begin{Bmatrix} が \\ ところで \end{Bmatrix}$ 、この件はうまくいかない。

しかし、前件「頑張る」は、「が」の場合、既に起こった「確定」であるのに対して、「ところで」は仮にそうするという「仮定」を表す点で異なっている。また、後件「うまくいかない」は、「が」の場合、実際うまくいっていないことをあらわしている「確定」表現である。が、「ところで」の後件は、仮定的な推測である[5]。つまりは、「ところで」は、「逆接仮定条件表現」にあたる[6]。

では、前件と後件の意味的な関係「逆接」とはどのようなものであろうか。「逆接」には、沖（1995）が明らかにしたように「推論の逆接」と「対比の逆接」がある。坂原（1985）は、「しかし」の使用が譲歩文と関係し、(19)のようなあり方を下敷きにして「pしかし～q」ができると指摘した。「推論の逆接」とはこのタイプへの名付けである。(14)は(20)から作られる「推論の逆接」にあたる[7]。

(19) pのときは普通qであるが、意外にも〜qである。

(20) 頑張れば、普通うまくいくが、うまくいかない。

一方「対比の逆接」とは、先に本論中でも少しふれたが、以下のような構造を下敷きにしている。〈α〉と〈β〉、〈A〉と〈B〉のそれぞれまたはどちらかに、何らかの「反対」関係が成立するタイプである。

(21) {〈α〉 ： 〈A〉}　　例：{和菓子 ： 好きだ}
　　　　　しかし　　　　　　　　　しかし
　　　{〈β〉 ： 〈B〉}　　　　　{洋菓子 ： 嫌いだ}

推論の逆接は、「が」「ところで」ともに言える。しかし、「が」と比較した時、接続助詞「ところで」の場合、次のように「対比の逆接」はいえないことが分かる。

(22) 和菓子は好きだ {○が / な ×ところで}、洋菓子は嫌いだ。

(20)のような「推論の逆接」は、因果関係の認識に関わるため、行為の時間的な経過を必然的に含む。ところが(22)のような「対比の逆接」は「和菓子：洋菓子」「好きだ：嫌いだ」という項を対比的・静止的に取り出すだけであるため、行為の継起性がからんだ因果関係に関する推論判断は含まない。この意味で、「対比の逆接」は時間的な認識から解放されているということがいえる。接続助詞「ところで」がもともと担う「仮定」的判断は、行為の継起性に基づいた因果関係の推論判断である。そのため、「対比の逆接」は接続助詞「ところで」が担う時間的な経過を下敷きとした逆接とはなじまず、(22)のような表現は非文になるのであろう。これに対して、接続助詞「が」は両者を担いうるのである。

以上、接続助詞「ところで」は、仮定的な事柄を前件、後件とし、「推論の逆接」で結ぶ、とまとめることができる。

4．接続助詞と接続詞の連続性と差異

　さて、接続助詞「ところで」が自立語として接続詞で用いられた時、両者にどのような異同が生じるのであろうか。

　　(14)　頑張った<u>ところで</u>、この件はうまくいかない。

という接続助詞による条件文を、以下のように切り離して接続詞で連接してもそのままではおかしな文章ができあがる（「＃」は文連接上の判定が非であることを示す臨時的な符号として使う）。

　　(23)　＃頑張った。<u>ところで</u>、この件はうまくいかない。

(23)のようにすると、前件「頑張った」が確定表現になってしまい、「ところで」の基本的な意味特徴と齟齬してしまうからだろう。しかしながら、(24)のように前件を仮定的に表現しなおしても、その文章が成立するわけではない。

　　(24)　＃仮に頑張ったとする。<u>ところで</u>、この件はうまくいかない。

　もし、前件と後件を自立語である接続詞「ところで」を使用して意味が通るように連接しようとすると、前件は確定的な表現のまま、例えば次の(25)(26)のように後件に新たな表現を付加することが必要となる。

　　(25)　頑張った。<u>ところで</u>、この件がうまくいかないのはどうしてだろう。

　　(26)　頑張った。<u>ところで</u>、この件がうまくいかないのもそれなりの理由がある。

「ところで」を接続詞として用いると、接続助詞「ところで」の仮定的な表現部分は変質してしまう。しかし、逆接の命題関係は残る。だが、「ところで」はその逆接の命題に係っていくのではなく、「ところで……どうしてだろう」「ところで……それなりの理由がある」というように、逆接命題を包むところの述部に係ることになるのである。つまり、逆接は後景化し、別の主題が「ところで」によって引き出されることになる。そしてまた、仮定的

Ⅱ　接続詞の意味・用法と談話展開機能

なあり方から解放されたために、「推論の逆接」のみならず、「対比の逆接」をも結べるようになる。

　ただその場合も次の(27)は不自然な文章である。(28)のように、前件A「和菓子が好きだ」と後件B「洋菓子は嫌いだ」の後ろに、展開部a「毎日饅頭を買って帰る」、b「だから、いただいても大抵人にあげてしまう」などの一文の挿入を必要とする。

　(27)　#私は和菓子が好きだ。ところで私は洋菓子は嫌いだ。
　(28)　【私は和菓子が好きだ。】《毎日饅頭を買って帰る。》ところで【私は洋菓子は嫌いだ。】《だから、いただいても大抵人にあげてしまう。》

「対比の逆接」では「【A】《a》ところで【B】《b》」というテキスト構造を持たなければ成立しないのはなぜであろうか。(25)(26)で「ところで」の後件が逆接の命題を包む別の主題を要求したことを想起すると、連続性がみえてくる。さらにまた、【A】と【B】の位置が遠くなると、ここに例示する紙幅はないが、逆接的な関連づけが薄らいで命題間の関係だけが対比的に残ったり、また、項のひとつだけがAとBに継承されて話題がつながるような用法にもつながっていくのである。

　以上、接続助詞の「ところで」と接続詞「ところで」は、「推論の逆接」を結ぶという点で意義的に共通していることが分かった。接続助詞用法とは異なり、接続詞「ところで」は「対比の逆接」も担うことができることが分かった。また、後件が一文の場合は、接続詞用法では命題を包む述部を必要とし、「ところで」はそこに係ることが分かった。命題を包む述部とは、談話展開上からいえば、新たな主題を導入するということである。従って、前件と後件の後ろに文章的展開部を設けることでも、文の連接において自然さが保証されることが分かった。

5. 「転換」という性質についてと今後の課題

　以上、接続助詞と接続詞の「ところで」の意味・用法を考察するなかで、それぞれの共通性と差異が明らかになった。命題を逆接的に結ぶ「ところで」が接続詞として機能した時、展開部が挿入されることによって命題間の「関連づけ」が薄くなり、接続詞「ところで」が話題の「転換」の位置に置かれること自体が重要度を増して、ついには、接続詞から副詞用法を派生する様も指摘しえた。

　副詞は一文内で修飾を果たす品詞である。「転換」という機能が、文以上の単位を連接しうる接続詞という品詞で担われている限り、命題と命題の関連づけが文脈のどこかに見出せるはずである。それが、談話の結束性に寄与することにもなる。いわゆる「転換の接続詞」には、ほかに「さて、では、とにかく」等々があるが、これらの語詞と「ところで」の違いはどこにあるのだろうか。おそらく「【A】《a》接続詞【B】《b》」という談話構造は基本的に共通しており、むしろ、AとBを結ぶ固有の語彙的意味のあり方から違いが生じていることが予測される。今後は、さらに他の「転換の接続詞」の意味分析を行いながら、接続詞としての「転換」とは何か、語彙・文法・談話のレベルから仔細に明らかにしていきたい。

注
1) 直前ではなく離れたAとBとを関係づけていることは、換言すれば、ディスコースの結束性に貢献する度合が高いということでもある。沖（1998）参照。
2) 川越(1995)の「補足要求」という考え方は、従来のいわゆる「転換」とは異なる機能を指摘したものである。ただし、話しことばにおける「要求」表現のみに見られるものとし、書きことばでの用法は指摘していないこと、また、これを当該の接続詞の本質的な特質とは見ていないこと、また、A→a→B→bのような構造を指摘していないことなどで、本研究とは異なっている。
3) たとえば浜田（1991）では、「では」を例に非言語的な情報を扱っている。

Ⅱ　接続詞の意味・用法と談話展開機能

4)　工藤（1982）74頁参照。
5)　「頑張ったが、うまく行かないだろう」のように、「が」は、後件に「確定」だけではなく仮定的な推測をとることもできる。
6)　鶴岡（1972）阪倉（1993）など参照。なお、前田（1994）が、主節が否定文でなければ用いられにくいと指摘しているが、必ずしもそうともいえない。「授業をさぼったところで、大丈夫だ」「毎日酒を飲んだところで、長生きする人はする」など、要は、逆接仮定条件に合致すればよいといえる。
7)　事柄的にはこうであるが、「しかし」とは違って、「ところで」には「意外にも」という含みはなくなり、仮定の意のみが生じる。

引用文献

沖　裕子（1995）「接続詞「しかし」の意味・用法」『日本語研究』第15号　東京都立大学国語学研究室　［本書Ⅱ、第3章として収録］
沖　裕子（1998）「接続詞「あるいは」と「または」の意味について―談話展開機能の獲得にふれて―」『人文科学論集〈文化コミュニケーション学科編〉』第32号　信州大学人文学部紀要　［本書Ⅱ、第5章として収録］
川越菜穂子（1995）「ところで、話は変わるけど―Topic shift marker について―」仁田義雄編『複文の研究（下）』くろしお出版
工藤　浩（1982）「叙法副詞の意味と機能―その記述方法を求めて―」『国立国語研究所報告71　研究報告集3』秀英出版
坂原　茂（1985）『日常言語の推論』東京大学出版会
阪倉篤義（1993）『日本語表現の流れ』岩波書店
鶴岡昭夫（1972）「「ところが」と「ところで」の通時的考察―その逆接仮定条件表現用法の成立時期をめぐって―」『国語学』第88集
蓮沼昭子（1993）「対話における「だから」の機能」『姫路獨協大学外国語学部紀要』第4号
浜田麻里（1991）「「デハ」の機能―推論と接続語―」『阪大日本語研究』第3号
前田直子（1994）「―テモ／タッテ／トコロデ／トコロガ」『日本語学』第13巻第9号　明治書院

引用言語資料

朝日新聞社（1992）『朝日新聞―天声人語・社説　増補改定版（英訳付）1985〜1991』日外アソシエーツ株式会社
曾野綾子（1992）『二十一世紀への手紙―私の実感的教育論』集英社（手紙）

第6章　接続詞と接続助詞の「ところで」

〔付記〕　小論は、平成9年5月25日に慶応大学で開催された日本語教育学会で発表した「転換の接続詞について」をもとに、新たな観点を加え書き直したものである。当日席上で、有益な御助言をいただいたことに感謝申し上げます。

第7章 新用法からみた対話型接続詞「だって」の性格

1. はじめに

　現在の大学生世代で「だって」の用法に変容が認められる。本論では、従来の用法と新用法の差異を記述し、対話型接続詞「だって」を説明するための記述の枠組みについて再検討を行なってみたい。
　本論でとりあげるのは、沖（1996）では扱わなかった用例の広がりである。その論述に立脚しながら、発展させていきたい。

2. 本論の立場

　沖（1996）では、「だって」を「なぜなら」「でも」と対比させながら考察した。そこで主張したのは次の点である。本論の記述の発展を示すためにも、はじめにまずふりかえっておきたい。「だって」に関係する部分のみ整理して示す[1]。

(1)　①「だって」の基本的意味は〈理由説明〉にあり、逆接の意味は持たない。
　　　②「だって」が相手の発話を受ける受話の冒頭に位置する場合、モーダルな意味として〈相手の意図に反する主張〉が生じる。そのようなものは、逆接には含めない。
　　　③逆接とは事柄の命題間の関係のレベルで処理できるものに限定して考える。
　　　④「だって」の意味は〈理由説明〉ひとつで一元的に説明できる。受話の冒頭に位置する「だって」には「省略の機構」が働いて

おり、文（事柄）を復元することによって知られる。
⑤ 省略の仕方にはバラエティがある。

3.「だって」の新用法

さて、次にみる(2)(3)は、現在の大学生世代にみられる新用法の一例である。
(2)　a「ごめん。遅れちゃった。」
　　 b「<u>だって</u>、今日学校あったもんね。」
(3)　a「あっ、やってくるの忘れちゃった。」
　　 b「<u>だって</u>、aちゃん忙しかったでしょう。」[2]

この用法の地理的分布や変異の様相についてはいずれ手順を踏んだ調査を行わなければならないが、今一部の地域であったとしても「だって」が用法変化を起こしているというその事実を本論ではとりあげることにしよう。この事実をまずは指摘し、現在起こりつつある変化の現象を説明することによって、「だって」の持つ性格を記述するために必要な理論的枠組みについて再検討を加えてみたい。なお(2)〜(4)は、1995年現在信州大学人文学部に在籍し論者の日本語学演習を履修している学生によって得た。出身は、長野県、愛知県、山口県など。(2)(3)はいずれも親しい間柄で使用される。

さてそれでは、これらは従来の用法とどこが異なるのであろうか。
まず、従来の用法、典型的な「だって」の用法はいかなるものか簡単に示そう。対話型の「だって」について以下(4)(5)を例としてあげる。
(4)　a「試験だから勉強しなさい。」
　　 b「<u>だって</u>、疲れちゃったんだもの。」
(5)　a「一緒に行こうよ。」
　　 b「<u>だって</u>、忙しいんだもん。」

先にみた沖（1996）の考え方によると、こうした会話の受話の冒頭に出現する用法では省略の機構が働いていることになる。それを復元して示すと以

Ⅱ　接続詞の意味・用法と談話展開機能

下(4′)から(5′)が得られる。括弧内は復元箇所。以下、同様の示し方をする。

(4′)　a「試験前だから勉強しなさい。〔X〕」
　　　b「(勉強しない。〔P〕) <u>だって</u>、疲れちゃったんだもの。〔Q〕」
(5′)　a「一緒に行こうよ。〔X〕」
　　　b「(行かないよ。〔P〕) <u>だって</u>、忙しいんだもん。〔Q〕」

ここにみるように、「だって」は命題推論的には省略された〔P〕と、〔Q〕とを〈理由説明〉で結び、モダリティー的には〔X〕の意図に対する反として〔P〕を布置させる働きを持っている。

それではこれと同様に、新用法(2)(3)の省略された部分を先と同様に補って示してみよう。

(2′)　a「ごめん。遅れちゃった。〔X〕」
　　　b「(いいよ。〔P〕) <u>だって</u>、今日学校あったもんね。〔Q〕」
(3′)　a「あっ、やってくるの忘れちゃった。〔X〕」
　　　b「(いいよ。〔P〕)
　　　　　<u>だって</u>、aちゃん忙しかったでしょう。〔Q〕」

従来の用法と、新用法とはどこが異なるのであろうか。

　両者のみかけ上の大きな違いはふたつある。第1点は〔P〕と〔X〕との関係であろう。従来の用法では「だって」は〔Q〕と〔P〕を結び、その〔P〕は〈相手の意図に反する主張〉をなしていた。「勉強しなさい」という《命令》に対しては、「勉強しない」という《拒否》を述べ、「一緒にいこうよ」という《勧誘》に対しては、「行かない(あるいは行けない)」という《断り》を述べるものであった。ところが新用法では、〔P〕はそれぞれ「いいよ」であって、一見相手に対する共感とでもいうものを表しているように感じさせる。「いいよ」は「しょうがないよ。いいよ。」というほどのニュアンスである[3]。

　第2点として、〔P〕と〔Q〕との関係があげられる。従来の用法の〔Q〕では、「疲れちゃった／忙しい」などは「話し手bの側の理由」を述べるものであった。それに対して新用法の〔Q〕で述べられる「学校あったもん／

aちゃん忙しかったでしょう」は「相手の側aの事情を考慮・推測した理由述べ」になっている。

4. 記述に必要な枠組みについて

4.1 変化したもの、変化しないもの

このような用法上の変化を説明するためには、沖（1996）で述べた語義記述を踏まえながら、更に記述の枠組みを再検討する必要があるようである。

新しい変化は、〔親密な関係にある〕人との会話で起きていることはすでに述べた。〔親密な関係にある〕人とは、つまり情報を共有できる人である。そこに、〔相手の身になって考える〕というルールが加わった時、先に見た2点の特徴によって、新用法ではいわば「共感談話」「気配り談話」とでもいうべき用法が成立しているとみることができる。

ここで変化していないのは、「だって」の持つ〈理由説明〉という命題推論の論理表現に関する語義の部分である。この〈理由説明〉という語義を、変化しない扇の要とし、談話レベルの意味の変異を扇面のひろがりとして、あたかも扇を開いたように意味の拡大を見たのが、この変化の現象の見取り図であろう。変化しているのは、談話生成の際の社会言語学的なルールの部分である。

それでは、語義のレベルと談話のレベルをどのように位置づけ、従来の用法および新用法を含む説明を行ったらよいのであろうか。

4.2 語義のレベル・文連接のレベル・状況のレベル

従来の用法と新用法とを以下に一例ずつ再掲しよう。以下、従来の用法を、旧用法と呼ぶことがある。旧用法とはいうものの古び捨て去られた用法のことではなく、後述するように"旧用法"の方がむしろ現在も「だって」の使い方の中核をなすものである。

Ⅱ 接続詞の意味・用法と談話展開機能

旧用法：
　(4')　　a「試験前だから勉強しなさい。〔X〕」
　　　　　b「(勉強しない。〔P〕)だって、疲れちゃったんだもの。〔Q〕」
新用法：
　(2')　　a「ごめん。遅れちゃった。〔X〕」
　　　　　b「(いいよ。〔P〕)だって、今日学校あったもんね。〔Q〕」

さてこれら『a—b』という文連接（談話）の直前にはもうひとつの「文」を想定できる。それはあるいは非言語的な〔発話状況N〕と考えてもよいであろう。たとえば、次の如くである。

　(4″)　〔状況N：a；bに勉強させたい
　　　　　　　　 b；勉強するのがいやだ〕
　　　　　a「試験前だから勉強しなさい。〔X〕」
　　　　　b「(勉強しない。)〔P〕だって、疲れちゃったんだもの。〔Q〕」

(4)では、すでに出話者aと受話者bとの間に対立的な状況があって、その対立的状況を背景にして『a—b』の談話が生成されている。

またこの場合、aの出話は《命令》である。命令に対しては従うか従わないかが求められるが、会話の場合非言語的な情報で対処が可能である。従うか従わないかについては言語化しなくても分かる。言い換えれば、だから〔P〕を省略することもできるのである。《命令》という出話の特性およびab双方の状況認識という前提からいって返答〔P〕が要求され、しかも〔P〕は反発的な内容となることが推察可能なので省略されうる。

それに対して、(2)はいかがであろうか。
　(2″)　〔状況N：a；aは謝りたい。
　　　　　　　　 b；aを受け入れたい。〕
　　　　　a「ごめん。遅れちゃった。〔X〕」
　　　　　b「(しょうがないよ。いいよ。〔P〕)だって、今日学校あった
　　　　　　もんね。〔Q〕」

この例では、aとbは〔親和的〕である。《謝罪》に対しては、受け入れ

第7章　新用法からみた対話型接続詞「だって」の性格

か拒否かが受話として示されなければならないが、会話の場合非言語的な情報で十分伝えあうことができる。この〔親和的〕な状況の中で、〔P〕が〔受け入れ〕であることが十分示され、従ってこの場合も〔P〕の部分の受話は省略に従うことができるのである。ここでは、省略に従う〔P〕は、「しょうがないよ。いいよ。」という同調的・共感的な表現になる。

　新用法においても旧用法においても、「だって」が担う〈理由説明〉という命題推論的な語義の部分は変化していないことは先に述べた。今ここでみると、

　　(6)　〔状況：N〕
　　　　a「〔X〕」
　　　　b「(〔P〕) だって〔Q〕」

という文連接の形式的な連鎖そのものも変化していないことが分かる。「だって」は命題推論的には〔P〕と〔Q〕を結び、会話中では、〔P〕は〔X〕に対する返答を行なっているという骨格は変化していないのである。

　また、さらに言えば、受話の冒頭を「だって」で始めることができるという現象は会話体で実現されている。会話であるからこそ、出話者と受話者は（原則的には）場面を共有し、両者を含んだ場面的状況が前提される。そうした、〔発話状況N〕というものが前提されるという枠組みも旧用法と新用法とでは変化がないといえる。

　結局、新旧二用法において変化をしたのは、代入される〔N〕と〔X〕〔P〕〔Q〕の値ということに単純化できる。

　沖（1996）が行ったような文連接の形式化及び文法的語義の記述は重要である。しかし、それだけでは不足で、談話の発話状況の記述レベルも必要であるということが、ここまでのところで明らかになったことと思う[4]。

　沖（1996）に対して井上優氏より1996年8月22日付けで電子メイルにてコメントを賜った。そこで述べられたのは、本論とほぼ同様の考え方であった。引用したい。

Ⅱ　接続詞の意味・用法と談話展開機能

〈前提〉
　　子供は勉強していない。(S)
〈Sに対するコメント1〉（異議申し立て）
　　「試験前だから勉強しなさい。」(母)
〈Sに対するコメント2〉（正当化）
　　「だって、疲れちゃったんだもの。」(子)

　ある状況Sをめぐる話し手と聞き手の攻防において、Sの正当化（Sに対する弁明）をおこなう場合にその冒頭で「だって」が用いられる。

　井上に学ぶべき点は、「正当化」という意味記述にある。沖（1996）では、「だって」のモーダルな意味の記述をaとb、〔X〕と〔P〕との文連接からのみ考察して〈相手の意図に反対する主張〉としたが、そうした記述では新用法との連続性を考える際に無理が生じる。しかし井上のように考えれば、〔状況N〕と「だって〔Q〕」とのからみで出て来る「正当化」が「だって」の持つモーダルな意味として記述できる。また、ここでは立ち入らないが、独話型の「だって」にも共通して感じられるモーダルな意味についても統一的に説明が可能になる。

　そして、これによってこの新用法の場合にも〈正当化〉というモーダルな意味は変化していず、代入される値の変化だけを考えればよいことになる。旧用法は値がb本人の立場に立った〔P〕の正当化、新用法の場合は、値が相手aの立場にたった〔P〕の正当化になるわけである。

　つまりは、沖（1996）の意味記述を修正することによって、「だって」の語義部分の枠組は〈理由説明〉という命題推論、〈正当化〉というモダリティ両者にわたって、変化を被っていないと単純化できる。

　眼前の具体的な状況とは関係なく《勧誘》や《依頼》が発話されることもあることを考えれば、「〈前提〉」を把握して「〈Sに対するコメント1〉」が発話されるわけでもない。従って井上の「〈Sに対するコメント1〉」（本論の〔X〕）は、「〈前提〉」の内実からは自由なものとして捉えておきたい。「〈コメント2〉」（本論の〔P〕）が、〔X〕と〔状況N〕を把握して選択され

第7章　新用法からみた対話型接続詞「だって」の性格

ると考えている。なお、本論の考え方では〔P〕を復元するので、〔状況N〕には、aとbの関係のみ記述すればよい。

5．新用法と旧用法

5.1　旧用法と新用法について

旧用法と新用法の差異について対照させつつ、もう少し描写しておきたい。

旧用法：

(7)　〔状況：aとbは対立的〕
　　　a「明日、スキーに行ってくれない？〔X〕」
　　　b「(いやだ。〔P〕) だって、忙しいもの。〔Q〕」

新用法：

(8)　〔状況N：aとbは親和的〕
　　　a「明日、スキーに行ってくれない？〔X〕」
　　　b「(いいよ。〔P〕) だって、お休みだもんね。〔Q〕」

(7)(8)においては、ともに〔P〕を省略しうる。

ところが、以下の例では、旧用法では省略可能、新用法では省略されると違和感を覚える個人がいる。

旧用法：

(9)　〔状況N：aとbは対立的〕
　　　a「明日、スキーに行かない？〔X〕」
　　　b「(いやだ。〔P〕) だって、忙しいもの。〔X〕」

新用法：

(10)　〔状況N：aとbは親和的〕
　　　　a「明日、スキーに行かない？〔X〕」
　　？b「(いいよ。〔P〕) だって、お休みだもんね。〔Q〕」

aとbとが親和的な状況にあるという共通理解がある場合、(8)のように

197

Ⅱ 接続詞の意味・用法と談話展開機能

「スキーに行ってくれない？」と《依頼》されればたいてい受けてもらえるという感触がある。即ち受話には返答が来て、かつそれは受諾であるという「当たり」がつくので、〔P〕の「いいよ」という受話は省略されてもａ、ｂ双方文意が了解できる。しかし(10)のように「明日スキーに行かない？」という誘われ方だと、行くか行かないかが分からないから質問をしてきていると考えられ、諾否についての返答〔P〕がないと違和感があるというインフォーマントの説明である。

ところが、次のような旧用法では、〔X〕が事実確認を要求する質問文であるにもかかわらず〔P〕を省略しうる。

(11) 〔状況Ｎ：ａとｂは対立的〕
　　ａ「受かったの？〔X〕」
　　ｂ「(受からなかったよ〔P〕。) だって、勉強しなかったもの。〔Q〕」

(12) 〔状況Ｎ：ａとｂは対立的〕
　　ａ「受かったの？〔X〕」
　　ｂ「(受かったよ。〔P〕) だって、勉強したもの。〔Q〕」

また、次のように、「だって」の前後の〔P〕と〔Q〕が省略される発話においては、〔発話状況〕は、ａとｂとが対立的である場合しかない。つまり、(13)では、旧用法の意味しか生じないのである。

(13) ａ「勉強しようよ。」
　　ｂ「だって。」

(11)(12)(13)の例からすると、旧用法においての方が省略されうる範囲は広いようである。つまりは、「だって」が文脈なしに与えられた場合、〈反発〉の意味付与が先に来るということで、こちらの方がいまだ「強い」あるいは「基本的用法」であることを示すものと言えるだろう。

なお、さらに新用法について描写しよう。次のような用法になると、言えるという人は少なくなるが、おかしくはないという個人もいる。

(14) 〔状況N：aとbは親和的〕
    a「おそうじしなさい。」
    ?b「だって、きれいにしなけりゃいけないものね。」
復元すると、次のようになる。
(15) 〔状況N：aとbは親和的〕
    a「おそうじしなさい。〔X〕」
    ?b「(分かった。〔P〕)だって、きれいにしなけりゃいけないものね。〔Q〕」
この場合、以下のように独話型にすると問題はない。
(16) a「おそうじしなさい。」
    b「分かった、いいよ。だって、きれいにしなけりゃいけないものね。」

もし、新用法が完全に熟したものになっていれば、〔親和的な発話状況である〕というお互いの認知に従い、〔X〕の発話のタイプがどのようなものであれ、〔P〕では同調・共感的受話が選択され、〔Q〕は相手の立場にたった理由説明が生成されるということになるはずである。しかし、まだ実際はそこまで熟した用法とはなっていないようである。

次の(17)のような、〔X〕が《報告》の談話では、bは諾否のように態度を特にはっきりと決しなくてよい。また、非言語的な情報で共感的態度は十分に伝わる。そこで、〔P〕は言語的には必ずしも必要とされないために省略に従い、新用法を展開することができるのである。

(17) 〔状況N：aとbは親和的〕
    a「明日スキーに行くんだ。〔X〕」
    b「(そう。よかったね。〔P〕)だって、ひさびさのお休みだもんね。〔Q〕」

5.2 気づかれにくい方言
メイナード (1993：187) に以下のような用法があげられている。

(18)　a1「少し休暇をとろうかなあ。」
　　　b1「だってずっととってないんでしょ？」
　　　a2「うん。」
　　　b2「それならとったら？」(187頁)

　この用例は新用法の使用者にとっては先に見た新用法とまったく変わりなく映るという。ところが、旧用法しか持たない中年層の論者にとっては、(18)は、ここで見てきた新用法とは少しく違ったものとして映り、共感というほどの親密感が感じられず、むしろ、相手の立場には立つが突き放したようなニュアンスを感じるのである。(18)は〔Q〕で「だってずっととってないんでしょ？」という《確認》を相手に求めている。〔Q〕で《確認》を相手に求めている点で、(18)ではbはaの事情を知りつくしているわけではない、というような感じを受け取り、発話状況Nを、より根源的な〔aとbは対立的〕という旧用法の談話ルールで読み込むからだろうと推測される。興味深いことにメイナードもこの用法を「抗弁・自己正当化」というように解釈するのであるが、本論の記述で読み直せば「旧用法」として解釈しているからではないかと推察されるのである。形式は同じであるが、意味がずれるという「気づかれにくい方言（世代方言）」の変化が今進行中であると捉えられる。

6．出話と受話について

　以上、ここまで出話と受話を定義なしに用いてきたが、「だって」の性格とも関係するので簡単に術語の説明を加えておく。
　発話は、出話と受話からなると考える。会話では出話者と受話者が対面し、交互にやりとりが行われる。本論の「だって」は、この会話での用法に焦点をあてたものである。「受話」という術語は沖（1994）が用いた。「出話」ははじめ「発話」と呼んでいたが、出話・受話の総称としての用法もあるためまぎらわしく思い、造語した。これは市岡香代氏の提案を借りた。

第7章　新用法からみた対話型接続詞「だって」の性格

講演や文章は聞き手が黙っていたり読み手が不特定多数であったりする。産出された談話は受容される言語行動があるとき初めて「言葉」になると考えると、いわゆる講演や文章も独話ではないという立場もありうる。しかし、発話者の交替が見られる会話は「その場性」とでもいう性格を持つことから、独話と対話は区別して考えたい。本論でとりあげた「だって」は、受話の冒頭に出て来る「だって」に焦点をあてたものである。

7．おわりに

以上述べてきたことを簡単にまとめる。

対話型接続詞「だって」に、新用法が認められる。旧用法が相手への反発を基調にした談話（文連接）であるのに対して、新用法では同調・共感的な気配り談話とでもいうものが成立している。新用法と旧用法では談話全体の意味が異なっているといえる。

記述の枠組みとしては、沖（1996）で述べた文連接の形式及び文法的語義の記述は重要であるものの、それに加えて談話レベル全体の変化を記述する枠組みとして〔発話状況〕のレベルが必要であることが明らかになった。また、モーダルな意味については、〔X〕と〔P〕の関係から生じるというよりは、〔N〕と〔X〕によって〔P〕が選択されるというように修正した。その意義は〈正当化〉である。

文連接の形式のあり方、そして〈理由説明＋正当化〉という語義、また会話であることによる相手と自分との関係に関する非言語的情報の読み込みという3点の骨組みの部分は新・旧用法ともに変化していない。新用法ではそれらに代入される値について変化をきたしたものだと考察される。

また、この変化は、形式が共通し意味がずれる「気づかれにくい方言」として捉えることができる。ただいま変化が進行中の世代方言である。

今後はその他の対話型接続詞についても、本論の記述の枠組みから見直していきたい。また、「だって」における世代差の現象について、地理的分布

Ⅱ　接続詞の意味・用法と談話展開機能

と意味的な変異の有無についても調査したい。

注
1) はやく宮地 (1983) が、「だから」「しかし」などを例に、接続詞による二文連接は実は三文四文の連接である旨述べている。沖 (1996) を成した後知ったためその論を参照しえなかったが、考え方としては共通の発想である。
2) 「だってaちゃん忙しかったでしょう」は、上昇調でも下降調でもよい。
3) これを「しょうがないよ。謝らなくていいよ。」ととって、aの《謝罪》に対してそれを否定することによって相手の負担を取り除く発話だという解釈の可能性もあるかもしれない。しかし、後述するように「a　スキーに行くんだ」「b　だってひさびさのお休みだもんね。」などの用例があることから、aの発話が必ずしも相手に負担をかけるものともいいきれない。
4) 論者にとっては、新用法における〔Q〕のあり方は違和感が感じられるところである。相手が思っている理由をひきとって自分が述べることは、親しい仲でも僭越であるように感じてしまう。このような場合は、〔P〕を明示して独話型の受話にし、接続詞「だって」も使用しないようである。「ごめん。遅れちゃった。」「いいよ。今日学校あったもんね。」の如く。「だって」は、自分の立場を示す接続詞としてのモーダルな〈反発〉の色彩が濃い。

参考文献
井上　優 (1996)(「だって」についての所見、電子メイル私信)
沖　裕子 (1994)「方言談話にみる感謝表現の成立―発話受話行為の分析―」『日本語学』第13巻第8号　明治書院　[本書Ⅳ、第2章として収録]
沖　裕子 (1995)「接続詞『しかし』の意味・用法」『日本語研究』第15号　東京都立大学国語学研究室　[本書Ⅱ、第3章として収録]
沖　裕子 (1996)「対話型接続詞における省略の機構と逆接―「だって」と「なぜなら」「でも」―」中條修編『論集　言葉と教育』和泉書院　[本書Ⅱ、第4章として収録]
工藤　浩 (1982)「叙法副詞の意味と機能―その記述方法を求めて―」『国立国語研究所報告71　研究報告集3』秀英出版
田中章夫 (1984)「接続詞の諸問題―その成立と機能」『研究資料日本文法第4巻』　明治書院
仁田義雄 (1991)『日本語のモダリティと人称』ひつじ書房
蓮沼昭子 (1993)「対話における「だから」の機能」『姫路独協大学外国語学部紀

要』第4号
蓮沼昭子（1995）「談話接続語「だって」について」『姫路独協大学外国語学部紀要』第8号
益岡隆志（1991）『モダリティの文法』くろしお出版
メイナード，泉子・K.（1993）『会話分析』くろしお出版
宮地　裕（1983）「二文の順接・逆接」『日本語学』第2巻第12号　明治書院
森田良行（1988）『基礎日本語辞典』角川書店

〔付記〕　本論を成すにあたっては、信州大学人文学部現代日本語学演習に参加した学生諸兄姉との議論により得るところが多かった。特に大学院1年市岡香代氏、学部4年榎本瑞穂氏からは新用法の意味的な細部について多く教えを受け、また記述のヒントを得た。記して感謝します。また、御懇切なコメントを賜った井上優氏の御親切に対して、謝意を表します。

　なおまた、本論印刷中に、第9回日本語文法談話会（1996年12月8日於神戸大学瀧川記念学術交流会館）で発表する機会を得た。席上有益な助言を賜ったことに謹んで謝意を表します。御指摘を本論に反映させることは間に合わなかったが、改めて別の機会に言及したい。

第8章 「ていうか」の用法の拡大

1．「ていうか」の意味・用法の拡大

　ある大学生は、「ていうか」を次のように使用する。若者すべてがこうした「ていうか」を使うわけではないが、さして特別な言い方ともいえない。
　⑴　〔講義開始時間を過ぎて、食堂でおしゃべりしている。〕
　　ア「っていうか、授業どうする？」(1―1)
　　イ「行く？」
　　ア「っていうか、寒いし。」(1―2)
　　イ「もうちょっと後でね。」
　　ア「今日寒いよねえ。」
　　イ「うん。朝ふとんから出れんかったもん。」
　　ア「っていうか、いつも？」(1―3)
「ていうか」は、もともとあった「というか」の意味・用法が拡大して生まれたもので、その究極の用法が(1―1)である。しかしここにいたる前に、別の用法がみられる。こちらは若者よりもっと上の世代を含めて、あたりまえに口にする人々が増えてきているようである。どのようにして⑴が生まれてきたのか、意味変化の道筋を辿りながら追ってみたい。

2．「ていうか」の旧来の用法

旧来からある「というか」は、次のような三つの用法を持っている。
　⑵　今年のニュースの主役はやはりというか、またしてもというか、女性たちだった。（天声人語87年12月24日）

(3) 米ソの関係が、首脳会談を重ねてすでに緊密になっている。さらに中ソが対立の幕引きに動く。大きなゲーム、というか、国際情勢に流動がはじまっている、という感じだ。(天声人語88年10月18日)

(4) 持っていたお金を全部あげてしまうとは、人がいいというか、びっくりさせられた。(グループ・ジャマシイ編著1998：297より)

(2)は、「Aというか、Bというか、C」という文型をとる。A、Bは対照されることがらで、語であれ文であれAB同じ性質の形態がたつ。語である場合は、自立語であれば品詞を問わない。

(3)は、次の(3′)の（　）内が省略されたタイプと考えてよいであろう。構文については「||Aというか|、||B|　C||」と考えられ、Aが語、Bが文というような形態的不均衡が生じる。

(3′) A大きなゲームというか、B国際情勢に流動がはじまっている（というか、Cそのような）感じだ。

(4)は、書きことばでは希な用法であるが、Bをあえて述べずに聞き手に推察させ、Cの主張でしめくくるものである。次の(4′)のように考えればよいであろう。

(4′) 人がいいというか、(分別がないというか、) びっくりさせられた。

以上みてきたように、従来の用法は、文型的には3種の変異形にまとめることができる。

(5)　Aというか、Bというか、C。
　　　Aというか、B　C。
　　　Aというか、C。

ここでは(5)を旧来型と呼ぶことにする。以下、こうした「というか」が会話の中で使用される様子を観察したい。

3．旧用法の踏襲と拡大

「ていうか」は、口頭で発話された場合、軽い促音を伴って「っていうか」

Ⅱ 接続詞の意味・用法と談話展開機能

のようになる場合がある。(6)は、受ける会話の冒頭で使用された例である。

(6)　ア「山田君ていい人だよね。」
　　　イ「あれ？山田君のこと嫌いって言ってなかったっけ？」
　　　ア「<u>っていうか</u>、苦手だったんだよ。」

話し手アは、イが述べた「山田君が嫌いだ」をひきとって続けているので、次のように解釈できる。

(6′)　ア「A嫌いっていうか、B苦手Cだったんだよ」

こうした場合、もし次のように述べたらどうであろう。

(6″)　ア「そうではなくて、苦手だったんだよ」

相手の意見を否定していることが前面に出てしまうであろう。「ていうか」を使用すれば、相手の意見をAとしてとりこみながら、自分自身の言いたいことBを述べ、Cを主張することができる。(6)のような例はAとBが明確で、旧来型をよく踏襲している。相手の立場を尊重した表現ができるので、若者に限らず最近は30代の社会人でも使用する人が増えてきたようである。冒頭の(1—3)はこの用法であった。

また、次の(7)(8)のような例も、よく聞かれる。

(7)　ア「あっ、お弁当作ってきたんだ。」
　　　イ「<u>っていうか</u>、お金がなかったんだけどね。」

(8)　ア「コンパ行くの、行かないの？」
　　　イ「うーん、行きたいんだけど。」
　　　ア「じゃあ行こうよ。」
　　　イ「<u>っていうか</u>、メンバーに1人超苦手な人がいるんだよね。」

(7)は、「お弁当作ってきたっていうか、お金がなかったんだ」では、意味が通らない。イはアの発話の真意を次のように解釈し、自分自身の気持ちを(7′)のように伝えたかったと解釈できる。

(7′)　ア「お弁当を作ってきたなんて、立派な心掛けだね。」
　　　イ「お金がなかったからお弁当を作っただけで、立派ではないよ。」

つまり、イが「ていうか」を用いて表現したかったのは次のことであろう。

(7″)　イ「A立派な心掛けからっていうか、Bお金がなくて必要にせまられてっていうか、Cともかくそんな立派なものではないよ。」

こうした用法は、言葉に表れた相手の表現をそのままひきとるのではなく、言語表現を通して相手の真意を察し、それを「ていうか」でひきとって、さらに自分の主張も省略を重ねた言い方で表現している。お互いの情報や考え方をよく知った相手と、じかに対する会話ならではのやりとりが行われているのである。このあたりから、仲間うちでなければできない省略表現をとる用法へと拡大をみている。ただし、文型はあくまでも旧来の「というか」が持つ枠を出てはいない。冒頭の(1—2)はこの用法であった。

4．副詞の派生

さて、相手のことを認めながらも、主張したい自分の気持ちの方が強くなるとどうなるだろうか。相手の言うことを認めたサインを出しながら、いわばそうしたふりをしながら自分の意見を述べる、という用法にさらに拡大していく。次の(9)がそうである。

(9)　ア「明日エスパで待ち合わせね。」
　　　イ「エスパってどこにあるの？」
　　　ア「駅前の大きいデパートだよ。」
　　　イ「えーわかんないよ。」
　　　ア「ていうか、行けばわかるから。」

内容的には、前件と後件には関連はみられない。(9)の「ていうか」は一文内で完結しているので、この段階で副詞を派生したとみなすことができる。

副詞化した「ていうか」は、談話構造上、次の(10)のように、その発話以前に話題になったことに戻して、自分の気付きを述べたい時にも使うことができる。

Ⅱ　接続詞の意味・用法と談話展開機能

(10) 〔車中。アは後部座席、イは運転、ウは助手席。アは栃木出身23歳。イは明石出身20歳。ウは明石出身20歳。すべて女性。〕

ア「〔車の後ろにある置物を見ながら〕これかわいいね。でも、なんか、壊しそう。」

イ「そうそう、友達にもらったんです。じゃまだったら、よけといていいですよ。」

〔目的地について、また車に乗り直す。今度はアが助手席、ウが後部座席。〕

ア「そういえばさ、昨日のラブジェネみた？」

イ「いえ、どうなりました？」

ア「それがね、松たかこがね、…〔話し始める〕」

ウ「ていうか、このこと言ってたのかさっき。〔さきほど話題になった置物を指す〕」

ア・イ「ん？何？」

ウ「私、こっちのこと言ってたんかと思った。〔違う置物を指す〕」

イ「あー、違う違う、それはガソリンスタンドでもらったん。それもかわいいでしょ。」

5．話題転換用法の誕生

　副詞「ていうか」は、さらに、何の脈絡もなく話題を転換する用法を生む。次の話題に転換したい、しかし相手との会話の流れをこわしたくない、という相反する気持ちが働くとき、相手の言うことをひきとる意義素をもつ「ていうか」は、うってつけである。次の(11)(12)がそれである。また、冒頭の(1—1)はこの用法であった。

(11) 　ア「明日のレポートまだ書いてないよ。どうしよう。」

イ「私も。はやくやらなきゃね。」

ア「そうだね。ていうか、今日寒いよね。」

第8章 「ていうか」の用法の拡大

　　イ「うん、本当、寒いね。」
(12)〔全く関係ない話をしていて、突然〕「ていうか、そろそろ行こうよ。」

　ことばの新しい使い方は生まれるべくして生まれてくる。若い人たちが最近よく使う「ていうか」も、自分たちの心のあり方や行動様式をよくあらわす、便利で快適なことばを求める気持ちが生み出したものといってよいであろう。ことばはでたらめに変化するわけではない。「ていうか」についても、もともとあった意味・用法が拡大しその性格をひきつぎながら新しい用法につながった。迎え入れられ、やがて消えさるものもあれば、中には定着していくものもある。ことばは人とともに生まれ、人とともに歩んでいく。

引用言語資料
朝日新聞社（1992）「朝日新聞―天声人語・社説　増補改訂版（英訳付）1985～1991」日外アソシエーツ株式会社
グループ・ジャマシイ編著（1998）『日本語文型辞典』くろしお出版

〔付記〕　用例は信州大学人文学部1997年度の演習出席者の皆さんから得た。記して感謝いたします。

Ⅲ　文体形成における語の役割

第1章　動詞の文体的意味

1．はじめに

　ふつう、「意味」というと指示的意味をさして用いることが多い。これまでも、単語の意味の研究というと、この指示的意味の研究が中心に据えられてきた。

　指示的意味は意味の根幹を成すものであるが、意味の分類のそのほかの一つとして多くの人が指摘しているものに「文体的意味」がある。「文体的意味」は、意味のなかでは、より周辺的なところに位置しているのに加えて、事象自体の複雑さから、これまでのところ、充分研究されているとはいえない状況にある。

　これまでの研究をふりかえると、具体的な記述がまだほとんど行われていないだけでなく、「文体的意味」をどのようなものとして捉えるか、論議もあまりなされてこなかったことに気がつく。

　「文体的意味」の研究は、「使用者」や「使用場面」を言語記述のなかでどのように位置付けるか、論ずる必要がある分野である。言語使用の諸相を観察すると様々な言語的変種が認められることが、社会言語学の成果として確かめられてきている。そうした言語的多様さが注目される一方で、言語の記述は、「主として、まったく等質的な言語社会における理想上の話者・聴者を対象として扱う」言語理論にもとづいて、行われている。この二つの立場は、言語観の相違にもとづくものであり、それぞれの研究理論には、それに適した研究対象がある。たとえばシンタックスは、後者が扱うのに適した領域であり、言語変化の外的要因の研究などは前者に適した領域である。しかしながら言語の研究分野には、言語的多様性を生みだす「使用者」や「使用

Ⅲ 文体形成における語の役割

場面」の考察と、言語に認められる広義の「文法」の考察の、双方が考慮に入れられなければならないような研究対象も存在し、そのひとつに、この「文体的意味」の問題があると考えている[1]。

本論では、これまでの研究を概観したのち、まず「文体的意味」を記述的にどう位置付けるか述べたい。次に「文体的意味」をどのように捉えるか述べ、日本語現代共通語の、特に動詞をとりあげて記述の枠組みを示し、さらに、具体的な記述の一例をあげて、これからの研究の第一歩としたいと思う[2]。

なお、「文体的意味」という名付から、これが文体論の術語ととられることもあるが、本論では、語の意味のひとつとして、「文体的意味」という術語を用い、語彙論のレベルで扱える事象に、ひとまず対象を限りたいと思う。

2．文体的意味の捉えかた―これまでの研究―

「文体的意味」をどのように考えるかは、研究者によってまちまちである。また、それに用いる術語も異なっている。まず、先学の述べるところを整理し、これまでの研究の概観をしたいと思う。

2.1

文体的意味の捉えかたに関しては、大きくいって三つの立場に纏めることができる。

ひとつの立場は、池上（1977）にみられるように、「廃語・古語・新語」「方言・外来語」「海員用語・医学用語」「敬語・卑語」「雅語・詩語・口語・俗語」などをすべて、等価に文体的意味（池上の術語は「文体的価値」）とみなす立場である。池上は「歴史的」「地域的」「社会的」「機能的」な観点からの「分布」、つまり、「どのような型の言語表現にふつうに見られるか（294頁）という観点から、上記のような文体的価値を記述している。これらの文体的価値は、一語の中に重複して認められる場合があることになる。

第1章　動詞の文体的意味

　もうひとつの立場は、宮島（1977b）にみられるもので、「音声言語か文字言語か等の表現様式の相違を背景とする位相の相違」にもとづいた語彙の特徴を文体的意味（文体的意味特徴）とみなす立場である。池上でいう「機能的な」次元、菊澤（後述）でいう「様式論」の問題として考えるとされている。こちらは、前者より、より狭く対象を限っている。
　このふたつの立場のあいだに位置するのが、菊澤（1933）及び、国広（1982）である。菊澤は「国語」の研究分野を次のように設けた。

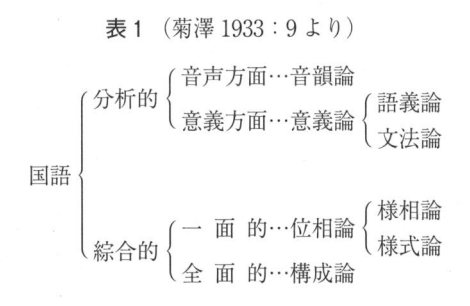

　　表1　（菊澤 1933：9 より）

国語 ｛
　　分析的 ｛ 音声方面…音韻論
　　　　　　意義方面…意義論 ｛ 語義論
　　　　　　　　　　　　　　　　文法論
　　綜合的 ｛ 一　面　的…位相論 ｛ 様相論
　　　　　　　　　　　　　　　　　様式論
　　　　　　全　面　的…構成論

　様相論とは、「言語社会を背景としてその位相の相違を考察すべき」領域であり、様式論とは、「音声言語か文字言語か等の相違を背景とする位相の相違を考察すべき」領域であるとし、様相論からみた国語の位相の3種の場合を次のようにあげている。
　（a）　社会的・心理的―――階級方言・特殊語
　（b）　地域的――――――（地域）方言
　（c）　生理発達的――――児童語
　菊澤は、前掲論文の中で、様相論の記述に終始したためもあって、文体的意味、もしくはそれに類したことばを用いていないので、ここにその説を並べてとりあげることの是非は問われよう。しかし、「様相論」と「様式論」を区別した問題の抱き方は、いま、論じている課題と無縁ではないと思われる。なお、菊澤は、「様相論」「様式論」を「位相論」として立て、「意義論」とは一応区別していることに注目されるように、論じておかなければならな

215

Ⅲ　文体形成における語の役割

い問題がもうひとつここにあるのだが、これについては、後述する。

国広（1982）は、次のように分類した。

表2　（国広 1982：81-84 より作表）

文体的特徴 { 語体的特徴
（狭義の）文体的特徴　「廃語・古語・新語」の別、地理的な方言臭、使用者の特徴に基づく年齢差・性別・職業別、使用場面に基づく「固苦しい・くだけた」とか「学識語」、社会的機能に基づく「丁寧語・敬語・悪態語」などの別

「語体」とは「文語体」「口語体」からとられた名称である。「語体的特徴」と「（狭義の）文体的特徴」とを区別したことにおいては、名称こそ違うものの菊澤の2分類と通じるところがある。ただし、記述の位置づけという点では、国広は、文体的意味を意義素をなす意義特徴のひとつとして認めている。つまり単語の意味の問題としていることをとどめておく必要がある。

なお、国広の文体的特徴の全体は、池上の述べるところと重なるが、下位分類が異なっている。また、その下位分類の一方を「狭義の」とことわったところに、その本質をどこに見出していたかがわかる。この点が4種の別を同列に立てた池上と異なる点であり、宮島とはさらに大きく異なる点である。宮島は、表2の分類に従えば、まさに「語体的特徴」をこそ、「文体的特徴」と定義したからである。

2.2

直接比較の対象とするわけにはいかないが、渡辺（1981：9-28）の記述もここに引用しておきたいと思う。「集団語とはなにか」の項で次のような定義を加えている。

　集団語とは、民族語と国語、それにその方言の内部にあって、特定の社

会集団、それに職業・スポーツ・学問・政治・芸術などさまざまな社会の専門分野が使用する、その社会集団や社会の専門分野に特有なことばのことである。ないしは、特有とまではいえないにしても、特徴的なことばのことである。(11頁)

上記の定義に従って渡辺は、「成立の契機の性格」から「集団語」の下位分類を次のように立てた。

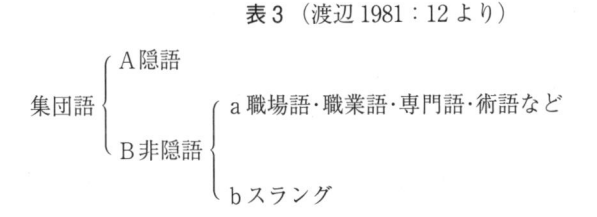

表3 （渡辺1981：12より）

```
            ┌ A 隠語
集団語  ┤       ┌ a 職場語・職業語・専門語・術語など
            └ B 非隠語┤
                      └ b スラング
```

渡辺が「集団語」として定義したものと、菊澤が様相論として定義したものとは、とりあげる内容に異なりがみられるが、記述の視点からいって共通する性格をもつといえる。

3．文体的意味とは何か―その記述的位置づけ―

このように「文体的意味」の捉えかたにも諸説あるわけであるが、文体的意味の記述的位置づけという観点から、諸説を整理し、また、本論のとる立場を明らかにしておきたい。

3.1

本論では、「文体的意味」を語彙論の対象として扱うことを前提とした上で出発することはすでに述べた。

さて、語彙論といっても様々な対象の切り取りかたがあるわけである。文体的意味を記述する上で、まず、混同してはいけないこととして、記述対象言語の別――「個人語」か、「変種」か――をあげたい。

Ⅲ　文体形成における語の役割

　語をその出目によって分類したのが「和語・漢語・外来語・混種語」である。また、語を、その話し手の属性との関係において分類すると「男性語・女性語」などの別が記述される。これらは、語の記号的性質（意味）を分析して得られた分類ではなく、語の生いたちや、語が使用される状況をみることによって施された分類である。

　いま、ここで、語の持つ記号的性質（意味）を、「内的性質」、語の生いたちや、語が使用される状況などに従って規定される性質を「外的性質」というように呼ぼうと思う。

　この、内的性質、という観点からみると、表2にまとめられた分類は、すべて、外的性質によって仕分けられた語彙の分類だということがいえる。また、菊澤の位相論、渡辺の集団語の「定義」も、外的性質による特徴を述べたものに他ならない。

　そもそも菊澤、渡辺は、外的性質によって語を分類し、分類した語彙の分析をすることを目的としている。この立場を甲の立場とする。

　ところが、国広は、文体的意味を、語の内的性質である「意味」の構造に組み込まれるものとして述べようとしている。この立場を乙とする。

　甲の立場と乙の立場とは、記述の妥当性をとりあげて比較するべきものではなく、単に研究目的および研究対象の違いを表しているにすぎない。したがって、甲の立場と乙の立場とは、矛盾なく、ともに成り立つ。甲の立場は、変種および変異がその研究対象である。従って、こちらは、複数の言語使用者の言語を扱う。ところが、乙の立場においては、語の意味を問題にするのであるから、記述対象は、「一言語の意味体系」を目指さなければならない。乙の立場では、研究対象は、一言語の総体、あるいは、一言語共同体の典型言語の総体といったところにあり、現実に対象を求めていけば、個人語、つまり、ひとりの、ひとつの言語の記述がその研究対象となる。

　乙の立場にたつのであれば、語の外的性質によって切り取られた先のような語彙を、そのままに「文体的意味」として記述することは問題が残る。仮に語の外的性質によって切り取られたこのような語彙の特徴をもって語の

「文体的意味」とするならば、どのようにそれが個人語の意味の記述と関係して位置づけられるのかを明確に示す必要があるといえる。

3.2
本論では、乙の立場にたった記述を目的としたい。
それでは、「文体的意味」を乙の立場から、語の意味の一部であると考えるとはどういうことであろうか。
日本語教育を受けている生徒が、

(1) <u>さくじつ</u>、私の<u>おやじ</u>が川に<u>おっこちました</u>

と発話すれば、まず、次のように訂正される。

(2) <u>きのう</u>、私の<u>父</u>が川に<u>おちました</u>

(1)でも、指示的意味は充分伝えることができるが、(1)のような語の使いかたを、日本語を母語とするものは、「標準的な表現」とはみなさない。もし、(1)のような発話が、ごく自然な文をつくる意図のもとで作られたとしたら、それは「誤用」の判断をされても由ないこととはいえないだろう。

このようなことから、(1)と(2)の語の組にみられる差は、語を適切に使える上で必要不可欠なものとして関与しているといえるので、それは「意味」の一部であると考えられるのである。

文体的意味とは、文章様式の違いにおいて実際に使用される語の姿そのものではない。使用されている実際の姿とすると、たとえば、

(3) そうかしら

という表現を例に引いて述べれば、次のようなことがおこる。

(3)は、従来、「女性語」とされていた表現である。しかし、実際の言語行動を観察すると、一般の中年以上の男性にも時によりごく自然に使われるのを観察することができるのである（中年以上の男性というだけでは不十分で、話し手のそのほかの属性についても厳密には言及する必要がある）。

ところが、それでもなおかつ、我々は、(3)の発話だけ差し出されれば、そこに女性の話し手を想定するだろう。

Ⅲ　文体形成における語の役割

　このように、言語使用の実際とは掛け離れていても、大多数が、(3)を女性のことばと判断することのなかに、いま、問題にしている記述の対象があると考えるのである。どんな領域（人、等々）でふつうに使われるかというより、どんな領域（人、等々）で使われるのがふつうであるとみなされているか、ということのほうが乙の立場では大事である。それは、現実の使用の姿を下敷きとしているが、現実とは必ずしも一致しない。実際の使用相を考察するのは、立場甲の重要な課題であって、立場乙で、言語の意味としてそれを記述する場合は、(3)は、「女性語」と考えられているということが大切になるのである。語の「意味」としてそれが記述されるから、若い男性が(3)を発話したとき我々はそれを時に笑い、そこに「意図」を見出すことになるわけである。

3.3
　宮島（1977a：38）では、
　　（略）文体的価値というのは、単語が文章のなかでしめす具体的な文体的効果（それはいちいちの文脈によってかわる）のことではなく、それが言語の単位としてもっている品位とでもいうべきものであり、その単位がどのような場面・文章のなかで使われるのがふさわしいかをきめる特徴である。（傍線論者）
と述べられ、また、宮島（1977b：873）では、文体的特徴から行う単語の分類の基準は、
　　基本的にいって、「かたさ」とでもよぶべき一つの性質の段階の差である。（傍線論者）
と述べられている。
　宮島の「文体的意味」に対する言語観は、本論の立場とかなり近い。
　しかし、単語の持つ「かたさ」については、「出自」と連動する直観であろうし、「品位」といったことで表されそうな直観は、おそらく「使用者」や「使用場面」と連動する直観であろう。単語の「文体的意味」の体系は、

単一な「かたさ」や単一な「品位」といった内容ではなくて、おそらく、「かたさ」や「品位」や、その他いくつかの印象の束から成り立つものといったほうが、直観するところの内容に近い気がする。

　我々は、差し出された発話（文字言語、音声言語を問わず、内容をもった文の集まり）に対して、様式的相違を直観できる。そのひとつひとつに相違をみてとることもできるし、また、範疇的な違いを識別することも可能である。我々は、同じように、単語についても、漠然とした、様式的直観を持っている。それは単に、文字言語、音声言語の違いに応じて選択される語のありかたからもたらされる印象だけではなく、おそらく、語の「出自」や、「使用場面」「使用方法」「使用する人」「意味分野」などの特徴とも密接に関係して作り上げられる様式的直観ないしは判断である。その直観の複合的な内容が語の「文体的意味」であると考える。従って、個人の言語生活のありかたによって、「文体的意味」を判断する直観のあり方には、非常に個人差がみられることになる。この個人差が大きいという事実がこれまでの研究の進展をさまたげてきたもうひとつの理由である。

4．文体的意味記述の範疇的枠組み

　語の比較を通じて、一語一語の担っている文体的意味を記述できると同時に、ちょうど「品詞」というカテゴリーで単語を分類することができるように、文体的意味のレベルにおいても、それを範疇的に捉えて記述することが可能である。「文体的特徴からする単語の分類は、連続的であり、程度の差によるもの（宮島1977b：873）」であり、また、「文体的特徴の分類はずっと微妙であって、白がしだいに灰色になり、黒になっていくようなもの（同：873）」であるという観察はおそらく事実である。しかし、そのような状況のもとにあっても、「黒」と「白」の違いはあるわけであるから、それを範疇化して記述しようとする努力は無意味であるとは思われない。文体的意味の範疇的記述の枠組みはどのように考えることができるだろうか。ここ

Ⅲ　文体形成における語の役割

では、語ごとの子細な記述に立ち入ることをせず、論ずることにする。

日本語の現代共通語における「動詞」を対象にして、考察したい。今のところ、名詞と動詞では、記述的枠組みが異なることもあると考えている。まず、動詞についてとりあげるのは、記述のしやすさということを考慮したためである。名詞その他については、今後、取り組んでいきたい。

さて、我々がふつう何を知りたいかといえば、

　　ころぶ―てんとうする　たのむ―いらいする

という同義語ないし類義語のペアがあったとすれば、それがどう違うかということだろう。「ころぶ」は標準的で、「てんとうする」は、ややかたい印象を与える。語が、「標準的」に用いられるものであれば、それとしてまとめ、「標準からはずれる」ようであれば、それをまとめるということが、記述にあたって必要なことがらであろう。「標準からはずれる」語は一般の場面では用いられない。仮にそこで用いられるとすれば、「非標準」なるがゆえの効果を予測しながら使い得るようなかたちで語の意味が記述されていることが望ましいが、まずは、「標準」と「非標準」を区分し、さらに「非標準」がどのような構造をもつか記述する必要がある。

結論から示すと基本的には、文章様式を背景とした直観で形成される、図1のような三項対立の範疇を考える。

最終的には個人の直観であるので、これを客観的に証明することはなかなか難しい。

まず、Aについては、漢語という語の出自（これは、かなりの程度客観的に観察できる、語の外的性質による分類である）にもとづいてかたちづくられた直観にもとづいている。漢語という出自の語彙にかんして、ひとつの強固な印象が形成されるのは、歴史的な事情と無関係ではないだろう。日本語に中国語が入りこんできた時、日本語は初めて文字言語をもった。中国語は、教養人の書きことばとして不動の他位を占め続けた。このような文章様式の伝統を背景にして、漢語の印象は書きことばであった文語の印象と密接に結

第1章　動詞の文体的意味

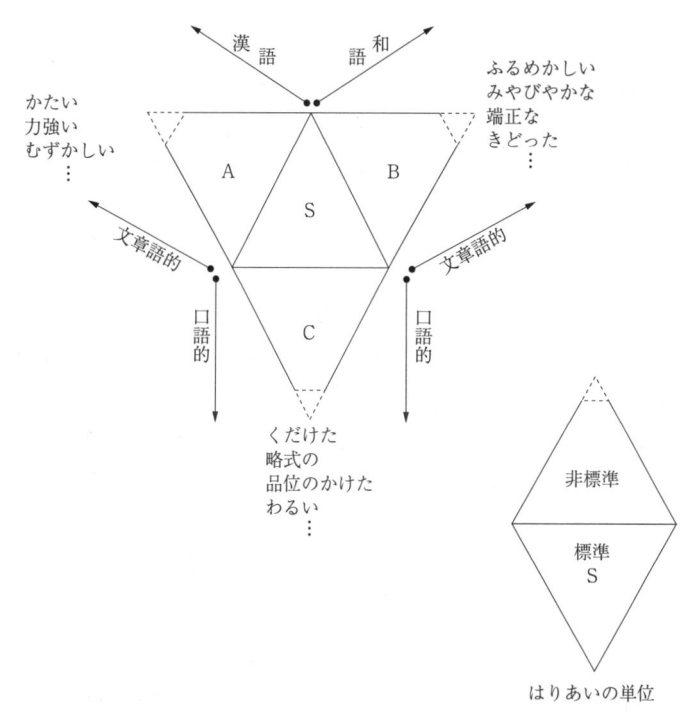

図1　日本語現代共通語における動詞の文体的意味の範疇

＊三角形の先を破線で区切った部分は、指示的意味の理解が曖昧になって、文体的意味に関する判断も下せなくなった語が分類される。こうした語の文体的意味の記述は、語の外的性質に頼ってなされたりすることがあるが、もとより「確実」なものではなくなる。このような語の文体的意味を辞書で記述する場合は、「積極的空白」にすべきであろう。（第5節参照）

びつき、歴史に口語体が登場してからは、書きことばや、あらたまった話しことばで用いられる文体（これを便宜的に文章文体と呼んでおく）に、より多く漢語が使われてきた事情と無関係ではないだろう。漢語と和語は、完全ではないまでもそれを書き分けようとする表記法に支えられて、かなりはっきりした区別の意識をもたらしている。

　Bは、日本語を母語とする話者であれば、容易に感じとることのできる区別によって切り取られる。大多数の和語は標準語彙であるが、和語のなかで

Ⅲ　文体形成における語の役割

も、文章語的で非標準と意識されるのが、このグループである。AとBとは、ともに文章文体にふさわしいという印象をもつ語彙であるが、Aが漢語系、Bが和語系であることの印象的違いは、はっきりとしている。ときに、「ふるめかしい」「みやびやかな」印象をあたえるが、現在でも使用に耐える語彙であるので「古語」という名称を与えるのは適当ではない。もし、これを「古語」あるいは「古い時代にふつうに使われていた語」と呼ぶのであれば、そうした語はAにもCにもSにも見出すことができてしまう。なお、Bが「みやびやかな」印象をもつといっても、それは、その語の印象がそうなのであって指示対象それ自体がそうであることとは違う。「たけりたつ」「（病を）わずらう」「むせぶ」などがこのグループに属することをみれば分かる。

　Cに分類される語をみると、出自という点ではほとんどが和語であるが、しかし、Cの印象を決定するのに、出自はほとんど考慮されていない。出自には因らず、使われる場面的な性格の方が、印象形成に大きくあずかっている。その点で、印象の形成のされかたは、AやBとは異なっている。

　Cは、「よりくだけた」印象という点でひとつの範疇をなしている。

　宮島（1977b：873-878）は、「文章語」「日常語」「俗語」の三つの層に分け、「日常語」の中をさらに三層に分け、「あらたまった日常語」と「くだけた日常語」と、積極的な文体的特徴をもたない層とに分けた。そして、「文章語」については、「和語系」と「漢語系」の別をたてた。図1は、それを踏襲している。が、「日常語（本論ではSにあたる）」とは、「文体的に中立な語彙である」ので、これをモデル化するのに、上から下へ続く層の中間の位置にもってくるのは適切ではないと思われた。そこで、尺度から自由な位置に置いた。また、A、BとCとの印象の形成のされかたは、先にも述べたように、異なっていると考えられるため、上下一列に連続するものとは違う姿を想定した。また、これは、語彙論内部の理由ではないが、文体的に中立な標準語彙Sに、A、B、Cの非標準語彙がそれぞれ混ぜて使われて、文体的変種（これは外的性質として観察可能である）が作りあげられるといえる。そこで、A、B、Cは直接に対立しているのではなくて、「A－S」

第1章　動詞の文体的意味

「B－S」「C－S」のそれぞれが対立していることになる。その姿を反映させて、はりあいの単位を考えた。

　なお、AとS、BとS、CとSとの境界は、曖昧である。分析者によって、どこで標準的、非標準的かの線をひくかは異なることと思う。この問題については客観的な根拠をあげて実証的に述べるのは難しく、究極的には個人の直観に頼るので、具体的な分析は、複数の研究者で行われるのが望ましいことと思われる[3]。

　それでは、こうした範疇化に際して、そのほかの外的性質から形成される語の印象はどう関与するか、簡単に記しておきたい。辞書には、外的性質の分析結果として記載されることが望ましい事項はあるが、動詞の文体的特徴の記述的範疇としては図1で充分みたしており、以下は、現代共通語記述の際、独立した範疇をなすものではないと思われる。

（i）　方言と文体的意味

　方言出自（「出自」を広義に使っておく）の語は、方言の出自だというだけでは、ふつう意識されない。たとえば、「やる」「すてる」などは上方方言が出自であって現代共通語に採用されたという経緯があっても（徳川 1978：141-157）、これらは今では、現代共通語においては、まったく標準的な語である。東京地方以外の方言の出自であることが意識されるのは、それが、流行語などで（新語として）意識されるときだけであって、文体的意味の範疇的一枠を設けるほどに明確な分野をもっていない。語的なものであるといえる。

　それに対して、東京地域の方言は、明らかに文体的印象を形成するにあずかっている。東京方言のかなりの部分は、共通語と重なっている。方言として「標準」で共通語としても「標準」に分類される語が圧倒的であるが、東京方言の内部ではごく標準的であっても、共通語にはいりこんだ分については明らかに「非標準」として意識される語も相当ある。「おちる――おっこちる」「はねかえる――はねっかえる」などを初め、数多い。ただし、方言出自ということがその印象をもたらすのではなく、（おそらく）その使用場

225

Ⅲ　文体形成における語の役割

面の観察からそれがくだけた印象をもたらすために、「非標準」という印象を形成するのだろう。範疇としては、Cを用意するだけで足りるといえよう。Cは、いうまでもないことだが共通語の一部をなす。なお、上のような語のほかに、「東京方言の俚言」というべき語も存在するから（この場合は共通語と比較しての「俚言」であるが）、東京方言と共通語は、完全にかさなるというわけではない。

（ⅱ）　女性語、男性語と文体的意味

「女性語」「男性語」については、特定の話し手を連想させるという意味で用いたいと思う。

「わね、のよ、かしら」などの終助詞、および名詞のいくつかは「女性」の話し手を強く連想させる。しかし、動詞のレベルでは特に見当たらない。

「男性語」についても、同様である。

なお、C、あるいは、人によってはAの語彙も、男性の話し手にふさわしいという印象をもつことがあるかもしれないが、終助詞「ぜ」のような、ただちに男性の話し手を連想させる「強い結びつき」ではなく、かなりゆるやかなものと思われるので記述の必要はないものとおもわれる。この観点で新たな範疇をもうけることは、動詞に関しては必要ない。

（ⅲ）　敬語、卑語と文体的意味

「敬語」「卑語」は、文中の他の要素との関係で語彙文法的に定義される特徴である。敬語、卑語は「行く、来る、いる」などに対して「いらっしゃる」などのように、語彙的なものもあるが、その数は少ない。その多くは、接辞付加によって、「書く」が「お書きになる（敬語）」「書きやがる（卑語）」などのように生成される。人間の動作・作用に関する動詞では、S、A、Bのほとんどの動詞が敬語動詞を派生し、S、Cのほとんどの動詞が卑語を派生するので、もし、文体的印象という点で、仮に範疇をたてるとすれば、図1の平面の上に、その印象からなる範疇を立体的にたてることが考えられようが、この点は、後の課題としておきたい。

なお、敬語動詞についていえば、

第1章　動詞の文体的意味

(4)「行く？」
(5)「いらっしゃる？」
(6)「いらっしゃいますか？」

という文で、(5)は敬語動詞を使っているが、必ずしも丁寧な印象は受けない。敬語を多様した変種は高い文体を作るが、それは、接辞のせいだとも言えそうである。「です・ます」「でございます」等は、文体的変種を作りだすが、これらは接辞であるので、動詞の記述という対象からははずれる。

　(iv)　婉曲語、直接語と文体的意味

　あることを婉曲にいう語は、一般にそれをむきだしに直接的に指示する語（これを「直接語」とよぶことにする）と比較すると、やわらかい印象を作りだす。例えば婉曲語「かくれる」と、直接語「死ぬ」などの例である。しかし、ほかにも、例をあげると、これは、婉曲語彙と直接語彙が、その印象にしたがって、ある範疇をなすということではなくて、あくまでも両語の比較のなかで位置が決まると見た方がよい。「死ぬ」と「かくれる」とでは、「死ぬ」がS、「かくれる」がBであるが、「ほっつく」と「逍遥する」では、前者がC、後者がAであり、また、「犯す」と「乱暴する」では、前者がB、後者がAであるというように、まちまちであるから、こうした特徴に従った範疇はたてられない。

　(v)　専門語と文体的意味[4]

　専門語といっても、「うっちゃる」「(魚を) おろす」などと「追肥する」「摘果する」などでは、随分印象が異なるし、専門語ということで文体的意味の点でひとつの範疇をもうけることはできない。

　専門語は、意味の定義が厳密であるという特徴をもち、その意味はある集団によって整えられる。出自にかんしてはそういうことであるが、その集団もしくは、その集団の活動している分野の名前で〔哲学〕とか〔農学〕などと記載しても、それは共通語の中にはいりこんだそうした語の出自を記載しているだけで、「文体的意味」を記述することにはならないといえる。

227

Ⅲ　文体形成における語の役割

5．文体的意味の記述と課題

　それでは実際に一分野の動詞の分析の例をあげて、今後の記述の際に問題となりそうなことを、具体的にいくつか挙げたいと思う。こうした分析を数多く重ねることによって、図1のモデルも加筆、修正されることがあるかと思う。ここでは、今後の記述にむけて、その一例を示すという程度にとどめたい。

　分析例として、『分類語彙表』から、「走り・飛び・流れなど」に関した動詞群をとりあげる。「2.152_3」にあげられた動詞と、「1.152_2」「1.152_3」の名詞の項から、派生して動詞となるものを取り上げ、これらの類義語についてみたい。ちなみに、『分類語彙表』に採用された語は、使用頻度などについても考慮されているので（7頁）、これらの資料は我々の一般的に使用する語彙の姿から、使用語、理解語をふくめて、さほどへだたったものではないという前提ではじめたい。

　まず、A、B、C、Sに分類した結果を示す[5]。

A1 微行する　遊弋する　低徊する　跋渉する

　2 曳航する　回漕する　流浪する　徘徊する　彷徨する

　3 行軍する　進軍する　潜行する　密行する　航行する
　　密航する　運航する　就航する　難航する　帰航する
　　回航する　直航する　巡航する　周航する　帆走する
　　潜航する　寄航する　緩行する　直通する　直流する
　　交流する　対流する　貫流する　還流する　転向する
　　偏向する　巡回する　旋回する　回遊する　一巡する
　　巡洋する　伝導する　滑空する　浮流する　浮遊する

第1章　動詞の文体的意味

　　横行する　低迷する　遍歴する　遊歴する

　4 行進する　進行する　通行する　運行する　飛行する
　　航海する　渡航する　密航する　寄港する　独走する
　　暴走する　急行する　徐行する　直行する　迂回する
　　蛇行する　脱線する　逸脱する　循環する　滑走する
　　漂流する　放流する　殺到する

B 1 ずる1　　なだれる

　2 馳せる　　駆る　　漂う　　　漂わす　　ほとばしる
　　さかまく　うずまく　さまよう　走らす　　めぐる
　　走る2

C　はね飛ばす　かっ飛ばす　つき飛ばす　　なぐり飛ばす
　　はり飛ばす　つっぱなす　つっぱねる　　ずる2
　　のたくる　　乗りまわす　かきまわす2　うかれ歩く
　　ほっつく

S 1 一周する　　半周する　　右往左往する　走る1
　　かけ出す　　走り出す　　飛ぶ　　　　　飛ばす
　　はらいのける　　　　　　はねのける
　　はじける　　はじく　　　はずむ　　　　はねる
　　はねかえる　はねかえす　流れる　　　　流す
　　受け流す　　すべる　　　はう　　　　　ひきずる
　　まわる　　　見まわる　　歩きまわる　　走りまわる
　　持ちまわる　ひきまわす1　かきまわす1
　　ふりまわす　出まわる　　逃げまわる

229

Ⅲ 文体形成における語の役割

　　立ちまわる　　とび歩く　　　渡り歩く

　２吹き飛ぶ　　吹き飛ばす　　垂れ流す　　　はいずる
　　とびまわる　　かけまわる　　はねまわる
　　転げまわる　　はいまわる　　はいずりまわる
　　のたうちまわる　　ひきまわす２　　ひきずりまわす
　　＊・ずる１（すべる）・ずる２（ひきずる）
　　　・走る１（ガ　走る）・走る２（痛みガ腕ニ走る）
　　　・かきまわす１（ガ物ヲかきまわす）
　　　・かきまわす２（ガ関係ヲかきまわす）
　　　・ひきまわす１（世話をやく）
　　　・ひきまわす２（ひっぱりまわす）

　Ａは、その中でも、特にかたい印象の１から、標準ともいえそうな４まで、層をなしている。（分野によって、この層のなしかたはかわることもありうるから、Ａを四つの層に固定的に分けるということではない。なお、「一周する」「半周する」は完全に標準的である。標準的であると、すっかり同化してもはや漢語出自であることは強く意識されなくなる。）

　Ｂは、ここでは、二つの層に分けた。

　Ａ１とＢ１とは、ともに、辞書をみて意味が分かるという程度である。理解語の程度が使用語とかけはなれてはなはだしいほど、指示的意味は理解しても、その文体的意味については、判断が難しくなる。語の出自やそのほかの情報にたよりながら、見当をつけるにすぎない。Ａの三角の先端とＢの三角の先端とは、やがて切り離されて、次代の現代語からは姿を消す可能性の高い語でもある。

　ＡとＳの別がなかでは一番はっきりしている。出自の別というかなり客観的な情報の支えがあるからであろう。それに比べるとＢ、Ｃは、Ｓの大多数を占める和語と同じで、出自という客観的な情報は役立たなくなるから、印象の境界がぼけてくる。

第1章　動詞の文体的意味

動作主に人も人以外もとれる次のような場合は、Sとしてもよいが、

　　(7)　蠅がとびまわっている　　鼠がはいまわっている
　　(8)　先生がとびまわっている　先生がはいまわっている

動作主に人しかとらない次のような動詞は、どちらかといえばCにふりわけられる。

　　つき飛ばす　なぐり飛ばす　はり飛ばす　つっぱなす
　　つっぱねる　乗りまわす　かきまわす2　うかれ歩く

しかし、S2は、いちおう、Sとたてたが、(動作主が人の場合)敬語化がきかない動詞である。

　　(9)　＊先生が子供をおはね飛ばしになる

語の長さが関係するというよりは、語の意味的な制約が働くからだろう。こうした語彙は、Sとするか、Cとしたらよいのか。多少なりとも、別の現象と関連して判断がつくものについては、それを発見し、とくに、境界の部分にかかわる記述の方法を整備していくことは今後の課題である。

また、このように、意味的な干渉をうけてそれが「品位」というような面でCに近く、しかも語の印象もCに躊躇なくふりわけられるものについては問題はないが、次のような例では厄介である。

ここではS2に分類した「のたうつ」「のたうちまわる」の場合がある。これらは、

　　(10)　蛇がのたうちまわっていた
　　(11)　先生は苦しみのあまりのたうちまわっていた

など、むしろ、口語的ではない感じをうける。しかし、かといって、Bとはまたことなる。対比されるべき婉曲語がないため、これを直接語とよぶことはできないが、いかにも有様をおおげさに描写するところがBのもつ語感と相反するからであろう。このような語をどう分析したらよいか、課題である。なおこれに類した語では、「あばく」「そねむ」などがある。

Ⅲ 文体形成における語の役割

6. 終わりに

　以上、文体的意味の記述的位置づけと、記述の範疇的枠組みについて述べた。

　積極的に語を記述するということが残されている。範疇的な記述を念頭におきながら、語ごとにきめこまかい分析をすることは、これからの課題である。文体的意味は、単語の語的な静止的なすがたからではなく、格の枠組みとも関係して構成されている可能性もある。内的、外的なさまざまな情報から作りだされる印象の束であると規定すれば、印象を構成する因子の分析を行いながら、ＳＤ法などで記述する方法も検討の対象としていく必要がある。

　指示的意味とは何かが問われたように、文体的意味とは何かを示すことが究極の目標である。

注
1)　対象は違うが、例えば、菊地 (1980) のモデルも、こうした領域について、処理するものであるといえる。
2)　「文体的意味」の研究は、言語の記述の点から価値を持つというだけではなく、日本語学習者が適切な日本語を習得する上で欠かせない情報を提供することにもつながる。従来の辞書の記載に満足なものがないことを指摘したのは宮島 (1977b) である。
3)　いまのところ、具体的な分析は論者の内省に頼るので、かたよりが生じることはやむをえないとしたうえで進めたい。なお、今後、複数の分析者の共同作業ですすめる際には、食い違いの補正の方法について理論的な整備が必要になるだろう。
4)　ある言語集団においてのみ完全に機能する隠語はここでは考察対象にならない。たとえば、東京日本橋のあるデパートでの職場語で「仁久」が「トイレ」、「有久」が「食事」のことなど（渡辺、前掲書 58 頁）。これらは、立場甲の変種の研究での対象である。共通語のなかにはいりこんだ「隠語」は、もはや隠語と呼べるかどうか一考を要する。
5)　注３と同様。

参考文献

池上嘉彦（1977）『意味論』大修館書店
菊澤季生（1933）「国語位相論」『国語科学講座Ⅲ国語学　国語位相論』明治書院
菊地康人（1980）「「上下待遇表現」の記述」『国語学』第 122 集
国立国語研究所（1972）『動詞の意味・用法の記述的研究』秀英出版
国広哲弥（1970）『ELEC 言語叢書　意味の諸相』三省堂
国広哲弥（1982）『意味論の方法』大修館書店
徳川宗賢（1978）『日本人の方言』筑摩書房
徳川宗賢・宮島達夫（1982）『類義語辞典』東京堂出版
宮島達夫（1977a）「語彙の体系」『岩波講座日本語 9　語彙と意味』岩波書店
宮島達夫（1977b）「単語の文体的特徴」『松村明教授還暦記念　国語学と国語史』明治書院
渡辺友左（1981）『隠語の世界』南雲堂

第2章 「国語辞典」に収録された「方言」

1. はじめに

　現行の国語辞典は、その収録語数からすると、6万語内外の小型辞典、10万語内外の中型辞典、それ以上の規模をもつ大型辞典に分けることができる。中型の『広辞苑』などは、よく知られているように、百科事典的な性格をあわせもち、ことばの記述をめざす「辞典（ことばてん）」の性格を純粋に保ってはいない。また、大型の『日本国語大辞典』、中型の『新潮国語辞典現代語・古語』などは、一辞典内に複数の共時態の語義記述を取り入れており、特定の共時態の語彙の概観はできない仕組みになっている。また、辞典には、規範を示すという立場で編まれたものと、実際に使ったことばの記録であるという立場で編まれたものとがある。現行の辞典のなかで、
　① （事象ではなく）ことばの意味の記述をめざす
　② 現代の共通語（のみ）を対象とする
　③ 実際に使われていることばを対象とする
という性格を比較的強くもつ辞典は、いわゆる小型の辞典のなかに多い。
　いま、小型辞典に属する『新明解国語辞典』第四版についてみると、「親見出し六万語内外（1427頁）」とある。この中で「方言」という注記のあるものを見出しの数で数え上げてみると331に及んだ。上記②の観点からすれば「国語」の辞典とは、「方言」の辞典と対をなすものであろう。この5パーセントを占める方言語彙について、まずその辞書記述の様子を概観し（第2節）、共通語彙の位相の記述という観点からは、このような方言語彙の意味記述が望ましいあり方を示しているのか否か、具体例をいくつかあげながら述べていきたい（第3節）。

第2章 「国語辞典」に収録された「方言」

2. 『新明解四』にみる方言語彙

2.1

『新明解国語辞典』第四版（以下、『新明解四』と略記）は、1989年11月に三省堂より出版されている。編者は、金田一京助・柴田武・山田明雄・山田忠雄（主幹）の諸氏である。第三版は1981年2月に発行されているが、第三版と第四版を比べてみると、内容的な改変がいくつかあり、方言語彙の記述の部分についても意識的な改変の跡がみられる。この、記述の差は後にふれることにし、まずは第四版の記述を紹介していきたい。

2.2

『新明解四』に収録された方言語彙の記述の仕方には、次の①から⑦のようなタイプがある。それぞれ1～2例を引用して紹介していく。先の331という数字は、方言についての言及があればその見出しをとにかく1と数えて得たものだが、以下に細かくみていけば数え方を変えたほうがよいという部分もあり、また、見落としもあることであろうから厳密さは欠いている。概数330あまりと述べておきたい。ここでは厳密な数値をだすことが目的ではないので、このあと第2節第3項にまとめる品詞別の数値も参考程度のものとされたい。

以下の引用の下線部は論者。見出しのあとにおかれたアクセント表示は、数字で書かれ、○で囲まれているが、ここではたんに数字のみで示す。活用語の場合、「：」の前は終止形、後は連体形のアクセントである。常用表外の字などを現す「〈」「《」という記号は省いて引用した。また、漢字の読みの部分は省略に従った。

　　① (1)　ほろくそ　0　―に〔近畿・中国方言〕それ以外のけなしようはおよそ考えられないほどひどくののしることを表わす。「――に言う・――に〔＝さんざん〕やっつける」

Ⅲ　文体形成における語の役割

　　　　(2)　ぽろい　2:2　(形)〔関西方言〕㊀元手・労力がかからない割に利益が非常に多い。「──仕事・──もうけ」㊁仕事が入念でなく、安っぽい。「──本」

①のような例はそれぞれ1と数えた。

②　(3)　さす　2:0　㊁(他五)〔近畿・中国・四国の方言〕させる。「そんな事までさしては悪いよ・早く世帯を持って親を安心さしてやりたいな」㊂(助動・五型)〔近畿・中国・四国の方言〕させる。「やっと式を上げ──ことが出来た」

　　　　(4)　さっぱ　0　㊀〔東京方言〕体形・大きさともにコノシロに似る、小骨の多い海魚。北海道からフィリピン方面まで広く分布する。〔ニシン科〕かぞえ方　一匹　㊁〔中部・関東方言〕アワビや海藻採りなどに用いられた、旧式・小型の漁船。㊂㊀〔福島方言〕たきぎの割り木。㊁魚の骨。また、残飯の類。

『新明解四』では、「なんらかの意味で対比される同音語、および語原の異なる同形の外来語を便宜㊀㊁で統合し、スペースの倹約を図った。(編集方針　4頁)」とある。②にあげたような記述は、見出しはひとつでも、実際の数は、2なり3なりと数える必要があろう。ここでは、品詞の異なっている「さす」の㊁と㊂は、2と数えたが、「さっぱ」のような品詞を変えない例については、見出しで数えて1としてある。

③　(5)　かんす　0【鑵子】㊀〔神奈川以西の方言〕かま形の湯を沸かす器。やかん。㊁〔関東以西の方言〕ちゃがま。

　　　　(6)　くど　1㊀〔関東地方の方言〕炭焼きがまの、煙を出すための穴。㊁〔北海道・沖縄を除く全国各地の方言〕かまど。へっつい。

③のような例については、見出しで数えて両例とも1とした。

④　(7)　カボチャ　0〔インドネシアの地名 Cambodia（カンボジア）

第2章 「国語辞典」に収録された「方言」

から〕畑に栽培する一年生つる草。夏、黄色の花を開く。実の形・色はさまざまである。とうなす。〔関西では、なんきん。ぼうぶら０〕〔ウリ科〕「──に目鼻」 表記 普通、「南瓜」と書く。かぞえ方 一本：実は一玉

(8) かりる ３ ０：０【借りる】（他上一）㊀相手の物をしばらく使わせてもらう。「金・(部屋)を──：……に名を──・この機会を借りて〔＝利用して〕一言お礼を申し上げます」㊁自分の非力を補うために、相手の助力を受ける。「力・(知恵・手・助け)を──」〔過去形は「借りた」。関西では「借った」〕

④のように、見出しと同義の方言語形を示してある場合は、１とかぞえてある。④では、「なんきん（南京）」も「かる（借る）」も別に、独立して見出しがたてられており、この場合はひとつの語を２回数えていることになる。見出しにたてられると、それぞれ、

(9) なんきん／〔北陸、岐阜・愛知両県より九州までの方言〕カボチャ。

(10) かる／〔近畿以西の方言〕借りる。

のようにあり、どこの方言であるかの記述は詳しくなる。

⑤ (11) かきごおり ３【欠(き)氷】㊀氷をかんななどで粒状に削ったもの。氷水。みぞれ。㊁氷を細かく割り砕いたもの。氷のぶっかき。〔関西では、「かちわり０　４」〕

⑤は、④と同様の記述様式であるが、「かちわり」では見出しがたてられていない点が異なる。

⑥ (12) めじまぐろ ３【めじ鮪】〔関東方言〕マグロの幼魚。一メートル未満のもの。めじ。〔関西方言では、よこわ〕

方言語彙の見出しに、さらにほかの方言語形の説明が加わる例である。語形を数えるということであれば、２とすべきところであろうが、ここではこのような例も単に見出しで数えて１としてある。

⑦ (13) そうすかん ４ ３【総すかん】〔口頭〕〔「すかん」は関西方

237

Ⅲ　文体形成における語の役割

　　　　　　　言で、「好かん」の意〕関係者の全員から嫌われること。
　　　　　　　「——を食う」
　　⑭　くりいし　0　2【栗石】〔「くり」＝中国方言などで、小石
　　　　の意〕㊀クリの実ぐらいの大きさの丸い石。㊁⇒割り
　　　　栗石　表記「栗」は、借字。

⑦は、語源などの説明のために方言に言い及んでいるものである。当然のことながら、これらの例では、その語形が改めて見出しにたてられるということはない。本稿で取り扱う問題からいえば、はぶいてさしつかえない例であるが、⑦のタイプはこれ2例であるので、それぞれ1と数えてある。

2.3
このようにして数えた331の品詞別構成を参考のために記すと**表1**のようになった。

表1　『新明解国語辞典』第四版に収録された方言語彙の品詞別

名詞	158	(47.7)
代名詞	9	(2.7)
動詞（含補助動詞）	75	(22.7)
形容詞	25	(7.6)
名詞＋な、に	10	(3.0)
副詞	13	(3.9)
接続詞	1	(0.3)
感動詞	4	(1.2)
助動詞	5	(1.5)
助詞	6	(1.8)
接頭語・接尾語	7	(2.1)
造語成分	3	(0.9)
連語・句	16	(4.5)
計	331	(100.0％)

『新明解四』の品詞表示では、名詞、連語、句が弁別して書かれていない（これらは、品詞の欄が無表記であることによって示される）。そこで、「あ

ない・どない」等々の連語・句と思われるものは論者の判断で分けて表に示した。

以上、『新明解四』に収録された方言語彙の記述例をみてきたところで、語彙論の立場からの考察を次の第3節で行いたい。

3．共通語語彙の記述における方言の扱いについて

3.1
第2節でみてきたような、〔方言〕という指示は、何を示しているのであろうか。

「関西方言」とあれば、「現在、『関西』という地域で使われている語形および意味」と受け取るのがもっとも素直な受け取り方であろうか。『新明解四』のような「国語の辞典（共通語の辞典）」に、「ある地域の語（俚言）」が収録されていることをどのように考えたらよいであろうか。

逆の場合を考えてみたいと思う。「一地域の語彙目録と意味を示す辞典」という意味で、「方言辞典」という概念を認めることができる。紀州語辞典とか、京都方言辞典などといったものができあがるだろう。この方言辞典に、他地域の、あるいは、共通語の語が記載される場合があるとしたら、それはどのような場合であろうか。「方言辞典」を、理想的には「当該地域の言語体系の（語彙レベルにおける）記述」ととらえる前提で考えるとすると、そこに他地域の方言や共通語を収録するとしたら、収録のための条件は、

〈その語が当該の言語（語彙）体系を担っている〉

と認められる場合でなければなかろう。

さて、「国語辞典」に話を戻した場合、〔方言〕という指示を、先にみたように

〈表示された地域で現在使われている語形ないしは意味〉

と受け取った場合には、これは単に、日本国内に認められている種々の方言の語的な情報を、（実用的な目的によってピックアップし、）記録したという

Ⅲ 文体形成における語の役割

ことになってしまう。「国語辞典」の実用的目的からすれば特に問題とされるところではないが、辞典を「語彙記述」の実現という点から考え直すと、問題を含んでいる。

3.2
第2節でみてきた方言語彙の中に、〔もと、方言〕と記された見出しが、次の4例あった。

(15) へどろ 0 〔もと、神奈川・名古屋・奈良方言。東北地方の方言「ひどろ〖＝溝（ドブ）や、青色に濁った水たまり〗」と同原〕海・川・沼・湖の底にたまっている泥。〔狭義では、未処理の下水や工場からの廃液・廃棄物が海岸・河口などに堆積して、どろどろに固まったものを指す〕 表記 外来語のように受け取られ、「ヘドロ」と書かれることが多い。

(16) どまんなか 2 【ど真（ん）中】〔口頭〕〔もと、大阪方言〕㊀すみっこではなく、その〝場所（地域）の最も人目につきやすい所。まんまんなか 3。「銀座の――」㊁ちょうどまんなか。「プレートの――」

(17) やすけ 0 弥助〔もと、関西方言〕〔浄瑠璃の「義経千本桜」に出てくるすし屋の名から〕握りずし。

(18) おまはん 0 （代）〔もと、大阪方言〕お前さん。

〔もと、〇〇方言〕という表現は、
　〈その語が当該の言語に受け入れられており、表示は単にその単語の出自を示しているにすぎない〉
というように受け取れる。

　方言から共通語に入りこんだ単語については、徳川（1968）に、「やる（話し手側から他人に物を与える）」「こわい（怖い）」「すてる（捨てる）」「まぶしい（眩しい）」が、『日本言語地図』第1～3集を使った論証で、上方出自の語であると述べられている。これらの語は、現在では全く普通の共

第 2 章　「国語辞典」に収録された「方言」

通語語彙のひとつとして使用され、それが〔方言〕であるとも、また、〔もと方言〕であるとも表示されることはない。また、真田 (1975) では、やはり『日本言語地図』の第 4～6 集を使って、「ぬか (糠)」「あぜ (畦畔)」「うろこ (鱗)」「つゆ (梅雨)」「けむり (煙)」が、上方出自の語だとしているが、同様のことがいえる。

　ここで問題にしたいのは、国語辞典の〔方言〕という表現が何を意味するものか、または、何を意味するものであるべきか、という点である。共通語語彙の記述という立場にたてば、

　　〈他地域の方言として使われている語〉

という意味での方言表示では困ろう。〔もと方言〕の指示がある場合は、その〔方言〕とは「方言出自」という意味であり、現在では「共通語の語として登録できる」ことをはっきりと示している。しかし、第 2 節でもいくつかを紹介した、330 におよぶ語をみていると、〔方言〕とされた中には、〈他地域の方言としておこなわれている語〉か、〈共通語語彙として機能している、方言出自の語〉か、区別が明確にされないまま混在しているように思う。(9)「なんきん」(10)「借る」などは前者の例、(1)「ぼろくそ」(2)「ぼろい」(3)「さす」などは後者の例であろう。

3.3

　共通語語彙に入りこんだ方言出自の語には、「やる、ぬか」などのように、現在ではまったく語感や位相に特別なものが付与されていない語も多い。(15) に〔もと、方言〕とある「へどろ」もそうであろう。が、何らかの位相的な条件や特別な語感をもって使用に供されるにいたった語も少なくないはずである。たとえば、(16)「どまんなか」などは〔口頭〕というように記されているが、たしかに話し言葉の中で使われることの多い、くだけた表現で、〔口頭〕という表示があるのは首肯できる。しかし、(18)「おまはん」などには、何も記されていないが、論者の語感では、無標の単語とは感じられない。

Ⅲ　文体形成における語の役割

表2　形容詞語彙の記述の異同（『新明解』第四版と第三版）

	第四版	第三版
あざとい	関西方言	俗
あじましい	青森・北海道方言	青森・北海道などで
いじましい	関西方言	俗
えげつない	山形・新潟〔ママ〕、近畿、中国〔ママ〕・四国の方言	もと、関西方言
くちい	東北・関東方言	俗
けぶい	中部方言	方
けぶたい	「けむたい」の古形・方言形	俗
こそばゆい	西日本方言	関西で
こまい	㊀〔中国・四国・九州北部と東北・北海道方言〕 ㊁〔中国・四国・九州方言〕 ㊂〔島根方言〕	方
こわい	㊀（強い）㊁〔北関東以北の方言〕 ㊂（怖い）「恐ろしい」意の口語的表現。	㊀（強い）㊁〔東北地方で〕 ㊂（怖い）「恐ろしい」意の口語的表現
さかしい	東北・九州の方言	方
ざっかけない	東京などの方言	俗
しわい	東北から四国までの方言	関西地方で
しんどい	西日本方言	方
すすどい	関東以西の方言	方
ぬくい	各地の方言	方
ぬくとい	関東から関西までの方言	方
ねつい	各地の方言	方
のぶとい	東北・中部・近畿・中国・四国方言	俗
ひやっこい	東部方言	俗
ぼろい	関西方言	俗
まるまっちい	関東・中部方言	俗
みずくさい	〔近畿・中国・四国の方言では、（略）〕	〔方言では、（略）〕
ややこしい	中部から中国・四国までの方言	方
やわい	各地の方言	方

　表2にあげたのは、形容詞について、『新明解四』で〔方言〕とされた語について第三版の記載がどうなっているかを比較してみたものである。
　「えげつない」「けぶたい」「ひやっこい」「ぼろい」「まるまっちい」など

第2章 「国語辞典」に収録された「方言」

を、共通語の語彙を構成している一要素と認めるならば、(そして、論者は認める立場にたつが)、第四版でどの地域の方言かということだけが記載されて、第三版で〔俗〕というように記されていた共通語の中での位相を示す表示がぬけおちたのは、記述の上での後退というように思える[1]。

3.4

〔雅語：○○方言〕とされている見出しがある。表3の20例がみられた。このような例の場合、注意しなければならないのは、それが地域語の中で使われている場合には、雅語的な要素がまったくないということである。この〔雅語〕というのは、共通語語彙としての位相であり、ここに併記された

表3 〔雅語：○○方言〕表示の見出し[2]

あい	間	雅：西日本方言
あわい	間	雅：東北から中国・四国までの方言
いか	凧	雅：東北から中国・四国までの方言
いかのぼり	凧	雅：関西方言
ごき	御器	雅：東北・中部，中国・九州方言
つぼ	坪	雅：新潟・長野・静岡・愛知・三重・香川・徳島の方言
なぬか	七日	雅：富山・愛知以西の方言
ねぶか	根深	雅：関東を除く各地の方言
はばき		雅：東北から中国までの方言
ばり	尿	雅：関東以西の方言
ふか	鱶	雅：関西方言
みどり	緑	雅：神奈川・大阪・山口・沖縄の方言
よさり	夜さり	雅：各地の方言
あく	飽く	雅：西日本方言
かぶる		雅：中部から中国・四国までの方言
せせる		雅：北陸から九州までの方言
たる	足る	雅：西日本方言
ねぶる		雅：中部以西の方言
ねまる		雅：東北・北陸，中国・九州方言
なかなか	中中	雅：関西方言

243

Ⅲ　文体形成における語の役割

〔○○方言〕というのは、その地域に行われているという情報であってまったく違ったレベルの情報に属する。『新明解四』のこの記し方は、方言の話し手が共通語を書く場合などはたしかに便利な場合があろう。たとえば、愛知以西の方言話者は、自分が一般的に使用している「なぬか」などの語は、共通語では位相的に有標だと確認することができる。実用的目的ということであれば、これは「辞典」という性格上やむをえないことであるが、共通語の語彙記述という点からは、「雅語」という位相こそが必要な記載事項である。

3.5
　接頭辞「おっ〔東部方言〕」「つっ〔東京などの方言〕」「ひっ〔東部方言〕」「ぶっ〔東部方言〕」（〔　〕内は『新明解四』の記述）などは、派生語を作る時にこれらの接辞がつくことで、語全体に位相的意味を付加する場合がある。
　今、「ぶっ」について、その派生語の動詞の位相記述をみると、次のようであった。

〔口頭語〕　　ぶっかける・ぶっとおす・ぶっとばす・ぶっぱなす・ぶっぱらう

〔東部方言〕　ぶっかく・ぶっこぬく・ぶっこむ・ぶっころす・ぶっさく・ぶったおす・ぶったおれる・ぶったぎる・ぶっちらかす

（記述なし）　ぶっつかる（「「ぶつかる」の強調形。他動詞　ぶっつける」とある）

　なぜ、「ぶっとばす」が〔口頭語〕で、「ぶったおれる」が〔東部方言〕なのであろうか。これらの語がはたしてこのような記述でよいのか、どのような特徴から〔口頭語〕と〔東部方言〕とにそれぞれ分けられたのか、分かるような位相論的な根拠がほしい。

4．おわりに

以上、『新明解四』の記述の調査を通して、語に〔方言〕という表示を付与する場合の問題点のいくつかについて述べてきた。現代共通語の総語彙目録を作り、その意味を記述するという立場から考察したものである。語の位相的構造を研究する際の課題の一つとして、改めて、あるべき記述の方法については問いたい。

注
1) 〔俗〕は「俗語」のこと。〔口頭語〕という概念および表示が『新明解四』から登場し、それに伴って、〔俗語〕の概念が第三版と第四版では違ってくる。したがって、第四版では、第三版の〔俗〕にかわって、〔口頭〕などの表示が付けられるべき場合があるにしても、このように、すべて、〔○○方言〕のみの表示になってしまったことを問題にしている。
2) 「あい・みどり・かぶる・せせる」の語釈は、㊀㊁で分けられ、そのうちのひとつがこの表示、「つぼ・はばき・なかなか」は㊂㊃で分けられそのうちのひとつがこの表示である。

参考文献

沖　裕子（1985）「動詞の文体的意味」『日本語学』第4巻第9号　明治書院〔本書Ⅲ、第1章として収録〕

沖　裕子（1989）「形容詞の文体的意味」『国文学』第65号

沖　裕子（1990）「形容詞における口語と俗語」『花園大学国文学論究』第17号

見坊豪紀（1975）「辞書はどうできているか」『月刊言語』第4巻第4号　大修館書店

佐々木明（1975）「現代国語辞典への提言―スコラ主義の勧め―」『月刊言語』第4巻第4号　大修館書店

真田信治（1975）「標準語の地理的背景―『日本言語地図』第四・五・六集から―」『言語生活』284　筑摩書房

真田信治（1979）「標準語の地理的背景」徳川宗賢編『日本の方言地図』中央公論社

Ⅲ　文体形成における語の役割

徳川宗賢（1968）「標準語の成立と上方ことば」『言語生活』202　筑摩書房（徳川宗賢（1978）『日本人の方言』筑摩書房所収を参照）
中村　明（1984）「国語辞典の性格と個性」『言語生活』388　筑摩書房
根上剛士（1975）「国語辞典の種類―現行のものについて」『月刊言語』第4巻第4号　大修館書店
松井栄一（1980）「現在刊行中の国語辞典」『月刊言語』第9巻第5号　大修館書店

第3章　人称代名詞と発話様式

1．はじめに

　発話は話し手と聞き手がいて成り立つ。聞き手の場面内の存在のありかたから「発話様式」の型を分類し、発話様式を決定する形式の例について述べたい。そのひとつとして、日本語において豊富にみられる人称代名詞のうち、「小生」「愚生」などの語彙はある特定の発話様式としか結びつかないことを述べたい。

2．人称代名詞語彙

　人称代名詞は、日本語ではたいへん豊富にみられる。
　以下に、人称代名詞を概観しよう[1]。
〔自称詞〕
　　(1—1)　わたくし　わたし　あたし　僕　俺[2]
　　(1—2)　あたくし　あたい　わし
　　(1—3)　おら　あっし　こちとら　わて　わい
　　(1—4)　やつがれ　それがし　拙者　身共
　　(1—5)　小生　愚生　小弟　不肖　愚老　老生　拙僧　愚僧
　　(1—6)　吾人　余　予　我輩　余輩
　　(1—7)　我
〔対称詞〕
　　(2—1)　あなた　君　お前　あんた
　　(2—2)　お宅　そちら　お宅様　そちら様

Ⅲ　文体形成における語の役割

　　(2—3)　貴様　おめえ　てめえ
　　(2—4)　そなた　そのほう　そち　そこもと　おぬし
　　(2—5)　貴君　貴公
　　(2—6)　貴兄　仁兄　貴殿　尊台　尊公　尊堂
　　(2—7)　貴下　貴台

〔他称詞〕
　　(3—1)　彼　彼女
　　(3—2)　あの人　あちら
　　(3—3)　あの方　やつ

(1—1) は、もっとも一般的に使われる人称代名詞である。「僕」「俺」を女性はほとんど使用せず、「あたし」は男性はほとんど使用しない。また、「わたし」は使用者が女性の場合は待遇的にニュートラルであるが、使用者が男性である場合はやや改る。「わたくし」は、子供はほとんど使用せず、大人が使った場合も改まり度が高い。

(1—2) 以下は、その使用が一般的ではないものである。

(1—2) は、女性のうちでもごく限られた話し手および場面で使用される（「あたくし」「あたし」）か、もしくは、男性の高年者によって使用される（「わし」）。

(1—3) は、もともとは地域語であったもの（「わて」「わい」）などで、共通語としては、諧謔のこもった使われ方をする。

(1—4) は、過去のある階層の話し手によって用いられていたもので、現代共通語としては、時代がかった諧謔的雰囲気をかもしだす。

(1—5) は、自分のことを謙遜して指す場合に用いる。おもに、文章のなかで使用される。

(1—6) は、おもに文章のなかで、また、おもに男性によって使用される。やや尊大にかまえたという印象が生じる。

(1—7) は、漢文体のなかで使用される。

このように、これらは使用者や使用領域、また、語のもつ位相的意味にも

差があり、それぞれの語の存在理由となっている。語彙的なレベルでは、今のように差異があるが、これらのバラエティは、「自称詞」として文法的には同じ意味・機能を有するとされる。「対称詞」「他称詞」についても同様である。

3．文と、発話様式の型

3.1

仁田（1979）は、文の表現類型を、人称との関係から次のようにまとめた。

文類型 { 表出型……自称詞のみを取る
　　　　訴え型……対称詞のみを取る
　　　　演述型……他称詞を取る { 状況描写文……他称詞のみを取る
　　　　　　　　　　　　　　　　判断文……自称詞・対称詞も取る

（同書 293 頁）

また、それぞれの型には次のような文が含まれるとした。

〔表出型〕……〈意志表現〉〈感覚感情表現〉
〔訴え型〕……〈命令表現〉〈希求表現〉〈勧誘表現〉
〔演述型〕……〈状況描写文〉〈判断文〉

3.2

人間の言語活動は話し手と聞き手があって成り立つことは、ごく基本的な認識といってよいであろう。

いま、仁田（1979）の文の類型をかりて、それらを、話し手と聞き手という観点からここに再考してみたい。

(4)〜(6)は、対称詞のみをとる〈命令表現〉〈希求表現〉〈勧誘表現〉の例である（以下、(4)〜(6)、(8)〜(12)までは仁田1979の用例）。

Ⅲ　文体形成における語の役割

〈命令表現〉

(4)　$\begin{Bmatrix} \text{*私} \\ \text{アナタ} \\ \text{*アノ人} \end{Bmatrix}$ ガソレヲヤリナサイ。

〈希求表現〉

(5)　今度ノ研究発表ハ $\begin{Bmatrix} \text{*僕} \\ \text{君} \\ \text{*彼} \end{Bmatrix}$ ガシテクダサイ。

〈勧誘表現〉

(6)　$\begin{Bmatrix} \text{*私} \\ \text{君} \\ \text{*彼} \end{Bmatrix}$ モ北海道ヘ行ッテミナイカ[3]。

　これらの表現は、聞き手が、その発話を決して聞くことのない状況でも発話されることはある。たとえば、

　　(7)　そこにいない相手を心に思い描いて、(4)(5)(6)をつぶやく。

というように。しかし、その場合も対称詞が指示するところの人物は、話し手の目のまえに、空想としてたちあらわれている。すなわち、場面を、「話し手に認識された心理的な空間」ととらえれば、聞き手は場面内に必ず必要である。(7)の場合、物理的にその場所にいない相手は、文字通りの「聞き手」とはなりえないので、こういう場合、「発話の届け先」としておく。裏返していえば、話し手が立つ物理的な場所内にいる時には「聞き手」というように用いる。「聞き手」があれば、対話文体（音声言語としても文字言語としても実現する。文字言語では、戯曲、小説の会話部分など）の文要素となる（または、その可能性をもつ、という述べ方の方が正確かもしれない）し、「届け先」であれば、独白文体（音声的な呟きとして実現する場合と、たとえば手紙文のような文章の文要素となる場合とがある）となる。

　さて、(4)(5)(6)のような発話の聞き手または届け先は、対称詞で表される人物である。これらの表現が発話される時には、話し手にとって対称詞がだ

第3章　人称代名詞と発話様式

れを指しているのか分からないまま用いられることはない。話し手がこれらの対称詞を用いた時点で、話し手にとって、聞き手・届け先は必ず特定されている[4]。

　つまり、

　　対称詞をとる文の発話は、対称詞の指示人物が聞き手・届け先として存在する。
　　対称詞の指示人物は、話し手にとっては特定されており、自明である。

と述べることができる。

　これを、聞き手・届け先という観点から述べなおせば、対称詞をとる文は、

　　〔A〕　特定の聞き手・届け先が発話の成立に必要とされる。

ということがいえよう。

　⑷から⑹の表現は、対称詞しかとらない文なので、この性質があてはまる。

　⑻～⑽は、自称詞のみをとる〈意志表現〉〈感情感覚表現〉の例である。

〈意志表現〉

⑻　$\begin{Bmatrix} 僕 \\ *君 \\ *彼 \end{Bmatrix}$ ガ彼女ニソノ事ヲ伝エヨウ。

〈感情感覚表現〉

⑼　$\begin{Bmatrix} 俺 \\ *オ前 \\ *アイツ \end{Bmatrix}$ ハ酒ガ飲ミタイ。

⑽　$\begin{Bmatrix} 私 \\ *君 \\ *彼女 \end{Bmatrix}$ ハトテモ目ガ痛イ。

　⑻～⑽の表現は、発話において〔A〕の条件は必要ない。場面内に特定の聞き手・届け先が存在してもしなくても発話が自然な文である[5]。すなわち、

Ⅲ 文体形成における語の役割

〔B〕特定の聞き手・届け先が存在していてもいなくても発話が成立する。

と、述べることができる。

(11)は、やはり、他称詞のみをとる〈状況描写文〉の例である。

〈状況描写文〉

(11) {少年 / *私 / *君} ガ物憂ゲニ空ヲ眺メテイル。

(11)は、特定の聞き手・届け先が存在していてもいなくても発話が成り立つ。

(12)は、他称詞、自称詞、対称詞のいずれをもとる〈判断文〉の例である。

〈判断文〉

(12) 本会ノ評議員ニハ {私 / 君 / 彼} ガ選バレタ[6]。

この場合は、それぞれに応じて次のように考えられる。

対称詞をとる場合は、特定の聞き手・届け先が想定されていることになる。

自称詞、他称詞をとる場合は、特定の聞き手・届け先が存在していなくても発話は成り立つ。

以上、特定の聞き手・届け先の存在という観点からみると、文は次のように再編できる。

A	特定の聞き手・届け先が発話の成立に必要とされる。	〈命令表現〉〈希求表現〉〈勧誘表現〉〈対称詞をとる判断文〉
B	特定の聞き手・届け先が存在していてもいなくても発話が成立する。	〈意志表現〉〈感情感覚表現〉〈状況描写文〉〈自称詞・他称詞をとる判断文〉

〔A〕〔B〕をまとめて指すのに、「発話様式」とここでは呼んでおくこと

第3章　人称代名詞と発話様式

にする[7]。

4．発話様式を変換する力をもつ形式のいくつか

　ここで、〔B〕に分類された四つの表現・文を、〔A〕に変換する力をもつ形式について述べたい。
　(13)(14)の「お父さん」「太郎ちゃん」は、呼びかけ語（address）といわれる、語の運用からみた特徴をもつ用法である。
　(13)　お父さん、机の上に本がある。
　(14)　太郎ちゃん、あれが富士山だ。
「お父さん」「太郎ちゃん」という語が指示する人物は、話し手にとって発話時点で特定されており、その人物が聞き手または届け先として必要とされる。ここにあげた例は、〈状況描写文〉の例であるが、次の(15)〈意志表現〉、(16)〈感情感覚表現〉と共に使われた場合も同様のことがいえる。
　(15)　お父さん、僕ガ彼女ニソノ事ヲ伝エヨウ。
　(16)　太郎ちゃん、私ハトテモ目ガ痛イ。
　このように「呼びかけ語」は、それが発話の中に現れることによって、発話の性格を〔B〕から〔A〕へと転じる、もしくは〔A〕に決定する働きがあるといえる。
　次の(17)(18)は、終助詞「ね」「よ」がつくことによって、〔B〕を〔A〕へと転じさせている。つまり、語りかけの特定の聞き手・届け先をそこに存在させる文にしている[8]。
　(17)　少年ガ物憂ゲニ空ヲ眺メテイルね／よ。
　(18)　本会ノ評議員ニハ私／彼ガ選バレタね／よ。
　この「ね」「よ」のような語も、発話の性格を〔B〕から〔A〕へと転じる、もしくは〔A〕に決定する働きがあるといえる。
　そのほかに「です／ます」もそのような働きをもつ。
　(19)　僕ガ彼女ニソノ事ヲ伝エましょウ。

Ⅲ 文体形成における語の役割

(20) 私ハトテモ目ガ痛イです。

(21) 少年ガ物憂ゲニ空ヲ眺メテイます。

(22) 本会ノ評議員ニハ私／彼ガ選バレましタ[9]。

5．発話様式と人称代名詞語彙

5.1

自称代名詞の（1—5）は次のようなものであった。

(1—5) 小生 不肖 愚生 小弟 愚老 老生 拙僧 愚僧

これら（1—5）は、自分を指すのにへりくだっていう意を含んでいる。「小生」以下「小弟」は、使用者が成人の男性、「愚老」「老生」はそれに加えて高年者の男性、「拙僧」「愚僧」は、使用者が僧侶で男性というように限られているが、ここでは、そうした分析には立ち入らない。これらが、いずれも、自分を指すのにへりくだった意を含んだ語彙である点において共通であることを確認しておきたい。

話し手が自称詞を用いるとき、その自称詞にへりくだりの意がある語を選択するにあたっては、聞き手との関係認識のなかでそれが行われると考えられる。話し手である自分と、聞き手である相手との関係を認識した結果、「へりくだり」という有標の語は選択されるのである。

そうであれば（1—5）が自称詞として用いられた場合には、上記〔B〕に含まれる文のうち、自称詞をとる次のような表現は自動的に〔A〕の特徴をもつことになる。

(23) 小生ガ彼女ニ伝エヨウ。〈意志表現〉

(24) 小生ハ酒ガ飲ミタイ。〈感覚感情表現〉

(25) 本会ノ評議員ニハ小生ガ選バレタ。〈自称詞をとる判断文〉

この力をもつものは、自称詞（1—1）から（1—7）の中で、この（1—5）のみである。

ただし、諧謔的にこれらの語を用いて、独白することがないわけではない

ので、これらは、〔B〕を〔A〕に転換させるのに「弱い」力しか持たないといえるだろう。

それに対して、先にみた、「呼びかけ語」「ね／よ」「です／ます」などは、聞き手・届け先を必ず要求する文に転換する力があるため、「強い」力をもつ、といえるだろう。

〔A〕〔B〕からながめた場合、発話を性格づける要素には順序や、強さ・弱さなどの階層構造を考慮する必要がありそうである。なお、対称詞、他称詞については、以下にふれる。

5.2
対称詞の中には、(2—5)(2—6)(2—7)のような語がある。これらは、使用者は成人の男性である。また、使用領域的には、(2—7)は手紙文で用いられる。

 (2—5) 貴君 貴公
 (2—6) 貴兄 仁兄 貴殿 尊台 尊公 尊堂
 (2—7) 貴下 貴台

(2—5)は目下に、(2—6)(2—7)は目上に対して用いる対称詞である。目上・目下の顧慮が必要だということは、これらが、話し手である自分と、この場合対称詞の指示内容と同一であるところの聞き手・届け先との関係をおしはかったうえで選択されるべき語彙であることを意味する。その意味では、先の(1—5)と似た働きの語彙である。

しかし、(2—4、5、6)は、〔A〕〔B〕という分類基準に関しては、そこに分類された表現の所属をかえるというようなことは起こらない。対称詞は、どのような対称詞であれ、それが使われた時には、場面内に聞き手が必須だからである。いわば、文・表現の性格を決定する強い力をもつ形式である。

5.3
他称詞をとる文は〈状況描写文〉〈他称詞をとる判断文〉である。

Ⅲ　文体形成における語の役割

　　　(3—3)　あの方　やつ

のような他称詞は、文末の待遇表現との共起制限がある。

　　　(26)　あの方がおいでになった。

　　　(27)　やつがきやがった。

のように、「あの方」は尊敬語との共起が自然で、「やつ」はそれが不自然、「あの方」は卑罵語との共起は不自然で、「やつ」は自然となる。このように「あの方」は他称詞の指示する相手を高め、「やつ」は低める意を持つ[10]。

　このような他称詞に関しては、

　　　(28)　$\begin{Bmatrix} あの方 \\ やつ \end{Bmatrix}$ ガ物憂ゲニ空ヲ眺メテイル。

　　　(29)　本会ノ評議員ニハ $\begin{Bmatrix} あの方 \\ やつ \end{Bmatrix}$ ガ選バレタ。

としても、〔A〕〔B〕という分類基準に関しては、そこに分類された発話様式の所属をかえるというようなことはない。(28)も(29)も聞き手がなくても成り立つ発話〔B〕でありつづける。

6．おわりに

　以上、文・表現には、発話様式に次の2種類があることを述べた。
　〔A〕特定の聞き手・届け先が発話の成立に必要とされる。
　〔B〕特定の聞き手・届け先が存在していてもいなくても発話が成立する。
　そして、〔A〕〔B〕を作る要素には、
　　イ．〔A〕を作る形式
　　ロ．〔B〕を作る形式
というものがまずあり、
　　ハ．〔B〕を〔A〕に転換させる形式
というものがあることを述べた。

第3章　人称代名詞と発話様式

イにあたるものは、〈対称詞を主格にとる文〉であった。（ここでは「文」という単位で考察してきたが、おそらく、「対称詞」が文のなかのどの部分にでてきても、それはイとして働くであろう。となると、〔A〕を作るのは、〈対称詞を主格にとる文〉というよりは、「対称詞」という語レベルの形式だという記述がなりたつことになる。）

また、ロには、〈主格に自称詞をとる文、他称詞をとる文〉があった。

ハは、〔B〕である文・表現の性格を〔A〕に転換させる、または〔A〕として決定する形式である。「呼びかけ語」「ね／よ」「です／ます」などがハにあたる。これらは強い力として働く。自称詞のなかの「小牛、愚牛」など、自分を聞き手・届け先との関係のなかでへりくだらせる意をもった語レベルの形式は弱い力として働くもののひとつである。

ひとまとまりの談話・文章が、〔A〕〔B〕様式のどのような混在・分布で成り立っているのか、また、談話・文章の様式的文体の性格を説明するために〔A〕〔B〕がどこまで有効なのか、などの問題は今後の課題としたい。また、文体の決定要因の強弱のヒエラルヒー（階層構造）についても、類型的文体の分類という観点とからめて、今後考察を深めたい。「ある文体の中でしか現れない語の分布」という問題にも解決の糸口があたえられることを願っている。

注
1)　「私達」「彼ら」などの複数形は除く。
2)　たとえば、「わたくし」には、「おおやけ」の反義として、〈個人的な〉の意味があるが、ここではそのような語ごとの意味分析にはふれない。
3)　(6)の述部は、仁田（1979）の用例では「行ッテミマセンカ」であるが、このようにかえた。理由は本文中後述。
4)　これらの表現は、特定の聞き手がそこにいなければ、表現の実効はない。
5)　特定の聞き手がいない場合、これらの文表現が行われると、それは、自分自身にむけられた決意（意志表現）または、感情感覚の発露（感情感覚表現）と

Ⅲ　文体形成における語の役割

いうように解釈される。対面した聞き手がいない場合、音声言語では、(8)や(9)(10)の文は、話し手にとって大切ではないものは省略されて、

　(8′)　　僕ガ伝エヨウ。／　彼女ニ伝エヨウ。／ソノ事ヲ伝エヨウ。
　(9′)　　俺ハ飲ミタイ。／酒ガノミタイ。
　(10′)　目ガ痛イ。／痛イ。

のようになるのが一般的である。

　また、聞き手が物理的な話し手の空間内にいる場合と、そうでない場合には、以下に述べるように含意がちがってくることがあるが、ここではそうした現象は考慮にいれてない。たとえば、「酒が飲みたい」という感情感覚表現なら、聞き手がその場にいない場合は単なる感情の発露であるものが、聞き手がいる場合には、酒をもってくるようほのめかす要求の含意が成立する。

6)　(12)の述部は、仁田(1979)では、「エラバレタヨ」であるが、ここでは「ヨ」をのぞいて示した。理由は本文中後述。
7)　この「発話様式」という概念は、一体、文のレベルのものであるのか、それとも一文を単位としてはいるが談話・文章のレベルでのものなのかという問題があるが、それはここでは残したままにしておく。
8)　意志表現では、「ショウ」形には「ね」のみで、「よ」がつくのは動詞の終止形の場合である。
　　　　僕ガ彼女ニソノ事を伝エヨウね／＊よ。
　　　　僕ガ彼女ニソノ事を伝エルね／よ。
9)　ここで述べたものはほんの少しの事例であるし、また、レベルもまちまちなものである。「こんにちは」や「それではこれで失礼いたします。」のようなあいさつの慣用句も〔A〕を作る要素であるが、単独要素なのか、発話全体の様式を左右する要素なのかといった問題も残る。
10)　「やつがおいでになった」のような文は、諧謔表現として別に扱う。

引用文献

仁田義雄(1979)「日本語文の表現類型―主格の人称制限と文末構造のあり方の観点において―」『英語と日本語と　林栄一教授還暦記念論文集』くろしお出版

Ⅳ　言語接触にみる
共通語と方言の類型的文体形成

第1章　共通語と方言の接触
――共通語使用の価値について――

1．はじめに

　方言と共通語が接触した際に、二言語併用的な現象をひきおこすか、それとも、その方言の中で共通語が、いわゆるていねいな表現として待遇的に高い価値を表すコードとして機能するようになるかは興味の持たれる事象であるといえよう。

　方言と共通語が接触した際に、共通語がその地域の言語生活においてどのような価値を持つようになるかは、共通語の波を迎える側の方言体系の性質によってそれぞれ異なった相をみせることであろう。従って、共通語が方言と接触した際生まれる機能、あるいは価値というものは、単純に一般化できるものではない。

　そこで、一般化の前段階におけるひとつの事例研究として、場面と待遇表現使用の調査から、八丈町末吉洞輪沢(ハチジョウマチスエヨシボラ ワザワ)における共通語の使用のされ方を分析してみたい。

　なお、八丈島方言は敬語形式の豊かな方言として知られており、またその方言体系は方言区画の上からみても特色ある体系であるのは周知のことである。

2．待遇的場面と共通語の使用

　地域の方言生活において共通語がどのように使用されているかを、待遇的場面における言語使用を調べた調査からみていくことにする。

　対象は、八丈島末吉洞輪沢に住む12歳以上（中学生以上）の在住者全員

Ⅳ　言語接触にみる共通語と方言の類型的文体形成

で、男 44 人、女 44 人の計 88 人である。そのうち調査しえた人数は、男 28 人、女 32 人、計 60 人で、達成率は約 7 割であった。その中で八丈島出身者を対象とし、両親ともに八丈島出身者ではなく、本人の言語形成期も八丈島以外のところの話者（男 2 人、女 8 人）は、今回の分析の対象からはずした。調査は、1978 年 6 月から 7 月にかけて筆者 1 人で行った面接調査である[1]。

　本論では、「ココニ　アンタノ　ナマエヲ<u>カケ</u>」という時の表現（下線部）をとりあげる。これについて、待遇的に異なった相手（場面）に対して言う時の言語表現を調べ、相手と使用言語との関係から、そこに用いられる共通語の使用のされ方を分析していこうとするものである。

　話しかける相手から構成される待遇的場面は、次のように設定した（質問順）[2]。

○島のことばで、<u>自分と同じ調子で話す人。</u>
　　　　　〔段階 d とする〕
○自分より目下にあたる人で、島のことばで<u>気軽にぞんざいに話す人。</u>
　　　　〔家族だったら段階 f に、それ以外は段階 e にする〕
○島のことばで、<u>段階 d の人よりていねいに崇めて話す人。</u>
　　　　　〔段階 c とする〕
○島のことばで、<u>段階 c よりもさらにていねいに崇めて話す人。</u>
　　　　　〔段階 b とする〕
○島のことば、標準語ということなしに、<u>自分が一番ていねいに話す人。</u>
　　　　　〔段階 a とする〕

このように、a から f までは次のような場面の高低を作るようにした。

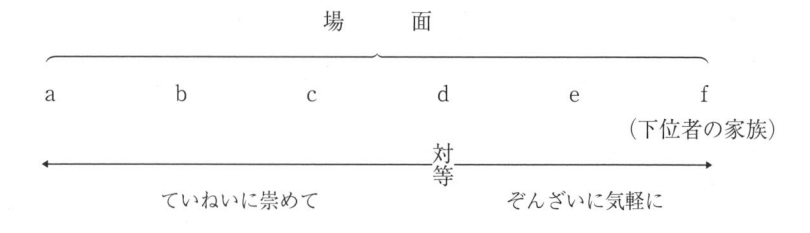

　　　　　　　　　　　場　　面
　　　┌─────────────────────┐
　　　a　　b　　c　　d　　e　　f
　　　　　　　　　　　　　　　　　　（下位者の家族）
　　　←──────対等──────→
　　　　　ていねいに崇めて　　　ぞんざいに気軽に

第1章　共通語と方言の接触

さて、このように設定した場面 a から f までについて、それに該当する人物（自分がそのような意識で待遇していると思われる人物）を、差し支えなければという条件つきで、具体的にあげてもらい、あげられた相手の次のような属性を問うた。

　　(1)年齢　(2)職業　(3)出身地（末吉の人か否か）　(4)家族か家族外か

　話者が、この6場面の中である待遇的段階を持っていないか、あるいは持っていても、現在の自分の生活の中にそのような対象がいなければ、その場面は空欄になる。

　このようにして得られた各場面と具体的な人物名を**表1**にまとめた。役職名等で答えられたケースはそのように、また名前であげられたケースは、イニシャルで示した。m、f とあるのは、男性、女性の略記である。

3．八丈島洞輪沢集落における共通語使用の価値

　洞輪沢の話者52人に場面 a から場面 f について、「カケ」に当たる表現を調べた結果、今回の調査では、53種類の異なる表現が得られた。延べにすると289形式である。

　そのうち、共通語による表現形式は、23種類あり、延べにすると107形式であった。共通語の表現形式と、場面によるそのあらわれを男女別に整理したのが**表2**である。

　さて、これら場面 a から f までにあらわれた共通語の形式が、各場面ごとにはどのくらいの割合であらわれるかを計算し、図示したものが、**図1**である。男女別に、パーセンテージであらわして、それぞれの数値は**表3**に示した。

　これら**表2**、**表3**の資料にみる、共通語使用の意味を、**表1**に示した使用する相手に関する資料を参照しながら、考察していきたいと思う。

　図1のグラフからは、次のようなことが傾向として読みとれる。

　　①　場面ごとの共通語の出現率をみると、場面 a は、ほとんど共通語系

表1　洞輪沢における対人場面

話者番号	年齢	場面					
		a	b	c	d	e	f
M-1	73	郵便局の人			T. O (m)	U.O (f)	子供
M-2	70	役所の人		年寄り	S. O (m)		子供
M-3	68			T. O (m)	M. O (m)	Ta. F (m)	
M-4	67	組合長	見ず知らずの人	S. O (f)	S. O (m)		弟
M-5	64	見ず知らずの人	教員・役場の勤め人	S. O (f)	友人		子供
M-6	61	見ず知らずの人		A (m)	隣人		子供
M-7	61	見ず知らずの人	郵便局長	T. O (m)	I. O (m)	Te. O (m)	子供
M-8	52	見ず知らずの人	T. O(m)	M. O (m)	T. H (m)		子供
M-9	51	T. O(m)		S. O (m)	M. N (m)		弟
M-10	51	見ず知らずの人	N (m)	F. O (m)	M. A (m)		子供
M-11	46	子供の担任・民宿の客	S. O (m)	N. A (m)	Yu (m)	Y.O (m)	子供
M-12	46	N先生	N. O (f)	To. O(m)	M. A (m)	K. M (m)	子供
M-13	41	タクシーの客・上司	Ma (m)	Et. (m)	S. I (m)	S. (m)	子供
M-14	39	タクシーの客		K. O (m)	S. O (m)		子供
M-16	33	上司	U. O(f)	Tu. O(f)	N. O (m)		
M-17	30	店の客	姑	S. O (m)	K. S (m)	O. (m)	
M-18	28	町役場の人	S. O(m)	Hi. (m)	F (m)	K. A (m)	
M-19	28	見ず知らずの人	T. O(m)	N. F (m)	T. F (m)	Ik. (m)	
M-20	28	組合長・見ず知らずの人		Ma. (m)	K. S (m)	Yas. (m)	
M-21	23	上司	上司の奥さん	N. F (m)	Ya (m)		弟
M-22	18	見ず知らずの人・警察の人		U. O (f)	T. S (m)	近所の子供	
M-23	18	店の客	社長	N. H (f)	K. A (m)		弟
M-24	16	担任の先生			Hi. (m)	To. (m)	
M-25	15	担任の先生		H. O (m)	T. O (m)	Tug. O(m)	
M-26	15	見ず知らずの人・年上の人	担任の先生	Ta. O(f)	Tu. O (m)	Ha. (m)	弟
M-28	14	見ず知らずの人		先生	Mi. (m)		弟

話者番号	年齢	場面					
		a	b	c	d	e	f
F-1	78	役場の人		S.O（f）	T.H（f）		孫
F-2	76	見ず知らずの人		目上の人	嫁の母		孫
F-3	73	見ず知らずの人			T.H（f）		孫
F-4	66	T.N(m)		Tun.O（f）	Tak.O（f）		子供
F-5	65	見ず知らずの人	F.O（m）	M.U（f）	K.（f）		子供
F-6	63	見ず知らずの人		S.O（m）	Ta.O（f）		子供
F-7	62	見ず知らずの人		S.O（f）	T.S（f）		子供
F-8	62	N先生		S.O（m）	I.T（f）		子供
F-9	62	見ず知らずの人		S.O（m）	U.O（f）		子供
F-10	61	見ず知らずの人	T.O（m）	N.O（f）	No.（f）	Sa.O（f）	妹
F-11	60	見ず知らずの人・T.O(m)		A.N（f）	K.S（f）	K.O（f）	子供
F-12	56	目上の人			同輩		子供
F-13	56	見ず知らずの人	組合長の奥さん	Su.O（f）		Yos.（f）	
F-14	48	先生・警察・民宿の客	N.O（f）	T.H（f）	Tu.O（f）		子供
F-15	47	N先生		T.H（f）	Ka.（f）		子供
F-16	41	見ず知らずの人・子供の担任		S.O（m）	N.H（f）		子供
F-17	41	子供の担任		上司	Ki.	Hi.（f）	
F-18	40	見ず知らずの人	N.（m）	M.O（f）	Ka.		子供
F-19	38	見ず知らずの人	Na.O（f）	N.H（f）	Y.O（f）		子供
F-22	31	見ず知らずの人	上司	M.U（f）	S.（f）	O.	子供
F-26	26	役職者	近所の年寄り	T.（f）	A.（f）		めい
F-28	22	民宿の客		Tu.O（f）	I.（f）		妹
F-29	18	校長先生	担任の先生	N.S（f）	O.（f）		
F-30	17	民宿の客	男性の友人	Yo.（f）	A.（f）	Su.O（f）	弟
F-31	16	見ず知らずの人		担任の先生	A.（f）	S.（f）	妹
F-32	15	見ず知らずの人	先生	H.O（f）	O.（f）	Ok.（f）	弟

Ⅳ 言語接触にみる共通語と方言の類型的文体形成

表2 「カケ」にあたる共通語表現の出現数

形式	場面(男)						場面(女)					
	a	b	c	d	e	f	a	b	c	d	e	f
(1) kaite	1	0	0	2	0	1	0	1	1	3	2	3
(2) kaitejo	0	0	0	0	0	0	0	0	0	0	1	0
(3) kaitekudasai	21	4	3	0	0	0	19	2	4	1	0	0
(4) kaitekudasaimaseŋka	1	0	0	0	0	0	0	0	0	0	0	0
(5) kaitekure	0	0	2	2	1	0	0	0	0	0	0	0
(6) kaitekurenai	1	0	0	0	0	0	0	0	0	1	0	1
(7) kaitekurene:	0	1	0	0	0	0	0	0	0	0	0	0
(8) kaikunnai	0	0	0	0	0	0	0	0	1	0	0	0
(9) kaitekuremaseŋka	1	0	0	0	0	0	1	0	0	0	0	0
(10) kaitemoraenai	1	1	0	0	0	0	0	0	0	0	0	0
(11) kaitemoraenaideʃo:ka	0	0	0	0	0	0	0	0	1	0	0	0
(12) kaitemoraenaidaro:ka	1	0	0	0	0	0	0	0	0	1	0	0
(13) kaitemoraemasuka	0	0	0	0	0	0	1	0	0	0	0	0
(14) kaitemoraitai	0	0	0	1	0	0	0	0	0	0	0	0
(15) kaiteitadakenaideʃo:ka	0	0	0	0	0	0	1	1	0	0	0	0
(16) kaiteitadakemasuka	0	0	0	0	0	0	1	0	0	0	0	0
(17) kaiteitadakemaseŋka	0	0	0	0	0	0	1	0	0	0	0	0
(18) kaiteitadakitai	1	0	0	0	0	0	0	0	0	0	0	0
(19) kaiteitadakitaindesukedo	0	0	0	0	0	0	3	0	0	0	0	0
(20) kakinasai	1	0	0	0	0	0	0	0	0	0	0	5
(21) kudasai	0	0	0	1	1	0	0	0	0	0	0	0
(22) sainʃitekudasai	0	0	0	0	0	0	1	0	0	0	0	0
(23) sainʃitekuremaseŋka	0	1	0	0	0	0	0	0	0	0	0	0

統の表現が占める(以後、「共通語系統の表現」を「共通語系」、いわゆる「方言」系統の表現を「方言系」と略すことがある)。

② 場面b以下では漸減しながら、ほぼ一定の共通語の出現率を保っている。

③ 場面e、fでは、女性の方が男性より若干高い共通語の出現率を示している。

さて、自分が一番ていねいに話すと意識しているこれらの場面aに当たる人に対しては、図1によれば、ほとんどの人が共通語を用いていることがわかる。

第1章　共通語と方言の接触

表3　場面別共通語使用数

			場			面		
			a	b	c	d	e	f
男	共通語使用数		29	7	5	6	2	1
	（％）		(96.6)	(38.8)	(17.2)	(20.2)	(14.2)	(5.5)
	総　　数		30	18	29	30	14	18
	（％）		(100.0)	(100.0)	(100.0)	(100.0)	(100.0)	(100.0)
女	共通語使用数		28	4	7	6	3	9
	（％）		(96.5)	(30.7)	(22.5)	(18.1)	(27.2)	(29.0)
	総　　数		29	13	31	33	11	31
	（％）		(100.0)	(100.0)	(100.0)	(100.0)	(100.0)	(100.0)

　aのように高い場面に共通語が非常に多くあらわれ、場面b、そして場面c以下という具合に減少していくことをみれば、それだけで、共通語がていねいな表現として機能していることは、ひとつ予想がつく。しかしながら、少なくとも場面aでの多用は質問票の場面aで、「島のことば、標準語ということを問わず」として、共通語にある程度意識を向けた結果であるともいえよう。そこで、**表1**に示した調査結果を参照しながら、別の点からの実証もすすめていくことにしたい。

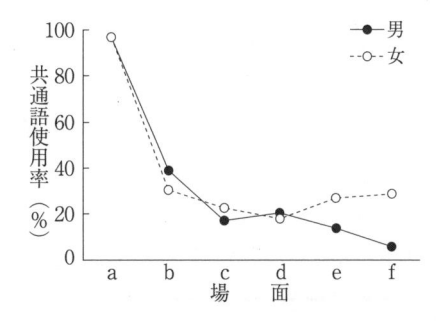

図1　場面別共通語使用率

　それでは、まず、①②にみられる結果をめぐって、考察を進めていきたい。

　表1の資料をみられたい。場面aにあげられている人物、言いかえれば、自分が一番ていねいに話すと意識している人物は、洞輪沢では、「見ず知らずの人」、「役場や警察の人、仕事上の上司や客」、「先生」などが多い。

　では、場面aであげられたこれらの人物のうち、まず「見ず知らずの人」に対する共通語使用を考えてみたい。

Ⅳ 言語接触にみる共通語と方言の類型的文体形成

「見ず知らずの人」とは、観光等で島を訪れた島外の人のことをさしてあげられた場合が多く、いわば「島のことば（島ことば）」[3]を話さない人達である。共通語の方が方言よりもていねいな言い方だと意識している人が多い、という地域もあるが、ここ洞輪沢では必ずしもそうは考えられてはいない。

これら「見ず知らずの人」に対しては、島ことばが通じないから共通語で話しかける、という類の発言が何回か聞かれた。

また、この「見ず知らずの人」たちは、その質を問わないにしてもたいていが、共通語をもって話す人たちであると考えられる。相手の使用する言語も、また、話しを交わす際の、言語選択に影響を及ぼす要因であることを考えると、場面ａでこのような人達にむかって使用される共通語には、次のような二つの意味がある、言いかえれば、次のような価値で、共通語が使用されると考えることができるかと思う。

(1) 相手に、こちらのことばが通じないから共通語を使用する。
(2) 相手が共通語を話すのに合わせて、共通語を使用する。

さて、場面ａには、ほかに「役場の人」や「警察の人」、「先生」、「仕事上の上司や客」があげられている。そしてこれらの人に対しても、カイテクダサイや、カイテイタダキタインデスケドという共通語系の表現が使用されているのが観察された。

民宿の客などは島外者がほとんどである。また、警察官には島外者の赴任が多く、先生の中には島外出身者も含まれるが、今あげたこれらすべての人が島のことばを話さない島外者というわけではない。そこで、「見ず知らずの人」にみたような分析に準じては考えられない意味も含んでいると予想できる。

それに関して考察するために、少し視点をかえたところで例をあげて、分析をしてみることにしたい。

今からあげる(イ)から(ロ)の3例にみる人物は、次のような人物である。M氏、T氏、N氏という3氏は、在外歴はあるとしても末吉の出身者で、現在、末吉在住者である。両親の少なくとも一方は、末吉出身者であり、3氏

第1章 共通語と方言の接触

は、職業的にもある程度の身分を持ち、村内でもある程度の地位を保っている。「島ことば」は当然理解し、使用能力を持っているが、しかし、日常は、共通語系のことばづかいをすることが多いとまわりからはみられている人物である。

さて、これら3氏が、待遇的に場面aに相当する人物と意識されたり、場面b、c、dに相当すると意識されたりすることがある。それは、話者自身の持つ属性とこれら3氏との関係が検索されて、それぞれのケースが生まれると考えることができる[4]。

このように、同一人物が、話者によって異なった待遇的場面として意識された場合、それに対して用いられる言語はどのような対応を示すかを例示してみた。それが(イ)から(ハ)の3例である。

(イ)のM氏の場合は、話者M−1では場面aに、M−7、M−13では場面bに、M−20では場面cとして待遇的に意識されている。M−1・a(話者M−1の場面a。以後このように略記する)、およびM−7・bではM氏の役職者名で、M−13・b、M−20・cでは、名前を呼ばれてあげられている。(イ)にならって(ロ)のT氏、(ハ)のN氏の場合をあげる。

(イ) M氏
　　M−1・a　　kaitekudasai
　　M−7・b　　kaitekudasai
　　M−13・b　kaitekudasai, kaitetamo:re
　　M−20・c　kaitetamo:re

(ロ) T氏
　　M−4・a　　kaitekudasai, kakinasai
　　M−9・a　　kaitekudasai, kaitetamo:re
　　F−11・a　kaitekudasai
　　F−10・b　kaitetamo:re
　　M−8・b　　kaitetamo:re
　　M−19・b　kaitetamo:re

269

Ⅳ　言語接触にみる共通語と方言の類型的文体形成

　　　M－3・c　　kaitekɯre
　　　M－7・c　　kaitetamo:re
　　　M－1・d　　kɯdasai
　（ハ）　N氏
　　　F－4・a　　kaitetamo:rijare
　　　F－18・b　　kaiteitadakemasɯka
　　　M－10・b　　sainʃitekɯremaseŋka, kaitetamo:rendaro:ka
　　　M－9・d　　kake

　これらの資料の中から、(ロ)M－3・cと、(ロ)M－1・d、(ハ)F－4・aをまず除こう。M－3は、ふだん共通語しか話さないといっている人物であり、この調査でも共通語系の表現しかあらわれていないからである。またF－4は、「共通語が話せない。話せないから、島外の人とも島のことばで話す。」と述べた人物であり、この資料中でも、共通語系の表現は1例もあらわれていないことが確認されている。M－1は、M－3と異なり、むしろよく方言を使用すると回りから目されているが、この資料では、共通語系の表現しかあらわれていなかった。いまは、「共通語と方言」の問題を論じているので、使いわけのみられないこの3人を除くのである。

　さて、そうしたところで、同一人物が、異なる場面として意識されたこの資料を考えてみたい。

　場面と言語表現とのかかわりを観察すれば、3氏が、場面aに意識された場合は共通語系が使用されることがほとんどである。場面bでは、共通語系、共通語系と方言系の併用のほかに、方言系のみの使用があらわれる。さらに場面c・dに意識された場合は、方言系のみが使用されている。

　このように、同一人物でも、意識される場面の高低によって、使用言語に異なりがあることがわかる。M－9・aに併用として方言系がみられるが、傾向的には、同一対人が高い場面に意識されるときは共通語系の表現が用いられ、より低い場面として意識されるときは方言系の表現が使用される傾向が見出せるといってよいだろう。

第1章 共通語と方言の接触

　さて、これら3氏は、日常、いわゆる共通語的なもの言いをする人物としてみられていることはすでに述べた。また、先にも述べたように、相手の使用する言語も、言語選択を行なう際に影響を与える要因であるとしたら、これら3氏は、「共通語を話す」と意識されていることで、話者もまた共通語で話しを返すという事態を十分予測させるわけである。しかしながら、結果は、今みたとおり、待遇を意識する度合（場面）の高低によって、共通語か方言かが使い分けられている。これはつまり、言語選択の際には相手の話す言語という要因は、相手を待遇的にどのような場面として意識するかという要因より弱いものであることを物語っている。

　そこで、共通語がていねいな表現として機能していることは前述したように図1からそのままに分ることではあるが、この3氏の例からよりはっきりと実証されたといえよう。そこで、共通語の使用のされ方に、次の(3)を加えることにしたい。

　(3)　ていねいな（待遇価値の高い）表現として共通語が使用される。

　また、先にふれたM－3や、ここには資料としてあげてないが、その他数人の話者に、場面aからfのすべてに共通語系統の表現が使用されているのが観察された。これは、話者が日常共通語を自分の使用コードとしていることの反映とみてよいであろう。そこで、洞輪沢での共通語使用には次のような側面も認められる

　(4)　日常の使用コードが共通語化している。

　なお、場面aにみられた「役場の人、警察の人、先生、仕事上の上司や客」について解釈を留保してきたが、(1)(2)の他に、(3)のような側面での使用が認められるだろうと考えてよいであろう。

　さて、共通語系の表現はなにも場面aにみられるばかりではない。図1、表2からは、場面bからfまで共通語が使用されていることがわかる。

　場面b以下では、島外者はほとんどあげられていないので、基本的には、(3)(4)、あるいは(2)の意味での使用ということができるかと思う。

271

Ⅳ 言語接触にみる共通語と方言の類型的文体形成

では次に、図1にみられる、先の③の現象、すなわち、場面 e、 f の、女性にやや多くあらわれた共通語系の表現について少し考えてみたい。

場面 e は、設定数がそもそも少ないので、場面 f を中心に観察していくことにしよう。

場面 f において、女性では、カイテという表現が3例、カキナサイが5例、カイテクダサイが1例みられた。場面 f としてあげられた人物は、これら9例のうち8例が自分の子供、1例が孫、1例が妹である。

次のF－3のような場面は、(1)や(2)の用法と考えることができるかと思う。

F－3において、小学生の孫が場面 f として意識されているが、この人物に対して共通語を使用する場合である。F－3は、孫が共通語しか話さないため、自分も共通語で話すのだと答えている。そこで、この場合には(1)や(2)の用法と考えることができる。

さて、このF－1の例以外はどうであろう。男性は、場面 f では、そのほとんどがカケという表現を用いている。それに対して女性にはなぜ、これらの共通語系の表現が多くみられるのだろうか。また、その共通語使用はどのように解釈されるのだろうか。女性でも約6割の人がカケという表現を場面 f ではしており、カケは、女性でも十分使用しうる方言系の表現である。

これの解釈には次の結果が手がかりになるだろう。待遇価値からみて、形式に高低の順位があるとしたら、同一場面では、男性より女性の方がより待遇価値の順位の高い形式を多用するという結果が、これを含む一連の調査で認められた。

それでは、洞輪沢において、方言系の表現カケより一段階待遇価値の高い表現は何かといえば、カイテケロがそれに当たる。

ところが、カイテケロという表現は、女性にやや回避される表現なのである（以上沖1979：20参照）。

ならば、カイテケロよりさらに一段階待遇価値の高い表現は何かといえば、カキヤレがそれに当たるが、カキヤレはもはやその待遇価値の高さからいっ

て、下位者に対しては不適当な表現になってしまう。そこで、その空き間に、カキナサイ、あるいは、カイテという共通語系の表現が入りこんだのではないだろうか。

そのように考えると、女性の場面 f にみられる共通語系の表現は、同一場面で使用されている方言系の表現と比較すれば、待遇的には一段階上の表現として認めることができる。すなわち(3)のような用法といってよいだろう。

以上、洞輪沢集落におけるこの調査結果からわかるところでは、共通語の使用価値は、(1)から(4)の四つの側面を認めることができるといえよう。

4．まとめ

以上、まとめると、洞輪沢での「カケ」という表現においてあらわれる共通語使用は、次のようにとらえることができる。

  (1) 相手にこちらのことばが通じないから共通語を使用する。
  (2) 相手が共通語を話すのに合わせて共通語を使用する。
  (3) 方言系の表現より、より待遇価値の高い表現として共通語を使用する。
  (4) 日常の使用コードが共通語化している。

(1)のような用法では、「通じないから」ということが大前提となり、方言体系の待遇価値体系との比較は行なわれておらず、むしろ、二言語併用的な使用とみることができよう。

それに対して(3)のような用法では、共通語は、もはやその土地の方言体系と対峙するものではなく、ひとつの機能を担うものとして方言の表現体系の内にとりこまれ存在しているとみてよいであろう。

(1)のような用法は、受け入れた方言が「八丈島方言」であったという点が働いているかと思う。また、具体的に個々の場面で使用される共通語には、これらのうちどれかひとつの意味で使用されるというより、いくつかの用法が重なって共通語使用が実現されていることが多いであろう。そうした実際

Ⅳ 言語接触にみる共通語と方言の類型的文体形成

の使用の基底にこのようないくつかの意味、価値を内包しているということである。

メディアの発達によって共通語の広がる波は強く激しい。それにともなう方言の衰退が注視され始めて久しいが、一方、ひとつの方言が、そっくり共通語にとりかわる（共通語化する）ということもまた、ない。

そこで、方言が共通語と接触する状況がたえまなく起こっている現在、共通語が方言体系との摩擦の中でどのようにとりこまれ、どのような価値をもって機能する存在となるかは、これからも折にふれとりあげられるテーマとなるであろう。

方言と共通語の接触の問題は、従来は、アクセント、音韻、文法項目などにしても、語彙的単位での共通語化として扱われることがほとんどであった。

本論では、使用場面での観察から、コードとしてとらえた共通語の使用価値を研究した。もっとたくさんの例にあたるとともに、受け入れる方言体系によって生じるであろう共通語の価値の差異についても、比較検討を行っていきたいと考えている。

注
1) 調査の詳細については、沖（1979：15-16）を参照されたい。なお、分析対象者は**表1**、**表2**に話者番号と年齢を記した人々であり、男女ともに28人である。20代から30代前半の女性に、島外出身者がまとまってみられる。
2) 質問文については、「崇（あが）めて話す」という当地の一般的表現を取り入れて作成した。
3) 洞輪沢の人々は、自分たちのことばを指して、「島のことば（島ことば）」と言う。
4) 洞輪沢における対人場面の形成については、沖（1980）にまとめた。

参考文献
沖　裕子（1979）「待遇表現における男女差―八丈島末吉洞輪沢集落の全員調査から」『日本方言研究会第28回研究発表原稿集』
沖　裕子（1980）「八丈町末吉洞輪沢における待遇場面形成の要因」『日本語研

究』第3号　東京都立大学日本語研究会　［本書Ⅵ、第4章として収録］
南不二男・林大・林四郎・芳賀綏（1974）「敬語の体系」『敬語講座①　敬語の体系』明治書院

〔付記〕　本論は、第28回日本方言研究会での発表および、修士論文でまとめたところの一部に加筆、再構成したものである。
　なお、第5回長野県ことばの会での発表と一部は同一の資料を使ったものであり、内容的にも関連している。
　本論が成るに至るまで、多くの方々から有益な御意見を賜わりました。記して感謝申しあげます。

第2章　共通語の規範的文体性と普及上の役割
――「敬体本質性」について――

1．はじめに

　共通語と方言の接触の際の二言語併用の姿に関心がむけられはじめている。ふつう、「共通語」「方言」というと、
　　■音韻・文法、語彙からなる「言語体系」
としてとらえられることが多い。しかし、二言語併用における使い分けの姿を探るときは、体系としての記述もさることながら、使用する場面との関係からおのおのがどのような相をみせるかが、考察の重要な対象となってくる。すなわち、
　　■場面と、そこで使用される言語
という観点が必要になる。つまり、文体的な観察である。
　文体はおもに書きことばについていうが、文体とは、使用される場面（用途・話し手に対する関係等）によって生まれる相違であるので[1]、その意味では、方言と共通語も、まさに文体（類型的文体）の相違としてとらえられる。
　さて、話しことばとしての共通語は、同じく話しことばである「方言」と接触し、その姿は、
　　　ふだんの場面では方言をつかい、改まった場面では共通語をつかうという、いわば「二言語使用」の状態がふつうである。（国語学会編（1980）
　　　『国語学大辞典』東京堂出版、柴田武執筆「共通語」の項より）
と説明をうけている。共通語と方言が二言語併用状態になり、そのとき、なぜ共通語が「改まった場面」での使用言語となるのだろうか。
　様々な要因はあろうが、共通語自体のもつ文体的性格からひとつには説明

しうると考えた。方言、また標準語と比較しつつ共通語の特徴を整理したあと、特に「規範的」という点に着目して共通語の文体的特徴を考察し、共通語の「敬体本質性」について論じて、この現象の説明を試みたい。

ところで、話しことばでは、助詞の添加はごく一般に行われる。話しことばでは、そうした助詞の添加、声調の変化、また、時には使用する場面との関係によって、ひとつの文体のもつ使用価値がゆらぎ易い。

たとえば、
　(1)　机ノ上ノ箱ハりんごダ
　(2)　机ノ上ノ箱ハりんごデス
という表現をとってみると、(1)は常体、(2)は敬体である。
(2)に助詞を添加した
　(3)　机ノ上ノ箱ハりんごデスヨ
は、話しことばとしてはありふれた表現であるが、「デス」を使っていても、(2)に比べるとおよそ軽い表現になって、「敬体」とはかけ離れた感を抱く。

話しことばを類型的文体の観点から整理しようとすれば、予想以上の困難を伴うと思われるが、小論ではひとまず常識的に「敬体」「常体」を使いながら、特に話しことばとして使用されている共通語をとりあげて考察したいと思う。

2．共通語の規範的文体性と普及上の役割

2.1　共通語の特徴

「標準語」「方言」と対比させながら、「共通語」の特徴を整理した。表1である[2]。

ここにたてた特徴は、〈書きことばをもつ〉ということを除いては、社会(言語学)的な観点から描き出される特徴であり、ある言語体系自体が本来的に持っている性質ではない。たとえば、標準語が〈人為的〉であることは、作られた結果としての言語体系がどのようなものであるかということとは無

Ⅳ 言語接触にみる共通語と方言の類型的文体形成

表1 標準語・共通語・方言の共有点と対立点

	標準語	共通語	方言
〈人 為 的〉	＋	±	－
〈現実に行われている〉	－	＋	＋
〈全国に通じる〉	＋	＋	－
〈規 範 的〉	＋	＋	－
〈書きことばをもつ〉	＋	＋	－

関係である。それが東京語を発展させたものであろうと、エスペラントのような人工語であろうと、言語体系の特徴とは切り離されている。〈現実に行われている〉〈全国に通じる〉〈規範的である〉についても同様である。

　さて、共通語を、このように、標準語、方言と対比させてみると、共通語は〈現実に行われている言語か否か〉という点では方言と共通した特徴を持っており、この点で、共通語は標準語と対立的である。しかし、ここにあげたその他の特徴については、共通語と標準語は、共通しており、方言と対立している（表1、点線の枠を参照）。

　現状を考えてみれば、現在の日本の共通語は、（そこに様々な方策や発展が考えられてはいるが）おしなべて、標準語の予備軍とみなされている。それだけ標準語に近い姿を持っているわけである。ただ、「はじめに」でも述べたように、本論では、現在実際に使用されている共通語の種々相にもとづいて考察を進めるので、「未だ完成されていない言語」したがって、現実の使用相を観察することができない「標準語」については言及しない。実際的には、「共通語」はほぼ「標準語」と同様の姿をしていると考える立場もあろうが、話しことばとしての「標準語」が完成された時には、今の「共通語」とは少しく異った姿をみせるだろうと論者が考えるためでもある。

2.2 規範と言語

　〈規範的である〉ということが、標準語・共通語に共通する特徴のひとつとしてあげられたが「規範」とはどういうことか、また、それが言語にどの

第2章　共通語の規範的文体性と普及上の役割

ような影響をおよぼすかについて考えてみたい。

「規範」とは、話者が言語を使用する場面において、それにふさわしい選択をしようとする時働く意識であるといえる。

また、「ある言語が規範性をもつ」ということは、その言語を使う人々が、使用する際に規範性をそこに見出す、と説明することができる。

そこで、ある言語が規範としてみなされるのは、言語の体系自体がもつ性質ではなく、使用者によって社会的に付与された性格であるということがいえるのであるが、しかしまたその一方では、規範とされたことによって、言語の側にもある特徴がつけ加えられていくということがあるだろうと考える。

その言語に対して何らかの期待が生まれ、規範としての洗練が加えられていく、という動きである。

たとえば、ゆるやかな規範性をもつ共通語に対比される、強い規範性としての標準語を例に考えてみよう。標準語は、

　　正式の、「いい」言語で、くずれた発音や文法、俗な、または地方的な単語、あるいは間違ったことばの使い方、さらに、人の品位を疑わせるようなことばづかいを人為的にとり除いたもの。(『国語学大辞典』729頁)

というように説明されているだけではなく、ある場合には、「日本人の生活体系のすべてのわくに対応する単語を持つような言語」(柴田1958：137)というように、(語彙に例をとれば)理想的な語彙体系がそこには望まれたりするのである。

「規範」とは、「判断・評価・行為などの拠るべき規則・規準」というだけではなく、「のり・てほん・模範」(以上『広辞苑』より)であるから、ひとつのことがらを表わすのにいくつかの表現があれば、その中の「よりよきもの」を選択する方向につながりやすい。

そこで、このような、期待と、拘束性とが、規範となった言語からは、「悪しき」特徴を消すように作用していく。

Ⅳ　言語接触にみる共通語と方言の類型的文体形成

2.3　共通語の規範性と文体的特徴

さて、規範意識は、使用場面におけることばの選択において働く、という点で、「文体」のレベルにその影響が見出せる。

共通語が規範的な言語として、どのような文体的特徴をもつかということを考えてみたい。なお、ここでいう文体とは類型的文体について、特に敬体・常体といった観点から考えている。(敬体が「です・ます体」や「ございます体」など、常体が「だ体」などを指して使うわけではない場合もある。)

結論から先に述べれば、ある言語が規範的である、手本となる、ということは、文体的には、野卑なもの言い、粗野な言い方、不快感を与える言い方を排除するという方向に向かっていくといえる。

過不足なくことがらを述べうるだけに準備された言語体系は望ましいものであるにしても、それを文体にあてはめてみるならば、(大雑把に言って)

　　ていねいな場面にはていねいに

　　ぞんざいな場面にはぞんざいに

言いあらわすことができるような「用意された」文体が望まれるというわけではない。

「ぞんざいな」場面[3]でも何とか品位を落とさずにそれを表現できるような文体が発達してくる。なぜなら、「規範」である限り、たとえ、「ぞんざいな場面」そのものは実在していても、「言語(文体)」は、「よりよきもの」でなければならないからである。共通語には、美化語が次々と生まれてくるが、これも、「「ぞんざいな場面」を感じさせないような文体」を発達させていく傾向のひとつとして説明できる。共通語の規範性によって、「ていねいな文体」「敬体」が共通語の本質であり、「顔」となっているのである。

現代の日本の社会においては、階層差はあまり目立たず、上位者が下位者に対して常に用いる文体というのは成熟しているとはいえないが、そうした、下位者に対するもの言いが必要とされる社会があり、使用言語が規範としてあるならば、その言語は下位者に向かっての話しことばについても、使用者

第2章　共通語の規範的文体性と普及上の役割

の品位を下げない文体を熟させる方向に向かうだろう。「敬語―通常語―卑罵語」の系列と引き合わせれば、「敬体―常体」の下位に位置づけられる文体は、規範言語の場合、卑罵体ではなく、「鷹揚体」「尊大体」とでも名づけられるような文体となるであろう。

このように、「ぞんざいな場面」に使用する、文字どおり「ぞんざいな」文体まで、規範である共通語、標準語に要求されることはない。「ぞんざいな」ということが、「規範」という意識からはずれるので、むしろ、それ（存在する「ぞんざいな場面」）を直接に意識させない文体を作っていこうとするからである。文体を成立させる言語要素もそのように育っていく。これが、規範性ということを考えたときの共通語文体の特徴である。

2.4　共通語の第三言語性と文体的特徴

共通語は、東京語を土台としているが、「言語を異にする集団間に共通の第三の言語」（『国語学大辞典』219頁）であるため、地域を問わず使用される言語である。

このような第三言語性がまた、共通語の文体にひとつの方向を与えることになっている。

地域を問わず使用されるということは、多様な条件（属性）を背負う人々と話しを交わす時使用するのに適した性格を持つことになる。

方言は地域語であり、おもにその方言を知る人々の中で使われる言語であるのに対して、共通語は、異言語（方言）が母語の見知らぬ人とも話を交すときには、使用される。

そのような使用条件下では、第三言語としての共通語は、自分と異なる属性を持つ人とも、トラブルなしに伝達しあえる文体が第一にそこに求められるだろう。表現したいことがらそのものが通じないというトラブルを避けるために共通の言語である共通語を使う。そして、感情的なトラブルを避けるために、文体的には、「中立無色な」文体が共通語には求められることと思う。したがって、共通語が第三言語として使用されるところでは、「親しみ」

をあらわすような文体より以前に、互いの距離を犯さない文体である「ていねいな文体」「敬体」[4]がまず第一義に発達をみる。「ふだんの場面」に移行した間柄になれば、規範からはなれた「方言」がある程度許されるようになるから、共通語の常体の話しことばの習得はあまり重視されない。

もっとも、このことには、書きことばとしてある敬体・常体をそのままに話しことばに移した時、常体よりも敬体（特に「です・ます体」）の方がより自然に感じられるという事情も働いているのかもしれない。ちなみに、書きことばの口語文は安定してきており、その普及度は高いので、「書きことばから話しことばへ」という過程からみた共通語の習得・伝播は、もっと着目され、研究されてもよいものと思う。

なお、先に、共通語と標準語を分けて考えることを述べた（「2.1」）が、書きことばと関連してそれに少しふれておきたい。「規範性」ということから共通語と標準語の相違を考えてみれば、標準語は強い規範性を持ち、共通語はゆるい規範性を持つと説明される。現実の共通語をみると、規範性がゆるいからこそ、各地域でのヴァラエティ（変種。地域共通語がこれにあたろう）があらわれるといえる。標準語が現実の相をとれば、多少のヴァラエティは持とうが、受け入れ方言の性質にかかわらず、もっとゆれの少ない安定した相をとるだろう。その意味で「書きことば」は標準語に近づいてはいるが、話しことばそのものではないため、あくまでも「書きことば標準語」であり、現実の話しことばは「共通語」に留まっているといえる。そのほか、文体的にも標準語と共通語では相違がでてくると考えられるが、この点の論議は、また別の機会にゆずる。

2.5　共通語の敬体本質性と普及上の役割

共通語が規範としての位置づけを受ける限り、敬体が共通語の本質になる。これを「敬体本質性」とよびたい。そしてまた、共通語が第三言語として使用されるときにも、常体より敬体が重視される。こうした特徴を整理することで共通語が話しことばとして各地に普及していく際の姿を説明することが

第2章 共通語の規範的文体性と普及上の役割

可能である。

各地で共通語と方言の二言語併用の様子が観察されるが、従来の報告では、共通語はたいてい「改まった場面」で使用されている。

「改まった場面」と「ふだんの場面」という分かれかたによることば使いは、待遇的上下表現に還元できる。地域語としてみれば、「改まった場面」でのことば使いはいわば"敬体"として機能し、「ふだんの場面」でのことば使いはいわば"常体"として機能していく。もし、共通語が敬体・常体双方を重視されるなら、このような待遇的上下におきかえられる使用場面の一方に対応（①）することなく、言語的にまったく方言と並列した等価なものとして普及する相（②）を示したであろう。

現実には、②のような二言語併用ではなく、①のような二言語併用が行われている（図1参照）。

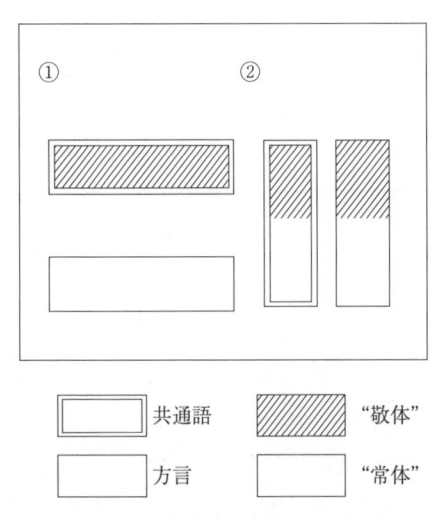

図1 「共通語の普及」仮定図

このことは、規範性によって共通語が「敬体本質性」を持ち、第三言語性によって敬体にこそ使用価値が見出されているのでこのような普及相をとると説明できる。つまり、共通語文体の「敬体本質性」「敬体重視」が一因と

Ⅳ　言語接触にみる共通語と方言の類型的文体形成

なって待遇的上下にわかれる場面の分担での言語使用を引きおこし、二言語併用の際の共通語を「改まった場面でのことば」として位置づける、と考えるのである。

なお、敬体を構成しないような語（たとえば「アンタ」のような）でも、「共通語」だというだけで、「ていねいなことば」として、「ていねいな場面」で使われることがある（一例が八丈島）。このことは、規範的な言語である共通語の「敬体本質性」によって、そうでない言語要素までも敬体として意識され、とりこまれていった結果であると説明できる。

ところで、規範的であることは、言語の「威信性」を示すひとつの指標であるから、今述べたことは、「威信言語」の普及過程、波及過程の説明ともなりうる。

規範性が弱い威信言語（たとえば地域中小都市の方言）は、敬体本質性も共通語と比して低い。そこで受け入れ側の方言は、「ふだんの場面」への入り込みを許す。威信性の弱い言語は、二言語併用ではなく、方言間の伝播の姿として影響をおよぼす。

より強い規範性を持つ共通語のことばが、弱い規範性を持つ地域中小都市の威信言語によって受け入れられ、中継的に伝播するときは、共通語出自のことばであっても、共通語文体ではなく、「ふだんの場面」のことば（方言文体）に入りこむことはあるだろう[5]。

3．方言における文体的差異—「場面と言語」研究への課題—

『国語学大辞典』によると

　ふだんの場面では方言をつかい、改まった場面では共通語をつかう。
　（220頁）

と説明されてきた。

この説明によると、方言は、まったくふだん使いの文体しか有しないような印象を受ける。「ふだんの場面」の定義のしかたにもよるが、方言ははた

第2章　共通語の規範的文体性と普及上の役割

して日常使いのくだけた、いわば、「よそゆきに対してのふだん着」としての姿しか持っていないのであろうか。少し古くなるが、東條（1953：63）をみると、国語教育の立場から、標準語・方言の使い分け論がうかがえる。

> 標準語だけの使用を強要するのは、晴れ着常用論であり、制服万能主義である。同じわけでわれわれはふだん着だけでは暮せない。晴れの会合にあたり客の前に出るときはやはり晴れ着が必要である。この二とおりはぜひ準備すべきものである。

ここでは、方言は、「晴れ着」にはなりえない言語としてみられている。

共通語と方言の二言語併用の場合、共通語が「改まった場面」でのことばとしてあらわれる理由を第2節では説明してきたが、併用される「方言」の文体についても少しふりかえってみたい。

方言の中には、「常体」と呼びうる、待遇的にプラスでもマイナスでもない表現が存在している。が、これまでの資料でみる限り、方言の中にも、語彙のレベルで、待遇的な添加や補充形を持つ地域がある。

方言敬語の実態と分布の概観をみるには、加藤（1973）や、藤原（1978）などがあるが、いま、「全国方言の敬語概観」の中から引用した「読む」の尊敬表現、「読む」の丁寧表現（章末　図2・図3）をみたい。

これらは、いずれも、述部における「敬語」である。

共通語では、述部の待遇的補充形は、「だ体・である体」「ですます体・でございます体」などと名づけられるように、文体上の変異を生み出す役割を担っている。このことから考えれば、地図上「－」のマークが押された、いわゆる「無敬語」の地域を除いては、複数の文体を持つ方言があると考えても無理はない。

これらの語彙資料のみでは、はたして、共通語が持つようなある程度成熟した形での複数文体であるのかどうかは不明である。が、少なくとも、常体とならんで、ある程度アラタマッタ場面にも使用しうる表現体系を、方言も有しているということはいえるであろう。

こうした一面をみると、今後、「あらたまった」「ぞんざいな」だけでは述

べ得ない「場面」そのものの整理が、そしてまた、場面における使用言語（共通語も方言も）の実態調査と文体的観点からの整理の必要性がはっきりする。

4．むすび

　本論では、「規範的」ということが因となって、共通語が「敬体本質性」を有した言語であることを述べた。
　そして、第三言語という意味での共通語が持つ「敬体重視」と相まって、二言語併用の際の「ていねいな場面」での使用言語としてあらわれる共通語の姿を生むものであると論じた。

注
1)　築島（1964：215）による。
2)　**表1**の整理には、『国語学大辞典』の「共通語」の項を参照した。〈現実に行われている〉ということは、その裏に〈理想的〉かどうかということを含んでいる。〈人為的〉という点に関して、『国語学大辞典』では、共通語を「自然の状態」と説明しているが（220頁）、たとえば、教科書で教えることばや（NHKの）放送で使われることばなどが共通語であるとすれば、まったく人為的ではないとは言いきれないため、「±」とした。
3)　場面とは、「主体に認識された外在的環境」と考える。相手、話題、場所、話し手の気分等、すべて含む。「ぞんざいな場面」というように一括して述べたが、内容は、話者を上位者とした批難、揶揄、命令、狎れ等々考えられるが、「場面」の詳細を分析、分類することは小論の目的ではないので、このままに論を進める。
4)　「はじめに」でも述べたように、話しことばの「ていねいな文体」「敬体」等には検討が必要とする上で使っている。話しことばの文体では、助詞のつけ方、声調により、また、使用するときの場面により、敬体にも、「尊大」さや、あるいは親しさでさえもある場合には表現できるからである。これはもはや文体そのものの分析に入っていく。
5)　若年層のことばは、メディア等の発達から急速に共通語化が進んでいるが、

基底方言自体が共通語化されているとみられることも多い。そのような場合には、二言語併用としての共通語化とは別ものとして扱う必要がある。
　また、二言語併用としての共通語化の姿も、受け入れ方言によって一律ではないことは十分考えられるので、今後は、実態を地域ごとに把握・比較した上での説明が必要になるであろう。事例研究としては沖（1980）がある。
6)　なお、2006年春に国立国語研究所より『方言文法全国地図』第6巻の刊行が予定されている。同巻には、1979年から1983年に行われた、生え抜き男性を対象とした全国807地点における待遇表現関係項目の同一調査票面接調査の結果がすべてまとめられ、言語地図として収められる。このことで待遇表現に関する研究は今後新展開を迎えることが予想されるが、加藤（1973）に発表された敬語の全国分布地図は、そののちも、日本方言学研究史において、また敬語研究史において、記念碑的な価値を留めることは疑いを入れないであろう（2006年1月記）。

参考文献

沖　裕子（1980）「共通語と方言の接触―共通語使用の価値について―」『ことばの研究』第1号　長野県ことばの会　［本書Ⅳ、第1章として収録］
加藤正信（1973）「全国方言の敬語概観」林四郎・南不二男編『敬語講座6　現代の敬語』明治書院
柴田　武（1958）『日本の方言』岩波書店
築島　裕（1964）『国語学』東京大学出版会
東條　操（1953）『覆刻文化庁国語シリーズ　標準語と方言』
藤原与一（1978）『方言敬語法の研究』春陽堂

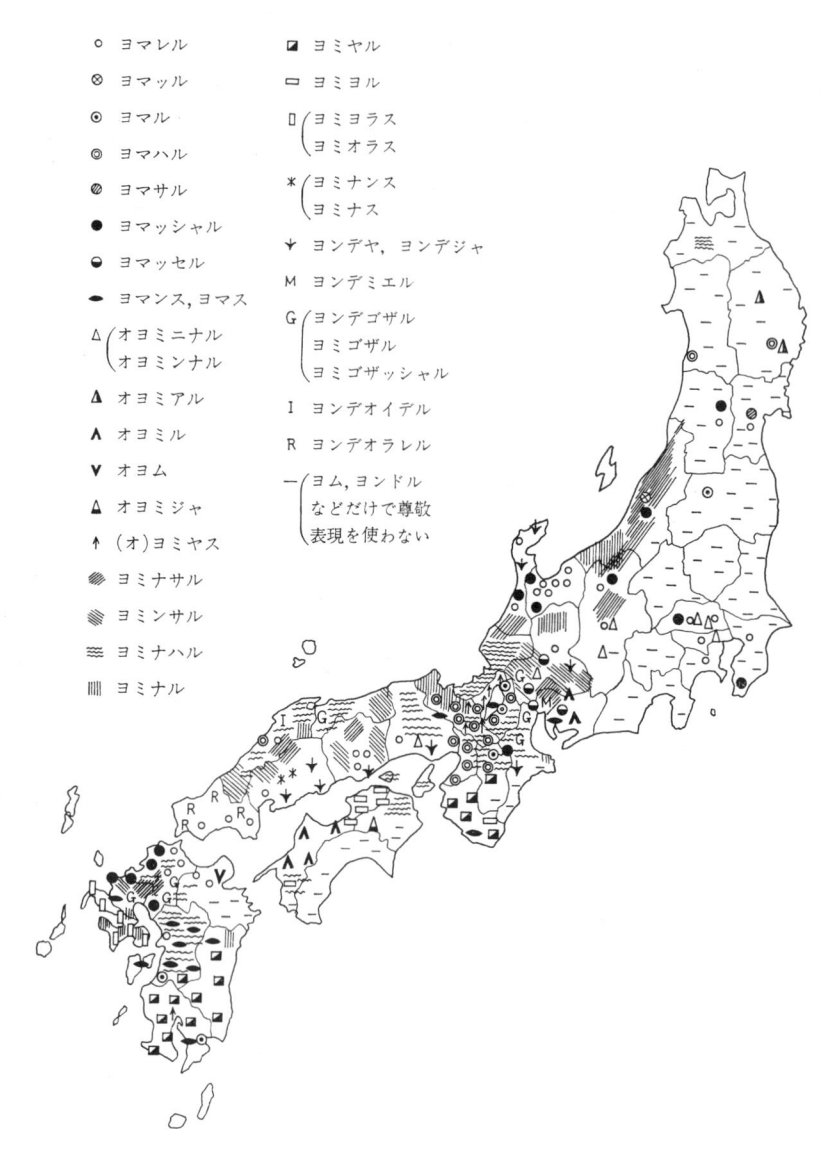

Ⅳ 言語接触にみる共通語と方言の類型的文体形成

- ○ ヨマレル
- ⊗ ヨマッル
- ⊙ ヨマル
- ◎ ヨマハル
- ⦿ ヨマサル
- ● ヨマッシャル
- ⊖ ヨマッセル
- ― ヨマンス, ヨマス
- △ ⎧オヨミニナル / オヨミンナル⎫
- ▲ オヨミアル
- ∧ オヨミル
- ∨ オヨム
- ⊿ オヨミジャ
- ↑ (オ)ヨミヤス
- ▨ ヨミナサル
- ▧ ヨミンサル
- ≋ ヨミナハル
- ▥ ヨミナル
- ▰ ヨミヤル
- ▭ ヨミヨル
- ▯ ⎧ヨミヨラス / ヨミオラス⎫
- ＊ ⎧ヨミナンス / ヨミナス⎫
- ✟ ヨンデヤ, ヨンデジャ
- M ヨンデミエル
- G ⎧ヨンデゴザル / ヨミゴザル / ヨミゴザッシャル⎫
- I ヨンデオイデル
- R ヨンデオラレル
- ― ヨム, ヨンドル などだけで尊敬表現を使わない

図2 「お読みになる」(加藤 1973：34より)

288

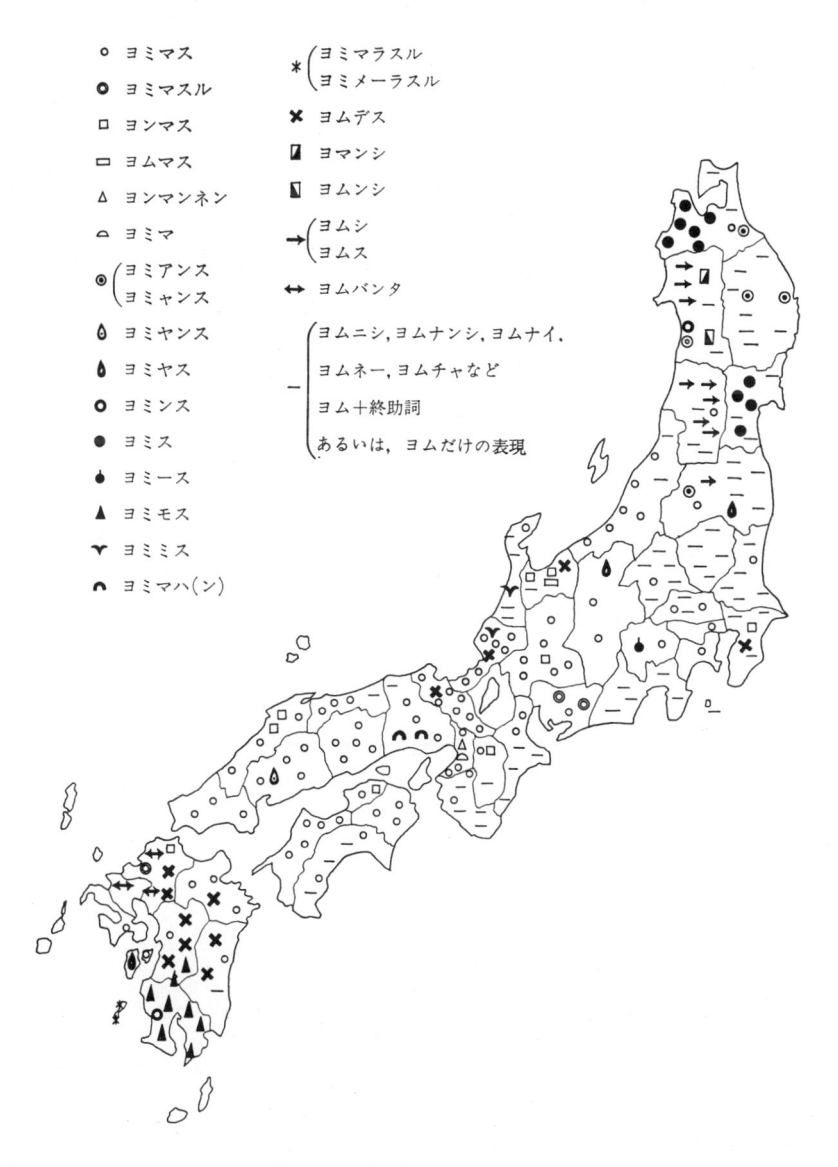

第2章　共通語の規範的文体性と普及上の役割

- ○ ヨミマス
- ◉ ヨミマスル
- ▫ ヨンマス
- ▭ ヨムマス
- △ ヨンマンネン
- ⌒ ヨミマ
- ⦿ (ヨミアンス / ヨミャンス
- ◐ ヨミヤンス
- ◗ ヨミヤス
- ◌ ヨミンス
- ● ヨミス
- ◆ ヨミース
- ▲ ヨミモス
- ⊻ ヨミミス
- ⌒ ヨミマハ(ン)
- ＊ (ヨミマラスル / ヨミメーラスル
- ✕ ヨムデス
- ◪ ヨマンシ
- ◩ ヨムンシ
- → (ヨムシ / ヨムス
- ↔ ヨムバンタ
- − (ヨムニシ, ヨムナンシ, ヨムナイ, ヨムネー, ヨムチャなど / ヨム＋終助詞 / あるいは, ヨムだけの表現

図3　「読みます」（加藤　1973：57より）
これらの地図は、氏自身の調査と、それまでに刊行されているいくつかの方言資料によって作成されたものである[6]。

第3章　方言イメージの形成

要旨　大阪における女子短大生の自己方言（大阪弁）、他者方言（京都弁、九州弁、東北弁、東京弁）及び標準語に対するイメージを記述し、方言イメージ形成の要因と過程を考察する。これらを林の数量化理論第Ⅲ類と平均点で分析すると、大阪弁イメージと京都弁イメージとの相違、九州弁イメージの東北弁イメージとの類似が注目されるが、その理由の一端は、今回の被調査者と調査対象の性格にあると述べる。また、方言イメージは、方言に対する態度と関係があることを指摘する。以上の事実を説明するための一観点として、方言から直接にイメージは形成されるのではないと考え、方言の認定という段階を想定する。

1．はじめに

　本論の目的は、(1)大阪における女子短大生が自己の方言を含む六つの方言についてどのようなイメージを抱くかを記述し、(2)方言イメージ形成に関与する心理的な要因について言及し、(3)方言イメージ形成の一端を考察することにある[1]。
　次のような順序で述べていきたい。
　2．調査の概要と被調査者の性格
　3．大阪短大生の六方言に対するイメージ
　4．態度と言語イメージ
　5．方言認定と方言イメージ
　6．終わりに（結果と結論）

2．調査の概要と被調査者の性格

　調査は、1982年7月に行った。対象は、大阪府吹田市藤白台にある金蘭短期大学1年生（当時）のうち、2クラス、計105人である。以下、被調査者、あるいは、大阪短大生とよぶ。ただし、この調査対象の選定は、サンプリングによってはいない。つまり、何らかの母集団を対象にした調査ではないので、ここに示す結果は、あくまでもここで調査した対象者についてのみ言及するものであることをことわっておきたい。この調査は、ケーススタディであり、今後の研究の基礎資料を提出することが目的である。

　各クラス単位で、論者が、調査票を読み上げながら、各自に記入してもらう方法をとった。本論末尾に掲げた〔調査票項目〕にあるように、なかにはある回答番号を選んだ人だけが次の質問に、記述式で答えなければならないところがあるが、すべての人が書き終わるまで待って、一斉に次の項目に移るようにした。始めに、これは試験ではないことを告げ、調査票には各自の出席番号のみを記入してもらった。

　被調査者105人中、自宅通学者は102人。寮生3人は、香川県、大分県、和歌山県の出身である。自宅通学者の現住所の内訳は、圧倒的に大阪府が多く85人（81.0％）を占める（**表1**）。旧地域別の内訳では、大阪摂津が50人（全体の47.6％）、河内が26人（同24.8％）、和泉が9人（同8.6％）である。在外歴は、ある37人（35.2％）、ない65人（61.9％）、その他3人（2.9％）。その他は、先の寮生である。3歳以上の移動を対象とし、市内の移動は無視した。

　両親の出身地については、表2のとおりである。京都、大阪、兵庫を「京阪神」とし、奈良、和歌山、滋賀、三重の四県出身者を「近畿」とした。「その他」は、1道1都26県にまたがっているが、中国、四国、九州の出身者が8割近くを占める。

Ⅳ 言語接触にみる共通語と方言の類型的文体形成

表1　被調査者現住所(県別)

	人数	(%)
大阪	85	(81.0)
兵庫	13	(12.4)
京都	2	(1.9)
奈良	2	(1.9)
寮	3	(2.9)
	105	(100.0)

表2　両親の出身地人数　　人数(%)

		母親			
		京阪神	近畿	その他	計
父親	京阪神	38	5	14	57 (54.8)
	近畿	4	4	2	10 (9.6)
	その他	10	4	23	37 (35.6)
	計	52 (50.0)	13 (12.5)	39 (37.5)	104 (100.0)

3．大阪短大生の六方言に対するイメージ

　方言イメージを測定する方法を多変量解析（林の数量化理論第Ⅲ類、クラスター分析）に求め、変数に当たる評価語を最終的に16語に絞ったのが、井上 (1980a)、井上 (1983) である。本調査では、この16評価語を用いた。まず、林Ⅲ類にかけた結果をみたい。

　16評価語の1、2軸の分布を図1に示す。（値の＋－のむき自体は意味を持たないので、比較に便利なように井上 (1983) にならって軸の＋－を入れ換えて示した。計算方法も踏襲し、「よくあてはまる」だけを計算し、「少しあてはまる」「あてはまらない」は無視した。）

　相関係数は、
　　第1軸　0.866　第2軸　0.540
　　第3軸　0.471　第4軸　0.400
で、第1軸に強い相関がみられ、第2軸も高い値を示す。

　図1をみると、井上の結果と大体一致し、第1軸が知的プラス、マイナスを示し、第2軸が情的プラス、マイナスを示す（井上 (1983) 図3・図5参照）。

第3章　方言イメージの形成

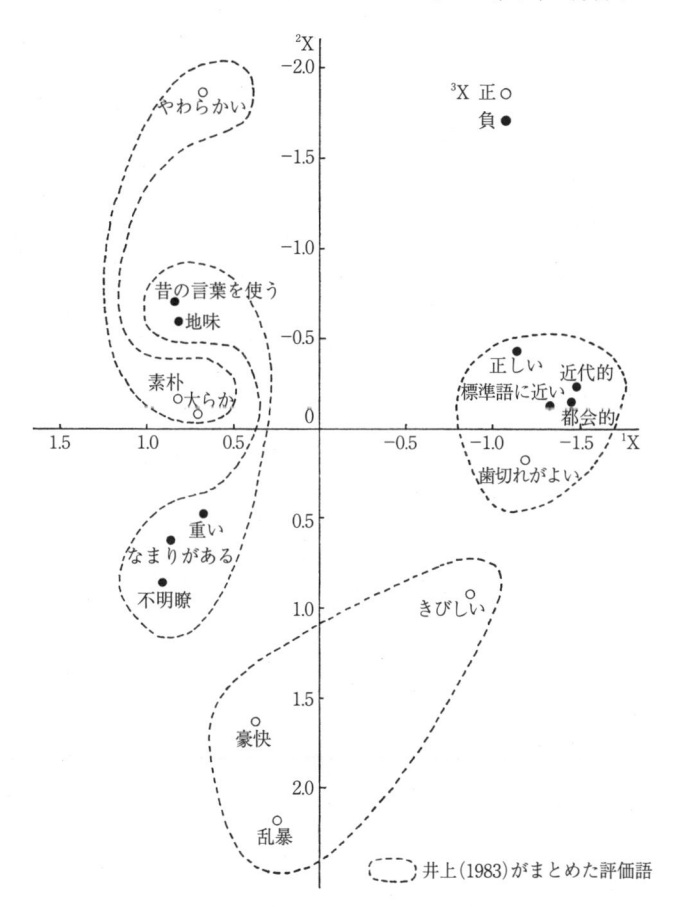

図1　大阪短大生の方言イメージ　16評価語の分布（林Ⅲ類）

そこで図2で、大阪短大生が六方言のイメージをどのように位置づけているかをみよう。なお、本文の末尾においた〔**調査票項目**〕で記すように、調査の際には、「大阪方言」などではなく、あえて「弁」を使っている。これは日常語の「方言」が学術用語と異なり、時として「俚言」の意味で使われるので、その言語全体のイメージを想起してもらうためにしたことである。以下、本論では、調査票とおなじ「弁」を使って述べていく。

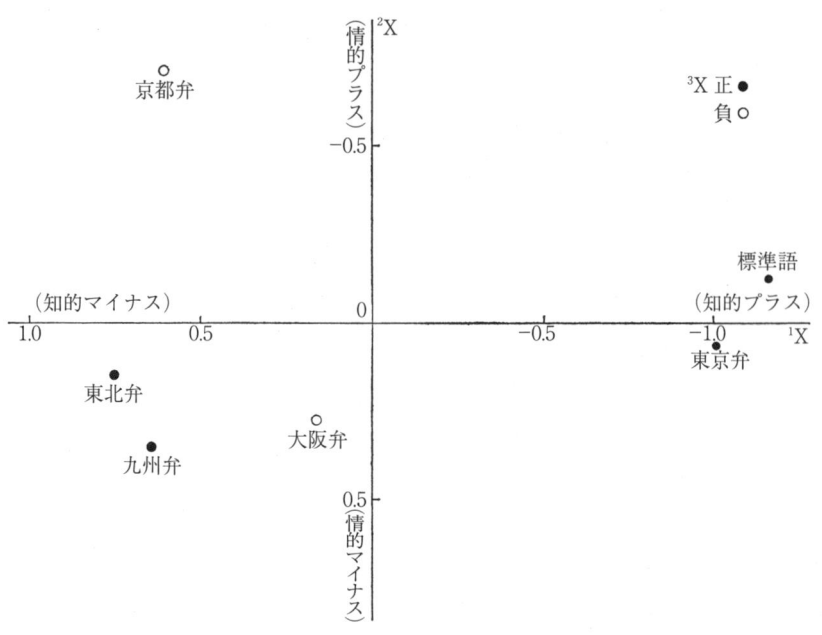

Ⅳ 言語接触にみる共通語と方言の類型的文体形成

図2 大阪短大生の方言イメージ（林Ⅲ類、16評価語）

図2をみると、第1軸（知的プラスマイナス）によって、東北弁、京都弁、九州弁が東京弁、標準語と分離される。大阪弁は第1軸に関してはどちらかといえば無性格である。第2軸（情的プラスマイナス）では、九州弁、東北弁、大阪弁が京都弁と分離される。東京弁、標準語は、第2軸に関しては無性格である。東京弁、標準語は「知的プラス」に評価され、東北弁は「知的マイナス」で、対称的なイメージをもたれている。京都弁は、「知的マイナス」「情的プラス」で九州弁の「知的マイナス」「情的マイナス」と対称的である。しかし、東北弁と九州弁とは比較的近い位置づけにある。大阪弁は「情的マイナス」で、これら四方言と離れた位置にある。

次に、平均点をプロットした折線グラフでイメージの違いをみる（図3）。

井上（1980b）の「自己の方言への評価」の結果（同図2）では、その折線グラフを次のように観察している。本論と関係のある記述を引用する。

　　全体として東京が左あがり、東北が右あがりなのが目立つ。（52頁）

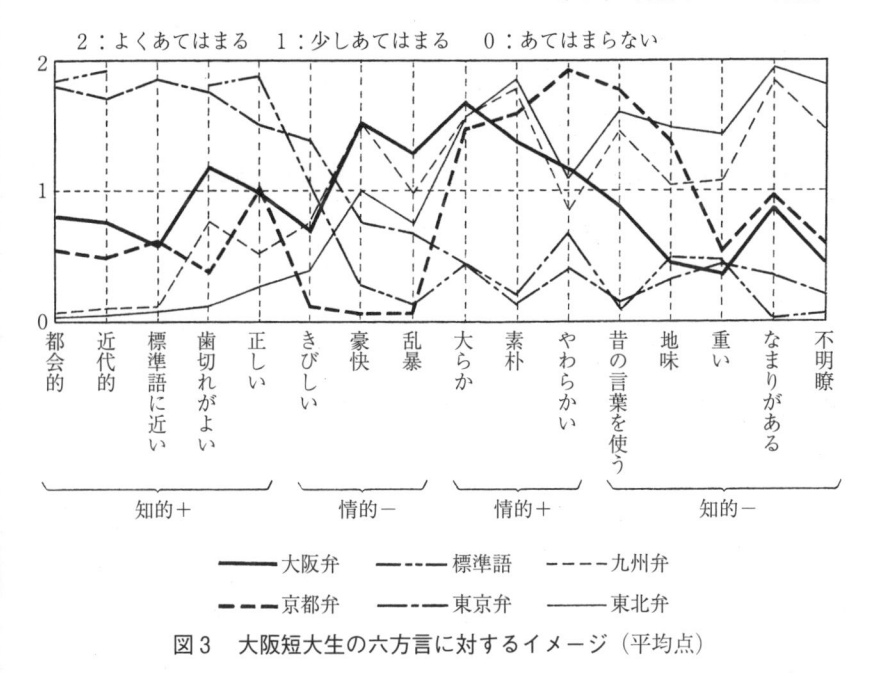

第3章　方言イメージの形成

2：よくあてはまる　1：少しあてはまる　0：あてはまらない

都会的／近代的／標準語に近い／歯切れがよい／正しい／きびしい／豪快／乱暴／大らか／素朴／やわらかい／昔の言葉を使う／地味／重い／なまりがある／不明瞭

知的＋　　情的－　　情的＋　　知的－

――― 大阪弁　――― 標準語　――― 九州弁
――― 京都弁　――― 東京弁　――― 東北弁

図3　大阪短大生の六方言に対するイメージ（平均点）

近畿（と九州）は（中略）真中が高い。（52頁）

他地方に少なく、ある地方にだけ高く現れる、特徴的な評価語を探ると、（中略）東北は「なまりがある」、東京は「都会的」、近畿は「やわらかい」、九州は「乱暴」と結びつく。関東は東京と共通の「標準語に近い」「歯切れがよい」に結びつき、中部と中・四国は東北・九州と共通の「素朴」に結びつく。また九州と北海道には「大らか」も結びつく。（52頁）

図3をみると東京弁、標準語は左あがり、東北弁は右あがりであるが、九州弁は東北弁とよく似た線を描いて右上がりであり、上述の結果と異なる。京都弁と大阪弁は中高で、しかもそれぞれ高いところの山がずれている。

それぞれの山の高くなっているところを観察すると、「東北弁」は「素朴で、昔の言葉を使って、なまりがある」と感じられ、九州弁は「豪快で、素朴で、昔の言葉を使って、なまりがある」と感じられていることが分かる。

295

Ⅳ 言語接触にみる共通語と方言の類型的文体形成

東京弁、標準語は、「都会的、近代的、標準語に近く、歯切れが良く、正しい」感じがするが、二つを比べると、東京弁のほうがより「豪快で、乱暴」であり、少々「正しくなく、やわらかくなく、なまりがある」と感じられている。京都弁は、「やわらかく、昔の言葉を使う」大阪弁は「豪快で、大らか」であり、比較的「歯切れもいい」。「大らか」なのは、大阪弁・九州弁、東北弁、京都弁に共通している。このように読みとれる。

東京弁イメージと標準語イメージがまとまりをなすこと、大阪弁イメージが京都弁イメージと違いをみせること、また、九州弁が東北弁と似通いをみせること、大阪弁はこれらのどれとも似ていないことなどが先ほどの図2でも示されたが、図3をみてもよく分かる。図2では、東北弁と九州弁が比較的近くに位置しているが、それが特に情的プラスと知的マイナスの評価がよく似ていることによることが平均点で示されている。

さて、このように井上（1980b）の結果と異なりをみせるのはなぜか。特に図2、図3で九州弁イメージの東北弁イメージとの似通いがみられる点については、出身者自身のイメージと、他者からみたイメージの違いという資料的な違いに基づいているのではないかと考えられる[2]。

大阪は地理的に九州から一番近い大都会である。人は多く、大阪にやってくる。そうすると、当然大阪の人は九州人にふれ、自分達の言葉と比較する機会をかつて持ってきたことになる。東北出身者は東京にやって来る。そして、そこで自分達の言葉を東京語と比較し、また、比較される。方言は生活語であり、その世界で暮らしている分にはそれがすべてで、言葉を省みることはないだろう。多かれ少なかれ、異なる言語と接触して特にその差異を強く意識したときにイメージも強く形成されるだろう。九州弁が、東北弁に似てこのような位置づけをうけるのは、都会としての大阪が、長年九州と接してきた結果を物語っているように思う。第5節でみるように、大阪短大生のなかで実際に九州弁を耳にしたことがあるのは、たかだか、多くて半数ちょっとであるから、これは、大阪人の九州弁に対するイメージを踏襲しているとみられるが、それは、さらに同様の調査を繰り返してみないとはっきりは

しない。また、東京での九州弁イメージも調査してみる必要がある。

4．態度と言語イメージ

調査票の㉘から㉚で、言語に対する態度を尋ねた。

普段自分が喋っている言語が好きか、誇りをもっているか、の二問は、自己方言に対する態度を聞いている。また、標準語が好きかどうかという問いは、自己の第二言語（とみてもよいだろう）に対する態度を聞いている。自己方言と第二言語に対するイメージが、態度によってどう違うかを、各評価語の平均点でさぐりたい。

「普段自分の喋っていることばが好きかどうか」という問いでは、以下のように該当者が少なすぎる項目があったので、分析の対象から除いた。

好 き	72(68.6%)	嫌 い	4(3.8%)
どちらともいえない	24(22.9%)	分からない	5(4.8%)
		計105人(100.0%)	

「自己方言である大阪弁について、誇りを持っている、持っていない」「第二言語である標準語について好き、嫌い」の集計結果をみる（図4、図5）。どちらも、積極的な回答のみをとりあげる。なお、自己方言イメージは、大阪府出身者のみを対象とした。

図4をみると、自己方言に誇りをもっているかどうかと、自己方言イメージの形成には、はっきりした関係があることがわかる。差のでない「きびしい、素朴、昔の言葉を使う、地味」を除き、「大らか」の逆転を除けば、あとは、誇りを持っている人のほうが、持っていないと積極的に答えた人より、要素全般にわたって「好意的な」イメージを抱いている。誇りを持っていると答えた人は、そうではない人より、自己方言の大阪弁を「より、都会的で、近代的で、標準語に近く、正しい。より、豪快ではなく、乱暴ではなく、大らかではないがやわらかい。より、重くなく、なまりがなく、不明瞭ではな

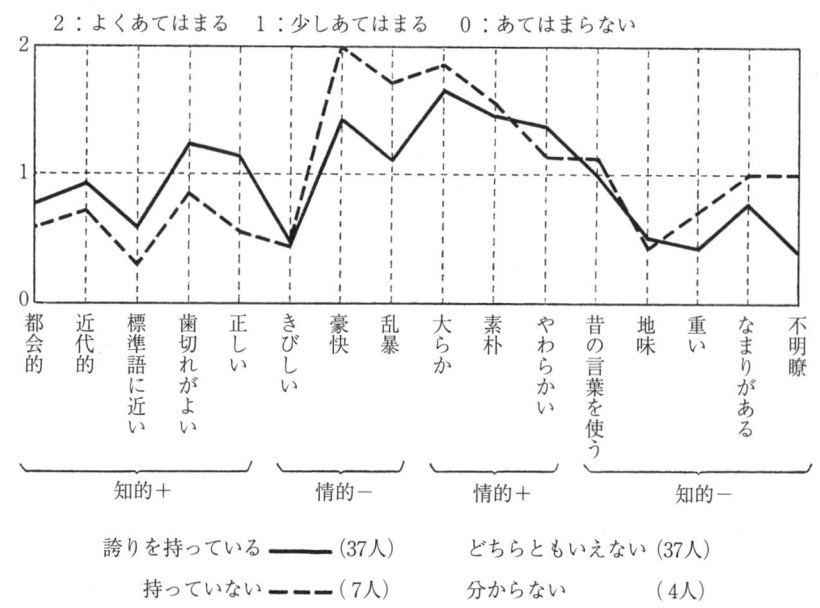

Ⅳ 言語接触にみる共通語と方言の類型的文体形成

2：よくあてはまる　1：少しあてはまる　0：あてはまらない

都会的／近代的／標準語に近い／歯切れがよい／正しい／きびしい／豪快／乱暴／大らか／素朴／やわらかい／昔の言葉を使う／地味／重い／なまりがある／不明瞭

知的＋　　　情的－　　　情的＋　　　知的－

誇りを持っている ———（37人）　どちらともいえない（37人）
持っていない ---（7人）　分からない　　　（4人）

図4　態度と言語イメージ（自己方言、大阪弁／大阪短大生　大阪府出身者85人）

い。」と考えている。

　図5の標準語に対する好悪と標準語イメージとの関係をみると、情的プラスの項目だけにはっきりとした違いがみられる。「好き」と答えた人は、積極的に「嫌い」と答えた人よりは、標準語は「より、大らかで、素朴でやわらかい」と考えている。図4と図5の差は、「誇りをもっている、持っていない／好き、嫌い」という「態度」の性質の差からくるのか、あるいは、「態度」が方言イメージ形成におよぼす要因としての強さが、自己方言と第二言語とでは異なるからなのか、この調査資料からは、これ以上のことはいえない。

　今回㉛や㉝で調査した能力や機会の回答では、このような構造的なはっきりした差はみいだせない。調査人数が少ないという欠点はあっても、以上の結果から、方言イメージ形成に「態度」が要因としてかかわる可能性があるということは指摘できよう。態度には、「感情的成分」と「認知的成分」が

第3章 方言イメージの形成

2：よくあてはまる　1：少しあてはまる　0：あてはまらない

都会的／近代的／歯切れがよい／正しい｜きびしい／豪快／乱暴｜大らか／素朴／やわらかい｜昔の言葉を使う／地味／重い／なまりがある／不明瞭

知的＋　　情的－　　情的＋　　知的－

標準語が好き ——— (17人)　　どちらともいえない (64人)
嫌い --- (11人)　　分からない　　(13人)

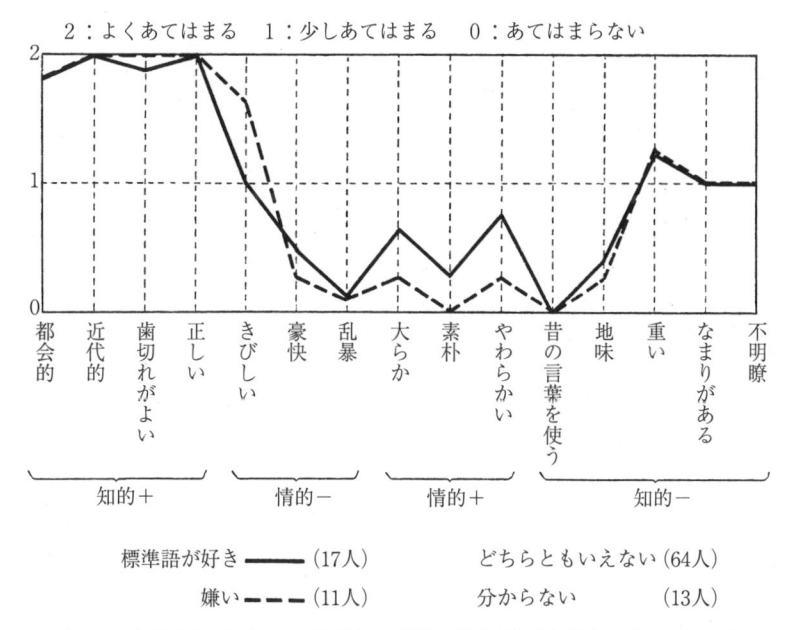

図5　態度と言語イメージ（第二言語、標準語／大阪短大生　105人）

あるが、どのような成分が方言イメージ形成にどのようにかかわるのか。また、今回は、使用言語との関連で調べたが、近隣の理解言語についてはどうか。さらに、ここでの東北弁、九州弁などの、その存在だけをいわば単語として知って、ほとんど実際を知らない言語についてはどうかなど、これからの課題としたい。

5．方言認定と方言イメージ

方言イメージを計測する際に、被調査者が、こちらで意図したような「方言（弁）」そのもののイメージをとらえて回答したのかどうかという疑問がある。こうしたＳＤ法の流れを汲む調査法では、例えば「大阪方言（弁）」という単語に喚起されるイメージを計測していたり、また、刺激語に反映されたその地域イメージをとらえていたりする可能性が常にある。このような

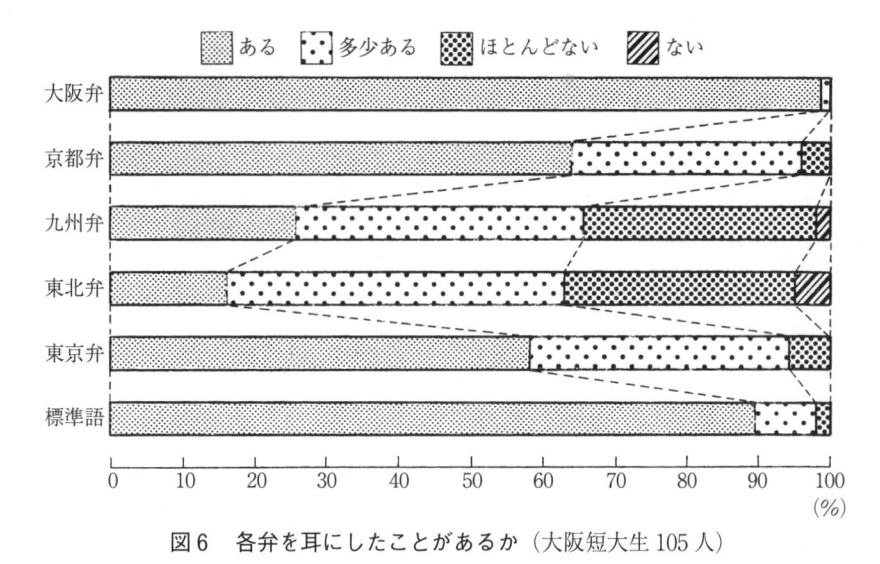

Ⅳ 言語接触にみる共通語と方言の類型的文体形成

図6 各弁を耳にしたことがあるか（大阪短大生105人）

調査法においては、実際は何を調査したのかということは、常に問題となるところである。

　調査票では、㉒から㉗の方言イメージを調査する前に、⑥から㉑の項目をおいて、方言そのものに注意をむけようとしたが、これらの項目を集計してみると、一口に方言（弁）といっても、一人一人、それをどのようにとらえるかは様々であることがわかる。そこで、⑥から㉑の調査項目のなかから、⑧から⑬、⑱から㉑をとりあげて、この問題について考察したい。

　まず、六方言を耳にしたことがあるかどうかというのが、⑧から⑬で尋ねたことであるが、その結果は、図6のとおりである。

　大阪弁を耳にしたことがあるという答えは、当然のことながらほぼ全員である。標準語は、大阪弁と同様の状態をみせる。京都弁と東京弁とはよく似た状態を示し、大阪弁や標準語より、少し遠くなる[3]。九州弁と東北弁が、よく似た状態を示し、さらに遠くなる。「耳にしたことがほとんどない、ない」と答える層が、3割強になるが、「耳にしたことがある」とはっきり断定する人は、九州弁の方がやや多く、積極的に「ない」を答える人は、東北

第3章 方言イメージの形成

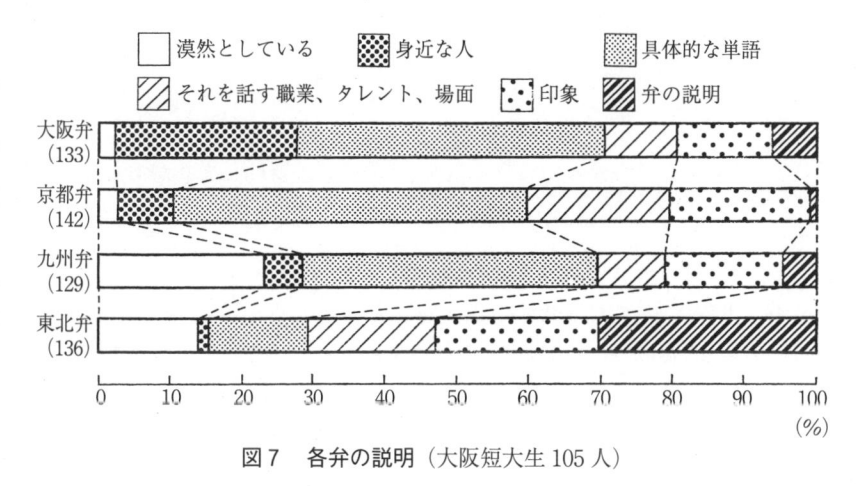

```
□ 漠然としている    ▨ 身近な人        ▨ 具体的な単語
▨ それを話す職業、タレント、場面   ▨ 印象   ▨ 弁の説明
```

図7　各弁の説明（大阪短大生105人）

弁の方が、やや多い。これは、地理的にも、また、父母の出身地などをみても、大阪は、九州の方により近いことからくるのであろう。

「大阪弁」「京都弁」などから、どのようなことばを思いうかべたかを尋ねたのが、⑱から㉑である。結果は、図7に示す。この回答は記述式にしたが、それらを集計するとおおよそ次の6種類に分類された。

(1) ばくぜんとしている……ばくぜんとしている場合はそのように記せとしたのにしたがって記述された回答の類（「ほとんど聞いたことがないのでわかりません」などもここに含めたが、これは、別に分類すべきであった）。

(2) 身近な人……「自分が普段喋っていることば」「京都に住んでいる知り合いが喋っていることば」「田舎が大分県なので、祖父、祖母、おじ、おば、父、母などの言葉」など。

(3) 具体的な単語……「〜やんか」「うち」「〜どすえ」などというように一つまたは複数の単語をあげる。なかには、「アクセントが標準語と全く反対だと思う」「すしをすすといったりする言葉」というように、音声面の言及が若干みられたが、ここに含めた。

(4) それを話す職業、タレント、場面……「舞妓さんが使うことば」

301

Ⅳ　言語接触にみる共通語と方言の類型的文体形成

「千昌夫、新沼謙治などが話すことば」「テレビで東北の人にインタビューした時に聞いた言葉」など。

(5) 印象……「大阪弁よりもっとやわらかい、おっとりとしたことば」「少し鼻にかかったような言葉」「すごい独特のなまりがあって、少しこっけいな感じのすることば。素朴な感じ。」「力強くて豪快な男っぽいことば」など。

(6) 弁の説明……「河内弁」「京ことば」「ズーズー弁」「博多弁」など。「京ことば」「ズーズー弁」は印象に近く、「河内弁」「博多弁」などは特定の方言を具体的にあげたという点で、別に独立してたてた方が分類としては妥当であったかもしれない。ただし、「京ことば」は1例だけであるし、「ズーズー弁」に類した述べ方は「東北弁」に圧倒的に多く、また、それが東北弁の「弁の説明」の大部分を占めるので、ひとまずこの分類とし、分析の際には、考慮する。

大体7割から8割の回答が、以上のどれかを単独で答え、残りの人は、これらの組み合わせで記述していた（たとえば「ズーズー弁。聞き取りにくい早口なことば。」「舞妓さんが使う言葉。○○どすなー。」など）。組み合わせられた回答は複数回答と考えて、それぞれこの(1)から(6)にばらばらに分類しなおして集計した。図7の（　）の中の数字はこうして得られた全回答数を示している。

図7からは、次のようなことが読み取れる。まず、「ばくぜんとしている」が大阪弁、京都弁に少なく、九州弁、東北弁で増えるのに対して、「身近な人」が大阪弁、京都弁、九州弁、東北弁の順に減っていく。「具体的な単語」は、大阪弁、京都弁、九州弁で5割前後のかなり高率を占める。東北弁ではそれが少ないが、かわって「弁の説明」が増え、（東北弁のこの中身は、ほとんどが「ズーズー弁」という記述である）合計すると、同様、5割近くになる。「それを話す職業、タレント、場面」および「印象」は、これらの方言を通じて、一定割合を占める。

以上の観察から、方言の捉え方には、次の三つのタイプがあることが推測

第3章　方言イメージの形成

できる。
- a．生のことば全体を捉える。
- b．その方言を集約して表すような単語や説明語（ズーズー弁）で捉える。
- c．主観、印象で捉える。

aは、「身近な人」という回答に代表されるであろう。bは、「単語」や、「弁の説明」のなかの「ズーズー弁」などがこれにあたる。「それを話す職業、タレント、場面」は、aにもbにもまたがっているだろう。cは、「印象」でみる回答がこれにあたる。

aは本調査が意図した対象を捉えていると一往考えられるが、b、cは、生きて使われている方言そのものの全体の姿を捉えるというより、すでに、方言そのものを特定の型として捉えているといえるだろう。

さて、この特定の型の内容をみると、ここには、細かく記載しないが、個人がその言語を聞き、話し、経験して個性豊かな捉え方を産み出すというよりは、むしろ、この段階でかなりbやcのそれぞれの回答の内容が似通っていることに気付くのである。(1)から(6)にあげた具体例を参照していただきたい。方言イメージを尋ねる時には、実はすでにその対象となる方言の姿がかなりステレオタイプ化したものについて回答されている可能性があるとみることができる。

そしてそれは、自己方言についても同様で、大阪弁でも、「身近な人」のことば以外の回答の占める率は非常に高い。以下のような、
- ・普段自分が使っている言葉。昔の商人さんたちが使っていたようなものではない。
- ・「私」のことを「うち」といったり、「あなた」のことを「あんた」と言う。自分が普段使うことばなので、これが大阪弁だということばがどれかちょっとわかりません。

という本調査の意図にそった捉え方があるが、一方で、
- ・商売人が使っている言葉。「～でっせー」

Ⅳ　言語接触にみる共通語と方言の類型的文体形成

　　・上方落語や上方の漫才師が話している言葉を思いうかべた
というような捉え方が大阪出身者の回答にもでてきているのである。
　これがすでに言語のイメージだといってしまうことは簡単だが、ひとまず
は、「方言の現象」と「方言のイメージ」とのあいだに、「方言の認定」とで
もいうようなレベルを考えておきたい。
　ステレオタイプ化して方言を認定することを、方言にレッテルをはる、レ
ッテル化と呼ぼう。レッテルになるのは、特徴的な単語や、説明語「ズーズ
ー弁」「京ことば」など、また固定化された印象説明である。現に自分のま
わりで話されている言葉についてもレッテル化を受ける可能性があることが、
図7の大阪弁、京都弁をみてもうかがわれる[4]。方言の特徴だけが喧伝され
ていて、内実をよく知らない言語であれば、そのレッテルのみを通じて受容
されるであろうし、レッテル化がおこり、そのレッテルが自己方言を含めて
安定して広く知られる言語ほど、そのレッテルを下地にして、大体集約され
て差のない方言イメージが形成されるのではあるまいか。レッテル化は、言
語接触の度合によっても違う可能性があるし、また、方言に対する態度によ
っても違う（第4節参照）可能性がある。
　全く何も情報のない言語については、このレッテル化が不可能で、イメー
ジは、単に方言名の単語から生まれるイメージということになるだろう。ま
た、言語を知らず、ただ、観光地などの地域情報しかない場合は、地域のイ
メージを答えることになるだろう[5]。
　これらの、刺激語とそれによって回答されるイメージとの関係は、つぎの
ように図化される[6]。

　　　〔方言名〕　　　　　　〔方言認定〕　　　　　　〔方言イメージ〕
　　使用語、接触語………方言のレッテル化……………方言イメージ1
　　土地情報のみあり……土地のレッテル化……………地域イメージ
　　情報なし………………レッテル化おこらず…………単語イメージ
　　　　　　　　　　　　方言のレッテル情報のみあり……方言イメージ2[7]

　　　　　　　　　図8　刺激語と方言イメージ

ところで、イメージが、生え抜きと他者とで著しく違うことがある。井上(1977)図11に紹介されている、札幌大生の大阪弁イメージと生え抜き自身の大阪弁イメージの差がその実例である。札幌大生の、大阪弁の方言認定を調査すると、どのような結果になるであろうか。また、周知のレッテルが、実は方言変容、共通語化などに伴って、それを生活語としている人達にとっては改変されていたというような場合、また、逆にそれをとりまく方言が変容して相対的に当該方言のレッテルが変化していたというような場合が可能性として考えられる。このような状態で方言のイメージに改変はあるのかどうか方言認定をイメージと分別してどのように調査するかを含めて、今後の課題としたい。

6. 終わりに

以上の結果と論旨を次のようにまとめる。
(1) 大阪短大生の自己方言（大阪弁）、他者方言（京都弁、九州弁、東北弁、東京弁）及び標準語を林の数量化理論第Ⅲ類にかけてそれぞれを位置づけ、さらに平均点で観察すると、大阪弁イメージと京都弁イメージの相違、東北弁イメージと九州弁イメージの類似、大阪弁イメージの独立、東京弁イメージと標準語イメージの類似と全体からの独立などが認められた。九州弁イメージと東北弁イメージの類似は今回の被調査者と調査対象の性格によると思われる。
(2) 態度と方言イメージには関連が認められる。平均点で比較すると、自己方言である大阪弁イメージでは、イメージの要素（知的プラスマイナス、情的プラスマイナス）全般にわたって、差がみられた。一方第二言語の標準語イメージと態度との関係は、情的プラスの要素だけに差が現れた。
(3) 方言イメージの調査では、実際の方言の姿からただちに何らかのイメージが形成されるのではなく、一旦それを抽象化して捉える段階があ

Ⅳ　言語接触にみる共通語と方言の類型的文体形成

るようだ。方言の現象と方言のイメージとのあいだに「方言の認定」というレベルが考えられる。

　我々の言語使用は、言語的要因と言語外的要因（文化的、社会的、心理的要因）が作用しあったところに生まれる。方言イメージの研究を今後、言語使用研究の一環として位置づけていきたい。

　資料の集計、分析には、関西大学情報処理センターFACOM M—380システムで、SPSSを使用した。
　関西大学文学部教授、神堀忍氏との共同研究のうち、沖担当分をここに発表する。

注
1)　井上（1983）は、方言イメージ研究の理論的展望を、次のようにまとめている（91〜96頁の(A)から(E)を論者が要約）。
　　（A）　方言イメージ形成にあずかる言語的要因の研究
　　（B）　方言イメージ形成にあずかる社会心理学的要因の研究
　　（C）　方言イメージと方言区画の統一的考察
　　（D）　言語変化・伝播にはたす方言イメージのありかたの研究
　　（E）　実際の言語行動にはたす方言イメージのありかたの研究（方言コンプレックスなどの現象も含む）
　（C）で、方言イメージと方言区画との関連が考慮に入れられているが、今、これをかりに、もう少し広く、
　　（C′）　方言イメージの記述
　と読み替えるとすれば、本稿の目的は、「(C′)(A)(B)」を、調査資料を通して考察するところにある。
2)　井上（1980b）が各地の出身者の（生育地の）方言イメージ群を扱ったのに対して、本論では、一地域の人を対象にして、その地の方言にその地以外の方言群を加えて、それら（大阪弁、京都弁、九州弁、東北弁、東京弁と標準語）の方言イメージ間の相対的関係を調査している（その点では、井上（1977）の資料の性質と同様である）。
　各地の生え抜きに、その地の方言イメージを記入してもらう調査は、従来の方言調査と調査方法の点では重なる。これを「生え抜き調査法」と呼ぶならば、方言イメージの生え抜き調査法（井上1980b、1983の方法）は、従来の方言

第3章　方言イメージの形成

学が音韻や語彙や文法形態で方言区画をたてたように、方言イメージによって方言の区画をたてることにつながっていく。しかし、方言イメージが言語変化や言語行動にどのような影響を及ぼすかを考えていくためには、生え抜き調査法と平行して、接触する言語（方言）のイメージをどのようにとらえるかを調査していくことが大切だと思う。言語に関した社会心理を調査するので、こちらを「社会心理調査法」と呼ぶとすると、本稿は社会心理調査法による方言イメージの研究である。こちらは、従来の方言学との関係をもちながら、学問領域としては、社会言語学（論者は社会心理言語学と呼びたい）の一課題として位置づけられる。

3)　個人的な感想を述べると、論者が東京在住のころは、大阪と京都は、イメージが違っても、現代の生活圏としては、かなり一体化したものとしてとらえていた。しかし、和歌山に移り住んで大阪に職場をもつ現在、それは、成人の経済や人の動きであって、短大1年生の、夏休みをむかえる前の姿としては、京都弁を耳にしたことが「多少ある」という消極的な回答が約3割ほどもあるという結果は、さほど不思議に思われないと感じている。

4)　もっとも、本調査で、自己方言である大阪弁の説明自体がかなりステレオタイプ化されたものであったことは、「大阪弁」という刺激語を使ったことによるという見方もすてきれない。すなわち、「京都弁、九州弁、標準語……」などと並びたてて「大阪弁」を考えたために、普段の自分達の言葉というより標準と異なっている言葉、より俚言に近い言葉を想定した可能性もある。

5)　例えば、「片岡方言」のイメージをといわれた時のことを想定していただきたい。「片岡」は長野県の地名であるが、近隣の人にとっては「片岡」を知り、レッテル化がおこり、イメージも記入できようが、そうではない人にとっては、単に単語からのイメージに頼るしかないであろう。

6)　この図では、それぞれの典型例を考えている。実際はもっと複合的であろう。

7)　本調査の大阪短大生でいえば、ほとんど耳にしたことはないが、「ズーズー弁」というレッテルだけがよく知られている「東北弁」に典型的にあてはまる。

参考文献

飽戸　弘（1970）『イメージの心理学』潮出版社
東洋他編（1970）『心理学の基礎知識』有斐閣
井垣章一（1968）『社会調査入門』ミネルヴァ書房
井上史雄（1977）「方言イメージの多変量解析（上・下）」『言語生活』311、312
井上史雄（1980a）「方言イメージの評価語」『東京外国語大学論集』30
井上史雄（1980b）「方言のイメージ」『言語生活』341

Ⅳ　言語接触にみる共通語と方言の類型的文体形成

井上史雄（1983）「方言イメージ多変量解析による方言区画」平山輝男博士古稀記念会編『現代方言学の課題　第1巻　社会的研究篇』明治書院

楳垣実編（1962）『近畿方言の綜合的研究』三省堂

岡堂哲雄編集（1982）『社会心理用語事典』至文堂

関西大学方言研究会編（1978）『郷言』14号

司馬正次編著（1977）『データ解析入門―SPSSへの招待』東洋経済新報社

三宅一郎、山本嘉一郎（1976）『SPSS統計パッケージⅠ　基礎編』東洋経済新報社

三宅一郎、中野嘉弘、水野欽治、山本嘉一郎（1977）『SPSS統計パッケージⅡ　解析編』東洋経済新報社

安田三郎、海野道郎（1977）『改訂2版　社会統計学』丸善株式会社

〔調査票項目〕

　本調査の全調査項目を、以下に掲げる。方言イメージを調べる㉒から㉗では、16評価語を用いているが、調査票の枠のとりかたもふくめて、井上（1980a）に示されているところにならったので、ここでは、六つの方言名だけを示して、あとは省略する。方言の名称に関しては、「方言」にまつわる俚言的イメージをさけて、言語全体であることを示すためにあえて「弁」を使ってある。（なお、㉗の「標準語」の調査票では、「標準語に近い」という評価語は枠だけ示して、抜いてある。）〔記述式〕とあるのは、文章で自由に答えてもらう項目である。

①年齢　　　　　昭和＿＿年＿＿月＿＿日生　　　　＿＿才
②現住所　　　＿＿府・県＿＿市・郡＿＿＿＿＿＿
③言語歴　　　＿＿才から＿＿才まで＿＿年間＿＿＿＿＿
④父の出身地　＿＿府・県＿＿市・郡
⑤母の出身地　＿＿府・県＿＿市・郡
⑥大阪弁と京都弁は違うものだと思いますか。
　　1　同じ　　2　違う　　3　分からない
⑦⑥で、「大阪弁と京都弁は違う」と答えた人は、
　　1　はっきり区別ができる
　　2　大体区別ができる
　　3　区別はできないが、違うと思う
⑧大阪弁を耳にしたことがありますか。
　　1　ある　　2　多少ある　　3　ほとんどない　　4　ない
⑨京都弁を耳にしたことがありますか。
　　1　ある　　2　多少ある　　3　ほとんどない　　4　ない

第3章　方言イメージの形成

⑩九州弁を耳にしたことがありますか。
　　　1　ある　　2　多少ある　　3　ほとんどない　　4　ない
⑪東京弁を耳にしたことがありますか。
　　　1　ある　　2　多少ある　　3　ほとんどない　　4　ない
⑫東北弁を耳にしたことがありますか。
　　　1　ある　　2　多少ある　　3　ほとんどない　　4　ない
⑬標準語を耳にしたことがありますか。
　　　1　ある　　2　多少ある　　3　ほとんどない　　4　ない
⑭「標準語」といった場合、それはどのようなことばを指していると思いますか。考えたままを書いて下きい。〔記述式〕
⑮「標準語」と「東京弁」とは同じだと思いますか。
　　1　同じだと思う
　　2　大体同じようなものだと思う
　　3　少し違うと思う
　　4　違うと思う
⑯⑮で、3あるいは4を選んだ方は、その違いについて説明してみて下さい。〔記述式〕
⑰あなたは、自分の普段喋っていることばは「何だ」と思っていますか。説明してみて下さい。〔記述式〕
⑱「大阪弁」とひとくちに言いましたが、あなたは、具体的にはどんなことばを思いうかべましたか。説明してみて下さい。また、ばくぜんとしている場合は、そう書いて下さい。〔記述式〕
⑲「京都弁」とひとくちに言いましたが、あなたは、具体的にはどんなことばを思いうかべましたか。説明してみて下さい。また、ばくぜんとしている場合は、そう書いて下さい。〔記述式〕
⑳「東北弁」とひとくちに言いましたが、あなたは、具体的にはどんなことばを思いうかべましたか。説明してみて下さい。また、ばくぜんとしている場合は、そう書いて下さい。〔記述式〕
㉑「九州弁」とひとくちに言いましたが、あなたは、具体的にはどんなことばを思いうかべましたか。説明してみて下さい。また、ばくぜんとしている場合は、そう書いて下きい。〔記述式〕
㉒次のことばについて、あなたはどのように感じますか。自分の感じに一番近いところに〇印をつけて下さい。
　　大阪弁について
㉓九州弁について

Ⅳ 言語接触にみる共通語と方言の類型的文体形成

㉔京都弁について
㉕東京弁について
㉖東北弁について
㉗標準語について
㉘あなたは、普段自分の喋っていることばが好きですか。
　　　1　好き　　2　嫌い　　3　どちらともいえない　　4　分からない
㉙あなたは、普段自分の喋っていることばに誇りを持っていますか。
　　　1　持っている　2　持っていない　3　どちらともいえない
　　　4　分からない
㉚あなたは「標準語」が好きですか。
　　　1　好き　　2　嫌い　　3　どちらともいえない　　4　分からない
㉛自分が標準語を話すことができると思っているかどうかについて聞かせて下さい。
　　　1　上手に話すことができる
　　　2　まあ話すことができる
　　　3　あまり上手とはいえない
　　　4　よく話せないほうだと思う
㉜㉛で3または4を答えた人は、どういうところについてそのように思うのですか。説明してみて下さい。〔記述式〕
㉝普段標準語を話す機会はありますか。
　　　1　よくある　　2　時々ある　　3　あまりない　　4　ほとんどない
㉞㉝で1または2を答えた方、それはどういう時ですか。説明してみて下さい。〔記述式〕

V 談話構造の地理的変種

第1章　談話型から見た喜びの表現
——結婚のあいさつの地域差より——

1．はじめに

　「喜びの表現」について、談話構造の観点から考察を加えてみたい。各地の結婚のあいさつでは、喜びの気持ち、祝う気持ちがある程度自由な談話のなかで、どのような表現構造をとって現れるのだろうか。一見、様々な変異形が出現していわゆる「お国ぶり」がでるように予想されるが、多出するのは語彙レベルでの変異である。談話レベルで観察すると、このような表現にはある種の型を認めることができることをみていきたい。
　「型」について簡単に考えを記すと次のようになる。
　単語が統語的な規則のもとに連接して文を作るように、ある単位体がある規則のもとに連接して談話が作られると考えてみる。すると談話研究とはどのような単位体が、どのような規則で連接して談話を生成するかについての考究であると考えることができる。
　本論は、前者の、どのような単位体で談話が構成されているかという観点から「談話型」というものを考え、「道で出会った近所の人に結婚の祝いを述べる」というごく限られた事象を対象として当該の表現の「談話型」を考察しようとするものである。
　本論を、談話の地域差の分析から「談話型」そのものを抽出することの、ひとつのケース・スタディとして位置づけたい。

V 談話構造の地理的変種

2．とりあげる言語資料

2.1 『方言資料叢刊』

『方言資料叢刊』第1巻（1991年）を用いる。「祝言のあいさつ」を調べた結果が、全国38地点、大韓民国1地点、中華人民共和国1地点について報告されている。調査者[1]は、方言研究の専門家31名。調査時期は、1990年秋にほぼかたまっており、話者は生え抜きの高年者で70歳前後が多くを占める。体系的に全国的資料を得るための項目が工夫された統一調査票[2]を用いた面接調査による。

絶対的な地点数は少ないが、地点の偏りがなく、各都道府県各1地点ずつ全国を網羅しようとしている。埼玉・東京・神奈川などを欠いている点が惜しまれるが、このように等質で体系的な資料が全国規模の地点で得られることの意義は大きい。特に、祝言の挨拶をこのような形で網羅したものは類例をみない。以下、叢刊と略称する。

2.2 考察対象とする項目

叢刊第1巻では、「祝言のあいさつ」について次のような統一調査項目が組まれている。（大項目のみ列挙）

 Ⅰ 結納授受のあいさつ

 Ⅱ 嫁をもらう家の人へのあいさつ

 Ⅲ 嫁に出すことが決まった家の人へのあいさつ

 Ⅳ 結婚式当日のあいさつ

 Ⅴ 結婚式後、姑が新婦を連れて近所へあいさつに回る時のあいさつ

 Ⅵ 嫁を迎えた家の人へのあいさつ

 Ⅶ 結婚式後の仲人へのあいさつ

 Ⅷ 嫁のはじめての里帰りのあいさつ

このなかでⅡは、さらに次のような小項目に分かれている。

第1章　談話型から見た喜びの表現

　　1　嫁をもらうことが決まった家の人に道で出会って、近所の人たちはどのようなお祝いのあいさつをしますか。
　　2　嫁をもらう家の人は、そのあいさつに応えて、どのようなあいさつをしますか。

　本論ではこのうちⅡ－1をとりあげて考察したい。1と2の対話の構造、ⅡとⅢとの比較など、興味は尽きないが今後の課題とする。
　なお、あいさつ表現と一口に言っても、Ⅱ－1は、Ⅰの結納授受のような儀式上の定型的なあいさつ表現とは異なり、ある程度自由度の高い自然な場面での表現にあたる。このことを、調査票項目の相互関係をみることから確認しておきたい。

3．あいさつ表現の概観

　項目Ⅱ－1に関しては、国内37地点82用例、国外2地点3用例を得ている[3]。まず、国内を概観していきたい。引用例のあとの数字は引用頁を示す。引用頁に続く地名は調査地点である。原文に付与されていたアクセント表記は除いて示す。

3．1　談話型の分析
　(1)　キマッタンジャソーナ。ヨカッタ　ネ。(245・広島県倉橋町)
　(2)　オメデトーゴザイマス。オタクワ　オヨメサン　モライナサルゲナ。
　　　 (269・福岡県福岡市)

(1)の「キマッタンジャソーナ。」というのは、結婚が決まったことを確認する表現である。それを(2)では、「オタクワ　オヨメサン　モライナサルゲナ。」と表現している。表現する単語や文型には地域的変異があるが、いずれにしてもその表現で結婚が決まったことを確認しているととらえることができる。そこでこれを〈確認〉とし、談話を構成している意味的単位体として記述する。この意味的単位体を「要素」と呼び、出現する要素の組み合わ

V 談話構造の地理的変種

せを、「談話型」と名付ける。⑴は〈確認〉と（ことがらに対する話者の）感想という二つの要素の組み合わせからなる〈確認〉〈感想〉型の談話型であり、⑵は〈祝い〉と〈確認〉の要素からなる〈祝い〉〈確認〉型であると記述することができる。本論では、まず地域的変種を比較考察することによって要素を分析し、その組み合わせで談話型を記述する方法をとるのである。

ここでみていく要素は一文を単位として出現するとは限らず、例えば「ゴケッコン　キマッテ」という〈確認〉と、「タイヘン　ヨカッタデスネ」という〈感想〉が、一文の中で共起しているような場合もある。

また、談話型には、各要素の出現順ということも考慮に入れる必要があると思うが、それは統文論の問題でもあり、また資料的な制約もあるので、ここでは談話中の要素の出現順序の問題には触れずに進む。

3.2　最も多くみられる談話型

最も多くみられるのは、次のような3種類である。

① 〈確認〉〈祝い〉型
　⑶　オタクサマワ　ゴケッコンガー　キマッタゲナニ　マーオメデトゴザイマス。(115・愛知県名古屋市)
　⑷　コンダ　マー　オキマリニ　ナリマシタソーデ　ソラ　マー　ドーモ　オメデトーゴザシタ。(269・福岡県福岡市)

② 〈確認〉〈祝い〉〈感想〉型
　⑸　コノタビワ　ゴエンダン　トトノイマシテ　ホントニ　オメデトーゴザイマス。イカッタデス　ネー。(11・北海道函館市)
　⑹　チカジカ　ナンカ　キットコロニヨルト　オトリコミガアルンヤーユーテ。オメットサン。ヨカッタ　ナー。(262・愛媛県新宮村)

③ 〈確認〉〈感想〉型
　⑺　ヨメ　キマッタンデネガ。イガッタノー。(56・山形県三川町)
　⑻　テマオ　モラッタソーデス　ネー。アー　ヨカッタデス　ネー。(230・島根県知夫村)

第1章　談話型から見た喜びの表現

　これら①②③の談話型が叢刊中では最も多くみられた。①は15地点22用例、②は11地点11用例、③は8地点13用例である。この3者で全用例の約7割をしめる。

3.3　〈相手の心情推測〉添加型

　いうまでもないが先の①②③は、あげられた以外の要素を含まない型である。この3要素の全部またはいずれかに加えて、これ以外の要素を含む型がある。それについて次にみていきたい（以下、用例の下線は論者）。

　(9)　ヨカッタ　ノー。<u>アンキニ　ナル　ノー</u>。オメデトー。(127・愛知県豊橋市)

　(10)　マー　オメデトーゴザイマシタ　ネー。<u>アンド　シナザシタ　ナー</u>。(269・福岡県福岡市)

　いま、下線をひいた箇所は、話者が聞き手の心情に触れている表現である。〈相手の心情推測〉と名付ける。略して〈心情推測〉と呼ぶ。

　〈心情推測〉には、次のようなタイプが含まれる。

　　①「安心だね」タイプ
　　②「落ち着くね」タイプ
　　③「大変だね」タイプ
　　④「喜んでいるか」タイプ

(9)(10)は「安心だね」タイプに入る。これがもっとも多く、5地点7用例。
　「落ち着くね」タイプは、2地点2用例。

　(11)　コレデ　オウチモ　ナンダンガナ。<u>オチツキハリマスガナ</u>。
　　　　(193・大阪府大阪市)

「大変だね」タイプは、1地点1用例。

　(12)　アタゲ　ヨメゴ　モラワステ　(or ヨメゴン　デケラシタゲナ)
　　　　ナー。<u>オセワデ　ゴザイマス　ナー</u>。(290・熊本県砥用町)

「喜んでいるか」タイプは、1地点1用例。

　(13)　コノタビワ　アンサノオヨメサン　キマテ　ナンボ　オメデテー

317

V　談話構造の地理的変種

ネサー。ミンナ　ドー　ヨロゴンデシター。オイワイ　モウシマス　ヨガッタネサー。(31・青森県弘前市)

このような〈心情推測〉が、先にみた〈確認〉〈祝い〉〈感想〉の3大要素のいずれかと共起して談話を構成している。9地点11用例に現れるが、全用例の約1割強と比較的少ない。

なお、相手の気持ちに触れる〈心情推測〉を担う言語表現に、たとえば「お喜びでしょう」「嬉しいでしょうね」など、「喜ぶ」「嬉しい」といった「喜びを表す意味領域の単語」が使用されているのはわずか1地点(用例(13))である。おなじあいさつ表現でも、不祝儀の場合には、共通語の紋切り型のあいさつとして「御愁傷さまです」などがある。漢語ではあるが「あなたは嘆き悲しんでいる」という相手の心情を推測する単語が含まれた言い回しで、「悲しみの意味領域にある単語」が使用されている。論とは直接の関係がないが、談話中に使用される語彙的特徴としてあげておきたい。

3.4　〈尋ね〉添加型

また、結婚のことを話題にして談話を展開していく型がある。

(14)　マー　キマッタッタラシーデン　ナー。オメデトー　ゴダイマスー。ドッカラ　キテデン　ノン。(212・兵庫県滝野町)[4]

少し長い引用になるが以下、当地点の説明を紹介したい。

　道で会った場合などには、上記のような気軽なあいさつが行われる。「ドッカラ　キテデン　ノン。」という花嫁の出身地を尋ねる問いかけは、ぜひ出身地を知りたいという差し迫ったものではなく、おおむね話の継ぎ穂として行われる。したがって、たとえば「神戸の方から」などというような大ざっぱな答えであっても、それ以上詳しく尋ねることはなく、「マー　ヨロシー　ナー。」とつないでいく。時に細かく詮索することが行われたとしても、それは祝いのための褒めことばを捜す方便としてなされるとのことである。(212-213頁・黒崎良昭)

つまり、花嫁はどこから来るのかということを尋ねるのはそれを話題にし

第1章　談話型から見た喜びの表現

て話を続けるためであるという。右の「ドッカラ　キテデン　ノン」は、「祝いのための褒めことばを捜す」という意識のもとに発話されている、という報告である。

談話にみられるこのような要素を〈尋ね〉と呼ぶ。〈尋ね〉を談話に組み込む裏には、積極的に話題にとりあげ談話を展開していこうとする態度が感じられる。この態度を、積極的話題化の態度と呼びたい。

もう1地点、〈尋ね〉を含んだ用例をあげる。

(15)　ア、コンニチワ。アノ　コンド　ムスコサンニ　オヨメサン　キマッタソーデ　ゴザイマシテ　オメデトー　ゴザイマス。(「エー。マー　エン　アッテ　ヤット　キマリマシタンデ。マ　ホットシトリマス。エーヒトガ　ミツカリマシテ。」)ドチラノ　カタ　モラワレマスンデス　カ。ドナタノ　ゴショーカイデ。オヨメサン　オトシワ　オイクツデス。(164-165・京都府京都市)

ここでは、切り出しの発話でこうした触れ方をしていないが、それに答えた発話にただちに続けて〈尋ね〉がみられる。ここ京都市の注記には、「あまり深入りしないようにするが、どちらの人か、誰の紹介か、年令はいくつか、などは自然に話題になる。(165頁・佐藤虎男)」とあり、やはり、こうした談話展開の方略、積極的話題化の態度が存在することを示している。なお、(15)は、京都の73歳男性話者の資料であるが、同地点女性話者の資料では、切り出しの発話からこうした〈尋ね〉要素がみられる。

(16)　エートコカラ（いい所から）オモライヤスソードス　ナー。(「ヘー、オーキニ。ケッコドシター（安心しましたわ）。」)(165・同(15))

このように、嫁のことや「ドナタノゴショーカイデ」のような結婚の成立過程を話題にする地域は、三重県松阪市、京都府京都市、奈良県奈良市、大阪府泉南市、兵庫県滝野町があり、近畿圏にまとまった分布がみられる。5地点8用例[5]。

〈尋ね〉をする型には他に千葉県銚子市があるが、こちらは、次のように

319

V 談話構造の地理的変種

結婚式の日取りを尋ねている。1地点2用例[6]。

   (17)　オメライデ　コンダ　ヨメサンガ　デキダダッテノー。ヨガッタノー。オメデトー。イズ　シューゲンダヨ。キンジョトナリダガラ　シューゲンニワヨ　シューギ　ツケッダカラノ。(78・千葉県銚子市)

隣近所が結婚式に招かれることを前提とした発話であり、実質的な質問として尋ねていると考えられる。その意味で先の地域にみられた〈尋ね〉とは質が異なっている。近畿圏にみられるものを〈社交的尋ね〉、銚子市のものを〈実質的尋ね〉としておきたい。

3.5　〈ゼロ形態〉型

当該の談話そのものを行わないという地域・位相がある。

愛知県豊橋市では「近所の男の人は何も言わないことが多い。(127頁・久木田恵)」、岐阜県関ヶ原町では「特に男性は、嫁をもらう家の人と街頭で出会っても、それを話題にしない。(136頁・江端義夫)」という報告がある。後者には「訪問して正式に挨拶するときと違って、道路上で、このような話題を交わすことは、無礼とされる。(136頁・同)」という注記があるので、意識的な「話題化回避の態度」であると考えられる。談話そのものが発現しないので、〈ゼロ形態〉要素と分類することにする。

3.6　その他の型

総計では10地点、12用例。内訳は、〈確認〉型が4地点4用例。〈祝い〉型が3地点3用例。〈感想〉型が2地点3用例。〈祝い〉〈感想〉型が2地点2用例みられた。異なる談話型の併存する地点が1地点あったことになる。

4．喜びの表現にみる地域差と共通性

4.1　要素の種類と談話型

談話の要素という点からみると、叢刊資料中では〈確認〉〈祝い〉〈感想〉〈心情推測〉〈尋ね〉〈ゼロ形態〉という6種類が抽出できた。また談話型という点からみると、7種類の主要な型が得られた。数量的には、表1のとおり。調査地点37地点82用例のところ、表では地点数61とあるのは、複数の型の併存がみられた地点があることを示している。

表1　談話型の出現数

型	地点数	用例数
〈ゼロ形態〉型	2	2
〈確認〉〈祝い〉型	15	22
〈確認〉〈祝い〉〈感想〉型	11	11
〈確認〉〈感想〉型	8	13
〈心情推測〉添加型	9	11
〈社交的尋ね〉添加型	5	9
〈実質的尋ね〉添加型	1	2
その他	10	12
計	61	82

先に話題化回避の態度について述べた。これと対極にあるのが積極的話題化の態度であろう。言うか、言わないか、積極的に言うか、という態度的選択肢は、いわば「意図」として談話全体の性格を決定するものである。音声学の術語を借りて談話の要素をひとつのセグメントとみると、談話全体の性格づけに関わるという意味で、こうした特徴は、要素連接全体に対してスプラセグメンタルにはたらくといってよい[7]。ここでは、《話題化回避》《積極的話題化》およびそのどちらでもない《話題化無標》を、スプラセグメンタ

V 談話構造の地理的変種

ルなレベルでの談話構成上の特徴として認めておきたい。このスプラセグメンタルな特徴が、一方では何も言わない談話即ち〈ゼロ形態〉型を産み、また一方では饒舌な〈尋ね〉添加型を産むのだと考える。

以上、こうした観点から談話型を図1にまとめたい。繰り返しになるが、〈　〉は談話型から抽出された要素を表し、《　》は、その要素を連ねた談話全体にかかるスプラセグメンタルな特徴、即ち談話の意図・態度の特徴を表す。全体の約7割を占めていた三つの型を基本型A型と考える。添加型とあるのは、基本型A型に現れるいずれかの要素に当該の要素が加えられてできた型であることを示す。

```
《話題化回避》…………………→  〈ゼロ形態〉型

                              ┌─ 〈確認〉〈祝い〉型
《話題化無標》…………………→  A型 ├─ 〈確認〉〈感想〉〈祝い〉型
                              └─ 〈確認〉〈感想〉型

                                 〈心情推測〉添加型

《積極的話題化》┬《社交的》……→  〈社交的尋ね〉添加型
              └《実質的》……→  〈実質的尋ね〉添加型
```

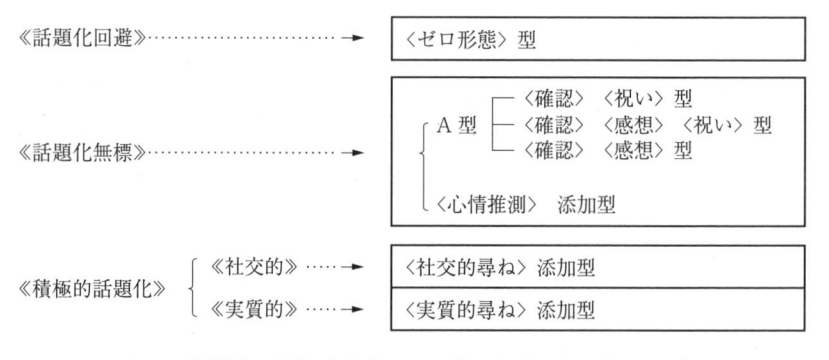

図1　談話型の種類（近所の人に道で結婚の祝いを述べる）

これらの中でいずれが現代日本語のスタンダードな談話型になるのかは、共通語場面をさらにつぶさに調べてみなければなるまい。また、場面・位相差も調べる必要がある。今後の課題である。

4.2　諸外国語との対照

談話型という観点からとらえることによって、言語体系の差をこえて比較対照する視点が持てる。敷衍すれば、談話型という観点から諸言語の対照記述が可能であることが分かる。この視点から叢刊の大韓民国、中華人民共和国の資料を分析してみたい。

第1章　談話型から見た喜びの表現

(18) 가족 하나 불러 좋겠읍니다．
　　（家族が1人増えるようになって嬉ママしいでしょう。）（320・大韓民国慶尚南道晋陽郡琴山面）

(19) 이번에 며느리 본다고 바쁘지예？
　　（今度お嫁さんをもらうことで忙しいでしょう。）（同上）

(20) 听说××定婚了。衷心地祝賀您。一切都准备好了吧、什么时候举行婚礼、吃喜糖呀？
　　（だれそれさんの結婚が決まってよかったですねえ。お祝いします。結婚の備準はもうすっかりととのっているでしょう。いつ結婚式を挙げ、めでたいキャンディーをいただくのですか。）（325・中華人民共和国北京市海淀区）

(18)(19)は、〈確認〉〈心情推測〉型（〈心情推測〉添加型）。(20)は、〈尋ね〉添加型で、近畿圏と同様の談話型に属する。

こうした、談話型の言語間の比較は、日本語教育においてもきわめて役立つ知識となるだろう。

5．おわりに

談話の展開方法に地域性が認められることを指摘したのは久木田（1990）である。久木田は自然談話の説明文部分を対象として、東京方言と関西方言の差異を論証しようとした。本論では、それほど自由度の高い談話ではなく、さりとて全く定型的なあいさつことばでもない、その中間的な談話を対象に選んだ。そして、地域差をみることによって「談話型」という観点を引き出し、そこから談話の言語構造を記述しようとしたものである。

今後の課題としては、ふたつある。類義的・反義的な談話（たとえば、不祝儀のあいさつ表現など）と比較することによって、談話型からみた言語構造を一言語体系内で明らかにしていくこと。また、位相差や社会構造との関係を資料として明らかにすることによって、談話型の差異を産み出す要因分

V 談話構造の地理的変種

析を進めることである。

談話研究には、質の高い話し言葉資料が不可欠である。国研（1974：160-161）が提供したような、面接調査資料と自然談話資料とのズレの研究なども、談話研究全般にわたる基礎的研究として重要であることを特に記したい。

注
1) 論者は、長野県松本市を担当。
2) 同書iv頁。また、統一調査票項目の作成は、方言研究ゼミナール幹事団（井上博文、上野智子、江端義夫、友定賢治（第1巻責任者）、町博光）諸氏の手による。
3) 地点の詳細、その他詳しいことは、叢刊をみられたい。なお、この用例数は、論者の数えたものである。
4) これを受けて「○○カラ　モライマン　ネン。」と答えると、さらに「マー　ヨロシー　ナー。チカイ　トコデ　ヨロシー　ナー。ソラ　モー　アッコノ　コーヤッタラ　エー　ワー。チョード　ヨカッタ　ナー。モー　ホントニ　エー　ゴエンヤ　ナー。」と続いていく。
5) これら5地点の調査は、異なり数3人の調査者が行っているので、調査者による偏りによってまとまった分布が出たとは考えにくい。3人の調査者の分担は、松阪市・泉南市／京都市・奈良市／滝野町。
6) 話者は、76歳男性。同地点71歳男性も同様の内容を尋ねているが、同地点74歳女性話者は結婚式の日取りを尋ねるという話題化を行っていない。男女差か、個人差か、またはその他の理由があるのか、ここでははっきりしない。
7) ここでいう談話の「意図」は、いわば研究者が抽象して切り出す弁別的特徴であるので、話者が実際にそうした意図を持ったか持たないかということは議論の対象にはならない。

引用文献
久木田恵（1990）「東京方言の談話展開の方法」『国語学』第162集
国立国語研究所（1974）『地域社会の言語生活―鶴岡における20年前との比較―』秀英出版
方言研究ゼミナール（1991）『方言資料叢刊　第1巻　祝言のあいさつ』

第2章　談話からみた東の方言／西の方言

1. 東西差のいろいろ

　地域差の生ずる言語項目を観察すると、日本地図を単純に東と西に二分するような言語分布はむしろ数少ない。これまでの研究成果は、言語の一大中枢である東京と京阪とで違いが見られる場合、あるいはこの二大都市をそれぞれの中心として、広く連続した分布が対立してみられる場合には、それをもってごく大まかに東西差と言い習わしてきたことが多かったように思う。東の方言、西の方言という言い回しはこうしたゆるやかな前提の中で使用されてきたと言えるわけである[1]。

　また、全国を見渡した地理的変異の研究は、音韻、語彙、文法というレベルでの単位体をもっぱらの対象とした観察が中心で、一番大きな単位である談話を対象にした地域差の研究などはまだ、緒についたばかりともいえる。

　以下、はたして談話レベルにそもそも地域差というものが存在するのか、またそこに東の方言／西の方言といえるような違いが見いだせるのか、この二つの問いに答えるつもりで、次のような事例研究を試みたいと思う。

2. 研究の対象と方法

2.1　資料

　『方言資料叢刊』第1巻が、「祝言のあいさつ」という特集を組んで全国38地点、および大韓民国、中華人民共和国各1地点について統一調査票に基づいた報告をしている。祝言をめぐるあいさつを結納から結婚式、初めての里帰りのあいさつにいたるまで体系的に集め、また、道での立ち話など非

定型的ともいえる談話も含めて収集したものである。高年層の生え抜きの話者を対象に、方言の専門家が同一時期（1990年）に面接調査をした結果を集めているため、信頼がおける。

　絶対的な地点数は少ないが地点の偏りがなく、各都道府県各1地点ずつほぼ全国を網羅している[2]ため、この資料を用いて分析を行っていきたい。以下叢刊と略す。

2.2　対象とする談話の性格

叢刊の中に、次のような小項目がある。
　　a　嫁をもらうことが決まった家の人に道で出会って、近所の人たちはどのようなお祝いのあいさつをしますか。
　　b　嫁をもらう家の人は、そのあいさつに応えて、どのようなあいさつをしますか。

上記の調査結果を見ると、平均して二〜三文程度からなる短い談話である。

　談話の性格という点からみると、これらは、起床や就寝のあいさつ、また、結納授受のような儀礼上の定型的なあいさつ表現とは異なり、ある程度自由度の高い表現である。しかし、全くの自由談話とは異なり、述べるべき必要な事柄というものは存在し、ある程度は内容的に拘束されている。半定型的とでも呼びたいような性格の談話である。方法上一気に自由談話を扱うことは無理があるように思うので、これらの短いが、しかし紋きり型でもなく、また内容的にも比較に耐えられるだけのまとまりをもった調査項目を選んで、見えてくるところを記述してみたい[3]。調査文aの結果を談話A、調査文bの結果を談話Bというように名付けておく。談話Aについては沖（1993）ですでに分析をしているので、ここではBの分析を中心にしたい。

2.3　分析の方法

　まず、幾つかの実際の談話をみよう（以下、調査文の引用はアクセント記号等を除いて示す）。

第2章　談話からみた東の方言／西の方言

(1)　A　ヨメ　キマッタンデネガ。イガッタノー。
　　B　オカゲサマデ　イガッタ。(山形県三川町)
(2)　A　コノタビワ　オメデトー　ゴゼァーマス。ゴコンヤクガ　トトノワレマシタソーデ　ケッコーデゴザイマスナモ。
　　B　アリガトゴザイマス。マ　コンゴトモ　ヨロシューオネゲァーイタシマス。(愛知県名古屋市)
(3)　A　オメデトーゴザイマス。コンダ　イー　ハナシガ　デキタンヤナー。
　　B　ヘー　アリガトゴザイマス。(大分県姫島村)

　上記のような(1)(2)(3)以下各地点のＡＢそれぞれの談話を比較することで、共通したいくつかの要素を抽出することができる。そして、それら要素の束として談話を記述していくことができると考える。すなわち、(1) Aは〈確認〉〈感想〉型、(2) Aは〈確認〉〈祝い〉〈感想〉型、(3) Aは〈確認〉〈祝い〉型（順序性は無視している）というごとくである。これらの要素の束のことを談話型と呼ぶ（また要素そのものを談話型と呼ぶ場合もある。沖（1993）参照)。

3．談話の要素と談話型

　談話Ｂに出現した要素の数は、15種類であった。談話Ａの要素の数が7種類であるのに対して数が多い。しかし、要素の数自体が多くても、要素の組み合わせが少なくおさまれば、全体として談話は定型的な表現に落ち着く。ところが、組み合わせという点でも地域ごとのバリエーションが多く多様性を持ち、はっきりとした収束は談話Ａのようには見られなかった。
　以下に記すのは、切り出した要素である。〈　〉で示す各要素につけた名付けは、仮のものである。また、各要素にまとめられたところのいわば「異形態」については、のちに個別に見たい。

V 談話構造の地理的変種

表1　談話Bにみる要素一覧

〈感謝〉	アリガトーゴザイマス
〈依頼〉	ヨロシューオネガイシマス
〈恩恵〉	オカゲサマデ
〈報告短型〉	モラウコトニナリマシタ
〈報告長型〉	イヤイヤ　モー　ウチノ　コーワ　アンタ　ナコド　センウチニ　テキトーニ　ツレテキマシタンヤヨ。イヨイヨナ　モー　コンドヤナー　シキ　スルテ　ユーンデヤ　ナキノー　ユイノー　モッテ　イテ　モライマシタン　ヤ。
〈積極事柄評価〉	イアンベーダッタヨ
〈謙遜事柄評価〉	ヤット
〈感情発露〉	マー　ヨカッタ
〈安堵感情発露〉	アンシンヘシタジャー
〈感情描写〉	（オヤトシテ　ジブンタチモ）ヨロコンデイマス
〈相手配慮〉	シンパイ　オカケシマシタ
〈積極嫁配慮〉	イー　ヨメ
〈謙遜嫁配慮〉	ウチー　キタロテ　ユー　ヒトガ　アリマシタンデ
〈仲人配慮〉	～サンニ　アスハダゴ　カイテモラッテ
〈事後展開〉	オメガタドコ　ヨブゾ

　これらの要素は、一文単位で出現するとは限らない。例えば、〈謙遜配慮〉の「ヤット」などは

　（4）　マー　エン　アッテ　<u>ヤット</u>　キマリマシタンデ。（京都府京都市）
などのように副詞として出現するし、

　（5）　<u>オカゲサンデ　アリガトー　ゴザイマス</u>。（大阪府大阪市）
のように〈恩恵〉〈感謝〉という二つの要素がつながって一文を形成する場合もある。

　なお、〈　〉は異形態の多いこれら要素の各集合に対して仮にまとめた名付けであって、その要素の意味的素性を表現したような性格のものではないことを断っておきたい。この点については稿を改めたい。

　上記の要素が組み合わされて各地方言ごとの談話型を形成するわけであるが、その組み合わせは多様である。これについても本論ではこれ以上述べる

第2章 談話からみた東の方言／西の方言

余裕がないが、談話Aが5種8類の談話型に収束したのとは様相を異にする。

4．要素ごとにみた談話の地域差

4.1 出現要素の頻度とばらつき

さて、談話Bは、38地点、延べ73用例が得られた。要素の出現度数と、分布（地域的な広がりとまとまり）という2点から概観すると、上述の要素の中で、出現度数も多く、全国的に偏りなく出現するのは、「アリガトーゴザイマシタ」「ヨロシク」という〈感謝〉、〈依頼〉、また、「オカゲサマデ」という〈恩恵〉、そして「キマッタ／モラウ　コトニ　ナッタ」という〈報告短型〉である。なおまた、出現度数が少ないのは、〈相手配慮（2地点2例）〉、〈仲人配慮（4地点4例）〉、〈事後展開（2地点2例）〉〈積極事柄評価（4地点4例）〉である。

これらを除いた多少なりとも地域差が指摘できると思われる要素を中心に、以下概観したい。分布図を描くほどの地点数ではないので、この程度の少ない地点でもみえてくる現象を描写する。東の方言、西の方言と述べるのは、こうした制約の中でゆるやかに用いたものであることを明らかにしておく。

4.2 「東」の謙遜表現

結婚が「ヤット」決まったと控えめな表現を用いるのは、京阪より東寄りの方言である。「ヤット／ヤットコスットコ」結婚が決まったという、結婚という事柄に対して遠慮深い評価を下した言い方の〈事柄謙遜評価〉がみられるのは、宮城県志津川町・山形県三川町・新潟県新潟市・岐阜県関が原町・京都府京都市・大阪府大阪市の6地点6例であり、それより西の方言には、叢刊資料中1地点も現れない。

4.3 近畿圏の特殊性

我方を引下げ嫁を立てる言い方がある。奈良県奈良市・兵庫県滝野町・佐

329

V　談話構造の地理的変種

賀県大和町の3地点3用例にみることができた。しかし、佐賀のそれは、

(6)　オカゲサンデ　ヨカ　ヨメサーンノ　キテ<u>クンサル</u>　コト　ナッタ
　　ヨー。(佐賀県大和町)

というあっさりしたもので、次の奈良や兵庫の我方と嫁方とをいわば徹底して比べたものとは表現の質が異なっていると言ってよいだろう。ここではひとまず〈謙遜嫁配慮〉とまとめたが、分別した方がよいかもしれない。

(7)　<u>マー　ウチー　キタロテ　ユー　ヒトガ　アリマシタンデー　マー</u>
　　<u>アンナー　ウチノ　ムスコワ　アンナンデスケドモ　マーマー　キ</u>
　　<u>タロ　ユ　シト　アリマシタンデー　アノ　イタダク</u>　コトン　ナ
　　リマシテンヤ。マ　ドーゾ　ヨロシク　シトツー　コンゴトモ　オ
　　タノモーシマス。(奈良県奈良市)

(8)　<u>マー　ヨー　アンナ　トコカラ　ヨー　キタクレテヤ　オモイマッ</u>
　　<u>ケド　マー　ウチエ　キタロ　ユーテヤハカイニ　ケッコーナ　コ</u>
　　トヤ　オモテ　モライマンネヤ　ガイナ。(兵庫県滝野町)

また、「キマリアスタ／キマッタダヨー／モラウコトニ　ナリマシタ」など、結婚が決まったことに短く触れる〈報告短型〉は、出現度数が多く全国的に偏りなく分布している。それに対して、**表1**にすでに掲げたように、結婚の経緯を長く説明していく〈報告長型〉の出現は、叢刊資料中では奈良県奈良市・大阪府泉南市・兵庫県滝野町に限られている。

こうした〈報告長型〉や、(7)(8)のような〈謙遜嫁配慮〉(これも長く話題を展開している)が近畿圏のみにみられることは、いわゆる「西の方言」の中心地に、談話展開上特徴的な現象がみられる可能性があるという類推を許すだろう。

なお、談話Aでも《積極的話題化》という現象が近畿圏にまとまってみられ、全国の中でも特徴的な談話展開をみせている様相を沖(1993)では言及した。談話レベルにみるまとまった分布領域の確定という点で今後の発展的課題として残したい。

なお、叢刊は東京・埼玉・神奈川を欠いているので、右の指摘が東の大都

市圏と較べてどうであるのかは、今後の調査に待たなければならない。

4.4 話し手自身の感情表現の「東西差」

話し手自身の感情に言及するのに、表現様式の「東西差」がみられそうである。

「ヨカッタワ／イガッタ／イガッタヨ」などと言う〈感情発露〉が京都以東に散見され[4]、また、「アンシンヘシタジャー／アンドー イタシャンシタ／コレデ ヤット カタノニ オリタワナー／マ ホット シトリマス」と言う〈安堵感情発露〉も京都以東に散見できる[5]。それに対して、「オヤトシテ ジブンタチモ ヨロコンデイマス／モー ウチゴロデ ヨロコンデマスンヤヨ／ヨロコンジョオリマス／ウチモ ヨロコンドリマス／ミンナ ヨロコンドリマス」という〈感情描写〉は、北海道に飛び地があるが、大阪府以西に散見されるのである[6]。

前者は、感情形容詞や「安心した」などの、一人称述語を用いて話し手の心情を吐露する表出文を用いているのに対して、後者は描写文を用いている。非常に荒く括ってしまえば、自己の感情を表現する手だてに〔吐露〕タイプと〔描写〕タイプとがあり、それが東西で相補分布にある可能性があるといえようか。

ところで、〈積極嫁配慮〉が京都以西に散見される[7]。これは、

(9) イーヨメオ モラウコトニ ナリマシタ（徳島県鳴門市）

のように、「イーヨメ／ヨカ ヨメサーン／ヨカ イエ」という言い方で嫁方を褒める言い回しである。今度結婚して身内となるところの嫁方を褒める表現は、東日本には（青森の1例を除いて）見られない。ところで、「イーヨメ」と述べることには、自慢を表すというよりは、むしろ素直な喜びの気持の現れがあるという[8]。つまり、嫁の特徴についてそれが「ヨイ」と描写的に言及することに託して、自分自身の喜びの気持を語るものであるという心情のようだ。

そこで話し手の喜びの表現という観点からまとめてみると、次のようなこ

とが言えようか。

　東の方言は「ヨカッタ・イガッタ」と自分自身の感情を一人称述語で語るのに対して、西の方言は、「ヨロコンジョリマス」のような描写的な表現を用いたり、あるいは嫁そのものの特徴を「ヨイ」と表す描写文に託して自分自身の感情を表していく。すなわち、「東の方言」が吐露的であるのに対して、「西の方言」は描写的な談話運用をするという違いがみてとれそうである。

　久木田（1990）が、自由談話を分析する中で東京方言は「自己の主張を露にし」、関西方言の場合は「ひたすら状況を詳しく説明（以上91頁）」するという指摘をしているが、重なる傾向がみてとれて興味深い。

5．談話からみた東の方言／西の方言

　以上限られた資料から、断片的ではあるが談話というレベルにみられる東西差をみようとした。その結果、ゆるやかな述べ方で東の方言／西の方言とでもいってよさそうな分布の可能性、また、近畿圏に特徴的な談話展開について指摘しえたように思う。

　今みてきた資料からも知られる通り、これらの談話は必ずしも俚言的特徴をもった表現ばかりではない。むしろ、こうした半定型的なあいさつ表現の共通語化を思い知らされるような資料が多い。しかし、意味的・形態的に談話型という単位を切り出し、同一談話調査項目の分布をこうして調べていくと、それでもなおみえてくる談話運用の地域差がある。

　談話レベルのこうした地域差はこれまで注意をひかれることも少なかったし、言語接触があっても専門家で無いかぎり日常生活の中ではなかなか気づかれにくい。その意味で、共通語と同一の（または似た）形式を採用しながら地域差があってしかも意識されないという、「気づかれにくい方言」（沖 1991 参照）のひとつの現象として指摘できるかと思う。

第 2 章　談話からみた東の方言/西の方言

注

1) この点について馬瀬 (1977) は、「東西型分布と言っても、日本の中央部に境界線があって東と西とで分布がきれいに分かれる項目は少し厳密にみると思いのほか少なく、例外を持つ項目の多いことが明らかになった (253 頁)」と述べている。また、歴史的にみた東西差については、徳川 (1978)、加藤 (1977) などに概観することができる。
2) 埼玉・東京・神奈川などを欠いている点が惜しまれる。
3) このような調査票による面接調査資料に、実際の自然談話の実態がどの程度反映されているのかというような、方言調査一般に関わる方法論的問題は今は措いておく。
4) 〈感情発露〉山形県三川町(2)・群馬県六合村・千葉県銚子市・新潟県新潟市・岐阜県関が原町・三重県松阪市・京都府京都市 (計 7 地点 8 用例)
5) 〈安堵感情発露〉青森県弘前市・岩手県山田町・岐阜県関が原町・京都府京都市 (計 4 地点 4 用例)
6) 〈感情描写〉北海道増毛町・大阪府泉南市・島根県知夫村・福岡県福岡市(2) (計 4 地点 5 用例)
7) 〈積極嫁配慮〉　青森県相馬村・京都府京都市・大阪府泉南市・島根県知夫村・徳島県鳴門市・福岡県福岡市(2)・佐賀県大和町 (計 7 地点 8 用例)
8) 佐賀・熊本・大分の調査者、井上博文氏の談。

引用文献

沖　裕子 (1991)「気づかれにくい方言―アスペクト形式『〜かける』の意味とその東西差」『日本方言研究会第 53 回研究発表会発表原稿集』
沖　裕子 (1993)「談話型から見た喜びの表現―結婚のあいさつの地域差より―」『日本語学』第 12 巻第 1 号　明治書院　[本書V、第 1 章として収録]
加藤正信 (1977)「方言区画論」『岩波講座日本語 11　方言』岩波書店
久木田恵 (1990)「東京方言の談話展開の方法」『国語学』第 162 集
徳川宗賢 (1978)『日本人の方言』筑摩書房
馬瀬良雄 (1977)「東西両方言の対立」『岩波講座日本語 11　方言』岩波書店 (後に同氏 (1992)『言語地理学研究』桜楓社に修正され収録。)

引用言語資料

方言研究ゼミナール編 (1991)『方言資料叢刊　第 1 巻　祝言のあいさつ』(発行連絡先　広島大学教育学部　江端義夫氏)

第3章　談話の型について

1．談話の型

　いま一般にみられる日本の手紙の形式は、簡略に示すと次のようなものである。
　　(1)　前文　頭語―時候の挨拶―安否の挨拶
　　　　本文　用件
　　　　末文　終わりの挨拶―結語
　　　　後付　日付―差出人署名―宛名
頭語とは「拝啓」「拝復」の類で、これを記すことからはじまり、最後に特定の位置に宛名を書く。しかし、必ずしもこの通りでなくともよく、こうした「型」を一往念頭におきながら、頭語や結語、また前文全体などをはぶくことも可能である。
　さて、手紙にはこうした「型」がみられるが、ひとまとまりの文章や言語行動で、何らかの型の存在が認められるものには、ほかに次のような例がある。
　　(2)　漢詩、四コマ漫画など。「起承転結」の4段構成をもつ。
　　(3)　論文。「問題・論証・結論」の3段構成からなる。論証部分に、反論・反証・論駁などが加わることもある。
　　(4)　披露宴での仲人の挨拶。来賓へ臨席の礼を述べ、仲人の自己紹介をし、新郎新婦の生い立ち、出会いについて披露し、今後の2人への助力と励ましを願う。
　　(5)　百貨店などの店員の販売行動。迎える挨拶をし、商品を勧め、客が買った場合には品物と交換に金銭を受け取り、お礼の挨拶をする。

第3章 談話の型について

　本論では、こうした文章、談話、言語行動における型というものを考えてみたい。意味あるひとまとまりの文章や談話、言語行動は、何らかの要素の有機的な結合から成り立っている。こうした全体の構造を、ここでは「型」と呼びたい。

2．モティーフとモティーフ素

　民話の構造と型を研究したのは、1920〜30年代にかけて活躍したロシア・フォルマリズムの人々である。中でも1928年に出版されたプロップの『昔話の形態学』は有名である。
　構造主義的なテキスト分析はその後アメリカ・インディアンの民話の研究へと引き継がれ、アラン・ダンダスの『民話の構造〈アメリカ・インディアンの民話の形態論〉』（原著1964年）が出版されている。
　ダンダスは、北米インディアンの口承伝承である民話を採集し、表面的には似ても似つかない話が、実は数少ない型とその連鎖で記述されることを、鮮やかに証明した。たとえば次の(6)は広く分布する「オルフェウス」という話、(7)はウインツー族の話である。

(6) 男が妻を死者の国から家へ連れて帰りたいと思う。男はそのようにする。男は妻をふり返ってはならぬと警告される。男はふり返ってしまう。男の妻は死ぬ。

(7) 食物を探している女とその子供が、老婆から沢山のどんぐりの実のたくわえをもらう。しかし、彼らはどんぐりの実を人家やインディアンの住居の近くに持ち込んではならないと言われる。女は指図に従いどんぐりの実を森の中に隠しておくが、ふとしたことから一粒のどんぐりが赤ん坊のかごの中に落ち、気づかれないうちにある家に運ばれ、その家で誰かがどんぐりに気づく。次の朝、女と子供は死んでいるのがみつかる。

　ここで示されたのは、モティーフ素とモティーフという考え方である。た

とえば、(8)(9)は、モティーフにあたる。

　(8)　男が妻を死者の国から家に連れて帰りたいと思う。

　(9)　女と子供が食物を探している。

これらには、〈欠乏〉という共通した要素が見出される。これはモティーフ素と名付けられている。また次のモティーフからは、〈欠乏の解消〉というモティーフ素をたてることができる。

　(10)　男はそのようにする。

　(11)　老婆から沢山のどんぐりの実のたくわえをもらう。

このようにして、異なるモティーフに共通するモティーフ素を認めていくと、(6)も(7)も次のようなモティーフ素の連鎖からなり、テキストの構造としては同じ型をもったものとして記述できることになる。

　(12)　〈欠乏〉—〈欠乏の解消〉—〈禁止〉—〈違反〉—〈結果〉

　上記の方法をみると、モティーフ素はイーミックで抽象的な単位、モティーフはエティックで具体的な単位であることが分かる。多様な異モティーフからモティーフ素をたてる手続きは、構造主義が大きな成果をあげた音素分析を彷彿させる。

3．気づかれにくいテキスト型

　ここでダンダス（1980：51）は興味深いことを述べている。すなわち、「言語は高度にパタン化されているということだけではなく、インフォーマントはそのパタンに気づいていない」というものである。

　先にみたような手紙の型は、人々に意識され、書く際には十分に活用されている。教育の成果であるともいえるが、それはいわば「規範的型」とでも呼べる性格を持っている。意識され洗練を加えられ、依拠する基準となる型である。それに対してダンダスが明らかにしたのは、いわば「記述的型」ともいうべきもので、人々が気づいていないテキストの構造である。ちょうど文法に、規範文法と記述文法の別があることと似ている。

第3章 談話の型について

　こうした気づかれにくいテキスト型は、民話のような文学的テキストだけではなく、日常言語にも存在する。それを指摘するにはダンダスが行ったような言語分析上の手続きが必要である。その例として沖（1993a, b）がある。方言の挨拶表現を収集した資料を分析することによって有限個で小数の型の存在を示し、構造的型を扱うことでテキスト展開のレベルに気づかれにくい方言差が存在することを指摘したものである。

4．意味と形態からみるテキスト構造

　また、批評言語学という領域もある。とりあげる内容が文化によって異なることを、野球の新聞記事というテキストを例に日英語の対照から明らかにした井上（1995）などが分かりやすい。なお、テキストの構造がすぐれて意味的な構成に支えられていることを知るには、千野（1984）が優れている。
　今日では文章・談話の構造主義的な分析はあまり顧みられることもないようである。しかし言語分析における形態論的研究の必要性と重要性が減ずることがない以上、ダンダスらが主張した研究の意図を再確認することは重要であろう。
　ちなみに、電話には「もしもし」などの言葉がつきものであるし、また、会議の席上などで司会者が「本日はお忙しい中、お集りいただきましてありがとうございます。」などと言うことがある。これらは電話会話や会議というテキスト全体の構造を示すものではなく、そうした言語行動にみられる、定型的で特徴的な言い回しである。これは、全体の構造という点からみればひとつの「要素」にあたる。ある文章や談話に特有の言い回しがみられることは、テクスチャー、文体の問題として、またテキストの種類の問題として重要になる。

参考文献
池上嘉彦（1982）『ことばの詩学』岩波書店

Ｖ　談話構造の地理的変種

井上逸兵（1995）「日米の野球報道にみる言語と文化の型」日本記号学会編『記号学研究』15

沖　裕子（1993a）「談話型から見た喜びの表現─結婚のあいさつの地域差より─」『日本語学』第 12 巻第 1 号　明治書院　［本書Ｖ、第 1 章として収録］

沖　裕子（1993b）「談話からみた東の方言／西の方言」『月刊言語』第 22 巻第 9 号　大修館書店　［本書Ｖ、第 2 章として収録］

ダンダス，アラン著／池上嘉彦他訳（1980）『民話の構造〈アメリカ・インディアンの民話の形態論〉』大修館書店（原典出版 1864 年）

千野栄一（1984）「なぞなぞの言語学」（『注文の多い言語学』1986 年　大修館書店に再録）

プロップ，ウラジーミル著／北岡誠司・福田美智代訳（1987）『昔話の形態学』水声社（原典出版 1969 年，初版は 1928 年）

第4章　談話の種類について

1．コミュニケーションにおけるテキスト種理解の重要性

次に掲げるのは、「なぞなぞ」である。
　(1)　口がないのに歯があるもの、なあに。（答えは「下駄」）
　(2)　座ると高く、立つと低くなるもの、なあに。（答えは「天井」）
これらは、「口がないのに歯があるもの」「座ると高く、立つと低くなるもの」という「なぞかけ」の部分と、「なあに」という問いかけの表現から成っている。

さて、なぞかけの部分がなければなぞなぞにはならない。しかし、「なあに」という問いかけの表現は、あってもなくてもよいはずであるが、こうしたなぞなぞにはよくみられる。こうした表現は、なぜあるのだろうか。また、どんな役割を果たしているのであろうか。ちなみに、昔話では、「むかしむかしあるところに……」「……だったとさ／めでたしめでたし」などの表現が前後につくが、これらも同様の役割を果たしている。

結論を先に述べれば、これらの表現は、そのテキストの性格を示すために使用されていると考えることができる。常に「〜なあに」という形式的な定型をとることによって、受信者はすぐにそれがなぞなぞであることが分かり、応ずることがたやすくなる。また、昔話の場合も、実話ではなく、虚構の物語をこれから話す、あるいは話しおわったということを明示し、受信者が虚構性を受け取る準備、また日常の言語生活に戻る準備をする助けを示す指標として機能しているのである。

2．テキスト種の合図としての特定の言い回し

以下、「なぞなぞ」が持つ「なあに」という表現の機能について考えていきたい。さて、上記のなぞなぞは、池上（1982）から引用したものである。池上では「なあに」という表現部分は、あってもなくてもよい任意的な要素としている。たしかに、《なぞかけ》の部分があればなぞなぞになるので、「なあに」の部分は任意的である。しかし、全く無意味というわけではなく、池上（1982：164-165）はその機能について次のように述べている。

(3) それは一つの「ゲーム」が始められること、したがって、当事者はそのゲームに定められた「ルール」に基づいて振舞わなくてはならないことを宣言しているわけです。（略）そこでは「日常」の規則よりもその「ゲーム」のルールの方が優先します。だからたとえば、伝統的に認められている答えが科学的に不完全であるとか、他にも「正解」がありうるというようなことを持ち出して異論を唱えるのは、そもそも筋違い（ルール違反）になるのです。

つまりは、「なあに」という特徴的な言語表現は、これは「なぞなぞ」というテキストだ、と受信者に示す働きを持っていると考えられる。「なぞなぞ」は、基本的に話しことばの世界のものである。話しことばの世界では、時間の流れにそって、テキストの性格（種類）が自在に交替しながら進むことがある。発信者が産出したテキストの性格を、受信者が正確に瞬時に捉えて反応を返すのは存外難しいことでもある。

3．テキスト種の合図をとらえる難しさ

発信者が意図したテキストの性格が、必ずしも受信者にとっては自明ではない場合の例をいくつかあげてみよう。たとえば、「皮肉」や「冗談」というテキストは、分かりやすい例である。次の(4)は、テキスト的な意図を即

座には理解できなかった受信者のさま、(5)は発信者の意図を受信者が受け損なったことを感じている発信者のさまが描写されている。

(4) そしていま、山田理髪師は、「ハデな生き方をした人」と言った。その言葉には、皮肉な意味は隠されていないようだ、と彼は慎重に相手の言葉を嚙み分けてゆく。(『砂の上の植物群』)

(5) 「凄いね、猛烈なファイトだね、」と私は言った。
彼はそれを、私の皮肉だと取ったらしい。(『草の花』)

皮肉や冗談であることの合図は、声の調子のように超分節的な、また、顔つきのかすかな変化のように非言語的な手段で行われることがある。次の(6)の「声を落して」などがその一例である。

(6) 「(略)見たところ良ちゃんは精いっぱい生きているようで、大いに羨ましい次第さ。もっとも、(と声を落して)他人にとっては確かに迷惑は迷惑だがね。」
良ちゃんはまた布団をかぶって寝てしまった。汐見の皮肉が通じたかどうかは分らなかった。(『草の花』)

興味深いことに、テキストの性格について合図を繰り出すことは、それを説明することでは行われない。冗談だよ、とメタ言語的に前置きをしてから駄洒落をとばす人はまずいない（むしろ、発話の時点では深刻にとられかねない話を冗談にしてしまいたい時にこそ、「これは冗談だよ」というメタ言語表現が使用される）。

4．メタ言語では語りえないテキスト種

金田一（1955：151-152）が、「雑談」というテキストを相手と共有する際の原理を次のように述べている。次の記述は、テキストの性格はメタ言語表現では語りえない、と説明しなおしてもよいであろう。

(7) たんに《相手に悪い感情を起こさせない、おたがいの間に親愛感を保つ》という消極的な目的で話が交されることもある。そんなとき

V　談話構造の地理的変種

> には、「このごろの気候は不順で、風邪をひきやすくって…」（略）「ちかごろ、釣りに凝ってましてね…」といった話題が、中心的な位置を占めて登場する。（略）しかし、《親近感を保ちたい》が原因となって、話が行われるからといって、〈奥にかくれた主題〉をそのまま口に出して、「おたがいに親しくしていたいものですねえ」などと言ったら、かえってヘンな空気になってしまう（略）

　言語では説明できないこと、説明したらもはや意味を成さないこと、というものがある。語られているテキストそのものの性格描写は、そうした範疇に入る。

　小説や論文集など、書きことばとして刊行されたものは、著者の名前、書籍の装丁などが「なあに」と同様の機能を果している。小説を手に取る人は、小説だと知って読み始める。その結果、このテキストは嘘話だと怒りだす人はいないことになる。

　話しことばでは、会話の流れのなかでテキストの交替が自在にきめこまかく行われていて、それを受信者が把捉するにはある経験を要するという点は強調されてよいであろう。先のなぞなぞにみた「なあに」という表現は、「これはなぞなぞです」とメタ言語的に説明した表現ではない。なぞなぞというテキストを明確に特徴づける類型的表現「なあに」があることで、テキストの性格そのものを暗示する合図として機能しているのである。

　テキストにおける型と種類が言語の生成・理解にどのように働くのかという関心から、少し述べてみた。

参考文献
池上嘉彦（1982）『ことばの詩学』岩波書店
金田一春彦（1955）『話し言葉の技術』（1977年　講談社学術文庫に再録）
千野栄一（1984）「なぞなぞの言語学」（『注文の多い言語学』1986年　大修館書店に再録）
永井　均（1995）『ウィトゲンシュタイン入門』筑摩書房

引用言語資料
新潮社（1995）『CD―ROM版新潮文庫の100冊』NECインターチャネル

VI 言語行動における言語・心理・社会

第1章　方言談話にみる謝罪的感謝表現の選択

1．謝罪は言語の問題か

　たとえば次のような例をみると、「謝罪」という問題領域は、こと表現された言語形式だけで整理がつくものではないことが明らかである。
　(1)　毎度、今度こそ、いい小説を書こうと思って作家は仕事を始める。しかしどうにもうまくいかない場合がある。その時、取りに来てくださった係の編集者の前で良心的に、「この小説、うまく行きませんでした」とうなだれて見せたところでお互いにみじめになるだけである。
　（手紙：240）
ここにみられる「この小説、うまく行きませんでした」という言語表現それ自体の知的意味だけに焦点をあてれば、「謝罪」の意はどこにも探せない。しかしなぜこれが謝罪の表現と受け取られるかは次のように説明ができる。慣用的・固定的な謝罪表現に「遅くなりました」「お待たせしました」というものがあるが、これもその仲間と考えることによって、〈話し手が引き起こした・聞き手に対してはマイナスの・事態を・話し手自身が・描写する〉文が「謝罪」の機能を持つとするものである。
　ただし、この場合無条件にこうした特性を持つ描写文が「謝罪」の意味を持つわけではない。たとえば、「ご飯先に済ませてしまいました」という先の性格をもつ描写文は謝罪表現になりうるが、堂々と悪びれずに発話された場合には決して「謝罪」とは受け取られないなどのケースを考えれば分明であろう。つまり、固定的・慣用的な言い回し以外の描写文の場合には特に、(1)のように「良心的にうなだれ」たという言語外の情報伝達が、「謝罪」を成立させる重要な要件になるのである[1]。

Ⅵ　言語行動における言語・心理・社会

さらに、次のような例をみてみよう。

(2)　純　　　　「あの札だ。持ってるか」
　　アカマン　「もうない。渡した。純！」
　　純　　　　「だれに」
　　アカマン　「謝る。必ず明日返す！」

　　　（北の国：108-109　父親に貰った大切な一万円札を盗まれて純という若者が逆上し、通称アカマンの胸ぐらをとって迫る場面）

　ここでは、「謝る」という言語形式が選択され、言語形式の語彙的意味は明確に「謝罪」を表しているので分かりやすい。ところが「必ず明日返す！」という表現はどうであろうか。「謝罪」の延長もしくは含意に「許しを請う」ことがあるとしたら、（仮に空手形であっても）これは明らかにそうした気持を表すためにとられた言語表現である。この「必ず明日返す！」という言語それ自体の知的意味だけに焦点をあてれば、「謝罪」という意味はやはりどこにも探せないのである。

　このように、「謝罪」というような問題領域を捉えるには、人間の心理や社会慣習をも含んだ現実世界と、それを表現する言語形式の網の目との双方を考慮しなければならない。

　本稿では、方言の談話を観察することにより、話し手の気持が言語に託されて表現されるというメカニズムのもつ一実相に迫りたい。場面と言語選択の問題を、「言語に表現されない部分をも含めての言語行動」という観点で提示できたらと考える。

2．感謝と謝罪

2.1　研究の目的

　ひとまず言語形式を手掛かりにすると、共通語では「すみません」という所謂「謝罪」を意味する言葉が「感謝」にも用いられるという現象がしばしば指摘されている。例えば次のような場合である。

第1章　方言談話にみる謝罪的感謝表現の選択

(3)　「今ね、お昼できるから、一緒にあがってね。黒谷君もよく来てくれるのよ。」

　　母がダイニング・キッチンから大きな声で言った。

　　「すみません。(略)」

　　藤原は言った。　　　　　　　　　　　　　　（太郎物語：232-233）

　共通語の「すみません」に代表されるように、「謝罪」の意を持つ表現が場面によって「感謝」表現として機能する用法を以下「謝罪的感謝表現」と呼ぶことにしたい。それに対して「ありがとう」などの言語表現を「感謝表現」と呼んでおく。ここでは、言語選択の問題に焦点をあて、各方言に謝罪的感謝表現がどのように出現するかをみていきたい。以下感謝表現の出現と比較しながらみていくことになる。

2.2　研究の方法と対象

　『方言談話資料』の中に、場面を設定してその大枠を話者に説明し、その筋書きで対話を進めてもらう「場面設定の対話」が含まれている。自然談話の収録では得にくい表現を得ようとしたのがねらいである。本論では、「感謝」の場面を含み、感謝表現・謝罪的感謝表現が出現する可能性のある場面として、同資料の「品物を借りる（以下〔道具借り〕と略述）」と「新築の祝いを述べる（以下〔贈り物〕と略述）」に注目した。次に掲げるのが、それぞれの場面設定である。「品物を借りる」では②から④の部分を、「新築の祝いを述べる」では③④の部分の言語資料を観察対象としたい。

(4)　〔道具借り〕場面の説明

　　　老年層の男子2名。2人は隣人同士。AがBの家に物を借りに行く。時刻は朝食前ということにする。

　　　　①　AがBの家にやって来る。ここで、家に入る時のあいさつ。
　　　　②　Bが出て来る。AはBに道具を貸してほしいと言う。
　　　　③　BはAに道具を何に使うのかたずねる。
　　　　④　Aは答える。

349

Ⅵ　言語行動における言語・心理・社会

　　　　⑤　Bは道具を貸すことにして、Aを道具のある所へ案内する。
　⑸　〔贈り物〕場面の説明
　　　対等の関係にある老年層の男子C、D。2人は特に親しいわけではない。時刻は夕方。Dの新築した家にCがやって来る。
　　　　①　Dの新築した家にCがやって来る。家に入る時のあいさつ。
　　　　②　CはDに「家を建てておめでとう」と言う。
　　　⎧③　CはDに祝いの品を贈る。
　　　⎩④　Dは謝辞。
　　　　⑤　DはCを案内して家の中を見せる[2]。

〔道具借り〕ではAがBに何か道具を借りる、〔贈り物〕ではDがCから新築祝いをわざわざ届けてもらうという設定である。ともに、A、Dは、それぞれB、Cから①実質的な恩恵を受け、②話し手にとっては快適な状況が出現しており、③A・B、C・D相互の関係は個人的なものである。熊取谷(1990)が整理した「「状況転換」適用のモデル」にしたがえば、この二つの場面では、「状況転換の適用」がおこり、「すみません」という「謝罪」を表す言葉が「感謝」表現に転用して使いうることになる。

なお、調査対象地点は、以下の14地点であった。
　　①青森県大字牛館②群馬県利根郡利根村大字追貝③千葉県館山市相浜④新潟県柏崎市大字折居字餅粮⑤長野県上伊那郡中川村南向⑥静岡県南字中村⑦愛知県北設楽郡富士村中の甲⑧福井県武生市下中津原町⑨奈良県吉野郡十津川村那知合・谷垣内⑩鳥取県八頭郡郡家町⑪島根県仁多郡横田町大字大馬木⑫愛媛県越智郡伯方町木浦⑬高知県南国市岡豊町滝本⑭長崎県西彼杵郡琴海町尾戸郷

3．謝罪的感謝表現の選択と非選択

3.1　〔道具借り〕場面にみる謝罪的感謝表現の選択
まず、愛媛県越智郡伯方町木浦の談話全体を示してみたい[3]。

第1章　方言談話にみる謝罪的感謝表現の選択

(6)　A　ヤー。トラヤン。(やあ。寅さん。)

　　　B　ハーイ。(はい。)

　　　A　ハヤイジャ　ナイ　カ。(B　エー。)ゲンキナ　カイ。キョーワ　カリモンニ　キタンジャガ。(早いではないか。(ええ。)元気かい。今日は借りものに来たのだが。)

　　　B　ホー　カナー。(A　ンー。)ナンジャロー　カ。ウチニ　アルモンナラー…。(そうかね。(うん…。)何だろうか。家にあるものなら…。)

　　　A　ンー。イヤー　アノ　ハタケノー　シゴ　センナランデ　ノー。(B　アー。)ホンデー　ドーグガ　チート　タラナインジャガ　クワー　カシテ　モラエン　カイ。(うん。いや、あのう、畑の世話（を）しなければならないものでね。(ああ。)それで、道具がちょっと足らないのだが、鍬（を）貸してもらえないかい。)

　　　B　アー　ソー　カ。ソー　カ。(A　アー。)イヤ　クワワ　ソコノ　ナヤニ　アルケニ　タェーシタ　モナー　ナイガー　マー　ヒトツー　ミテ　エー　ヨーナ　ヤツー　トッテ　インダラエー　ガナ。(ああ、そうか。そうか。(ああ。)いや、鍬は、そこの納屋にあるからたいしたものはないが、まあひとつ、見て、いいようなやつを取って帰ったらいいがね。)

　　　A　ンー。ンデ　ソーフナラー　<u>コレ　カシテ　クレルカー</u>。(うん。で、そう（いう）ふうならば、これ（を）貸してくれるか。)

　　　B　アーアー。(A　オー。)ンー。(Aホンジャー…。)ソレワ　マー　ウチモ　ソー　ツカワンケン　ナー。(A　ンー。)アンタガタニ　ヒトー　サイサイ　ヤトウナラ　ソリョー　トッテ　インドッテモ　エー　ワイ。キンジョノ　コトジャケニ。(あああ。(おお。)うん。(それでは…。)それはまあうちも、そ

351

Ⅵ 言語行動における言語・心理・社会

う使わないからねえ。(うん。)あなたの家で人を再々雇うなら、それを、取って帰っていてもいいよ。近所のことだから。)
A ンー。ホイジャー　カッテ　イク　ゾ。
 (うん。それでは借りていくぞ。)
B エー。(ええ。)
A エー　カー。(いいか？)
B ェァイ。(はい。) 　　　　　　　　　　　　（下線論者）

AがBから品物を借りるという場面でありながら、言語表現としての感謝がこの談話には見当たらない。「コレ　カシテ　クレル　カー／ホイジャー　カッテ（借りて）イク　ゾ／エー　カー」という文の生起である（「／」は談話の交替があったことを示す。以下同様）。この愛媛とほぼ同じパターンは高知県南国市（ジャッキを借りる）にも見られる。「オレニ　チクト　カシテ　クレンカ（おれにちょっと貸してくれないか）／ホイタラ　カッテイチョクゾ（そしたら借りていっておくぞ）」というものである。

調査14地点のうち、なんらかの感謝表現が見られるのは、次の5地点であった。

(7)　アリガトー　ゴザイマス〔長野・梯子を借りる〕
(8)　ハエハエ　ドァーモ　ドァーモ。(はいはいどうもどうも)〔新潟・梯子を借りる〕
(9)　エロー　オーキニ／オーキニ　オーキニ／ドーモ　ドーモ〔奈良・五寸釘十本を借りる〕
(10)　ソリャ　ドーモ　アリガトーゴザンスガ。(略)ドーモ　アリガトー　ゴザンシタ。〔鳥取・梯子を借りる〕
(11)　ハイ　ダンダン　ダンダン　アリガトーゴザイマスィ。(略)ハー　アリガトーゴザイマスィタ。(ダンダンは「有り難う」の意)〔島根・鋸を借りる〕

また、何らかの謝罪的感謝表現がみられるのは3地点であった（新潟は重出）。

352

第1章　方言談話にみる謝罪的感謝表現の選択

(12)　ウン　ヘバ　メヤグダバテ　ニジョー　カエルガナー（うん、じゃ迷惑だけれど二挺借りるかなあ）〔青森・梯子を借りる〕

(13)　ハエ　ジャ　モーシャケ　ネァードモ。（はい、では申しわけないけれども。）〔新潟・梯子を借りる〕

(14)　ジャ　ワルイケン　カリテクンデノー。（じゃ、悪いけど借りて行くからね。）〔静岡・梯子を借りる〕

その他7地点については、例えば先の(6)にみるように、感謝表現も謝罪的感謝表現も選択されていない。「貸してくれ」に当たる依頼の表現は出現するがそれに続いては、①何も言わない〔群馬〕②頼むよ（アー　ジャ　タノムオー〔千葉〕ドーカ　タノンマス〔福井〕）③お願いします（エッ　オネガイシマス〔愛知〕）④借りていくぞ（前掲〔愛媛・高知〕）⑤借りにきた（カリキター〔長崎〕）という表現が続いた[4]。

以上、典型的ともいえるこうした場面で、謝罪的感謝表現のみならず、感謝表現も言語表現として選択されない地点が半数を占めるという、方言世界の言語生活上の事実をまずはひとつ押さえ、さらにもう一つの場面について観察を進めたい。

3.2　〔贈り物〕場面にみる謝罪的感謝表現の選択

ここでも同様に愛媛県越智郡伯方町木浦の、該当する談話部分全体を示すことにする[5]。

(15)　C　（略）コリャ　ホンノ　ノー。（D　ハイ。）オイワイノ　シルシジャガ（C　アー。）マー　オサメトイテ　クレンカ。（これはほんのねえ。（はい。）お祝いのしるしだが、（ああ。）まあ、おさめておいてくれないか。）

　　　D　ソリャー　ドーモ　キノドクナ　ナー。アナタガタニャー　イツモ　コッチャ　オセワン　ナリョーンノニ（C　ンー。）ソガイ　シテ　モローチャラー　ホントーニ　スミマセン。アリガトー　ゴザイマスー。（それはどうも気の毒だねえ。あ

なた方には、いつもこちら（が）お世話になっているのに（うん。）そんなにしてもらっては、ほんとうにすみません。ありがとうございます。）

　ここでは、「アリガトー　ゴザイマス」という感謝表現、「ホントーニ　スミマセン」「ドーモ　キノドクナ　ナー」という謝罪的感謝表現がともに出現する。

　以下、感謝表現のみの地点は群馬・千葉・長野・愛知・島根。謝罪的感謝表現のみの地点は、静岡・奈良・高知。感謝表現と謝罪的感謝表現が混在するのが、青森・新潟・福井・愛媛である。鳥取と長崎はこの贈答の場面が現れなかったので計12地点となる。

　感謝表現については、「ありがとう」系統がほとんどであるが、群馬に「ごちそうさま・ありがとう（原典注。「ゴチソー」は食べ物についての礼ばかりでなく、ものをもらったお礼としても用いられる）」、新潟に「ごちそうさま（贈答の品物は食べ物かどうか不明）」、島根の「もったいない」という表現がみられた。また、福井に、受け取ることに逡巡を示すことによって相手の厚意を過分に感じていることを表現し、感謝につなげるような表現もみられた。

　また、謝罪的感謝表現に関しては、「すみません」系統、「申し訳ない」系統、「悪いな」系統、「お気の毒な」系統「面目ない」系統がみられた。以下、当該表現部分を列挙しておく。

　　(16)　ドーモ　ドーモ　スミマセン〔青森〕／イヤ　ソリャ　スマンノ〔奈良〕／ホントーニ　スミマセン〔愛媛〕

　　(17)　ネツエニ（ご丁寧に）モーシャケ　ネァーデスネーネ〔新潟〕／モーシワケン　ネァーッケネー　〔静岡〕

　　(18)　ワリーナー　ソンナ　エーモノ　モラッテ…／ワリーナ〔静岡〕

　　(19)　ドーシマショ　オキノドクサンナ〔福井〕／ソリャー　ドーモ　キノドクナ　ナー〔愛媛〕

　　(20)　マタ　ンゴテイネイニ　イタンダイテ　ホントー　メンボクシ

ダイモ ナイ〔高知〕

いずれにしても、この場面では、祝いの品を贈られたことに対して、それを受ける話し手の気持の表現が、全地点で感謝表現、謝罪的感謝表現のいずれか、または両方の言語形式をとって表現されていることに注目したい。

4．「親しい場面」における言語選択

以上、〔道具借り〕と〔贈り物〕の場面で各方言の様相を概観してきた。その結果、謝罪的感謝表現及び感謝表現の出現について、次のようなことが観察できた。

(21) 〔贈り物〕場面には謝罪的感謝表現・感謝表現のいずれかまたは両方が全地点に現れたのに対して、〔道具借り〕場面には謝罪的感謝表現・感謝表現のいずれも出現しない地点が半数を占めた[6]。

選択肢の適切性条件は言語形式のひとつひとつによって異なるし、また、言語が使用される場面の性格によっても異なる。また、言語や、それが使用される場面を抱え込むそれぞれの社会によっても一様ではない。言語内の自律的な側面での適切性条件の記述とともに、場面や社会ごとの選択適切性の記述が重要である。このような視点から考察すると、(21)の観察結果からは、次のようなことが導かれるだろう。

もう一度各場面の特性をふりかえってみると、〔贈り物〕は、「特別親しくはない関係」の人間が、「わざわざ持参した祝いの品」を渡すという、いわば〈疎〉の場面である。それに対して〔道具借り〕は、「隣人同士」の人間が「道具を借りに出向く」というどちらかといえば〈親〉の場面である。熊取谷（1990）によれば、「感謝」の場面では、感謝表現を用いるより謝罪的感謝表現を用いる方が丁寧であるとされている。その意味では、〈疎〉の関係にある〔贈り物〕場面に、より丁寧な謝罪的感謝表現が多出するのは、場面適切性にかなっているということがいえる。また、〔道具借り〕にみる隣人同士が〈親〉の関係にあって、謝罪的感謝表現の出現が低く押さえられた

とすると、これも場面適切性にかなったものといえる。

さて、ひとつの解釈として上述のようなことが確かに言えるであろうと言明した上で、しかし、それに加えて、〔道具借り〕には、謝罪的感謝表現のみならず感謝表現すらも現れていないという事実にも注目したい。つまり、方言資料を通して観察した(21)の結果が示すのは、「感謝」の気持を表現するのに、直接的な言語表現を用いない言語慣習が成立している社会ないし場面があるということなのである。

物を借りるという恩恵的場面で、感謝表現を欠くということは、一見我々の予想を裏切るように感じる。この結果をどのように位置づけたらよいのであろうか。

ひとつには、「頼むよ」「お願い」「借りていくぞ」のような、簡単な依頼や事態の描写文それ自体に、すでに相手への信頼と感謝の気持がこもっていると考えるものである。

共通語でも最も親しい人間同士では、次のような物の貸し借りの言語行動が成り立っている。

 (22) 「じゃあこれ借りるね。」
   「いいよ。」

こうした場面では、むしろ大仰な感謝表現、ましてや謝罪的感謝表現を用いたりすると、却って適切性を欠くということになる。このような意味で、「丁寧さ」は「親しい場面」ではむしろ不必要である。(21)の結果は、このような、〈親〉場面の適切性条件が働いた結果であると考えることもできる。

「丁寧さ」に対置されるのは一般的には「乱暴さ」であるが、単なる「乱暴さ」とはまた別のベクトルをもったものとして、「親しい場面」での言語行動の方略を捉え直す必要があるという課題提起を、「謝罪」「感謝」という問題領域を手がかりに考察した結果として提示したい。今後の考察を期して、ひとまず稿を閉じる。

第1章　方言談話にみる謝罪的感謝表現の選択

注
1) 熊取谷（1988）は、詫びの慣用表現として「遅くなりました／お待たせしました／御無沙汰しております」をあげ、Searleに従って「命題内容を陳述（略）する表現が詫びとして成立する。(225頁)」とまとめている。ここに述べたことは、それを拡大したものである。
2) 〔贈り物〕は、原文ではAとBとなっているものをそれぞれC、Dと改めた。また、〔道具借り〕で、AとBが設定と逆になっているものについては、他地点と同様の方法で示した。
3) 以下、用例は、カタカナ表記のあとに共通語訳を括弧で括って示す。原文は横書き、共通語訳は逐語訳のかたちで分かち書きの下につけられている。それを読みやすさを配慮して適宜読点を補うなどして改めた。また、原文では発話が重なっている部分などには記号が附されているが、すべて除いて示した。分布は特定しようがないので、この資料に上がった地域の様相を観察していく。地点は県名で〔　〕に示した。
4) なお、感謝表現や謝罪的感謝表現が出現する地点でも、このような表現がみられる地点はある。
5) 謝罪的感謝表現を発話する可能性のある人物はAとDであるが、長野、鳥取以外はそれぞれ別々の話者であった。従って個人的な傾向を拾った可能性は排除出来る。
6) 場面の説明で、〔贈り物〕では謝辞と指定されているのに対し〔道具借り〕では明示されないことから、調査法に関してバイアスがかかっている、という考え方もできる。詳述する余裕はないが、それについて否定はできないものの小さな影響しかないと考える。

引用文献
熊取谷哲夫（1988）「発話行為理論と談話行動から見た日本語の「詫び」と「感謝」」『広島大学教育学部紀要』第2部第37号
熊取谷哲夫（1990）「日本語の「感謝」における表現交替現象とその社会言語学的モデル」『表現研究』第52号

引用言語資料
国立国語研究所（1987）『方言談話資料(9)―場面設定の対話―』秀英出版
倉本　聰（1989）『北の国から'89帰郷』理論社（北の国）
曾野綾子（1978）『太郎物語（高校編）』新潮文庫版（太郎物語）
曾野綾子（1992）『二十一世紀への手紙―私の実感的教育論』集英社（手紙）

第2章　方言談話にみる感謝表現の成立
——発話受話行為の分析——

1．はじめに

　物を借りるという場面であるにも関わらず感謝の表現が見あたらず、しかも、にこやかに伝えあいが行われているという世界があることを方言談話から紹介したのが沖（1993）である。本論では、そのような行為が何故成立するのか、説明を試みたい。

　まず、その事例を簡単に要約し、その他に2例を説明すべき言語事実としてとりあげる。そしてそれらを「伝えあいの成立」という観点から整理してみる。

　話し言葉の世界は、発話者とともにその場に受話者がいることが基本である。従来の言語学は発話行為という観点から捉えてきたが、どのように発話し、どのように受け止めるか、いわば発話受話行為という観点から感謝を考察したい。なお、感謝と詫びとは連続的なので、詫びについても適宜言及する形をとる。

2．説明すべき言語事実

事例(1)（沖 1993 の結果）
《調査の概要》
　『方言談話資料(9)』に公開された「場面設定の会話」の調査資料を用いた。その土地生え抜きの老年層2人を対象として、話者に筋書きの大枠を説明し対話を進めてもらう。全国14地点、昭和51年度に国立国語研究所地方研究

第 2 章　方言談話にみる感謝表現の成立

員によって行われた調査である。その中から以下の 2 場面を取り上げて観察した[1]。

《調査場面》

　【道具を借りる】老年層の男子 2 人。時刻は朝食前。A が隣家の B に道具を借りに行く。A は B に道具を貸してほしいと言い、B は A に用途を尋ね A は答える。B は道具を貸すことにして、A を道具のあるところへ案内する。

　【新築の贈り物をする】対等の関係にある、特に親しいわけではない老年層の男子 2 人。時刻は夕方。D の新築した家に C がやってきて、あいさつをして家に入る。C は D に「家を建てておめでとう」と言い、祝いの品を贈る。D は謝辞。D は C を案内して家の中を見せる。

《結果の予測》

　予測では、両場面ともに感謝表現および「すみません」に相当する謝罪的感謝表現が出現する可能性がある。

《調査結果》

　【新築の贈り物をする】では、全地点で感謝表現、謝罪的感謝表現のいずれか、または両方の形式がみられた。

　それに対して【道具を借りる】では、何らかの感謝表現が見られるのは 5 地点、何らかの謝罪的感謝表現がみられるのが 3 地点、7 地点では両表現ともにみられない。つまり、謝罪的感謝表現のみならず、感謝表現さえも言語表現として選択されない地点が半数を占めた。

事例(2)（朝日新聞 1994 年 5 月 15 日日曜版コラム「あいさつ抄　57　身につく街なかでのしつけ」の冒頭部分を引用）

　　　東京・私鉄 S 駅で。四人連れの母子が電車に乗る途中でドアが閉まりかかり、小学生の女の子がホームに残されそうになりました。

　　　ドア口に立っていた会社員の石野浩一さん (53) は、閉まる力に抗して必死にドアを開き、少女を乗せました。が、母親は「モタモタして！」とヒステリックに娘を怒るだけで、「ありがとう」でも「おかげ

VI 言語行動における言語・心理・社会

様」でもありません。

「頭にきてギッとおふくろをにらみつけてやったけど、目が合っても平気。お前さんだってお礼の一つも言えない年じゃなかろうと、娘にもギーッとやったが無駄でした。」

事例(3)（朝日新聞1994年5月30日月曜日東京本社版　コラム石坂啓「コドモ界の人」冒頭部分を引用）

　　保育園に慣れかけた二歳ちょうどのころ、せわしい思いで朝のしたくをしているのにリクオはぐずりんぐずりんと座りこんでいる。早くしろよナーと、思わず私はうしろから蹴（け）りを入れた。
　　といってもそんな大げさなものではなく、ヒョイと背中を足でつついたのである。案の定リクオは「ウギャーン」と声をあげた。泣き声の上から「さっさとしなさい！」とかぶせてると、寝てたはずの夫がいつの間にか後ろにいて、黙ってリクオを抱き上げた。「よしよし」となだめてやっている。ゲッ、見られたかなと、少々バツの悪い思いで「見てた？」ときいたら、「見てましたよ」と静かに返事する。「ぼくがやってたら大変ですよ」
　　「あたりまえだ」と私は即座に答えた。私以外のだれかがそんなことやったら承知しない、私だからいいんだよ、とムチャクチャ勝手な思いであった。乱暴妻の暴言に夫はもう慣れているのだろう、言い返すこともしないで聞き流している。<u>こういうところはおうような夫にいくぶんすまなく思いながら、しかし詫（わ）びそびれたまま私は二人を送り出していた。</u>（下線論者）

3．先行研究

事例(1)から事例(3)を説明する前に、先行研究を少し振り返ってみたい。「感謝」を発話行為理論から捉えた研究がいくつかある。

発話行為理論とは何かといえば、言語の機能的側面に注目した分析である。毛利（1983）が、簡略で要点を得た解説をまとめているので、それを借りれば次のように紹介できる[2]。
　オースティンによればαβγの複合体として「発話行為」というものが考えられる。
　　α　発語行為
　　β　発語内行為
　　γ　発語媒介行為
例えば、「おなかがすいた」という言語表現の機能的な側面に注目すれば、次のようなα〜γの複合体としての発話行為をそこに記述できるとするものである。
　　α　「ボクオナカガスイタ」と発声する行為
　　β　ごはんの催促という行為
　　γ　結果的に母親をおこらせるという行為
　こうした発話行為理論により「感謝」「詫び」を特に詳細に記述した研究に、熊取谷（1988）がある。熊取谷は発話行為理論に基づいて「感謝を表現するのに用いられる慣用表現」を大きく7種類に整理し、発語内行為については要約すると次のようにまとめた。

　　発話者は当該行為／状況をうれしく感じているという、心的態度表明行為。四つの適切性条件を満たすことにより適切な行為として成立する。

　また、「詫び」と「感謝」という二つの行為が持つ主だった共通点を7点にまとめているが、その第4としてあげられているのが「人間関係の均衡を保つという社会的機能を持つという点」である。そして、「詫びは、発話者の行為によってもたらされた不均衡を、感謝は聞き手の行為によってもたらされた不均衡を修正しようとする行為」であると述べ、さらに「詫び及び感謝の発語媒介意図は、これら行為が持つ社会的機能に基づいて形成されると考えることができる。」としている。発語媒介意図は、感謝については次のように記述されている。

Ⅵ　言語行動における言語・心理・社会

意図1　聞き手が正真正銘の感謝と認める。
意図2　有益状況をもたらした相手（＝聞き手）或は行為に対して肯定的評価を与える。

このような発話行為理論による分析に従った時、先に述べた事例(1)から(3)が説明できるのかどうかという点を考慮しながら、以下、本論では考察を進めていきたい。

4．話し言葉の世界―感謝表現の成立と不成立―

まず、事例(1)から事例(3)がどのような言語事実を示すものなのか、要点を下記のように整理してみた。

事例(1)　方言談話の世界で、感謝表現が言語形式として選択されない場面【道具を借りる】が見られる。しかも言語形式による感謝表現がなくても「伝えあい」がなめらかに行われている。ちなみに【新築の贈り物をする】場面では感謝表現が選択されるので、感謝に相当する言語形式や発話の習慣がないわけではない。〔AとBとの関係〕

事例(2)　言語形式による感謝表現の発話がない。しかも「伝えあい」が損なわれている。〔母親と石野さんとの関係〕

事例(3)　言語形式による「感謝・詫び」表現の発話をしようとしたが、明示できないでいる。しかし相手には伝わっている（ようにみえる）。〔妻と夫との関係〕

さて、(1)から(3)の異同はそれぞれどこに求められるのであろうか。
まず、(1)(2)(3)ともに、言語形式としては感謝・詫び表現が選択されていない点が共通点としてあげられる。
相違点は次のようである。
(1)と(3)は、伝えあいが成立しているのに対して、(2)は伝えあいが不成立である。

また、(1)と(3)とを比べてみると、(3)はその言語形式が必要だと感じながら発話できなかったのに対して、(1)では最初から言語形式による感謝表現は問題にされていない。
　(2)の解釈は、話し手の心情という点からみた時、両義的である。母親は、言語形式として明示された感謝表現をドアをこじ開けてくれた相手に対して発話していない。その「気持ち」があったかなかったかという問題まで立ち入れば、この場合二つの解釈を許すように思う。一つは、地下鉄に乗るという行為に不慣れでその上ドアが途中で閉まってしまったという事故に対する動転があり、また行為の与え手の不機嫌に接して発話者は状況に順応できず、気持ちがあったのに言語化できなかったとみる見方。もう一つは、気持ちも言葉もなかったとみる見方である。論者は、「母親がヒステリックに娘を怒る」という行為を通してそこに母親の恐縮してなすすべもない気持ちを汲み取るものであるが[3]、ここでは、二様の解釈を残しておきたい。
　そこで、(2)には「感謝」につながる心情があった((2)a)と解釈すると「感謝心情」の点では(2)aと(3)とは共通し、伝えあいという点で(3)は成立、(2)aは不成立という点が相違すると解釈できる。一方(2)にその感謝心情もなく、伝えあいも不成立である((2)b)とすると(3)と(2)bとは共通点を持たないことになる。
　これらを整理すると、表1のようになる。

表1

	言語選択期待	言語選択	話者の感謝心情	伝えあいの成立
(1)	−	−	不明	＋
(2)a	＋	−	＋	−
(2)b	＋	−	−	−
(3)	＋	−	＋	＋

　ここでは、「感謝」(もしくは「詫び」)という問題領域を分析する際には、発話行為理論が取り上げる「発話者によって選択された言語形式」に焦点をあてるのみでは、ことがらの整理がつきかねる点をまず指摘したいと思う。

Ⅵ 言語行動における言語・心理・社会

　発話行為理論は、一定の適切性条件を満たすことにより「感謝・詫び」が適切な行為として成立するとするが、その「適切性条件」とは初めから発話者の発話を中心に分析されている。「受話行為」とでも呼ぶべき過程を一旦対象範囲の外に置き、発話者の言語選択に対象を絞ることで記述上の大きな成果をあげ得たものと言えよう。

　(1)(2)(3)は言語（による）行動でありながら、ある部分言語選択の空白を有していることによって、言語世界が非言語の世界に支えられてあるという「話し言葉」の枠組みを教えてくれる事例である。

　言語それ自体の文脈に依存し場面に対して閉じているような伝達形式、すなわち書き言葉に近い様式と、場面に対して開いており相対的に言語それ自体の役割が後退する様式、すなわち話し言葉に近い様式とでは、発話受話の構造には大きな違いが出て来る。「感謝・詫び」というのは、すぐれて後者の性格を持つものなのである[4]。

　(1)から(3)で描写される話し言葉の世界は、何がひとまとまりの談話を構成するかという点で、我々に観察材料を提供してくれる。表現された言語形式を手掛かりとするだけではなく、「言語形式が選択されるはずの分布領域が非言語である」という現象、いわば(1)(2)(3)のような、言語形式をよすがとしながらそこが空白となっている談話上の分布を観察することによって、発話受話行為の単位体を切り出すことができる。本論ではそのように考え、単位体切出しの一つの視点としてそれを「伝えあいの成立・不成立」という点に求めた。

5．感謝表現の三側面—発話受話行為の観点から—

　熊取谷（1988）では、発語媒介意図に「聞き手が正真正銘の感謝と認める」を設定している[5]。

　ここでは、聞き手が感謝と認めるということは、どういうことか、ということを考察してみたい。

第2章　方言談話にみる感謝表現の成立

　前節**表1**を整理する中で、明確には述べてこなかったことが受け手の位置付けである。**表1**に立ち戻りたい。

　そこで立てた特徴のうち「言語選択」と「感謝心情」のふたつは発話者の側の出来事である。「言語選択期待」と「伝えあいの成立」には受け手が関っている。先取りして述べると、発話者と受話者の間で「言語選択期待」の期待値が一致していることが伝えあいをなめらかに成立させることに関連があるといえる。感謝・詫び談話では、この言語選択期待値を支える構造として、社会言語学的にみた社会慣習として成り立っている「規範規則の一致」と、心理言語学的にみた発話者受話者の「発信許容の一致」、さらに「ことがら世界の期待値の一致」という三つのレベルがあることを以下記していきたい。

　社会慣習として成り立っている期待値とは、談話選択に関する「規範規則」といってもよいもので、「感謝の言葉を発することが必要である」とする双方の認識である。この規範規則は、巷にあふれている「ありがとうのひとことがない」などの苦言を読んだり聞いたりすることからも分かるように、成員すべてが了解しそれにのっとって行動する、あるいはできるというものではなく、ある場合には押し付けられ、矯正され、体験的に自覚することによって習慣を形成していく性質のものである。この規範規則はある程度強制力を持った社会的慣習として言語行動を支配するが、「それに気がつかない、受け入れない、あるいは無視する発話者」あるいは「高い意識を持った受話者と遭遇した発話者」にとっては常に伝えあいの上での危機をはらむことになる[6]。

　規範規則に支配された感謝表現については、熊取谷（1988）の言及した「人間関係を保つという社会的機能を持つ」という行為の特徴第4がよくあてはまる。こうした規範規則を明確に意識した発話受話は、人間関係を維持する「挨拶行動としての感謝」という側面をよく表すことになる。

　ところが、感謝・詫び表現の性格を考えると、上述したような「挨拶」すなわち人間関係の調節に関係した機能のみを負うものではないことが、次の

365

Ⅵ 言語行動における言語・心理・社会

ような事例から知られる。

 (4) 徹子 まあ、そのとき、お気持ち、どんなでした？　発見なさったとき。
   衣笠 いやあ…、その蔵の中で、ガバーッとね…。ガバーッとああいう大きな涙なんて出て…「<u>ああ、ありがたい</u>」って…。
   徹子 まあ…。
    （『徹子の部屋2』焼失したと思い込んでいた代表作のフィルムを蔵の中で偶然のことから発見した時の話。下線論者）

　(4)の事例の「ああ、ありがたい」は、何者かの大きな力に感謝する表現である。このような表現は「人間関係を保つ」という社会的機能からはあきらかに離れている。感謝表現が持つ「心情の表出」そのものの用例であろう。事例(4)の受け手は人間ではないが、こうした心情表出は人間の受け手に向かってもなされる。

　このような感謝談話は、言語のレベルとそれを産み出した心理のレベルの両方を考慮することが必要であると考える。上記のような表現は「心情の表出」に真骨頂があるのであるから、受話という観点からはそれを「受ける」という心理的なレベルでの受け手の受容行為があった時に、発話受話行為が成立するからである。

　さて、第3の側面は、ことがらレベルでの解決を伴う発話受話である。感謝の発話受話の成立が、規範規則の順守にも、心情レベルの受けにも寄らず、全く別の要因でしか成り立たない場合がある。大きな金額の落とし物を警察に届けて落し主が分かった時などがそれで、発話者が真情あふれる感謝の言語形式を選択して発話しても、それに伴うなにがしかの礼が全くない場合には感謝の発話受話がなりたたない場合があろう。「詫び」の方がより一層深刻である。事故保障の場合などは、納得できる提示なしに言語表現のみが発話されても受話者の拒否にあい、「詫び」は成立しない。

　現実には、これら3者は截然と区分けされているわけではない。それぞれの典型例は観察可能であろうが、現実の発話は3者の混在したものであろう。

第2章　方言談話にみる感謝表現の成立

しかしながら、上記のような整理をすることで、次のような説明も可能かと思う。

事例(1)の、「物の貸し借りが行われているにも関らず感謝表現が出現せずしかも伝えあいはなめらかに成立している方言談話」の例については、規範規則の一種の適用として理解が可能になる。すなわち隣家との日用の物の貸し借りについてはいちいちの感謝表現がいらないというのがその言語社会の規範規則であると考えると、こうした談話も、この言語社会の「規範規則の発話受話者間での一致」に支えられていると考察できるからである。それに加えて、隣家とは日用の物の貸し借りが普通であるという、相互保障の支えを持ったいわば「ことがら世界の支え」を受けた親密な閉じた社会としての事実もあずかっているであろう[7]。

また、(2)や(3)の事例は、発話者の側に心理レベルの感謝の事実があり、しかし言語表現としては的確な表出が成されていない事例である。しかし(3)では「察した」受け手によって、伝えあいは（おそらく）成功している。(2)では受け手が自分の行為の恩恵を押し付けるのみで「受ける」という余裕を失っているために、伝えあいには摩擦が生じている。すなわち(2)aでは、発話者の（屈折した）感謝の心情が言語形式には表現されていない。しかし、受話者が「感謝の言葉」という形で自らの行為に対する埋め合わせを求めることなく（すなわち人間関係の修復を言葉に求めず）、表現したいができない心情の受容という行為をもって接すれば、そこには(3)に近い「伝えあい」が起こった可能性があるとみられる。(2)は「社会」の中での出来事、(3)は「家庭」の中の出来事で、発話者と受話者の心理レベルでの知識・共有度に明確な差がある。「社会」における「感謝」行為はいきおい第1の規範規則に支えられた社会的機能をもったものとして受け取られがちなのもまた事実であり、その事実はどこかで記述される必要があるであろう。しかし、感謝・詫びとは、心的態度表明行為なのである。「談話の方略」につながる観点のみで考えることは、大切な側面を見落すように思う。

本論では、発話には受話があるということから、伝えあいが成立するかど

うかという観点を立てて談話のまとまりを切出し、その上でいわば「静的」な記述を試みたが、今後は実際の言語行動の中で「動的」にどのような会話が展開するかという観点からの考察も必要になるであろう[8]。

　最後に、ここで第2に述べた「心情」という要素について少し補足しておきたい。これは、「感謝・詫び」などの領域の特徴である。「命令」などという領域と比較すればその位置付けがみえてこよう。「命令」という発話の成立には受話者の心情は関与しない。「命令」は何らかの記号を発動することによって成されるが、ことがら世界の支えによってのみ成立が保障されるもので、受け手の心情は無視する行為である。このような行為領域の観察をする中で、その言語発話受話行為の構造記述をすることも今後の課題として残されている。

6．おわりに

　(1)から(4)のような言語事象をとりあげ、発話受話行為という観点から「感謝・詫び」を取り上げることで考察をしてきた。

　発話・受話行為として捉えると「伝えあいの成立・不成立」という観点が立つ。それを手がかりに談話の単位体を設定することを試みた。

　また、発話受話行為は話し言葉に特徴的に成り立つものである。表現されたあるいはされなかった言語形式とともに、それを支える非言語の要素が伝えあいの成立に関与している様を、方言談話などを例としながら見た。

　「感謝・詫び」談話では、「規範規則」「心情の共有・受容」「ことがら世界の支え」の三側面が談話成立に関与していることを述べた。

　今後は「動的」な会話分析が必要になる。また、発話受話という観点からの記述の枠組みを作成することも大きな課題になろうかと思う。「感謝」や「詫び」に隣接する領域との構造を明らかにしながら、現実の会話分析を通して構築される枠組みでありたい。

　なお、ここでは皮肉としての感謝表現の使用は扱わなかった。

第2章　方言談話にみる感謝表現の成立

注
1) 具体的な表現などは沖（1993）を参照。
2) 毛利の訳語は「発話行為論」。続く用例は同書。
3) 「自分の領域にある娘を怒ることにより詫びて感謝する」とでもいえる心情。なお、これはそのような行為が是か非かという問題を論じているのでは勿論ない。
4) 沖（1994）参照。なお、このように述べたからといって、表現された言語形式に従った分析をする必要性や価値がないと言っているのでは全くない。
5) 「感謝」であると認めるのは聞き手であることを考えると、この意図を発話者が発する言語表現形式に則した分析に入れることには無理が生ずるように思う。
6) 単に発話者のみの問題ではなく、受話者の意識との一致いかんでは、問題が生じない場合もあるわけである。
7) 当該調査地点での報告は手にしえないが、こうした日用品の貸し借りが一定の近隣の間でよくあり、その場合「いちいち礼をいわない」ことが一般の通念である時代と地域が論者の聞き取りによると確かにあった。（昭和後半に村落自体がなくなるまでの旧長野県東筑摩郡東川手村字明賀など）当該調査地域でも、これと似た様態があるのではないかと類推するものである。
8) すでに熊谷（1993）が「謝罪をコミュニケーション行動として研究する上で今後必要とされるのは、相互作用、あるいはやりとりのプロセスという形でとらえる姿勢であろう。」と述べている。しかし、ここで触れたように、問題や摩擦の解消は言語レベルの方略のみでは解決がつかないという話し言葉世界の事実の一面に注意を払う必要があろう。

参考文献

オースティン，J.L.著／坂本百大訳（1978）『言語と行為』大修館書店
沖　裕子（1993）「方言談話にみる謝罪的感謝表現の選択」『日本語学』第12巻第12号　明治書院　［本書Ⅵ、第1章として収録］
沖　裕子（1994）「話し言葉テキストの性格と電子化テキスト化」『人文科学とコンピュータ』22巻5号
熊谷智子（1993）「研究対象としての謝罪―いくつかの切り口について―」『日本語学』第12巻第12号　明治書院
熊取谷哲夫（1988）「発話行為理論と談話行動から見た日本語の「詫び」と「感謝」」『広島大学教育学部紀要』第2部第37号
サール，J.R.著／坂本百大・土屋俊訳（1986）『言語行為』勁草書房

Ⅵ　言語行動における言語・心理・社会

西江雅之（1989）『ことばを追って』大修館書店
毛利可信（1983）『橋渡し英文法』大修館書店

引用言語資料
朝日新聞東京本社版（1994年5月30日月曜日）
黒柳徹子（1985）『徹子の部屋2』朝日新聞社
国立国語研究所（1987）『方言談話資料(9)―場面設定の対話―』秀英出版

第3章　勧め的依頼表現について

1．はじめに

　これまで依頼表現は要求的性格を持つものとして一元的に考えられてきたが、他に勧め的性格を持つ用法がみられる。依頼表現には2種あるといえる。
　「談話上の異形態」あるいは「類話」とでも名づけられるような、同種の談話を集めた方言資料の観察によってこのことを指摘していきたい。
　また、勧め的性格を持つ依頼表現が談話中の他の場面の言語表現と関連する現象がみられた。これを談話中の「共起」ととらえ、観察したい。

2．使用する談話資料について

　方言に関して自然会話の文字化資料が近年次々と刊行されているが、その中に依頼表現は意外に出現していない。録音という操作がそこに加わるために、収録場面に制約が多く、偏りが生じるせいであろう。
　国立国語研究所がまとめた『方言談話資料(9)(10)　場面設定の対話』は、自然会話では録音しにくい各種の表現を得ることを目的として調査されたものである。結果的に依頼表現に関してもよく記録された資料になっている。
　同書は、なるべく自然に近い形を得るために標準語のテキスト訳を避けている。八つの場面について大枠の説明を話者に与え、必ずしもそのストーリーの細部にこだわらず、地域語に即してできるだけ自然な会話になることをねらいとして調査を進めている。従って、設定された箇所にのみ依頼表現が出現する、ということもない。依頼表現の種々相の一端を観察できる。老年層話者を対象として全国14地点について昭和51年に調査されたものである。

Ⅵ　言語行動における言語・心理・社会

　本論ではひとまず地域的なバリエーションの観点ははずし、日本語を地域的変異を含んだものとして捉え、これらの方言資料を「現代日本語の会話」のコーパスとして参照するという形をとりたい。従って、語彙・文法上の地域的変異は引用から当然うかがわれるが、複数談話に共通して観察される特徴に注目し、依頼表現そのものを分析することに重点をおきたいと思う。

　資料の引用にあたり、共通語訳には多少手を加えた。読みやすさを考慮して、表記を平仮名から漢字に改め、句読点を補った部分がある。方言部分の簡易音声表記には手を加えていない。また、話者はすべてAとBという記号に統一した。アクセント記号は除き、発話の重なりを示す傍線も除いた。言いかけて言い直したことを表している記号「××××」及び聞き取り困難を示す「〰〰〰」はそのまま記した。

3．要求的依頼表現と勧め的依頼表現

　次の例(1)は〔場面4・新築の祝いを述べる〕という中での会話の一部である。
　(1)　A　（略）キッチャン　エーナー。イッペン　ミシテ　クレヤ　ナカ…。（吉ちゃんいいねえ。いっぺん見せてくれよ、中を…。）
　　　B　マー　チートワ。ナカイ　ジャー…。ト　ミテッテクリョーレ。（まあ、少しは。中へ、じゃあ（入って…）。見ていってくれよ。）〔静岡市南字中村〕

祝いを持参したAが、Bの新築の家が大変立派なので「見せてくれ」と言い、Bが「見ていってくれ」と受けている。

　簡略化すれば(2)のようになる。
　(2)　A　見せてくれ。
　　　B　見ていってくれ。

AもBも依頼形であり、依頼表現である。述部の語彙・文法的形式を指す場合「依頼形」を用い、それが談話の中で機能する際の意味を本論では「依

第3章　勧め的依頼表現について

頼表現」または「依頼」と用いて、区別をつけたい。

「見せて・見せてくれ・見せて下さい」といった依頼形は、「見せろ」という命令形と密接な関係を持っている。それは、ともに相手に働き掛けるモダリティーを有し、相手の動きの実現を訴えかけるものである[1]。(2)は、「てくれ」形がAにもBにも出現する。いずれも形式の点では依頼形を用いているのであるが、表現という点ではどのような違いがあるのであろうか。

Aにみる依頼表現「見せてくれ」は、話し手の欲求を言語化し、相手の意志・好意に訴えかけ、実現を要求する表現である。一般に「依頼表現」という場合、この「要求表現としての依頼表現」が論じられてきた。

これに対してBの「見ていってくれ」は、Aの談話を受けたものである。「見たい」という欲求は、とりあえず、まずAのものである。そのAの要求を受けて、Bは「見ることを許す」という行為内容を提出するわけである。その際、Bが自ら見ることを許す好意が「見ていってくれ」という依頼形で表現されていることに注目したい[2]。この、Bの「見ていってくれ」という談話の位置を見ると、それは切出しの発話ではない。Aが切り出した依頼の発話の受話[3]として位置している。

依頼形の語彙的意味は「自分の要求の実現を相手の意志や好意に働き掛ける」という〈要求〉にあるが、ここでの談話中の機能的意味は、あくまでもAの談話を受けた上での好意の提供、すなわち「勧め」である。このように、談話構成から見て受話の位置にあり、勧めを含意する依頼表現を、「勧め的依頼表現」と名づけたい。要求を表す無標の表現を「要求的依頼表現」として、この2種を区別しておく。

このような勧め的依頼表現（(3) Aの発話）は、さらにそれを受ける発話に、場合によって、隣接ペアとして(3)の下線部にみるような感謝表現をとることができる。要求的依頼表現（(4) Aの発話）では、たとえば(4)の下線部のように、それができない[4]。

(3)　A　Bさん、どうぞ、家の中見ていって下さい。

　　　B　<u>ありがとうございます。</u>

⑷　A　Bさん、お金を貸して下さい。
　　B＊ありがとうございます。

　今みてきたような、依頼発話を受けるものだけではなく、次のようなものも広く勧め的依頼に入るだろう。
　⑸は〔場面5・隣家の主人の所在をたずねる〕から引用した。老年層の男性Aが、同年配の親しい隣家の主人をたずねて会いたいと伝え、その妻と会話する場面である。Aの要求をかなえようとして、「夫が来るまで待て」という勧め的依頼で表現している。傍線部が勧め的依頼表現。Aはそれをさらに「ありがとうございます」で受けている。

⑸　A　オジサマ　オルカナー（おじさま（＝ご主人）いるかね。）
　　B　ハー　アノ　オルニ　オヨリトクンナイショ（いるからお寄りになってください。）
　　A　ソーカナ　チョット　イキアイテート　（Bアー）オモッテー（そうですか。ちょっと会いたいと思って…。）
　　B　オトーサン　アー　イマ　オッタ　ワケダガ　ドー　シツラアー　マー　チョット　オヨリトクンナイショ　ミテ　クルニ（お父さん、今いたわけだがどうしただろう。ちょっとお寄りになってください、見てきますから。）
　　A　ハイ　アリガトー　ゴザイマス（ありがとうございます。）

〔長野県上伊那郡中川村南向〕

　また、待遇的な観点からは、次のように整理しなおすことができる。
　「カケ・カキナサイ・カイテ・カイテクダサイ・オカキクダサイ」のような命令形・依頼形の待遇的語彙選択の系列がある。命令形と依頼形の語彙・文法的意味は異なるにもかかわらずこれらは同じ使用場面で用いられるので、待遇的な異形態の系列ができあがる。選択の際には、どの「丁寧さ」のレベルで使用するか決めればよい。
　こうした記述はこれまでもされてきたが、無標の要求的依頼表現と有標の勧め的依頼表現は、運用からみるとそれぞれ別の用法系列を作るといえるだ

ろう。
　(6)　A　書かせて下さい。
　　　　B　どうでも好きなように書きなさい。
　なおまた、上記の例Bの命令表現は「許可・放任」の意味を表している。この「許可・放任」と「勧め」が待遇的に連続していくのである[5]。
　次のような、談話の切出しに使用される依頼も、相手がたとえば自分の家に来たという行為を受けて、相手のためにそれを勧めている。非言語的な文脈も談話の成立に関与することを考えれば、相手の気持ちを受けての受話的言語行為であり、下記も勧め的依頼表現と分類できよう。
　(7)　さあ、召し上がって下さい。
　(8)　どうぞ、くつろいで下さい。

４．談話中の「共起」ということについて

　「共起」というのは、普通一文内に複数の形式が何らかの関連を持ってあらわれることを指すが、その概念を談話にあてはめて観察をしてみた。ある発話がみられる談話では、別の部分にその特徴と関連する発話が「共起」する例を以下観察する。
　先にも少しふれた、〔所在伺い〕の場面設定を左記に引用しよう。老年層の男子Aと同女子Bの会話。Aと、Bの夫とは親しい友人という設定である。ここでは③に依頼が設定されている。
〔所在伺い〕
　①　朝、男Aが友人の家を訪ね、その妻Bに友人はいるかとたずねる。
　②　妻Bは大声で夫を呼ぶが返事がない。
　③　Bは夫がどこへ行ったのか自問自答しつつ、客にしばらく待ってくれるように言う。
　④　夫の所在について客と妻との間であれこれの推測をめぐらす。
　⑤　客は辞去する。妻はわびのことばを述べて送る。

Ⅵ 言語行動における言語・心理・社会

③に出現する依頼形は、「AがBの夫に会いたい」という要求を受けるものであるから、勧め的依頼表現に属する。この③の位置の依頼表現と「共起」すると思われる発話単位がある。

少々長くなるが、まず、次に二つの談話を引用したい。③の位置に勧め的依頼表現が出現する談話の1例が(9)。そこに勧め的依頼表現を欠いた談話の1例が(10)である。

このふたつは、談話構造が基本的に①から④に添っており、よく似ている。そこで、(10)は、要所のみ引用する。

(9) B オハヨー イルカノー（おはよう。いるかねえ。）

A アイ イマスヨー。アンダカイ。（あい いますよ。なんですかぁ）

B アー キョーワ イー テンキダノー。（ああきょうは良い天気だねえ。）

A アイヨ イー テンキダノー。（あいよ、良い天気だねえ。）

B ダンワ ダンナワ イマ イネンカイ。（旦那は今いないのかい。）

A エー イマスヨー。オトッツァン オトッツァン。エ イマ ホニ イタッケン ドイ イッタダオカヤー。チョット マッテ クダ クラッシェーヤ ミテ クルカラ。ホントニ ドイ イッタダオカヤ。（ええ、いますよ。お父さん、お父さん。え 今そこにいたけど、どこへ行ったのだろうか。ちょっと待ってくださいよ、見てくるから。本当にどこに行ったのだろうか。）

B アー イソギン ヨージャ ネーカラ マタ キベヨー。（ああ、急の用事でないから、また来ましょうよ。）

A エエ ショガネーノ サッキマデ マエノ ナヤニ イタッケンヤー キット ハマエワ イガネッペヨー シヤクショイ イグ ヨーガ アルカラッチッテ ユッテタカラヨ クミアイ

第3章 勧め的依頼表現について

　　デモ　イッタンデネダオカヤー。スグ　カェッテ　キベカラ
　　オチャデモ　ノンデ　マッテデテ　クラッシェサヨー。(ええ、
　　しょうがないねえ。さっきまで前の納屋にいたのだけどねえ。
　　きっと浜へは行かないでしょうよ。市役所へ行く用事があるか
　　らっていってたからね、組合でも行ったんでないんだろうかね。
　　すぐ帰って来るだろうからお茶でも飲んで待っていてください
　　よ。)
　B　エー　オレ　マダ　チョット　ヨーガ　アルカラノー　マタ
　　アトデ　キベヨー。(ええ、俺まだちょっと用事があるからね。
　　また後で来ましょうよ。)
　A　アイ　ホーカイー（A　アー）ワリーノー。カェッテ　キタラ
　　ハナスベーカラノー　スイマセンヨー。(あれえ、そうかねえ、
　　悪いねえ。帰って来たら話しましょうからね。すみませんね
　　え。)　　　　　　　　　　　　　　　　　〔千葉県館山市相浜〕

(10)【略】
　A　(略) オッテ　カナ。((ご主人さんは) おられるかね。)
　B　サー　イマ　ソコニ　オッタンジャガ　チョットー　ヨンデ
　　ミョー　ワイ。(A　ンー。)オイサン。ウ　テモ　オラン
　　ヨーナケニ（A　ンー。)ドッカエ（A　アー。)イッタ　ンカ
　　シラン。(さあ、今、そこにいたのだが、ちょっと呼んでみよ
　　うわい。(A　うん。)あなた！いないようだから（A　うん。)
　　どこかへ（A　ああ。)行ったのかしら。)【略】
　A　(略)ンジャッタラー　マタ　キマス　ワイ。(だったらまた来
　　ますよ。)
　B　ッテ　キノドクナガイナラ　ソーシテ　モラオ　カノー。コッ
　　チカラモ　マタ　イッテモ　カマンケンド。(気の毒だけれど、
　　そうしてもらおうかねえ。こちらからもまた、行ってもかまわ
　　ないけれど。)

377

VI 言語行動における言語・心理・社会

  A イヤー。イヤー。ソガン シテ モラワイデモ ナ。(B アー。)ワシガ マタ コッチー ナン ヨー。クル トキニ アンタ トコエ ヨッテ ミマス ワイ。(いえ。いえ、そんなにしてもらわなくてもね。(B ああ。)私がまた、こっちへ何よ。来る時に、あなた(の)所へ寄ってみますよ。)

  B アー ソー カノ。(A エーエー。)ソレ ヒナラ ソーシテ モライマショ。(ああ、そうかね。(A えええぇ。)それならそうしてもらいましょう。)

  A エッ エー。ヤー。ドーモ オジャマ シマシター。(えっえぇ。やあどうもお邪魔しました。)

  B ソリャ ソリャ(A シーンー。)ゴクローデ ゴザイマシタ。(それはそれは(A うんうん。)ご苦労でございました。)

〔愛媛県越智郡伯方町木浦〕

 夫がそこにはいないと分かった時に、妻が勧め的依頼表現を使用するのが(9)で、それを使用しないのが(10)である。場面設定には「③ 客に、しばらく待ってもらうようにいう」とあるのだが、もとよりこれは強い拘束性のあるものではない。③の勧め的依頼表現が何らかの形であらわれる談話は、県名でのみ記せば、群馬県・千葉県・長野県・静岡県・福井県・島根県・高知県の7地点。一方そこに依頼表現が現れない談話は青森県・新潟県・愛知県・鳥取県・愛媛県・長崎県の6地点である[6]。つまり、約半数ずつである。

 さて、③の位置に勧め的依頼表現が出現する地点とそうではない地点を比較してみると、談話後半の辞去の挨拶のところでも相違が見られる。すべての談話を引用できないので、辞去のその部分のみ引用する。

  (9′) 群馬県B デモ クルヨー マー マッテラッシャイ。マー オチャデモ ダサイ。(でも(すぐに)来るよ、まあ待っていらっしゃい。まあお茶でも出すよ。)(＊→このあと、Aはお茶をご馳走になると受ける。)

    千葉県B (略)カェッテ キタラ ハナスベーカラノー(略)

第3章 勧め的依頼表現について

（帰って来たら話しましょうからね）
- 長野県B　ソイジャー　マー　カエッタラー　アノ　イクヨーニ　イワズカナナウ゚シ。（それでは帰ったら行くように言いましょうかね。）
- 静岡県B　ナンジャッタラ　マタ　ワリーッケガ　マタ　キテミテ…。（なんだったらまたわるかったけれどまた来てみて（下さい）。）
- 福井県B　（略）カエッタラ　スグ　シラシェルサケノー。（帰ったらすぐ知らせるからね。）
- 島根県B　（略）マタ　カエッタラ　ホンナラ　ヨースィスィマスィワ。（また帰ったらそれならお知らせしますわ。）
- 高知県B　ホンナラ　モンドリ　シ゚ダイ　オマンクエ　ヤルヨーニ　スラーヨ。（そんならもどり次第、あんたとこへ行かせるようにすらあ。）
- (10′)　青森県B　（略）アノ　ホエ　カエテカラ　オズチャバ　ヤッテモ　エゴセァ。（あの帰ってからお爺ちゃんを（あなたの家へ）やってもようございますよ。）
- 新潟県B　（略）カエッテ　ゴザシタラ　オト　シマショァーカエネー。（帰って来られたら連絡しましょうかねえ。）
- 愛知県B　（該当表現なし）
- 鳥取県B　エー。ンナ　マー　モドッタラ　アノ　コガ　ソシタラ（A　エー）トーテ　ミトクヤーニ　ショーカ。（ええ。では、まあ、戻ったらあの子がそうしたら（A　ええ。）問うて（聞いて）みておくようにしようか。）
- 愛媛県B　（略）コッチカラモ　マタ　イッテモ　カマンケンド。（こちらからもまた言ってもかまわないけれど。）
- 長崎県　（該当表現なし）

379

③で勧め的依頼表現が出現する(9)のタイプでは、「カエッタラ　スグ　シラシェルサケノー」などのようにこちらからのはっきりした《申出》としてこれらを表現する例がほとんどであるのに対して、③で勧め的依頼表現を使用しない(10)のタイプでは、最後にも「帰ってきたら知らせる」にあたるこちらからの《申出》がないか、もしくは弱い形でしか出現しない。～してもいい、～しようかという、相手に判断を託す表現を選択している。つまり、夫が帰ってくるまで待つように相手を引き止める表現は、辞去の際にもその後の処置に関して積極的な態度をとるかどうかという表現様式と関係している様が観察できる。（談話のきりあげの際こうした申出をするという設定はないので、これらは自然な会話の流れの中で出現した姿である。）

　上記のような事実は、談話構成において一般に類似の場面には類似の分布がある様を予見させてくれる。ひとつの談話内で見れば、会話生成における「結束性」の保証とも関りがあるのだろう。ここでは、一談話中の《申出》場面に一様の表現様式が対応して出現する様を、談話中の「共起」というようにひとまず捉えておきたい。

5．おわりに

　以上、要求的依頼表現と勧め的依頼表現の2種があることを述べ、主に後者について論じてきた。

　ここにみた依頼表現と同様、形式と談話レベルの表現的意味が異なる現象は他にもある。たとえば「すみません」は語彙的意味として〈謝罪〉を表すが、談話中の機能という点では「謝罪表現」であるとともに「感謝表現」としても使われる[7]。日本語においては、謝罪と感謝が連続的であるが、このふたつが連続的でない言語もある。朝鮮語の例について生越（1994）が詳しい。ここでは方言談話資料から日本語を見た時、依頼と勧めが表現上連続的であることをひとまず指摘した。

　「談話中の共起」という概念についてはまだ粗削りなものであるが、一例

第3章　勧め的依頼表現について

を観察した。談話の構造について考察する際、こうした概念と観察がどのように有効であるか、今後の課題としたい。

注
1) 仁田（1991：230）参照。
2) Bはもともと「Aが見るという行為の成立」を要求として持っていたのかもしれないし、そうではないかもしれないが、ここでは特定できないので両義的ではある。また、たとえば島根県仁多郡横田町大字大馬木では、訪問者が何も言わないのに、「入ってくれ、見てくれ」という談話が出るが、性格が異なる。
3) 「受話」という概念に関しては沖（1994）参照。
4) 皮肉としての用法は別のことである。
5) 命令形に「許可」の意味があることは仁田（1991）がすでに指摘している。しかし、本論では、これは命令形の意味ではなく、談話レベルで生じる意味と考え、勧め的依頼表現と連続していくと捉える。
6) 奈良県は談話の運びが設定と大きく異なっていたためここではおく。沖縄県は資料を欠く。
7) 沖（1993）は、これを謝罪的感謝表現と名づけた。

引用文献
沖　裕子（1993）「方言談話にみる謝罪的感謝表現の選択」『日本語学』第12巻第12号　明治書院　［本書Ⅵ、第1章として収録］
沖　裕子（1994）「方言談話にみる感謝表現の成立―発話受話行為の分析―」『日本語学』第13巻第8号　明治書院　［本書Ⅵ、第2章として収録］
生越まり子（1994）「感謝の対照研究―日朝対照研究」『日本語学』第13巻第8号　明治書院
仁田義雄（1991）『日本語のモダリティーと人称』ひつじ書房

引用言語資料
国立国語研究所（1987）『方言談話資料(9)(10)―場面設定の対話―』秀英出版

第4章　八丈町末吉洞輪沢における待遇場面形成の要因

1．はじめに

　待遇表現を、言語行動という視点からながめてみると、ある待遇表現形式が選択される際には、何らかの選択要因（条件）がそこに働いてなされると考えることができる。さて、ふつう、「場面」は、言語選択の際に影響を与える条件のひとつであると考えられているが、「場面」はいかに形成され、形成された「場面」はどのように言語選択の際の要因として働くのかといった点は、必ずしも実証的にその全容が明らかにされているわけではない。
　本論では、八丈町末吉洞輪沢(ハチジョウマチスエヨシボラ ワザワ)集落の待遇表現行動における「場面」の形成について、その要因を全数調査の中から帰納的に探ってみたい。なお、「場面」の中でも、言語選択に強く影響すると考えられてきた「対人場面」——話しかける相手が要因となって形成される場面——について考察対象とすることにしたい。

2．目的と方法—「場面」の形成過程における仮説を通して—

　「場面」についての概念規定は、諸説存在するが、ここでは、「主体に認識された外在的環境」というように考えておきたい[1]。
　対人場面とは、話しかける相手が要因となって形成される場面であるから、したがって、これもまた、話し手自身に認識されたところのものということができる。その形成には、まず、話し手が「自分自身の位置」を認識し、「相手の位置」を認識して、「自分と相手との距離——対人距離——」をわきまえるという過程を考えることができよう。

第4章　八丈町末吉洞輪沢における待遇場面形成の要因

　対人場面というのは、ひとりひとりの心の中に存在する心理的なものであるが、ひとりひとりが想起する対人場面に、ある程度社会的な共通性があるということを考えれば、それを形成するにあずかる何らかの要因というものも共通項としてとり出せるはずである。

　ある属性をもった話し手のグループについては、「相手」の何らかの属性・客観的条件を認めて、相手と自分の間をへだてる距離をわきまえると考えられる。そこで、要因は、「相手」および「話し手」の属性・客観的条件の中に存在しているとみることができる。場面を形成する要因として「相手」の属性・客観的条件を引き出そうとする時には、対人距離が一定であると考えられる場面を整えてから、「話し手」の属性別にそれを観察することが必要になる。

　本論では、対人場面を巨視的・段階的に整えたところで、「相手」のどのような属性がどのような場面形成の要因となるかを帰納的に考察していきたい。話し手としては、八丈町末吉洞輪沢集落の人々を対象とし、まずその全体をながめてから、話者の属性において傾向的な差があらわれた性別によってグルーピングし、分析していくという方向をとる。

　では、対人場面を一定に整えるということは、具体的にはどのような調査方法によったらよいと考えられようか。

　まず、話し手が、「対人距離をわきまえる」ということを考えてみたい。ふつう、これは、「相手に対する待遇のしかたを意識する」というように置きかえてよいように思われる。そこで、話者には、相手を待遇するときのしかたの意識を尋ね、それを一定にするよう工夫すればよいということになる。

　では、相手に対する待遇意識を尋ねるためには、どのようなものに託して質問をしたらよいといえようか。

　今回の調査では、話し手が、「いかにていねいに（あるいはぞんざいに）話そうとしているか」[2]という意識を尺度に用いることにした。これは、「何と話すか」という言語の内容を問うものではなく、「どのように話そうとしているか」という話し手の意識を問うものである点が肝要で、それだからこ

Ⅵ 言語行動における言語・心理・社会

そ、話者の待遇の意識を測る尺度となるものである。方法的に改良の余地は残すとしても、対人場面を巨視的・段階的にとらえて考察しようとする際には、必要条件を満たしているといえるだろう。

　調査票（Ａ．Ｂ）は次のように作成した。
（Ａ）（質問順）
　　　〇島のことばで、自分と同じ調子で話す人。
　　　　　　〔段階ｄとする。〕
　　　〇自分より目下にあたる人で、島のことばで気軽にぞんざいに話す人。
　　　　　　〔家族だったら段階ｆに、それ以外は段階ｅにする。〕
　　　〇島のことばで、段階ｄの人よりていねいに崇めて話す人。
　　　　　　〔段階ｃとする。〕
　　　〇島のことばで、段階ｃよりもさらにていねいに崇めて話す人。
　　　　　　〔段階ｂとする。〕
　　　〇島のことば、標準語ということなしに、自分が一番ていねいに話す人。
　　　　　　〔段階ａとする。〕
（Ｂ）
このように、ａからｆまでに該当する人物（自分がそのような意識で待遇していると思われる人物）を、差し支えなければという条件つきで、具体的にあげてもらう。そして、あげられた相手の次のような属性を問う。

　⑴　年齢
　⑵　職業
　⑶　出身地（末吉の人か否か）
　⑷　家族か家族外か

　この調査票では、ａからｆまでは次のように並ぶ。ａ・ｂ・ｃ・ｄ・ｅ・ｆは、それぞれ対人場面であり、こうして得られた対人場面を本論の分析対象とする。

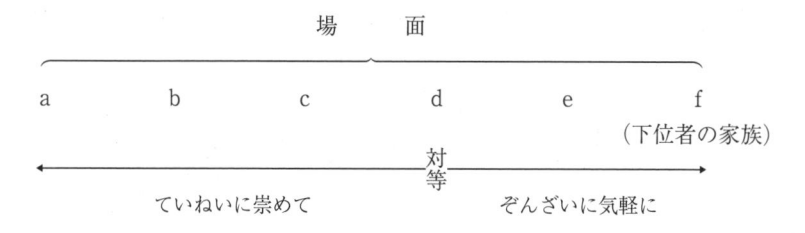

第4章 八丈町末吉洞輪沢における待遇場面形成の要因

```
           場     面
┌─────────────────────────────────┐
a    b    c    d    e    f
                         （下位者の家族）
←─────────対─────────→
         等
  ていねいに崇めて    ぞんざいに気軽に
```

なお、話者がこの中で、ある待遇段階を持っていないか、あるいは持っていても、現在の自分の生活の中にそのような対象がいなければ、その場面は空欄になる。

3．調査の概要と調査地域・対象者

調査は、1978年6月29日から7月18日にかけて筆者1人で行った面接調査である。

調査対象者は、日本語を母語としない外国生まれ（韓国）の3名を除いた、八丈町末吉洞輪沢集落の12歳以上（中学生以上）の在住者全員で、男44人、女44人の計88人である。そのうち調査しえた人数は、男28人、女32人、計60人で、達成率は約7割であった。

八丈町は、人口約1万人強（1978年1月1日現在）の町である。島外（町外）との交通は船と飛行機に頼っており、港や飛行場の存在する三根・大賀郷が「坂下」と呼ばれ、行政的にも文化的にも町の中心となっている。

坂下に対して坂上と呼ばれる樫立・中之郷・末吉の三地区が三原山を囲んであり、末吉は、三原山をはさんで大賀郷とは反対側のふもとに位置する。交通的には、三根・大賀郷を出発するバス路線の最終地点にあたっている。末吉から大賀郷までのみちのりは、距離にして約12キロ、バスにして約40分、隣りあった中之郷とも約6キロほどをへだてている。人口は約750人である。

洞輪沢は、末吉を構成する七つの集落のうちのひとつで、7集落の規模は

大差なく、「末吉」として一体感を持っている。洞輪沢は、末吉の中心から約1キロほど下った漁港をとり囲んで位置している。

調査対象者のプロフィルを紹介する。

調査対象者と既調査者の年齢別人数は**表1**のようである。

表1 調査対象者と既調査者（人数）

	男（既調査者）	女（既調査者）
12～29歳	14(11)	12(9)
30～49歳	14(7)	13(10)
50歳～	16(10)	19(13)

父親は6割が、母親は約7割が末吉の出身であるが、本人自身の在外歴をみるとこれら18歳以上の人で、末吉以外どこにも移り住んだことのない人というのは、9人（15.0％）である。あとの人々は、何らかの期間、島外、あるいは他村での生活を経験している。八丈町総務課（1978年1月）の資料によれば、昭和10年頃までの八丈島では、過剰人口が本土・小笠原・南洋諸島など広く島外へ移住し、その後昭和20～25年に人口の3分の1におよぶ大量の引揚者を迎えたとあるが、今回の調査でも、洞輪沢在住の40歳以上の者のうち、期間は別として、約半数がこの、島外生活経験者であった。いずれにしても、これら島外生活経験者が多いことは、それだけで、生え抜きからなる言語環境とは異なるものを作りあげていることになる。

職業は、漁業関係者が多いが、かたわら農業も営む世帯が多い。民宿経営（2人）、喫茶店経営（2）といった職種につく人、そのほか、タクシー運転士（3）、保母（1）等、他地区に職場を持つ人々も若干いる。

同居の実態はほとんどが一世代、あるいは二世代で、三世代が同居している家族は2家族のみである。

学歴は、尋常高等小学校、新制中学卒業者がほとんどで（在学中・NAを除くと7割弱）、次いで、旧制中学・新制高等学校卒業者がしめる（同、2割強）。

島に何らの縁故も持たず、婚姻によって洞輪沢在住者となった人々がいる（いずれも女性、30代3人、20代3人）。これら6人の人々と、完全な調査を行いえなかった2人を除いて、以後集計を試みることにしたい。

4．調査結果

調査結果は、**表2**に示した通りになった。（章末）

表2は、この調査によって得られた、場面aからfに該当する具体的な人物名を記載したものである。具体的に、名前をもってあげられたケースについては、ここでは具体名を無視して「N」で統一して表記した。

年齢については、のちに記し、性についての情報は、ここでははぶいた。

5．考　察

「相手」のどのような属性が対人場面の高低を形成する要因となるのかを探るために、次の3点に着目しようと思う。その3点とは、《地位》《未知》《年齢》である。これらが場面形成の要因としてどのように関与しているか、また、場面形成に働く要因の強さというものがあるとしたら、その優先順はどのようであるかについて、この資料から分析を加えていきたい。

5.1　《地位》と《未知》

《地位》と《未知》という要因が場面の形成にどのように関係するかをみるために**表1**の資料から、**図1**（場面別にみた人物の出現率）をまとめてみた。**表1**にみられるところから、次の(イ)から(ハ)の3種類について数をかぞえ、場面別に、あげられた割合を図化したものである。

(イ)　「役職者名」であげられた人

(ロ)　見ず知らずの人

(ハ)　名前であげられた人

(イ)は、「役場の人」「郵便局長」「先生」「上司」「子供の担任」「担任の先生」「役職者」「警察の人」「組合長」「タクシーの客」「店の客」「民宿の客」「上司の奥さん」「社長」「組合長の奥さん」「校長先生」「N先生」を指している。「N先生」は、末吉小学校の校長先生で洞輪沢に住んでいる方であるが、「先生」の側面が重視されているとみてこちらに入れた。

(ロ)は、観光客など、島外からの来訪者を指すことがほとんどで、その例として調査者である筆者があげられた場合もある。

(ハ)は、名前をもって答えられた場合で、日常何らかの接触がある人々であるといえよう。「年上の人」「年寄り」「目上の人」「姑」は、ここに含めた。

なお、1場面に複数の人が答えられているところは、並存のまま延べ数にして集計してある。

さて、**図1**のグラフをみると、次のようなことが観察される。(章末)

① 「役職者」は、場面a・bに多くあらわれる。
② 「見ず知らずの人」は、場面aにあらわれるのがほとんどである。
③ 「名前」は、場面aにはたいへん少なく、場面bからcと増え、場面d・e・fでは、みな、「名前」であげられている。

また、**図1**を場面ごとにみれば、次のようなことがわかる。

④ 場面aには、「役職者」と「見ず知らずの人」が半々にあらわれる。
⑤ 場面bでは、「役職者」および「名前」がそれぞれ4対6の割合であらわれる。
⑥ 場面cは、「名前」がほとんどを占める。
⑦ 場面d・e・fは「名前」が占める。

以上の観察から場面を形成する要因とその強さを見出すために、これまで、(イ)「役職者」、(ロ)「見ず知らずの人」、(ハ)「名前」というようにまとめてきたものの内容を考えてみたい。

これら(イ)(ロ)(ハ)の中にはいくつかの要素がひそんでいると思われるが、中でも次のような共通項を引き出すことができよう。

まず、「役職者」としてまとめた人々に対しては、立場（position）という

第4章　八丈町末吉洞輪沢における待遇場面形成の要因

点からみれば、仮に《地位的な上位者》という要素を引き出すことができるかと思う。

　ここで単に地位としているが、これはいわゆる「業績的地位」[3]を指していう。

　「見ず知らずの人」には、その人との面識のなさ《未知である》という要素が抽出できよう。たんなる面識のなさだけではなく、島以外からやってきた《よそもの》という点も考慮されているかと思う。単純に未知者がよそ者であるとは限らないわけであるが、洞輪沢のような集落では、末吉というむら全体が顔見知りで親族関係も多く、面識がない、ということと、よそ者であるとみなす意識とはおそらく密接な関係があるであろうと思われる。そこで、《よそもの》（outgroupness）という意味あいも含めながら、今は、《未知である》ことを要素としてたてておきたいと思う。

　「名前」であげられた人々には、《面識がある》、あるいは、《身うちである》という要素が抽出できる。ただし、高い場面の中で「名前」であげられた人のうちいくらかには、《地位的な上位》を意識されながらも、日頃の交際や親族関係などからその「名前」があげられたケースも含まれてくるだろう。「役職者」名であげられることと「名前」であげられることとの間には区別が働いているであろうが、その答え方には偶然的な要素も支配するからである。

　このように考えてくると、「役職者」「見ず知らずの人」「名前」は、《地位》《未知》という点から次のようにとらえることができよう。《地位＋》は地位的な上位者、《地位−》は地位的な下位者、あるいは同等、《未知＋》は面識がない、あるいはよそ者、《未知−》は、面識がある、あるいは身うち、というわけである。

	地位	未知
（イ）「役職者」	＋	±
（ロ）「見ず知らずの人」	±	＋
（ハ）「名前」	±	−

VI 言語行動における言語・心理・社会

「役職者」でまとめた中には、面識のある人とない人とが含まれている。「役場の人」「タクシーの客」「民宿の客」などは、面識のない人々であり、「上司」「郵便局長」などはもちろん面識がある。ここであげられた「郵便局長」は末吉出身者なので「身うち」という要素からみたとり扱いも重ねることができるが、「子供の担任」というような面識のある人で末吉在任者であっても、島外（あるいは末吉以外の）出身者であった場合、はたして《身うち》意識を持っているかという点では、単純に《未知－》とできないこともある。今回の調査ではそうしたケースは少数例であったが、今後はやはり、《面識のあるなし》と、《身うち・よそもの》とは別の要素として立てることが必要となるではあろう。

「見ず知らずの人」の中には、《地位》に関しては、様々な意識のされ方をする人が含まれているだろうとみて、±とした。

さて、以上のように、場面形成に関与すると思われる要素を抽出してきたわけだが、ここで、先の「役職者」「見ず知らずの人」「名前」の場面別のあらわれに立ち戻ってみることにする。観察される結果は前述の①から⑦までのようであった。

それによると、「見ず知らずの人」は、場面 a のみにあらわれて、b 以下では消えている。また、場面 a においては、「見ず知らずの人」は高率であらわれている。調査時、b から f までを「島ことばで」話す人としたところから、そうした制限を加えなかった a に、島外者としての「見ず知らずの人」があらわれた、ということもできよう。しかしながら、場面 a に限ってみたときにも、そのあらわれはかなり高率であるので、やはり、高い場面を形成するものであるといえよう。

「役職者」をみると、場面 a のほか、場面 b にも高率であらわれる。よってまたこれも、高い場面を形成するものであるといえよう。

「名前」は、場面 b からあらわれはじめ、c 以下の場面のほとんどを占めている。したがって、「名前」の共通項である《未知－》、（面識がある、身うちである）ことは、それだけではそれほど高い場面を作るとはいえないこ

とがわかる。また、場面cといったやや高い場面を形成するとともに、対等場面、下位場面もなすことから、「名前」であげられた人々の中には、《未知－》のほかにこれらの場面の段階をそれぞれに形成する、別の要因を秘めていることが予想できるのである。

さて、いま抽出した要素を、場面形成に関与する要因という形でみれば、次のようにいえるかと思う。

「見ず知らずの人」に共通した要素は《未知＋》であり、「役職者」でまとめた人に共通した要素は《地位＋》であり、「名前」に共通した要素は《未知－》であった。そこで、場面形成におけるこれらの要因の働きと、その強さは、図1でのあらわれ方に重ねて考えることができる。

さてまた、「見ず知らずの人」「役職者」「名前」を、未知、地位、という2点からみた場合には、要素の組み合わせによって次のような四つのタイプが抽象できる。

	地位	未知
タイプ1	＋	＋
タイプ2	－	＋
タイプ3	＋	－
タイプ4	－	－

タイプ1は、面識がなく、しかも地位的にも上位者であると認識される。タイプ2は、面識はないが、地位的には特には高いと認識されない。タイプ3は、面識があり、しかも地位的には上位者であると認識される。タイプ4は、面識があり、地位的な高さはそれほど考慮されない。

これら、要因の組み合せによって高い場面を形成するにあずかる強さの順序づけをするとすれば、タイプ1――タイプ2・タイプ3――タイプ4というようになる。

5.2 《年齢》と《地位》

次に、《年齢》という要因がどの程度に、また、どのように場面形成に関与しているかを考察していきたい。

考察する際は、話者に認識された年齢を対象としなければならないので、たんなる年齢の高低は問題にならず、年齢差（設定された対人の年齢 − 話者の年齢）を扱っていかなければならない。そこで、まず年齢差を各話者、各場面ごとにまとめた。それから次のような観点で集計を施したのが表3である。年齢差がプラスの値の場合（すなわち、話者より年上の人が意識された場合）、マイナスの場合（すなわち、話者より年下の人が意識された場合）、ゼロの場合（すなわち、話者と同年齢の人が設定された場合）、そして、情報なし、に分けて場面ごとに集計したものである。「情報なし」には、「見ず知らずの人」、それから「役職者」の中の、「役場の人」「民宿の客」など、年齢を答える必要がない場合（need not answer）と、少数例の調査不能、調査もれが含まれている。

図2は、年齢の情報があるものについて、各場面ごとの平均値を求めたものである。何十代である、というように答えられたものは、たとえば60代なら65歳、50代なら55歳というように換算した。図2の数値は絶対的なものではなく、傾向的にとらえるべき性質のものであることをおことわりしておく。表3も、あわせて参照されたい。

さて、図2のグラフは、場面aから場面fまでを横軸に、年齢差を縦軸にとって場面ごとの年齢差の平均値を線で結んだものである。そこにみるように、グラフは、場面bで山ができる線になる。これは何を物語るものであろうか。

図1のグラフに立ち返ると、場面aで年齢の情報が必要なのは、ごくわずかあらわれる「名前」と、5割を占める「役職者」のうちの何人かであることがわかる。それに対して、場面bで年齢の情報が必要なのは、6割近くの「名前」の人と、3割強あらわれる「役職者」のうちの何人かである。そこで、場面aでの年齢差の平均値は、「役職者」、つまり《地位＋・未知−》の

ものを代表し、場面 b でのそれは、「名前」、つまり《地位±・未知−》のものを代表していると考えられる。そこで、b で山形のグラフを作るということは、より高い場面を形成するためには年齢差が大であることより《地位＋》という方が強い要因であることがわかる。

また、場面 b 以下は、対等場面で年齢差がゼロになるようなきれいな減少線を描いている。そこで、身うちであって地位は考慮の対象から外された時、年齢的に相手の方が年上である、すなわち《年齢＋》という要因が、高い場面を形成するのにあずかるということがいえよう。

また、f は、家族の中の下位者があげられた場合であった。この年齢差のグラフをみる限り、同じ下位者の e より、f の方がさらに年齢差の平均値が低くなっている。そこで、家族集団である身うち性という要因もさることながら、やはり「年齢の低さ」も、下位場面 f の特徴のひとつといってよいであろう。ただ、「家族」という、より強い身うち性と、年齢差という要因の優先順位を求めるためには、家族の中で年齢的には上位者である人々の位置づけがどうなされているかという調査に待たなければならない。

5.3 男女による差異

話者の性的な属性によって、使用する待遇表現に差異の認められることは多い。それでは、待遇的な場面を形成する要因についてはどうであるかを調べるのが、今から行う考察の目的である。

調査結果は、図3・図4に示した。

図3は、「役職者」「見ず知らずの人」「名前」の各場面別出現率を、男女ごとにまとめたものである。場面 b から f までは、男女でさほど差はみられない。異なりがみられるのは、場面 a での「役職者」と「見ず知らずの人」の出現比である。男性は、その比が約6対3であるのに対して、女性は4対5であり、男性の方が「役職者」をあげる傾向にあり、女性は「見ず知らずの人」をあげる傾向にある。この現象からみるのに、前節での分析に準じて考察すれば、男性の方は《地位＋》の方がやや強い要因となり、女性の方は

《未知+》がやや強い要因となる傾向にあるということであろう。

なお、場面aにあげられた「役職者」の内訳をみてみると、男性では、場面aにあげられた18人のうち、仕事の関係の「上司」あるいは「客」という性格の人物をあげた人が8人を占める。それに対して女性では、そうした人物はあげられていない。場面bで、女性が4人中1人、仕事関係の上司をあげているのみである。この時、男性は5人中2人。

「見ず知らずの人」という人をここで考えてみると、これだけが《未知+》という要素をもつことからもわかるように、自分の日常生活の中にある程度恒常的に存在する、定まった場面の高低とははずれたところにあるものである。そこで、日常生活の中にaからfに設定したような段階性を持つ場面が存在しないと、「見ず知らずの人」が設定されやすくなるということがあるのかもしれない。男性は「職場」という集団の成員であることが多く、そこで上位にある人物が、高い場面を保持させ、また場面として形成される原因となりやすいのに対して、「職場」を持たない人にとっては、そうした場面そのものが持ちにくいわけである。そこで、aのような高い場面意識を持たれるべき人が日常生活で得にくいところに「見ず知らずの人」が流れ込んだという側面があるのではないだろうか。そう考えていくと、要因の働き方との真の相関関係は、「男」「女」という性的属性にあるのではなく、「職場生活者」という社会的属性にあることも推察されるのである。

図4に移ろう。

年齢差の平均値のグラフでは、男性では場面bを頂点とする山形になるのに対して、女性では場面cが山形の頂点となるグラフになっていることがわかる。つまり、男性においては、場面bと場面cの高さの違いを形成する要因が年齢差の高低にあるのに対して、女性では、場面bと場面cの差は年齢差には起因しないということができる。ちなみに、個別的にみた場合に、場面b・cでの年齢差の平均の大小が逆転している人（場面cより場面bでの人物の年齢が低い人）は、男性15人中4人、女性では11人中6人であった。年齢順に並んだのは、男性15人中8人、女性11人中2人。残りは不明。

では、女性の場合、何が場面ｂと場面ｃの高さを分ける要因となっているのであろうか。先に、「名前」であげられた人々の中に、地位的な上位を考慮されている場合が含まれるだろうということを述べた。女性の場面ｂにおいて「名前」であげられた人の属性を調べてみると、6人中5人が、出張所長、組合長、婦人会会長、教師であり末吉の旧家の跡とり、という人々であることがわかる。（男性は9人中の5人である。）つまり、女性の場面ｂで「名前」であげられた人たちは、《地位＋》という要因を強くもっていて、それが《年齢＋》という要因より優先されてｂを形づくるに至っているとみることができよう。男性では、《地位＋》という要因は、より高いａという場面を形成するのに働いたこと大であり、その意味で、男性の方が、地位的な上位とは、より高い場面を作る要因であるといえよう。言いかえれば強い要因である。それに対して女性は、未知、地位的上位、年齢という順に要因の強さが働く。言いかえれば未知という要因に比較して、地位的な上位性は相対的に弱くなっているといえよう。

以上、いずれにしても、男女比較したこれらの結果は、傾向的な相違といえる。

6. 結　論

以上考察してきたところから結論を要約する。

洞輪沢集落において、待遇的対人場面を形成する要因については次のようにまとめることができる。

この調査からは、少なくとも《未知》《地位》《年齢》という要因が対人場面を形成するのに関与していることがわかった[4]。高い場面を形成する、要因の優先順位は、面識がなくよそ者であること、また業績的地位が高いことが先行し、身うちであり年齢的に上位者であることがそれに次いだ。

男性では、地位的上位という要因が女性よりやや強く利く傾向にあり、女性は、地位的上位より、面識のなさ、よそものであるという認識が、高い場

面を形成するためにより強く働く要因となっていることがわかった。が、これらの要因の利き方の強さには、男女という性的属性より、むしろ「職場」という集団への所属という点に関係しているのではないか、一考の余地がある。いずれにしても、これらは傾向的な差異である。

7. おわりに

　場面に関する理論的な研究は、先学の手によって種種成されてきたが、それを実証的に探究した研究は隆盛をみているといえなかった。

　また、場面の構成要素という観点での研究は多くみられたが、ある要因によって場面は形成される、という視点を明確に打ち出した論文はこれまでになかった。本論でとったこうした考え方は、言語行動という視点に立って待遇表現を考えた結果である。

　なお、要因の優先順序という考え方については、外的条件の優先の体系が存在すると指摘した南（1974）[5]に啓蒙された。南の指摘に先だっては、Martin（1964）の観察による研究がある。

　場面を形成する要因は、ここに考察してきたような、会話を交わす相手の内にひそむものばかりではない。もっと多様な要因から形成されていくはずであるし、また、「相手」に認められる場面形成の要因もこればかりではなかろう。ただ少なくとも洞輪沢というところの地域性とそこの言語体系をもった生活では、上記の要因は骨太なものとして場面形成に作用している、ということがいえるばかりである。今後は、理論的にも場面形成の要因についての考察を整えていくとともに、変数とみられる地域社会と言語体系それぞれの違いによってこの要因がどんな変異を示すか、さらに実証的な考察を行っていきたい。

　なお、本論でとった調査方法[6]による場面資料を使った研究に、沖（1980）がある。こうした場面研究は、次の段階では言語選択の問題と密接に結びついていく、と考えている。その意味で、一見言語とは切り離されて

いるかのようにみえる場面そのものの研究をないがしろにすることはできない。

注

1) 時枝（1941：43）では、「場面は又場所を満たす事物情景と相通ずるものであるが、場面は、同時に、これら事物情景に志向する主體の態度、気分、感情をも含むものである。」と説かれ、主体をとりまいて存在する具体的な環境物と、主体の心理にとらえられて構成された心象によるものの、両者を含みこんでいる。時枝以後の場面研究においても、これらははっきりとは区別されずに考えられていることが多いが、「場面」は、単なる存在物ではなく、あくまでも主体に認識された構成物であると考えたい。
2) 藤原（1956：50）の、「方言の敬語法を大観するのに……その待遇のしかたは……要するに、"もの言いをていねいにする"ということである。方言敬語、あるいは方言敬語法の生活は、「ていねい」意識のはたらく生活である。」という指摘を参照した。
3) 塩原（1969：23）を参照した。
4) 家格が強く影響を及ぼす地域があることが三石（1977：78）に報告されているが、あげられた対人をみると、少なくとも現在の洞輪沢ではそうしたものは強力な要因としては働いていないようである。
5) 南（1974：29）を参照した。
6) この場面調査の方法は、東京都立大学大島ゼミにおいて、特に加藤和夫氏との共同討議によって生まれたものが母体となっている。大島他（1980）を参照されたい。

引用文献

大島一郎他（1980）『八丈島方言の研究』東京都立大学国語学研究室
沖　裕子（1980）「共通語と方言の接触―共通語使用の価値について―」『ことばの研究』第1号　長野県ことばの会　［本書Ⅳ、第1章として収録］
塩原勉・松原治郎・大橋幸編（1969）『社会学の基礎知識』有斐閣
時枝誠記（1941）『国語学原論』岩波書店
藤原与一（1956）「方言における敬語」『国文学解釈と鑑賞』至文堂
三石泰子（1977）「待遇表現としての文の地理的分布―長野県飯山市・新潟県新井地方の場合―」『国語学』第109集
南不二男（1974）「敬語研究の観点」『敬語講座10　敬語研究の方法』明治書院

Ⅵ　言語行動における言語・心理・社会

Martin, S. E. 1964 Speech Levels in Japanese and Korea, D. Hymes (ed.) *Language in Culture and Society*

〔付記〕　本論では、第 28 回方言研究会で発表し、修士論文でまとめたところの一部を扱った。このテーマについては、昭和 55 年度都立大国語国文学会総会、第 5 回長野県ことばの会において口頭発表をし、それをもとに書き改めたものである。参会者の皆様には有益な御意見を多く賜わりました。記して感謝申し上げます。

第4章　八丈町末吉洞輪沢における待遇場面形成の要因

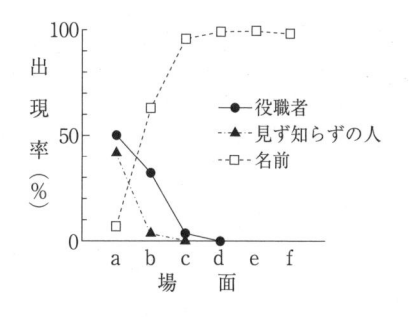

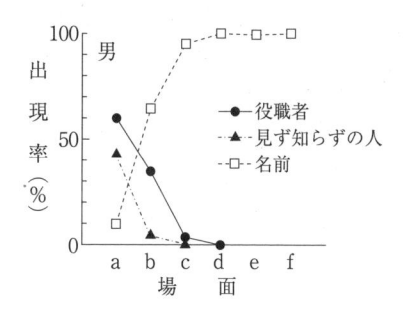

図1　場面別にみた人物の出現率

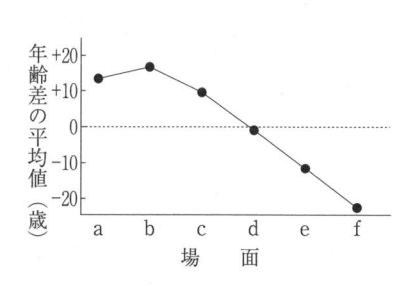

図2　場面による年齢差の平均

図3　場面別にみた人物の出現率（男女別）

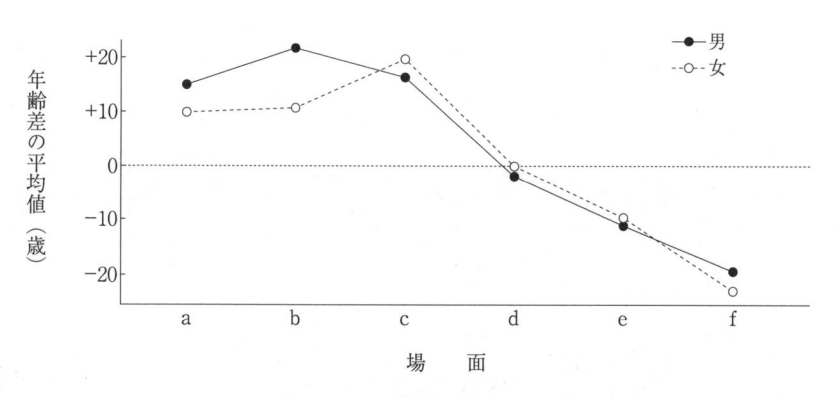

図4　場面による年齢差の平均（男女別）

表2 洞輪沢における対人場面

話者番号	年齢	場面 a	b	c	d	e	f
M-1	73	郵便局長			N	N	子供
M-2	70	役所の人		年寄り	N		子供
M-3	68			N	N	N	
M-4	67	組合長	見ず知らずの人	N	N		弟
M-5	64	見ず知らずの人	組員・役場の務め人	N	友人		子供
M-6	61	見ず知らずの人		N	隣人		子供
M-7	61	見ず知らずの人	郵便局長	N	N	N	子供
M-8	52	見ず知らずの人	N	N	N		子供
M-9	51	N		N	N		弟
M-10	51	見ず知らずの人	N	N	N		子供
M-11	46	子供の担任 民宿の客	N	N	N	N	子供
M-12	46	N先生	N	N	N	N	子供
M-13	41	タクシーの客 上司	N	N	N	N	子供
M-14	39	タクシーの客		N	N		子供
M-16	33	上司	N	N	N		子供
M-17	30	店の客	姑	N	N	N	
M-18	28	町役場の人	N	N	N	N	
M-19	28	見ず知らずの人	N	N	N	N	
M-20	28	組合長 見ず知らずの人		N	N	N	
M-21	23	上司	上司の奥さん	N	N		弟
M-22	18	見ず知らずの人 警察の人		N	N	近所の子供	
M-23	18	店の客	社長	N	N		弟
M-24	16	担任の先生			N	N	
M-25	15	担任の先生		N	N	N	
M-26	15	見ず知らずの人 年上の人	担任の先生	N	N	N	弟
M-28	14	見ず知らずの人		先生	N		弟

話者番号	年齢	場面					
		a	b	c	d	e	f
F-1	78	役場の人		N	N		孫
F-2	76	見ず知らずの人		目上の人	嫁の母		孫
F-3	73	見ず知らずの人			N		孫
F-4	66	N		N	N		子供
F-5	65	見ず知らずの人	N	N	N		子供
F-6	63	見ず知らずの人		N	N		子供
F-7	62	見ず知らずの人		N	N		子供
F-8	62	N先生		N	N		子供
F-9	62	見ず知らずの人		N	N		子供
F-10	61	見ず知らずの人	N	N	N	N	妹
F-11	60	見ず知らずの人 N		N	N	N	子供
F-12	56	目上の人			同輩		子供
F-13	56	見ず知らずの人	組合長の奥さん	N		N	
F-14	48	先生・警察 民宿の客	N	N	N		子供
F-15	47	N先生		N	N		子供
F-16	41	見ず知らずの人 子供の担任		N	N		子供
F-17	41	子供の担任		上司	N	N	
F-18	40	見ず知らずの人	N	N	N		子供
F-19	38	見ず知らずの人	N	N	N		子供
F-22	31	見ず知らずの人	上司	N	N	N	子供
F-26	26	役職者	近所の年寄り	N	N		めい
F-28	22	民宿の客		N	N		妹
F-29	18	校長先生	担任の先生	N	N		
F-30	17	民宿の客	男性の友人	N	N	N	弟
F-31	16	見ず知らずの人		担任の先生	N	N	妹
F-32	15	見ず知らずの人	先生	N	N	N	弟

Ⅵ 言語行動における言語・心理・社会

表3 場面による年齢差（人数）

年齢差	場面 a		b		c		d		e		f	
	男	女	男	女	男	女	男	女	男	女	男	女
＋	6	4	10	7	22	20	5	6	0	1	0	0
－	2	0	2	1	0	1	9	8	13	7	15	20
0	0	0	0	0	0	0	11	9	0	0	0	0
情報なし	20	26	3	3	2	3	1	2	1	0	3	3
計	28	30	15	11	24	24	26	25	14	8	18	23
	58		26		48		51		22		41	

第5章　近隣社会の言語行動

1．はじめに

　近隣社会がどのように言語行動に影響を与えているか。また、言語行動がどのように近隣社会の形成に関与しているか。社会と言語の相関に注目した研究をとりあげ、さらに現代社会のおかれた状況を整理しながら考察したい。
　近隣社会を2種に分けて捉え、村落共同体を典型とする一次的近隣社会の言語行動と、社会方言である位相を形成する二次的近隣社会の言語行動の特徴について触れたい。地域と広域な社会を結ぶ制度や政策についても言及しながら、最後に近隣諸国と協働するための言語行動についても触れる。
　本論では、伝統的村落共同体と今日的な現代社会における言語行動を包括して考察することを重視し、ここに述べる論点と視点からこれまでの研究成果を概括しつつ、今後の見通しについて語ろうとするものである。なお、「一次的、二次的近隣社会」は本論での視点を表現するための造語であり、適切な学術用語となっているかどうかは今後の検討を待つものである。

2．近隣社会の言語行動とは何か

2．1　一次的近隣社会と二次的近隣社会
　近隣社会を、本論では次の2種に分けて捉える。
　　(1)　一次的近隣社会
　　(2)　二次的近隣社会
また、近隣社会を、次の3点から定義する。
　　①　居住地の地理的な近接性

Ⅵ 言語行動における言語・心理・社会

② ネットワークの緊密性
③ 言語共同体の形成

　典型的な伝統的近隣社会は、いわゆる血縁、地縁を主とした、文字通り近隣に住む人々のつながりからなる社会である。日本社会では「字（あざ）」と呼ばれる集落を形成し、農業を営む人々の集団である村落共同体が典型的である。言語地理学において、字ごとにことばが異なることが前提とされたように、字が最小の言語共同体を形成している。居住地の地理的な近接性、ネットワークの緊密性、言語共同体の形成を有しているこうした社会集団を、「一次的近隣社会」と捉えたい。日本の近現代において、こうした典型的な一次的近隣社会は、昭和40年代における高度経済成長期まではごく普通に見受けられた。

　ところが、それ以降、都市化が進み、専業農家の人口比も低くなり、広範囲に同質の音声情報を伝達するメディアであるラジオやテレビなどの媒体が出現した。また、家庭電話や、最近では個人単位で所有する携帯電話が普及し、個人的ネットワークを形成する媒体にも大きな変化が見られる。また、1980年代以降、パーソナルコンピューターの家庭への普及が徐々に進み、インターネット通信網の充実普及とともに、日本国外との通信も簡便に行えるようになった。社会自体も、外国人留学生だけではなく、経済的理由や血縁による理由等で行われる国際移動の増加で、日本国内に滞在する外国人労働者数は1999年時点で67万人に達するとされている[1]。日本企業の海外進出などに伴い、日本国内から国外への暫時の人の移動も盛んであり、こうした移動が起こる背景には、国際的な人と人のつながりが形成されつつある社会の存在を捉える必要がある。

　現代社会では、一次的近隣社会の概念では把捉できない新たな近隣社会、二次的近隣社会というべき集団が出現する。二次的近隣社会は、先の①から③の3種の要件のいずれかを欠くか、または、それらのいずれかが一時的なものである集団、もしくは、それらの要件の示す内実が弱い集団である。二次的近隣社会には、学校、職場、軍隊、趣味の結社、地域をこえて結束する

職業・職種集団などがあげられる。二次的近隣社会とは、後述するとおり、言語的位相を形成する人々の集団である。

2.2 言語行動とは何か

　言語行動が研究の対象となるのは、比較的最近のことである。20世紀の初頭、ソシュールによって提唱された構造主義言語学は、言語をラングとパロールとに分ける言語観を提唱した。そして、言語を自律的な体系と捉えるラングに焦点をあてることによって、あるいは、ラングのみを研究対象として狭く限ることによって、多くの有益な知見を生み出してきた。それに対する立場として、場や時の中で使用される言語の諸相に光をあて、パロールに注目する必要性を感じて出発したのが社会言語学である。

　構造主義言語学は、言語を共時態として捉え、音声の研究から始まり、語彙、文法、談話というように、次第に、より大きな、意味をもった単位へと研究の歩を進めてきた。今日では、言語の最も大きな単位である談話を研究する段階に入っており、言語を自律的な閉じた体系としてみる静的な言語観では、もはや言語の姿を総体的には捉えきれない段階にまで来ている。

　言語体系の研究は、いわば静態的な研究である。それに対して、談話研究は、異質な他者との間で行う言語的コミュニケーションの研究に踏み出すので、言語と社会との関係を視野に入れることなしには言語観を構築しえない。その意味で、静態的な研究から動態的な研究へと転換を迫られるものである。

　こうした言語観の転換は、単純にラングとパロールを対立させる視点にも再考を迫っているといってよいであろう。談話は、音声、語彙、文法、テキスト文法というきわめてラング的な自律的体系性をもった構築物としてあることも事実であるし、他方、それを場と時の経過の中で人間が使用しているという動態的な側面を含むこともまた事実だからである。すなわち、談話研究に向かうとき、言語の静態的側面、動態的側面の両方を視野に入れることが必要になる。さらに、社会が言語使用にどのように影響するか、他方、言語使用が社会形成にどう影響するかという両面を同時に視野に入れる必要が

生じるのである。言語行動の研究は、直接的にはこうした談話を観察することによって成立する。

2.3　近隣社会と言語行動の相関

社会を形成することと、ことばを使用することとは、ともに人間の営みである。本論では、人間の営みという観点から「近隣社会と言語行動」を捉えてみたい。具体的には、次のような二つの観点にたって、最近の研究を位置づけていく。

(1)　ことばの話し手である人々が暮らす近隣社会は、ことばの使用様態にどのように影響してくるのか。

(2)　人々は、どのようにことばを使用しながら近隣社会を形成していっているのか。

近隣社会をどのようにみるのか、また、言語行動をどのように記述するのか、という二つの課題が本論のテーマには含まれているが、近隣社会と言語行動とを独立のものとして捉えるのではなく、近隣社会という特質の中で言語行動がどのように成立しているのか、また、言語行動がどのように近隣社会を成立させているのかという点から、社会と言語が関係してある様態をとりあげてみたい。

なお、研究史的にみれば、伝統的村落共同体における共通語化や待遇表現行動の記述とその変遷について、昭和30年代より最近まで多くの優れた研究がみられる。また、大都市での敬語行動などの研究もある。そうした研究をとりあげ、まずあとづけるべきであろうが、言語行動というよりは全般に要素主義的な実態記述の傾向が強い研究が多くを占めるため、紙幅の関係もあって割愛した。そこで、本論ではごく少数の研究をとりあげて論じる結果になっている。方言と共通語の使い分けや、敬語表現の使い分けについては別項が設けられているので、必要があればそちら（『朝倉日本語講座9　言語行動』）を参照されたい。また、位相研究については、視点は社会言語学的ではあるものの、後述するように研究史的にはあくまでも語彙論の問題と

して発展してきた経緯がある。近隣社会と言語行動の問題としてこれに新たな位置づけを与えることについては、論者の知見を含めて述べることをここに断りたい。

以下、一次的近隣社会の言語行動はどう捉えられるかについては、室山(2001)をとりあげて示していきたい。室山によって、我々は、西日本社会の村落共同体がどのような規範や信念に基づいて運営され、それがどのような言語体系と言語行動によって維持、強化されていたか、一次的近隣社会の言語共同体の有り様も含めて、言語と社会の関係をつぶさに知ることができる。

また、二次的近隣社会については、位相研究の見直しと拡大が必要になる。これについては、井上(1999b)と田中(1999)という二つの立場を紹介しつつ、論者の考察を加えて述べていきたい。

3．一次的近隣社会における言語行動

3.1　対人評価語彙と性向語彙

近隣社会はことばの使用様態にどのように影響してくるのか、また、どのようにことばを使用しながら近隣社会を成立させていくのか、という二つの問題に端的に応える研究として、室山敏昭が2001年に著した『「ヨコ」社会の構造と意味―方言性向語彙に見る―』を紹介し、その言語観をたどってみたい[2]。

地域集団のもっている特定の信念・価値・規範などが、どのような語彙によって担われ、またどのように言語行動によって支えられているかを、室山は論じている。

「対人評価語彙」とは、地域社会の成員の生まれつきの性格や日ごろの振舞い、人柄などを捉えて表現する語のまとまりを指すものである。そうした対人評価語彙が、村落社会における〈社会的規範〉となって秩序の安定と維持に寄与するシステムとして働くとき、それらを「方言性向語彙」と呼ぼう

Ⅵ 言語行動における言語・心理・社会

というのが室山の主張の骨子である。

つまりは、対人評価語彙とはそれを語彙体系として捉えた命名であるが、方言性向語彙という命名には、対人評価語彙を使用する、言語行動のメカニズムの側面を含んでいることになる。

それでは、対人評価語彙、性向語彙とは具体的にどのようなものを指すのか。室山が示したところを引用しながら、概観しよう。

3.2　性向語彙のシステムと運用のメカニズム

広島県下13地点および鳥取県下、愛媛県下各2地点、計17地点で対人評価語彙を採取し、これら西日本地域17地点の資料をすべて集約し、そこから帰納して得られた概念体系が表1（410頁）のシソーラスである。

括弧に入れて番号をふった各々の意味項目の下には、それを表現する各地の具体的な語が配置される。これらの意味項目と、その下に配置される語彙を計量すると、表2（411頁）のようなことが分かるという。表2は、広島県三次市向江田町和田集落における性向語彙の評価の偏りを示す数値であるが、いずれの地点でもほぼ同様の傾向性を示すことが指摘されている。

シソーラスは、プラス評価とマイナス評価の「二極対立構造」を示しているが、意味項目数でみても、語彙数でみても、いずれもマイナス評価に傾斜している。室山は、これを〈負性の原理〉と呼んだ。こうした、〈負性の原理〉を有する語彙体系の存在に加えて、これらの語彙が実際にどのように使用されるか、室山は次のような例をあげている。

対人評価語彙が他者に向かって使用されるときには、何らかの具体的な批判意識をこめて使用されることが多いという。たとえば、稲刈りなどの共同労働の場で、いくらか離れたところで仕事をしないで無駄話をしている人を見つけたとする。隣で一緒に稲刈りをしている人に、次のように話しかけたとしよう。

　　○アイツワ　ナエトーサクジャ。
　　　あいつは働く気力のない怠け者だ。（広島県廿日市市地御前、老男）

この場合、当の話者は、自分が同じような場面で仕事の手を抜けば、必ず他者から間接的に、稀には直接的に、次のように糾弾されることを十分承知しているのだという。ちなみに、「ナエトーサク」「ノークレ」は、いずれも〈怠け者〉を表し、シソーラス(8)の意味項目に属する語である。

　○アイツワ　マコト　ノークレジャ　ノー。
　　あいつは本当に怠け者だねえ。　　　（広島県廿日市市地御前、老男）

　こうした他者に対する評価的言語行動が、同時に、自身の態度、振舞い、性格を、他者の眼差しに依拠して規制する力となる言語的指標としても働くことになる、と室山は述べる。語彙体系が単なる知識としてあるだけではなく、〈社会的規範〉として、秩序の安定と維持に機能するように言語行動の中で使用されていることを室山は指摘しているのである。こうした実際の言語行動の観察から、語彙体系のみならずそれを使用する運用のメカニズムまで含んで捉えようとするとき、「方言性向語彙」という名づけを同氏は与えているように思われる[3)]。

　村落共同体は、隣近所が共同労働をすることによって成立している。近住する一次的近隣社会の緊密なネットワークを下敷きにして展開されるこのような言語行動を通し、性向語彙の構造がそのまま世間体の構造と重なっていると室山はみているのである。

3.3　〈労働秩序〉と〈つきあい秩序〉

　このように共有される特定の〈社会的規範〉の構造は2種の価値体系から構成されていると室山は記述する。ひとつは、〈労働秩序〉、もうひとつは〈つきあい秩序〉である。先にみた性向語彙の体系を表す**表1**を分析すると、そこにみられる意味項目は、「仕事に対する態度」に関する性向語彙と、「人づきあい」に関する性向語彙からなっていることが根拠とされている。

　また、性向語彙の分析からそれぞれの価値体系は、3種の構造をもつことが明らかにされている。

　まず、〈労働秩序〉を構成する一要素である「仕事に対する態度」は、次

Ⅵ 言語行動における言語・心理・社会

表1 性向語彙のシソーラス（室山 2001：50-52 より）

Ⅰ．動作・行為の様態に関するもの

Ⅰa. 仕事に対する態度に関するもの	A．仕事に対する意欲・能力のある人 　(1) 働き者 　(2) 仕事の上手な人 　(3) 仕事の速い人・要領のよい人 　(4) 仕事を丁寧・丹念にする人 　(5) 丁寧すぎる人 　(6) 辛抱強い人 　(7) 人１倍仕事に熱中する人 B．仕事に対する意欲・能力にかける人 　(8) 怠け者・仕事をしない人 　(9) 仕事の下手な人 　(10) 仕事の遅い人・要領のわるい人 　(11) 仕事を雑にする人 　(12) 仕事を投げやりにする人 　(13) 仕事の役に立たない人 　(14) 放蕩者	Ⅰb. 具体的な動作・行為の様態を踏まえた恒常的な性向に関するもの	(33) 腕白小僧・始末に負えない子 　(34) お転婆 　(35) わがままな子 〈軽率な人〉 　(36) 調子乗り・おっちょこちょい 　(37) 滑稽なことをする人 〈好奇心の強い人〉 　(38) 物見高い人 　(39) 冒険好きな人 　(40) 出歩くのが好きな人 〈感情表出に偏向のある人〉 　(41) 怒りっぽい人 　(42) 涙もろい人 　(43) よく泣く人 　(44) いつもにやにやしている人 〈気温に対して偏向のある人〉 　(45) 寒がりな人 　(46) 暑がりな人 〈飲食に偏向のある人〉 　(47) 大食漢 　(48) いじきたない人 　(49) 食べるのが特別早い人 　(50) 大酒飲み 　(51) 酒を飲まない人 　(52) 酔っぱらってからむ人 〈金品に執着する人〉 　(53) 欲の深い人 　(54) けちな人・しみったれ 　(55) 倹約家 　(56) 浪費家 　(57) 道楽者
Ⅰb. 具体的な動作・行為の様態を踏まえた恒常的な性向に関するもの	A．対人関係を前提としないもの 〈きれいずきな人〉 　(15) きれいずきな人 　(16) 特別にきれいずきな人 〈汚くしている人〉 　(17) 片付けのわるい人 　(18) 無精者 　(19) 沈着冷静な人・落ち着いた人 　(20) のんきな人 　(21) 大胆・豪胆な人 　(22) 図太い人 　(23) 横柄な人・生意気な人 〈ものごとに動じやすい人〉 　(24) 落ち着きのない人 　(25) じっとしていられないであれこれする人 　(26) 気分の変わりやすい人 　(27) 小心な人・臆病な人 　(28) 内弁慶な人 　(29) 外では陽気だが家では無口な人 　(30) 極端に遠慮する人 〈乱暴な人〉 　(31) いたずらもの 　(32) 乱暴な人		B．対人関係を前提とするもの 　(58) 世話好きな人 　(59) 出しゃばり・お節介焼き 　(60) 愛想のよい人 　(61) 無愛想な人 　(62) 見栄を張る人 　(63) 自慢する人 　(64) 気がきく人 　(65) 気がきかない人

410

Ⅱ．言語活動の様態に関するもの

Ⅱa. 口数に関するもの	(66) 口数の多い人・おしゃべり (67) 無口な人 (68) 口の達者な人・能弁家 (69) 口下手な人	Ⅱb. 言語活動の内容に関するもの	(75) お追従言い 〈性悪なことを言う人〉 (76) 悪意のあることを言う人・毒舌家 (77) 口やかましい人 (78) 他人のことに口出しをする人 (79) 不平を言う人 (80) 理屈っぽく言う人
Ⅱb. 言語活動の内容に関するもの	〈真実でないことを言う人〉 (70) 嘘つき (71) 口のうまい人・口からでまかせを言う人 (72) 誇大家 (73) 冗談言い 〈心にもないことを言う人〉 (74) お世辞言い	Ⅱc. 言語活動の在り方に関するもの	(81) 評判言い (82) 言葉使いが乱暴な人

Ⅲ．精神の在り方に関するもの

Ⅲa. 固定的な性向に関するもの	(83) 堅物 (84) 強情な人・頑固者 (85) 厳しい人 (86) 優しい人 (87) 陽気な人 (88) 陰気な人 (89) 勝ち気な人 (90) すぐに泣き言を言う人	Ⅲc. 人柄の善悪に関するもの	(95) 世間知らず (96) 人づきあいのわるい人 〈人柄のよい人〉 (97) 人格の優れた人 (98) あっさりした人 (99) 誠実な人・実直な人 (100) 穏和な人・いわゆる善人 〈人柄のわるい人〉 (101) 不親切な人 (102) ひねくれ者 (103) しつこい人 (104) 厚かましい人・図々しい人 (105) 気難しい人 (106) 情け知らずな人
Ⅲb. 知能・知識の程度に関するもの	〈賢明な人〉 (91) 賢い人・思慮分別のある人 (92) ずる賢い人 (93) 見識の広い人 〈愚かな人〉 (94) 馬鹿者		

表2　和田集落の性向語彙にみる評価の偏り

(室山 2001：58)

プラス評価の意味項目数	19 項目　(19.8%)
マイナス評価の意味項目数	77 項目　(80.2%)
プラス性向を表す語彙量	150 語　(20.6%)
マイナス性向を表す語彙量	584 語　(79.4%)

の3種の価値体系から成立している。

　　（A）　仕事に対する意欲・能力のある人
　　（B）　仕事に対する意欲・能力に欠ける人
　　（C）　仕事に対する必要以上の意欲・能力をもつ人

　（A）（B）については対義の関係にあり、それ以上の説明を要しないであろう。（C）については、次のような、必要以上の労働をする人を否定的に捉える言語行動が観察されている。

　　○アイツワ　クソガリジャケー　ノー。イッショニ　シゴトー　スリャー　コッチガ　ノークレチョルヨーニ　イワレルケー　ノー。
　　あいつはクソガリ（人一倍仕事に精を出す奴）だからねえ。一緒に仕事をすれば、こちらが怠けているように（他の人から）言われるからねえ。　　　　　　　　　　　　　　　　　（広島県佐伯郡玖島、老男）

つまりは、どの地域社会においても[4]、共同主観的に措定された平準的な労働が是とされ、それ以上でもそれ以下でも負性の価値を帯びることが指摘されているのである[5]。

　このことから、室山は言語と社会規範の関係を次のように述べている。

　　〈人なみ〉の働き者の両極に、過剰な働き者と過小な働き者を指示する語彙を配置し、そのような語彙で指示される〈労働価値〉をともに否定することによって、〈人なみ〉の働き者の仕事の量と質を明確にイメージさせようとする巧妙なシステムが組みこまれているのである。（192頁）

　また、〈つきあい秩序〉については、それを乱す性向として大半の調査地点で、陰気な人、強情な人・頑固者、堅物、すぐに泣きごとをいう人など、精神の在り方に関する語彙や、嘘つき、おしゃべりのような言語活動の様態に関する語彙があげられているという。

　調査地域を通じて語彙量の多い11の意味項目から解釈すると、次のような理想的な人間像が認められることになると室山は述べている。

　　勤勉家で、仕事を迅速かつ丁寧にこなし、無駄なことにお金を浪費しな

第5章 近隣社会の言語行動

い。また、何事に対しても冷静かつ大胆に対処し、嘘をつかず不平をこぼさず、必要以上のおしゃべりを慎み、他者にとり入ろうとしてお世辞など言わない。そして、他者と柔軟で誠実なつきあいができ、世の中のことがよく分かっている賢い人。(206-207頁)

3.4 日本国内における性向語彙システムの地域差

室山が明らかにしたのは、村落共同体の緊密な共同労働を背景にして、規範・信念・価値体系を共有し明確化するシステムとして、性向語彙という言語的側面が関与しているとしたことである。村落共同体は、本論が定義する「①居住地の地理的な近接性②ネットワークの緊密性③言語共同体の形成」という三つの条件を満たした、一次的近隣社会の原型ともいうべき姿である。①②のみならず、どのように③が満たされているかという点について、室山が動態も含めた記述に成功していることは、社会言語学研究史において、特筆すべきことであろう。

ところで、こうした村落共同体は、方言学の成果からみると、西日本的な姿である。室山自身も述べているように、野林正路の報告などでは、関東以北、特に東北地方においては性向語彙のシステムが単純で語彙量も少ないことが明らかにされ、町博光の調査によっては、琉球列島においても、同様のことが明らかにされている。方言研究ゼミナール（1993）の報告をみても、人物の性向を表す比喩語は、おおむね西日本に多く、東日本において少ない。

なお、室山は、西日本において対人評価語そのものは共通語化による変化がみられるが、全体に語彙量が減ってきてはいるものの、シソーラス自体の変化は特に見られず、性向語彙の構造自体は変化していないと指摘している。もしそうだとすれば、根強く残っていく方言的特徴の一つであることになる。

集団のあり方と言語体系そのもの、ひいては言語行動にも地域差が認められ、さらにそれが継承されていく事実は、今後いっそう明示的に追及されるべき課題になろう。

Ⅵ 言語行動における言語・心理・社会

4．二次的近隣社会における言語行動

4.1 位相について

位相とは、菊澤（1933）によって提唱された概念であるが、今では広く言語の差異を語る術語として定着している。一般には、次のように説明されている。

> 言語の使用者の所属する社会集団の違い、言語を使用する場面の違いなどによって、言語がいろいろな形をとることを言語の位相という。なお、言語の位相は、音韻・文字・文法などの各分野において現れるものであるが、特に語彙の違いとなって現れる傾向が強いため、一般に語彙論の問題として扱われている。（後略）

（『国語学研究事典』「位相」の項より。執筆担当：前田富祺、112-114頁）

位相は、社会と言語の関わるところに成立する視点である。これを、言語体系内部の問題に還元すれば、菊澤季生が論じたように様相論と様式論の問題となり、男性語・女性語、幼児語、専門語、隠語、文体詞など、話者の属性や使用領域、使用様態などとの関係で記述され、もっぱら語彙論の課題として定式化されることになる。上記に引用した事典の定義もこの観点からのものである。

しかしながら、どのような社会集団が位相を形成する母体となるのか、言語共同体自体の在り方を社会言語学的に考察することも必要である。こうした観点から位相を捉えると、大別して次の二つの立場がみられる。

一つは、同時代、同一体系をなす言語集団内における下位集団的差異を位相とみる従来からの見方である。この言語観に立った研究の集大成として田中（1999）がある。具体的には各時代における各地域方言を一つの体系をなす言語として認め、位相差は、あくまでも下位集団における要素的な言語差であるとする言語観である。こうした言語観が反映されて、先の事典記述につながっていく。

第5章　近隣社会の言語行動

　もう一つは、一地域方言の下位集団における言語を位相と認めることに疑義を呈する井上（1999b）のような立場である。

　位相を形成する集団が使用する方言を社会方言と名づけるとする。前者の立場では、地域方言の中に個々の社会方言が認められるとするものであるが、後者の立場では、地域方言と社会方言を截然と区切ることは難しいとする。理由として、地域方言が共通語と対立した文体差を形成する状況では、地域方言自体を一種の階層方言として扱う必要が出てくる場合があること。また、地域方言を超えて広範な分布を持つ漁業語彙や学校用語、キャンパスことばのような位相が存在していること。さらに、位相は語彙面にみられる言語の要素的な差異ではなく、時には体系全般の差異にも関わることがあること。これらがあげられている。

　社会と言語という観点からみれば、一社会の下位集団として閉じた位相もあるし、地域を超えた広がりを持つ位相もあろう。どちらも存在するが、これまでの研究では、後者に光があてられることがなかったのである。

　本論では、いずれにせよこうした言語的位相を形成する人々の集団を二次的近隣社会の典型として捉えるものである。

　二次的近隣社会は、後に詳述するように、一次的近隣社会のあり方とは、社会的にも言語的にも異なりがある。対面による言語行動を行ったことのない人々が集団としての共通性と何らかの帰属意識を有しているという点が、一次的近隣社会と大きく異なる点である。たとえば専門語という位相語を使用する集団は、各大学の研究室というような小集団にあっては直接対面する言語行動を行っているが、それだけで閉じたものではない。その領域の研究者集団は全国的に存在し、相互に顔を合わせたことがない人々がいるにもかかわらず、広い地域にわたるこれらの人々を、社会的には専門語を使用する集団として括ることが可能なのである。

　二次的近隣社会の出現には、それを支える、地域を超えた組織や制度、財の共有などが背景にある。また、それを可能にする言語の在り方と、言語媒体の充実も、二次的近隣社会の成立を支えるものである。以下、まず、言語

Ⅵ 言語行動における言語・心理・社会

の在り方として方言と共通語の問題を「4.4」で、次にそれを支える言語媒体について「4.2」で、そして、広範な組織や制度、財の共有について「4.3」で述べてみたい。

4.2 方言共同体と共通語共同体

現代の二次的近隣社会における言語行動を支えるものとして、一つには、共通語の普及という実態がある。当然ながら、共通語の普及を概観するためには、方言の状況をあわせて観察しなければならない。

方言とは一般に地域で歴史的に継承されてきた言語の総体を指し、その地域で生まれ育った人の母語となるものである。地域では、こうした基層方言に加えて、共通語が使用されている[6]。方言は、他地域の言語と対立される概念であるが、同時に、地域で使用されている共通語（地域共通語）と対立される概念でもある。明治期以来の言語政策として、全国の標準語化、共通語化が進められてきており、現代では、方言のみの言語生活を送る人々の方が少ない[7]。方言と共通語を場面や相手によって使い分ける人々が、むしろ一般的になってきている。つまりは、日本全国を見わたしてみたとき、全国に広く通用する共通語と、地域のことばである方言とが、場面によって使い分けられるダイグロシア（高場面と低場面の役割分担を伴った二言語併用）の状態にあるといえる。

こうした共通語の普及に伴って、狭い一定地域のみに通用する方言によって言語共同体が形成される場合と、広く全国に通ずる共通語によって言語共同体が形成される場合が出てきている。この場合、両者の言語共同体の在り方は異なっていることに注意しなければならない。方言を使用し、相手の顔がみえ、共同作業を行うことによって事態を共有できる一次的近隣社会の言語行動と、共通語によって営まれるコミュニケーション様式に支えられた二次的近隣社会とでは、言語と社会のあり方や、人々の意識が、様々な点で異なっている。

言語行動の点からいえば、方言を使用したコミュニケーション様式と、共

通語を使用したコミュニケーション様式には、いくつかの点で違いがみられる。

　一番大きな相違は、方言にはそれを表す文字がないが、共通語には文字があることである。正書法をもっていることによって、共通語による言語行動には、話し、聞くという言語行動とともに、読み、書くという言語行動が加わることになる。読み書きによって、直接対面する言語行動から開放され、遠く離れた人とも、また、即時的なやりとりではなくとも、意志を疎通することができるようになる。つまりは、この場、この時における言語行動から開放された言語行動が可能になるのである。なお、書きことばを用いる場合には、ことばのみで文脈を形成する力が使用者にそなわっていることが要求される。

　また、方言は日常の自然な会話から獲得され、共通語は学習によって習得される[8]。方言で表現できる範囲は日常語に即したものに限られる傾向があるが、共通語の語彙は、学問的成果を反映した抽象的な思考に耐えられる認識言語としての側面を持っている。

　また、ことばを使用することには、必要なことの伝達というほかに、感情の共有という側面が含まれている。日常の事態を共有し、自然環境や生活環境を同じくする人々同士が使用する方言には、情緒を共有する言語行動が成立しやすい。一方、共通語は、抽象的で複雑な思考の理解や表現には適しているが、時空を超えて広く通用することの代償として、自然環境や生活環境が異なる人との相互交流に共通語が使用される場合には殊に、こまやかな情緒の共有まで期待することは難しい。

4.3　二次的近隣社会を支える言語媒体の発達

　二次的近隣社会が成立するためには、そこに言語共同体を出現させうる媒体が存在している必要がある。直接的には、交通手段によって対面的言語行動を可能にさせる方法があるが、そうでなければ、対面的伝達以外の何らかの人工的な媒体に頼った言語行動をとることになる。近世までは、それは紙

Ⅵ 言語行動における言語・心理・社会

と筆であり、文章という様式で伝達を行うことが可能であった[9]。

近代においては、音声情報が媒体を通して伝達可能になった。一方向的なラジオやテレビ、双方向的な電話がそれである。ただし空間に配置された身体情報を伝える双方向的な媒体は、現在のところ一般には普及していない。それを可能にする特別なソフトウェアやカメラをしつらえたパソコン通信システムを入手している個人ユーザーは未だごく少ないし、テレビ会議などは一部すでに行われているが一般的というわけではない。こうした双方向的にかわされる、バーチャルリアリティをもった空間伝達様式が普及すれば、二次的近隣社会の在り方をさらに大きく変化させることが予想される。なぜなら、近隣社会を定義する「居住地の近接性」という要素に対する人々の意識が変化するからである[10]。

現在、ファックスやパソコン通信、また、場所を選ばず個人単位で使用できる携帯電話など、ごく最近登場した媒体による言語行動の変化の研究は始まったばかりである。今後は、言語行動の質的転換という観点からも、近隣社会に関する意識の変容の問題も含めた研究が展開することが予想される。

4.4 二次的近隣社会を支える組織

位相差が形成されるにあたっては、擬似的近隣社会が成立していなければならない。この擬似的近隣社会は、全体が一つの有機的な関連を有した共同体をなしている必要はない。この点が、一次的近隣社会と二次的近隣社会の大きな差異である。同質の活動を行っている言語共同体が複数存在し、それら複数の言語共同体の間に社会的・言語的共通性が高ければ、地域方言を超えた同質集団が存在していることになるといえよう。漁業語彙や学校用語に、地域方言を超えた広域な分布が見られる場合などは、これであろう。こうした場合、自然な日常の言語行動を超えて、何らかの組織的、制度的な集団統制や、技術の共有が、背景にはあると考えればよいであろう。知識や技術や制度の共有のもとでなされる営みは、もともと均質的汎用を求める動機があるであろうから、地域を超えた広範な位相が求めうるのである。

第5章　近隣社会の言語行動

そうした共同体の成員であれば、会って話しをする機会をもった場合には、その話題に関してただちに相通ずる言語行動が行われうる可能性が高い。平素顔を合わせることがなくても、類似の言語行動を行っているそれぞれの共同体に属している話し手は、擬似的近隣、二次的近隣として位置づけることができるであろう。

また、二次的近隣社会の特徴として、集団の成員が選択的である点があげられる。一次的近隣社会の成員は居住地の地理的な近接性を特徴としており、典型例である血縁、地縁は所与のものであって、人が選択する自由はきわめて乏しい。それに対して、二次的近隣社会は、その成員になるにあたって主体が自ら選択したり、あるいは逆に集団の側で成員を選ぶという場合がある。選択の余地が生じるということは、二次的近隣社会が成員を調整できる開いた組織体であることを示している。二次的近隣社会の例としては、たとえば政策的に策定された学校や軍隊、家元制度による社中など、あるいは、学会などの組織を有する研究者や、理容・美容組合、農業共同組合などの組織をもつ専門家あるいは職業集団、規模の大きな企業集団などがあげられる。

5．一次的近隣社会と二次的近隣社会の諸相

5.1　一次的近隣と二次的近隣をつなぐ学校集団

ここ百年にわたる日本社会を概観したとき、一次的近隣社会の形成に大きく寄与しながら、二次的近隣社会への言語行動を用意する集団があることに気づく。それは、学区制によって成り立っている、初等・中等（前期）教育を行う公立の小中学校である。

公立の小中学校は、学区制を敷いていることで、地域の児童・生徒を集め、生活圏を共有するゆるやかな一次的近隣集団を形成し、地域言語共同体を形成する役割を果たしてきた。この制度が、あまねく日本全国にゆきわたっていることの意義は大きい。村落共同体が大きく揺らいできた現代にあって、義務教育が学区制によって支えられることにより、公立の小中学校はその地

域の児童・生徒を集めて、地域言語共同体を育む揺籃としての役割を担ってきた。都市部にある国立、私立学校が地域を超えて児童・生徒を募集することから、住居の近接性に支えられた一次的近隣意識を成立させる母体としての力が弱いことと比較してみると分かる。

さらに、こうした学校集団は一つの言語共同体であると同時に、児童にとっては、家庭を中心とした一次的近隣社会から脱して新しい地域語に触れる場、生徒にとってはさらに広域の異なる方言に触れる場ともなっている。学校とは、地域語育成母体であると同時に、ことばとことばが接触して変化を起こす動態の現場でもある。

学校集団には、児童・生徒だけではなく、教職員、父兄が含まれる。公立学校の場合、教員はもともと県単位の移動を含むため、異なる方言圏の出身者である場合がある。また、他県や県内の別の方言区画から来た親や転校生の存在は言語接触をもたらす。小学校進学段階で異なる字集落の児童が接触するだけではなく、複数の小学校児童が一つの中学校へ進学する形態の中で、段階的に広域な方言への接触が行われていく。

また、児童・生徒は、学校において書きことばを中心とした学習言語（認識言語）に接し、日本現代共通語を学習する。現代日本においては、方言による地域の一体感とは別に、共通語による一体感を持つにいたっているが、これは、帰属意識の点では、日本全体を近隣社会と感ずることでもある。日本全体が一つの言語共同体と意識され、「日本語という単一の言語を話す国」という今日一般にみられる意識が形成される背景には様々な要因があるが、その一つとして学校における共通語普及の役割があったことは、これまでの研究でもしばしば指摘されてきたところである。

つまりは、こうした義務教育の公立の小中学校は、一次的近隣社会を形成する母体としても、二次的近隣社会への言語行動の準備を行う場としても機能してきたといえる。全国的に均しくこうした学校集団が組織されてきたことは、日本の近隣社会と言語行動を考察する上で、見落とすことができない視点であろう。

第5章　近隣社会の言語行動

5.2　国際化と近隣社会

図1は、井上（1999a）が整理した概念図である。場面別に分類すると、航空管制のような英語による独占場面、少数の大言語の寡占場面（国際会議、プログラミング、学術論文）、有力言語による近隣共通語場面（高等教育、街頭広告、多言語サービス、外国語教育、バザール）、国家語場面（初等中等教育、放送、出版、行政司法）、民族語場面（幼児教育、家族友人、日常会話）に分けられている。強大な英語が独占場面を占めているが、近隣共通語場面あたりから日本語が登場してくる。

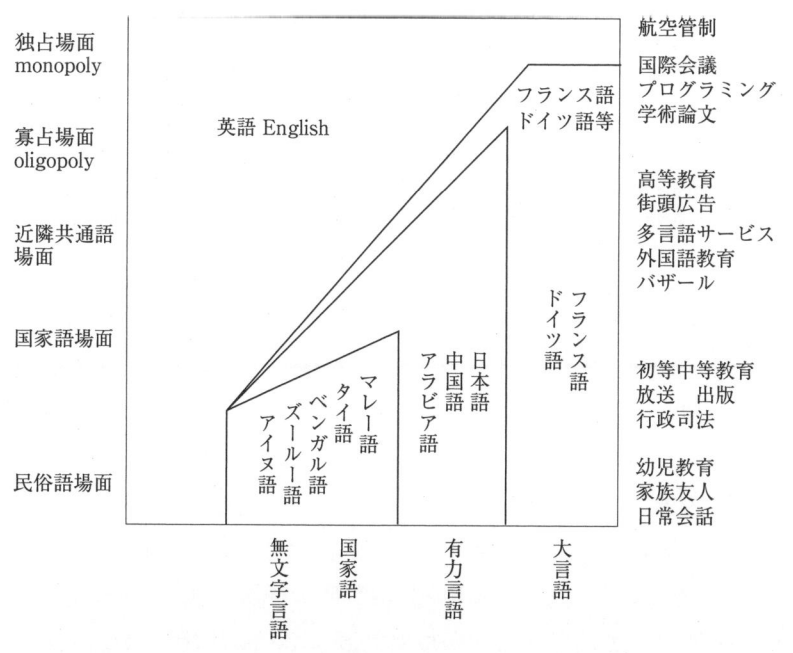

図1　場面（domain）別言語使用パターン（井上 1999a：48）

ここで、同じく井上（1999a）から、図2をみたい。国立国語研究所が行った日本語観国際センサスの米田正人の結果から井上が作成した図である[11]。今後世界のコミュニケーションで必要になる言語とは、という質問に対して、日本語と答えられた順位が図中に数字で示されている。いずれの

421

Ⅵ 言語行動における言語・心理・社会

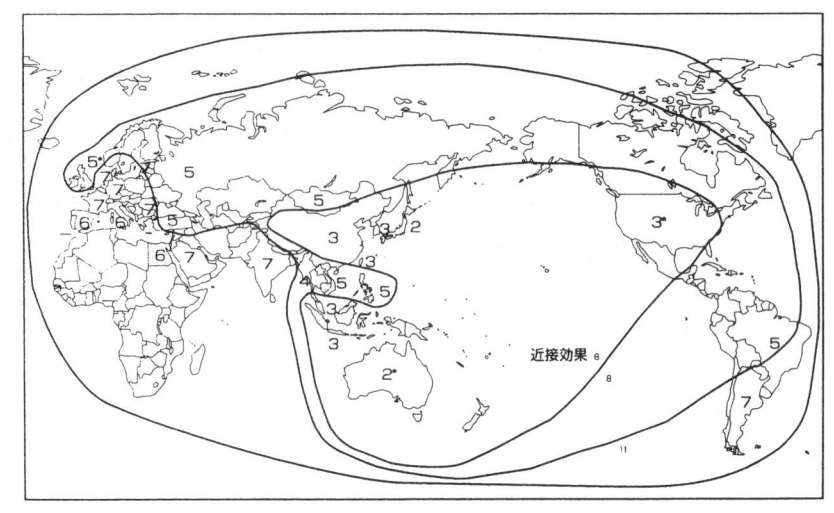

図2 日本語の順位（井上 1999a：40）
日本語観国際センサス Q10 今後世界のコミュニケーションで必要になる言語
（1位＝英語 exc. Por.　2位＝母国語）（米田 1999.9.25より）[11]。

国もまず英語をあげ、次に自国のことばをあげる。日本と近接する環太平洋圏では、その次に日本語をあげていることが分かる。図からは、地理的に遠くなるに従って日本語の順位が落ちていっていることも分かる。居住地の地理的な近接性が言語的な近さの感覚と相関しているのである。

さて、図1と図2をあわせて考えてみたい。物や情報の行き来だけではなく人の行き来も盛んになった現代、組織や技術の共有によるネットワークの緊密性に支えられて、近隣諸国の一定集団間で二次的近隣社会が形成される可能性に思いいたる。こうした国家を超えた二次的近隣社会は自然発生的に形成される場合もあろう。しかしながら、地理的にきわめて広域にわたることから、近隣意識を支えるためには、制度や組織を整えていくことで、意図的に構築、強化される過程をたどることは容易に想像される。では、その際に、言語共同体は何語によって構築されるのだろうか。

図1にみる寡占場面までを占めている大言語がその役割を果たしていく場

合もあるが、意図的に、あるいは国際力学の中で、何語かが選択されていく場面もある。

　国際的な二次的近隣社会を成立させる言語共同体は、集団の形成に際して必要な成員や制度の決定プロセスや、成員間の共通語を何にするかという言語計画、また言語行動における個人や集団の意思決定過程とも密接に関係しているといえる。にもかかわらず、国家を超えた近隣意識がきわめて薄いとされる日本社会にあっては、近隣諸国とどのように付き合いをしていくか、また、それを何語で行い、またどのような言語行動によって支えていくかという言語政策にもかかわる事柄は、現在真剣に討議されているとはいいがたい。

6．おわりに

　言語行動は、場と時の経過の中で行われる。場と時をどのように共有できるかで、近隣社会の在り方が異なってくる。一番小さな近隣社会は、「あなた」と「私」とが直接に対面して話すことで立ち現われる。その時、「あなた」と対面しながら、同時に、「私」は、ことばを通して「私」の中の社会性とも向かい合っている。それが、室山のいう性向語彙が世間体に重なるということの意味でもある。

　今この場、この時を共有する言語行動を行うのが一次的近隣社会であり、媒体や社会的制度の発達と表現力を備えた言語によって、この場この時を間接的に共有する言語行動へと移行してきたのが二次的近隣社会を展開させている現代社会である。

　二次的近隣社会は、人の意識の中にのみ存在するようなものもあって目に見えにくい。個人は同時に複数の集団に帰属し、集団が有する「見えにくい異文化」が様々に存在する中で我々は暮らしている。見えない異文化を見るための一つの視点として、近隣社会と言語行動のあり方に注目することは、今後ますます必要になるであろう。

Ⅵ　言語行動における言語・心理・社会

注
1) 井口（2001：52）参照。なお、外国人登録者数は 2000 年末時点で約 168 万人、日本総人口の 1.33％にあたる（平成 13 年 6 月 13 日。法務省入国管理局資料。http://www. moj. go. jp/PRESS/010613-1/010613-1-1.html による）。
2) 室山の主張には、「性向語彙」の捉え方の点で前半と後半にやや食い違いがみられる。前半では、性向語彙と対人評価語彙の異なりは強調されていないが、後半では二者を異なったものと捉えている。ここでは、同掲書後半の主張にしたがって理解していく。
3) 236 頁、12 行から 16 行までの記述参照。
4) 後述するが、このことは、西日本社会の特徴である。
5) 室山は、〈人なみ〉からはずれる人々、(B)や(C)のことばで評価されるような人々をもすべて共同労働から排除することなく、協調しつつ労働に従事させる集団行動の在り方についても指摘している。室山の述べる「ヨコ」社会とは、平準化した労働をよしとしつつ、同時にすべての成員をそれに近づけていく社会の在り方を指しているのである。
6) 厳密に言えば、基層方言の影響を受けて、ある程度方言化した地域共通語が使用されている。柴田（1958）、沖（1999）参照。
7) 血縁、地縁を超えて、広く相互交流や相互理解を行わなければ生活できにくい社会の出現とともに、共通語も普及していったという側面がある。
8) 書きことばまで含めて考える。
9) 位相論の一つとして様式論を含めることの社会的な背景はここにあるといえよう。
10) 姿を映す媒体が日常的に出現すれば、「居住地の近接性」を架空に構築することが可能になる。ただし、現実の身体接触は不可能であるため、電話という媒体がすでにそうであったように、現実の直接対面言語行動より、言語記号の果たす役割は大きいことが予測される。そうした媒体の出現がどのようなネットワークを可能にし、また、二次的近隣社会の言語行動の関係性に影響するかは未知数である。
11) 1998 年 9 月 26 日（於千代田放送会館）「日本語観国際センサス中間報告会」における米田正人氏資料より。

参考文献
井口　泰（2001）『外国人労働者新時代』筑摩書房
井上史雄（1999a）「世界の言語状況と日本語の市場価値」『第 6 回国立国語研究所国際シンポジウム報告書　国際社会と日本語』国立国語研究所

井上史雄（1999b）「地域方言と社会方言の連続性―社会言語学の研究分野―」『日本語学臨時増刊号　地域方言と社会方言』第18巻第13号　明治書院
沖　裕子（1985）「動詞の文体的意味」『日本語学』第4巻第9号　明治書院［本書Ⅲ、第1章として収録］
沖　裕子（1999）「気がつきにくい方言」『日本語学臨時増刊号　地域方言と社会方言』第18巻第13号　明治書院
菊澤季生（1933）「国語位相論」『国語科学講座Ⅲ　国語学国語位相論』明治書院
国立国語研究所（1971）『待遇表現の実態―松江24時間調査資料から―』秀英出版
柴田　武（1958）『日本の方言』岩波書店
鈴木孝夫（1995）『日本語は国際語になりうるか』講談社
高永　茂（1996）『都市化する地域社会の社会言語学的研究』渓水社
田中章夫（1999）『日本語の位相と位相差』明治書院
西尾章治郎（1999）『岩波講座マルチメディア情報学12　相互の理解』岩波書店
野林正路（1986）『意味をつむぐ人びと―構成意味論・語彙論の理論と方法―』海鳴社
藤田英典（2001）『新時代の教育をどう構想するか』岩波書店
藤原与一（1963）『方言学』三省堂
方言研究ゼミナール（1993）『方言資料叢刊3　方言比喩語の研究』
三井はるみ（1999）「新しい方言と古い方言の全国分布―語彙―」『日本語学臨時増刊号　地域方言と社会方言』第18巻第13号　明治書院
室山敏昭（2001）『「ヨコ」社会の構造と意味―方言性向語彙に見る―』和泉書院
馬瀬良雄（1969）「学区と方言」『国語学』第71集（馬瀬良雄（1992）『言語地理学研究』桜楓社に収録）
町　博光（2000）「対象方言語彙論の展開」室山敏昭編『方言語彙論の方法』和泉書院
渡辺友左（1973）『国立国語研究所報告47　社会構造と言語の関係についての基礎的研究(3)』秀英出版

Ⅶ 談話論と日本語教育学

第1章　日本語教育と国語教育の接点
―― だ・である体の習得について ――

要旨　音声言語における「です・ます体」テキストと、文字言語における「だ・である体」テキストの表現様式の相違は、指示詞・文体的特徴・待遇表現という要素的な分布のレベルと、テキストの意味的構造という全体に関るレベルの両者に存在することを述べる。調査によれば、母語話者と日本語学習者では、両テキスト間の変換の際に問題となる点に異同がある。要素的な対応関係の変換に関しては日本語教育と国語教育に独自的な問題領域が存在するが、意味的構造の変換という全体の「理解と表現」に関る課題は、両教育の共通課題である。

1. はじめに

「です・ます」は、文法論の立場から仁田 (1991)、益岡 (1991)、森山 (1989) などが明らかにしているように、「聞き手」目当てのモダリティ形式である。従って「です・ます」を有する文は、聞き手に対して発話されるという性格を有する。

文法論的には「です・ます」はひとつの形態であり、ひとつのカテゴリカルな意味を有するものである。しかしそれが実際に使用されたテキストという単位体において見ると、「です・ます」は媒体のあり方から2種の表れ方をするといえる。

言葉は、その表現媒体から、音声言語と文字言語とに大別される。音声言語とは、音声という媒体を用いて発話・使用された言語、文字言語とは文字という媒体を用いて書かれ、使用された言語であると定義しよう。テキストには、発話媒体という観点から分類して音声言語テキストと、文字言語テキ

ストという2種が認められる。

　文字言語テキストは、文字列のみで「文脈」を作り得るが、音声言語テキストは文字列のみでは「文脈」は完成しない。音声そのものの調子や身振り、話し手と聞き手に共有される場面という視覚情報や社会的心理的環境により構成される非言語的情報などが関与して、全体が「文脈」を作り出していく。そこで、音声言語テキストから文字列のみを取り出した場合、これは不完全なテキストということになるが、仮にこのトランスクリプトされた文字列のみのものを音声言語テキスト2とし、この2の方を、以後便宜的に音声言語テキストまたは話し言葉テキストと呼ぶことにする（それに対比させて、文字言語テキストの方を書き言葉テキストと呼ぶことがある）。

　音声言語テキストと文字言語テキストを比較すると、発話媒体の異なりを背景とした性格の相違が存在する。

　「です・ます」を用いた文によって構成されたテキストのスタイルを「です・ます体」、「だ・である」の文によって構成されたテキストのスタイルを「だ・である体」と呼ぶが[1]、文という抽象的単位体ではなく、使用媒体を背景にして抽出した単位体すなわちテキストを観察対象にすると、実際には以下の4種の類型的文体が認められることになる。

　　○音声言語テキストにおける「です・ます体」
　　○音声言語テキストにおける「だ・である体」
　　○文字言語テキストにおける「です・ます体」
　　○文字言語テキストにおける「だ・である体」

　本論は、聞き手を想定し実際に話し掛ける文体のテキストである音声言語「です・ます体」を、具体的な聞き手から開放され文字列のみで文脈を形成するという性格が最も強い文字言語テキスト「だ・である体」に変換する、という操作を通じて、テキストの理解・表現の様式に関して両文体がどのように異なるかについて言及するものである。

　文字化をした実際の「です・ます体の音声言語テキスト」を、「だ・である体の文字言語テキスト」に変換し、両テキストの性格の差異について、ひ

とまず観察しえたところを整理するのが、以下第2節である。

母語話者と日本語学習者とがそれぞれどのような変換を試みるか調査結果を示し、テキストの理解・表現に関して日本語教育・国語教育のそれぞれに存在する独自の学習課題と共通する学習課題について第3節以下に言及する。

2．音声言語テキストと文字言語テキストの性格

2.1 「です・ます体」と「だ・である体」との変換

すでに述べたように、意図するところは、音声言語テキストにおける「です・ます体」を文字言語テキストにおける「だ・である体」に変換することにある。

さて、次に掲げる(1)は、『MacAcademy ビデオトレーニングシリーズ1』というマッキントッシュパソコンのユーザーのために作成されたごく初歩的な使い方を説明するビデオテープの冒頭部分を、論者が文字化したものである。以下(1)は、実際に視覚的場面が提示される中で聞き手に語られた話し言葉を、文字化したものである。「です・ます・でございます」が使用された話し言葉テキストの一例といえる（便宜的に、文の順番に従って、番号をふっておく）。

(1)
① マックアカデミービデオトレーニングシリーズへようこそ。
② ここで、インストラクターをつとめさせていただきます、わたくし、スワップと申します。
③ このテープでは、マッキントッシュを操作するにあたって、知っておく必要のある基本的な操作についてお話しさせていただきます。
④ まず、ここでは、マッキントッシュを起動する前に、接続する必要のあるコードなどに関して、お話しさせていただきます。
⑤ このうしろのパネルにこのようにいろんなポートがございま

> す。
> ⑥　また、その上にアイコンと呼ばれる小さな絵が表示されておりますが、接続をなさる時にはそのコードのはしについておりますアイコンと、ポートの上にあるアイコンとを合わせていただければいいわけです。
> ⑦　たとえばマウスがございますが、マウスのコードのはしに、このようなアイコンがついております。そこについているアイコンと、うしろのパネルのアイコンを合わせてさしこんでいただけばいいわけですね。
> ⑧　次に、キーボードについてお話ししたいと思いますが、その前に今接続していただいたマウスですけれども、左利きの方の場合にはこの左の部分に、あるいは右利きの方でしたら、右の部分に差し込んで使っていただくこともできます。
> ⑨　このキーボードですが、使用なさっているマッキントッシュの機種によって、多少キーの配列が違いますので、そこは注意なさって下さい。

さて、この(1)から、④⑤⑥の部分を抜き出したものが以下(2)である。分量の点を考慮しつつ、話し言葉テキストと書き言葉テキストの違いがよく表われている部分を切り取ってみた[2]。

(2)
> まず、ここでは、マッキントッシュを起動する前に、接続する必要のあるコードなどに関して、お話しさせていただきます。
> このうしろのパネルにこのようにいろんなポートがございます。また、その上にアイコンと呼ばれる小さな絵が表示されておりますが、接続をなさる時にはそのコードのはしについておりますアイコンと、ポートの上にあるアイコンとを合わせていただければいいわけです。

第1章　日本語教育と国語教育の接点

なお、(1)(2)のままでは、理解困難な箇所が出てくるので、図1を添える。

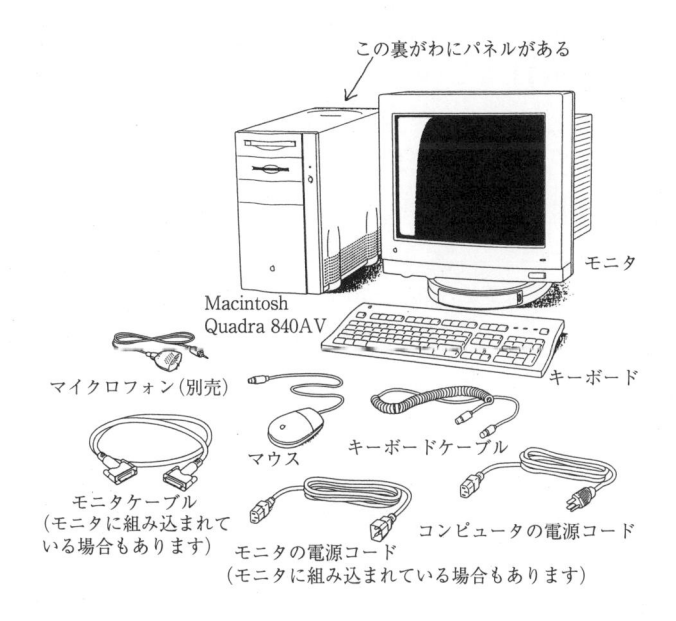

```
                    この裏がわにパネルがある
                                        モニタ
        Macintosh
        Quadra 840AV
                                        キーボード
   マイクロフォン(別売)
                    マウス    キーボードケーブル
        モニタケーブル
       (モニタに組み込まれて
        いる場合もあります)                コンピュータの電源コード
                    モニタの電源コード
                 (モニタに組み込まれている場合もあります)
```

図1　マッキントッシュのパソコン

2.2　形式的・要素的な変換

(2)の話し言葉テキストを、「です・ます・でございます」を用いない書き言葉の様式を持ったテキストに変換するにはどのようにしたらよいだろうか。

仮に単純に、「です・ます・でございます」を「だ」等に形態的に置き換えると次のような文章ができあがる[3]。

(3)　まず、ここでは、マッキントッシュを起動する前に、接続する必要のあるコードなどに関して、お話しさせていただく。

このうしろのパネルにこのようにいろんなポートがござる。また、その上にアイコンと呼ばれる小さな絵が表示されておるが、接続をなさる時にはそのコードのはしについておるアイコンと、ポートの上にあるアイコンとを合わせていただければいいわけだ。

(3)は、たしかに文末は「です・ます・でございます」から「だ」に変換されているが、これでは適切な文章とはいいがたい。このことから、「です・ます」を用いたテキストと「だ」を用いたテキストは、それぞれ別の表現の仕組みを有していることが推察されるのである。

それでは、この「です・ます体」のテキストを、「だ・である体」のテキストに適切に変換するという操作をさらに続け、両テキストの差異についてさらに考察をすすめたい。(2)を適切な「だ・である体」のテキストに変換するには、その話し言葉的な特徴に注目する必要がある。次のような点である。

　　(ア)　指示詞における現場指示の用法
　　(イ)　単語の文体的特徴・文体と連動した特定の言い回し
　　(ウ)　上下待遇表現[4]・授受表現

指示詞については、以下の「この」「このように」のような、境遇性のある用法は変換しなければならない。

　　(4)　このうしろのパネル
　　　　このようにいろんなポート

単語の文体的特徴に関しては、以下のような単語を「文章語」に変換する必要がある[5]。

　　(5)　いろんな
また、
　　(6)　おる

は、共通語の場合、「ます」の後接なしに用いられることはないため、変換を要する。

さらに特定の言い回しについても、変換する必要がある。この場合は、次のような表現があげられるが、類型的文体に応じた使用の分布、という観点で考えると単語の文体特徴と共通した課題としてまとめることができる。

　　(7)　いいわけだ

また、上下待遇表現・授受表現については、結果的に聞き手に対する待遇

第 1 章　日本語教育と国語教育の接点

を表している、以下のような表現は変換する必要がある。

(8)　お話しさせていただく

　　　接続をなさる

　　　合わせていただく

さて、上記のような点に着目し、「です・ます・でございます」文体を改めると、ひとまずは一例として次のようなテキストが出来上がる。

(9)　ここでは、マッキントッシュを起動する前に、接続する必要のあるコードなどに関して話す。

　　　うしろのパネルに色々なポートがある。また、その上にアイコンと呼ばれる小さな絵が表示されているが、接続する時にはそのコードのはしについているアイコンと、ポートの上にあるアイコンとを合わせればよい。

2.3　テキストの意味的構造に関する変換

一見すると、(2)を書き言葉へ変換する操作は、(9)で完了しているように見えるが、実際にはそうではない。

文体の変換という時に一番難しいのは、テキストの構造に則した変換にある。

すなわち、(2)は、(1)という大きなテキストの中の一部分である。そのテキスト全体が表現したいことを損なうことなく、ある様式（スタイル）からある様式（スタイル）へと変換すること、それは、「2.2」で見てきたいわば「要素の変換」の問題を超えている。

(1)の④〜⑨は、コード、キーボードについての説明になるが、これらは、「マッキントッシュを起動する前」にすることに入れられる。すなわち、④以降で取り上げられることがらを、それぞれの文番号に従って書き出すと次のようなことになる。

Ⅶ 談話論と日本語教育学

(10) ④マッキントッシュを
　　　　起動する前にすること　　コード　　　　　　　　接続
　　⑤　　　　〃　　　　　　　コード　　　　　　　　接続
　　⑥　　　　〃　　　　　　　コード　　　　　　　　接続
　　⑦　　　　〃　　　　　　　コード　　　マウス　　接続
　　⑧　　　　〃　　　　　　　キーボード　マウス　　接続
　　⑨　　　　〃　　　　　　　キーボード　　　　　（　　）

　④の「マッキントッシュを起動する前にすること」は、以下④から⑨までを覆っているテーマである。

　また、各文で述べられていることは、単一のことがらではない。「物」に則して④⑤⑥⑦は「コード」、⑧⑨は「キーボード」について。さらにコードやキーボードに関連して取り扱わなければならない「物」であるマウスも重複して取り上げられている。

　しかし、一方④から⑧までは、「接続」という「事」が扱われている。⑦⑧で「コードとマウス」「キーボードとマウス」が結び付けて述べられるのも、それは「接続」というテーマがこれらの複数の「物」の登場に必然性を与えているのである。

　ちなみに、(1)は⑨で切ってあるので、⑧に登場した「物」の流れにある「キーボード」が、⑨以下どのような「事」の中に位置づけられるかは、不明のままに終わっている。

　今見てきたように、話し言葉テキストであるがゆえの、テキストの意味的な構造に関する「未整理」が、(10)によってある程度明らかになった。(2)として取り出した文章（④⑤⑥）のみでみれば、「コード」を「接続」することであるので、どちらを主に述べてもよいのであるが、(2)は④に「マッキントッシュを起動する前にすること」というテーマが述べられており、また、以下に続く⑦⑧⑨のテキスト全体の構成を考えれば、「接続」というトピックを中心に「述べ直し」すなわち、構造の組み替えを行なった方が、より適切であるということが分かる。

第1章　日本語教育と国語教育の接点

原文をできるだけ生かして変換した試みの一例を示せば、次のようになる[6]。

(9)　まず、マッキントッシュを起動する前に、コードを接続する。
　　　本体のうしろのパネルに複数のポートがあり、その上にアイコンと呼ばれる小さな絵が表示されている。コードのはしにも表示されているアイコンと、ポートの上に表示されているアイコンとを合わせて、差し込む。

こうした変換を、
　(エ)　テキストの意味的構造に関する変換
とまとめておく[7]。

3．母語話者と日本語学習者の文体変換能力の調査

調査は、1994年10月4日、信州大学人文学部の「日本語教授法」の受講者に対して行った。日本語を母語とする学生13人（以後母語話者と呼ぶ）、日本語を母語としない学生6人（以後、日本語学習者と呼ぶ）、計19人である（日本語学習者で当日の出席者は4名。他2名は、別に趣旨を説明して協力を求めた）。学習者の母語は、5人が中国語（台湾語3人、マレーシア中国語2人）、1人がカナダフランス語である。

調査票（以下）を配り、口頭で説明したのち、「自分が納得のいくまで書く」ことを求めた。9時15分に説明を始め質問を受けたあと、9時25分から始め、10時25分に回収した。10時前後に仕上げた学生が現れたがそのまま着席を求めた。約半数近くは時間一杯考えて書いていた。

【調査票】
問題：次の【文章Ⅰ】をまず読みなさい。質問①②③に答え、次の頁の【問題】に進みなさい。（辞書を使ってもよい。）

　　　　【文章Ⅰ】前述(1)（ただし図1を添えた）

Ⅶ 談話論と日本語教育学

語句：インストラクター………指導する人
　　　マッキントッシュ………コンピュータの名前
　　　パネル………………………板
　　　ポート………………………さしこみ口
　　　左利き（ひだりきき）…左手の方が上手に使える人、またそのこと。
　　　右利き（みぎきき）……右手の方が上手に使える人、またそのこと。
　　　機種（きしゅ）…………機械の種類
　　　配列（はいれつ）………並べ方

質問①　あなたはワープロ・パソコンを実際に操作したことがありますか？
　　　（一回でもよい。上手下手は問わない）
　　　　　　　　はい　　　いいえ

質問②　上記の文章中、意味の分からない単語や、部分があったら、【文章Ⅰ】のその部分に、太く下線を引いて下さい。

質問③　学籍番号　　　名前　　　　　　記入日 1994 年 10 月　　　日
　　　言語経歴〔0才から18才までの居住地〕　県　　　　　市
　　　　　　　　　　　　　　　　　　　　　　国

【問題】
　以下の線で囲んだ部分の文章〔前述(2)〕を「です・ます・でございます」を使わない文章に改めなさい。（鉛筆を用いること）
　A．まず、単純に考えて「です・ます・でございます」を使わない文章に書きなおしなさい。
　B．【文章Ⅰ】は、話されたものを書き取った文章である。【文章Ⅰ】が言いたかった内容を汲み取り、Aを書き言葉として通用する文章に書き換えてみなさい。【文章Ⅰ】として言いたかった内容が変わらないこと、文章として整ったものになること、の二点を守ればどのように文章化してもよい。「です・ます・でございます」を使わない書き言葉として、文章化すること。

第1章　日本語教育と国語教育の接点

4．調査結果

4.1　結果一覧

以下、調査票Ｂの結果を母語話者と日本語学習者に分けて、以下に掲げる。
(a)から(m)が母語話者、(A)から(E)が、日本語学習者である[8]。

【母語話者】

(a)　まず、マッキントッシュを起動する前に、コードの接続の仕方について説明しよう。

　　マッキントッシュ本体のうしろにあるパネルには、いろいろなポートがある。そして、その上にはアイコンと呼ばれる小さな絵が表示されているので、接続をする時には、そのコードのはしについているアイコンと、ポートの上にあるアイコンとを合わせればよい。

(b)　まず、マッキントッシュを起動する前に、必要なコードを接続してみよう。

　　パソコン本体の裏側を見てみると、いくつかのポートと呼ばれるさしこみ口がある。その上についている小さな絵が、接続する時の目印となるアイコンである。

　　同じように、接続するコードのはしにもアイコンがついているので、そのアイコンとポートの上のアイコンとを合わせて接続すればいいのである。

(c)　まず、はじめに、マッキントッシュを起動する前に、コードなどの接続の仕方に関して説明したい。

　　本体のうしろのパネルに、いろんなポートがある。また、その上と、コードのはしにアイコンと呼ばれる小さな絵が表示されている。接続の際には、そのアイコンを合わせていただければよい。

(d)　①コードの接続

　　マッキントッシュを起動する前にコードを接続する。本体の裏がわのパネルにいくつかポートがあり、その上にアイコン（小さな絵）が表示され

Ⅶ　談話論と日本語教育学

ている。コードのはしにもアイコンがついているので、同じアイコンのついたポートにコードを接続する。

(e)　マッキントッシュを使う前に―接続のしかた―
　　コードの端には小さな絵（アイコンという）があるので、機械側の同じ絵のところに差し込めばよい。

(f)　マッキントッシュを起動する際、その基本的な操作について説明する。
　　マッキントッシュには、モニタとキーボードを除いた機械の裏側のパネルに、いろいろなポートがついている。接続をする場合、ポートの上に、小さな絵が表示されているアイコンと、そのコードのはしについているアイコンとをつなぎ合わせればよい。

(g)　まず、ここでは、マッキントッシュの起動前に、接続の必要なコード等について説明する。
　　マッキントッシュ本体の裏側のパネルに、いろいろなポート（さしこみ口）があり、その上にアイコン（小さな絵）が表示されている。
　　また、コードのはしにもアイコンがついているので、接続をする時は、それと同じアイコンが表示されたポートに接続する。

(h)　まず、マッキントッシュを起動する前に、接続する必要のあるコードなどに関してであるが、このうしろのパネルにこのようにいろいろなポートがある。そして、その上にアイコンと呼ばれる小さな絵が表示されている。接続をする時にはそのコードのはしについているアイコンと、ポートの上にあるアイコンとを合わせればよい。

(i)　まず、ここでの話しは、マッキントッシュを起動する前に、接続する必要のあるコードなどに関してである。
　　マッキントッシュ本体の裏側にパネルがついていて、そこにコードを指すためのさしこみ口（ポート）がいろいろとある。また、その上に、アイコンと呼ばれる小さな絵が表示されているが、接続する時には、コードのはしについているアイコンと、ポートの上にあるアイコンとを合わせて指しこめば良いのである。

第1章　日本語教育と国語教育の接点

(j)　まず、ここでは、マッキントッシュを起動する前に接続する必要のあるコードなどに関して、説明する。

　このうしろのパネルには、このようにいろいろなポートがあり、その上にアイコンと呼ばれる小さな絵が表示されている。接続する時には、そのコードのはしについているアイコンと、ポートの上にあるアイコンとを合わせればよい。

(k)　まず、ここでは、マッキントッシュを起動する前に、接続する必要のあるコードなどに関して述べておこう。

　このうしろのパネルにこのようにいろんなポートがある。また、その上にアイコンと呼ばれる小さな絵が表示されているが、接続する時にはそのコードのはしについているアイコンと、ポートの上にあるアイコンとを合わせればいいのである。

(l)　まず、マッキントッシュを起動する前に、接続する必要のあるコード等について説明する。本体のうしろ側にはいろいろなポートがあり、そのポートの上にはアイコンと呼ばれる小さな絵が表示されているのだが、接続を行なう際には、そのコードのはしについているアイコンと、ポートの上にあるアイコンとを合わせるようにする。

(m)　まず、ここでは、マッキントッシュを起動する前に、接続する必要のあるコードなどに関して、述べさせていただく。

　マッキントッシュの本体のうしろのパネルに様々なポートがある。また、その上にアイコンと呼ばれる小さな絵が表示されているが、接続をする時には、コードのはしについていうアイコンと、ポートの上にあるアイコンとを合わせていただければよい。

【日本語学習者】

(A)　マッキントッシュを起動する前に、まず接続する必要のあるコードなどに関して、紹介する。

　うしろのパネルにいろんなポートがあり、その上にアイコンと呼ばれる

Ⅶ　談話論と日本語教育学

　小さな絵が表示されている。接続する時にはコードのはしについているアイコンをポートの上にあるアイコンと合わせてさしこめばいい。

(B)　まず、マッキントッシュという機種のコンピュータをスタートする前に、接続する必要にあるコードなどについて、お話しする。
　　本機のうしろの板にいろいろなポートがある。ポートはさしこみ口のことである。また、さしこみ口の上にアイコンと呼ばれる小さな絵が表示されてあるが、接続する時には、そのコードのはしについてあるアイコンと、ポートの上にあるアイコンとを合わせればいいわけである。

(C)　以下は、マッキントッシュを起動する前に、接続する必要のあるコードなどについての説明である。
　　マッキントッシュの裏側のパネルに、いろんなポートがあって、上にはアイコンと呼ばれる小さな絵が表示されている。接続をする時には、そのコードのはしについているアイコンと、ポートの上にあるアイコンとを合わせて下さい。

(D)　まず、ここでは、マッキントッシュを起動する前に、接続する必要のあるコードなどに関して話したいと思っている。
　　マッキントッシュのうしろのパネルにはいろいろなポートがある。その上にアイコンと呼ばれる小さな絵が表示されているが、接続をする時にはそのコードのはしについているアイコンと、ポートの上にあるアイコンとを合わせればいいわけである。

(E)　まず、ここでは、マッキントッシュを起動する前に接続する必要にあるコードなどに関して、お話させください。
　　このうしろのパネルにこのようないろんなポートが
　　また、その上にアイコンと呼ばれる小さな絵が表されている。けれども接続をなさる時にはそのコードのはしについて、アイコンとポートの上にあるアイコンとを合わせていただければいいわけである。

(F)　始まるよ！　最初に、マッキントッシュを起動する前に、接続するためにコードとか必要だから、今説明するよ

見て、うしろのパネルにいろんなポートがある。上に小さな絵をつくて見える。これはアイコンだ。接続をする時は、そのコードのはしにつく。で、アイコンと合わせれば問題にならない。

4.2　話者・項目別の結果

上記の結果を、母語話者と日本語学習者別に項目ごとにまず整理比較することにする。以下、正しく変換できなかった者の実数とパーセンテージ及び、該当用例の番号をあげる。なお、母集団が小さいので、パーセンテージを出すことは意味が薄いが、母語話者と日本語学習者の両集団の比較のために参考として数字をあげる。

(ア)　現場指示の用法の変換（2項目）

「このうしろのパネル」「このようにいろいろなポートがあり」の2箇所に見られる「この」「このように」の現場指示の用法を、言い換えや省略によって言語文脈のみの説明に変換できなかったケースは以下の通り。変換していない場合は両項目ともにできていなかった。

　　　　母語話者　　　3人　（23%）　(h)(j)(k)
　　　　日本語学習者　1人　（17%）　(E)

(イ)　単語の文体的特徴（2項目）

「いろんな」を「いろいろな」と変換しなかったケース。ただし「いろいろ」という語句を用いていない者があるので、分母の割合はこの語句を用いている者とした。分母は母語話者が9人、日本語学習者が5人である。

　　　　母語話者　　　2人　（22%）　(c)(k)
　　　　日本語学習者　4人　（67%）　(A)(C)(E)(F)

「わけだ」という表現をそのまま残した者。

　　　　母語話者　　　0人　（ 0%）
　　　　日本語学習者　3人　（50%）　(B)(D)(E)

「おる」を「いる」に変換しなかったケースは、母語話者、日本語学習者ともにみられなかった。

Ⅶ 談話論と日本語教育学

（ウ）上下待遇表現・授受表現（3項目）

　授受表現を待遇形にした表現が「お話しさせていただく」「合わせていただく」。授受表現ではない上下待遇表現については「接続なさる」がある。それぞれを変換していない数値を以下に示す。

「お話しさせていただく」
　　　母語話者　　　1人　（ 8％）　(m)
　　　日本語学習者　1人　（17％）　(E)

「合わせていただく」
　　　母語話者　　　2人　（15％）　(c)(m)
　　　日本語学習者　2人　（33％）　(C)(E)

「接続なさる」
　　　母語話者　　　0人　（ 0％）
　　　日本語学習者　1人　（17％）　(E)

（エ）テキストの意味的構造に関する変換（テキスト全体に関する項目）
「接続」というトピックを中心に「述べ直し」ができなかった者。
　　　母語話者　　　7人　（ 62％）　(g)(h)(i)(k)(l)(m)
　　　日本語学習者　6人　（100％）　(A)(B)(C)(D)(E)(F)

5．日本語教育と国語教育に共通する課題—結論にかえて—

　上記の結果を以下分析したい。日本語教育と国語教育とに共通する課題、独自の課題という観点から考察を述べていく。

（ア）「この」「このように」など、現場指示の用法をそのまま残したケースが母語話者で3人あった。(h)(i)(j)のこれらのケースでは、文体の変換に伴ってテキストの構造的変換を行うという、内容に関する変換も行われていなかった。テキストの内容をよく理解し、それを相手に伝達するということに関する意識的な訓練が必要なケースである。

　むしろ日本語学習者では、こうした変換の誤りは少ない。指示詞の用法は

比較的早い段階での学習事項であり、意識化ができていることによると思われる。

　文脈指示、現場指示の用法は、国語教育の場では明確な文法の学習事項ではない。しかし、文章理解と表現に関係してくると思われるこうした用法は、言語に関する少し意識的な考察の対象として項目をたててもよいようである。
(イ)　単語の文体的特徴に関しては、日本語学習者の方が難渋している。「いろんな」を「いろいろな」に変換するという操作は、言語の表現と伝達という点から見れば、いわば「洗練度」に関するもので、変換がスムースに行われなくても、敬語項目のように社会活動における齟齬をきたすということもない。学習の比重が日本語教育においては相対的に下がるためであろう。しかし、敬語ほどではないとしても、こうした文体的特徴に留意しない表現の習慣が形成され続けると、母語話者とのコミュニケーション上何らかの違和感をひきおこすことも充分考えられる。今後研究の必要な分野であろう。

　なお、母語話者でも、「いろんな」を「いろいろな」という文章語に変換しえなかったケースが9例中2例ある。うち1人(c)は、「ていただく」形も変換せず残している。

　「わけだ」を残した母語話者は1人もいないが、日本語学習者では、半数がこれをそのまま残している。

　文体と関係する語彙・言い回しの分布は、母語話者にとって意識的な事項と非意識的な事項とに分かれ、意識的な事項すなわち選択的な表現が可能な部分については、個人差が生じるのであろう。「いろんな→いろいろな」や「ていただく」などの敬語形の変換は母語話者にとっても選択的な表現の部類に入り[9]、「わけだ」のように語彙的ではなく文全体と関るような言い回しはどちらかというと後者に属するのであろうか。

　一方日本語学習者にとっては、この事項に関してすべてが程度の差はあれ選択の対象に入ってくるため、かなり明示的な研究とよい辞書とが今後必要になろう。
(ウ)　上下待遇表現・授受表現は、日本語学習者においては、(E)以外はお

Ⅶ 談話論と日本語教育学

おむね変換している。日本語教育の場においては、敬語形式については、使い分けが必要であることの理解が成立していることと関係があろう。むしろ、(c)(m)という母語話者は、「お話しさせていただく」「合わせていただく」「接続なさる」という３項目の敬語関係の表現を１ないし２項目のみ変換してあとは残し、文体を整えるという観点からは、意識の不足が見られるものである。確かに文体には「変化とリズム」が必要であり、それは各人の美意識と関っていることもまた事実であるが、こうした「調査」の場ではそうした個性的な意識が発揮されたとは考えにくい。

（エ）　文体の変換に伴ってテキストの構造的変換をしていない者は、母語話者でも半数以上おり、日本語学習者では全員がそうであった。(ア)から(ウ)の問題が、どちらかというと、「要素」を取り出してそれを別の要素に変換するという性格を有しており、ある程度機械的な変換が可能であるのに対して、(エ)は決して機械的にはいかない。テキストの理解、すなわち言葉で語られた内容の理解という過程が必ず必要になるのである。理解する能力の上にたって、述べ直しという言語能力が初めて問題にされる。

　佐久間（1994）が、「要約」を「大意を把握する」ということに限定し、大意の文章化の成功度を、中心となる文の残存率を調査することによって測ろうとしている。「大意」をいかに把握するか、しているか、させるかという研究を明示的に行おうとする点で説得力がある。

　ところが、文章の中心となる複数の文章を残しながら、全体を小さな文章に縮めるという作業は、実は最終的な理解の確実度は保証していないともいえる。ある程度読み解ければ、いわば作業的にそれを行うレベルに到達する。本当に測りたいことは、その文章を理解したかどうか、即ちそこで述べられている内容世界、ものごとやことがらの世界の理解に到達したかどうか、また、それを当該の言語で表現できるかどうかという２点であろう。

　よく「自分の言葉で述べ直す」ということが言われるが、原文に則しながら理解・表現活動が確実に行われていなければそこに到達することができない。この「自分の言葉で述べ直す」ということの仕組みを計る尺度が今まで

明らかではなかったことが問題であった。本論で述べたような話し言葉文体から書き言葉文体に変換できるかどうかは、そうした問題に関する明示性を提供してくれる素材のひとつであると主張したい。

　内容世界を把握しつつ理解に到達し、それを表現内容として、改めて異なる文体様式で表現しなおすというのが(エ)の作業である。

　うちとけた自然な親しい者、傍らに住む者との言語生活で獲得する母語、それはすなわち方言に他ならない。そうした話し言葉の言語コードの使用者から、さらに広い世界へと踏み出す時にはさけて通れない言語理解・表現の訓練が必要になる。(エ)の作業は話し言葉コードを書き言葉コードへと変換することであり、表現様式の変換を通して、表現内容の理解そのものを確認する作業である。母語話者にとってはそれは書き言葉という新しいコードの習得という学習であり、日本語学習者にとっても、異言語のコードで行うという違いはあるものの、本質的に同じ課題を含んでいる。「学習」という点では(エ)の課題は、日本語教育、国語教育に共通する到達すべき目標のひとつである。

　以上、本論は、テキストの理解・表現に言語がどのように関るかという問題意識を基底にして、類型的文体の変換という観点からささやかな調査を行いながら、テキストの語彙・意味的構造について言及した。また、日本語教育・国語教育においてそれぞれ課題となる点のいくつかを提示した。

注
1) 「だ体」と「である体」は別の様式であると考えることができるが、ひとつのテキストに両形式の混在を許す場合もあるため、ここではゆるやかに捉えておく。なお、「だ・である」体とは、文体がすべて「だ・である」で終わるということを意味しない。
2) 音声言語テキストと文字言語テキストとは連続している部分がある。当テキストがどのような話し言葉テキストであるかの位置付けが必要であるが、本論では紙幅の関係でそれには触れずに進める。

Ⅶ 談話論と日本語教育学

3) 真田（1988, 1989）は、両文体間の自動変換の問題を扱っており、それは主として文末部分の対応関係をいかに相互に置き換えるかという観点に絞られている。形態論的には有効な研究となっている。
4) 「上下待遇表現」は菊地（1980）の用語。いわゆる尊敬語と謙譲語とを合わせた概念。
5) 単語の文体的特徴については、宮島（1977）、沖（1985）参照。
6) なお、「このうしろ」の「この」を「本体」という単語で置き換えること、「差し込む」ことがコード類の接続の仕方であることは、「ことがらに関する知識」がなければ、補えない。しかし、ビデオで視覚情報として指示されていたことがらを汲み取り、正確に文字に写し取るためには、これらのことがらの言語化が必要であるということの判断は、「言語」の理解のレベルの問題であることは言を待たない。また、「本体」という単語は知らなければ使い得ないが、別の表現は工夫ができるし、また、接続することが「差し込む」ことであるということは、⑧の文の言語的な理解によって到達することが可能な知識であると言える。
7) ちなみにこれをさらに「です・ます体」に変換すれば、次のようになる。以下の「です・ます体」は、(1)(2)にみた、話し言葉の「です・ます体」ではなく、テキストの構造上は充分に整理された、書き言葉の「です・ます体」になっている。

　　まず、マッキントッシュを起動する前に、コードを接続します。
　　本体のうしろのパネルに複数のポートがあり、その上にアイコンと呼ばれる小さな絵が表示されています。コードのはしにも表示されているアイコンと、ポートの上に表示されているアイコンとを合わせて、差し込みます。

8) 質問②で確認した「パソコン・ワープロを実際に操作したことがない」のは、母語話者では1人(f)、日本語学習者では(A)(F)であった。しかし、すでに述べたように、ここでの【問題】には、こうした知識は必要ない。

　　ただし、以下の文例の中に「本体」という専門語を用いている例が多いが、それは「パネルのある部分を何というか」という口頭での質問が出たので、それに答えたためである。

9) 「ていただく」は授受表現であるので、文全体の変換を要する。従って「語彙的」とは言えないわけであるが、「ていただく」という敬語形式という点にのみ着目すれば、敬語要素の使用不使用という、要素に着目した判断が働くのだろうと思われる。

第 1 章　日本語教育と国語教育の接点

参考文献

沖　裕子（1985）「動詞の文体的意味」『日本語学』第 4 巻第 9 号　明治書院
　［本書Ⅲ、第 1 章として収録］
沖　裕子（1990）「人称代名詞と発話様式」『花園大学国文学論究』第 18 号　［本書Ⅲ、第 3 章として収録］
沖　裕子（1994）「話し言葉テキストの性格と電子化テキスト化」『人文科学とコンピュータ』22 巻 5 号
菊地康人（1980）「「上下待遇表現」の記述」『国語学』第 122 集
佐久間まゆみ編（1994）『要約文の表現類型―日本語教育と国語教育のために』
　ひつじ書房
真田治子（1988）「文体の自動変換―ダ体からデス・マス体へ」『計量国語学』
　16 巻 7 号
真田治子（1989）「文体の自動変換―デアル体への変換」『計量国語学』17 巻 3
　号
仁田義雄（1991）『日本語のモダリティと人称』ひつじ書房
益岡隆志（1991）『モダリティの文法』くろしお出版
宮島達男（1977）「単語の文体的特徴」松村明教授還暦記念会編『松村明教授還
　暦記念　国語学と国語史』明治書院
森山卓郎（1989）「コミュニケーションにおける聞き手情報―聞き手情報配慮非
　配慮の理論―」仁田義雄・益岡隆志編『日本語のモダリティ』くろしお出版

引用言語資料

『MacAcademy ビデオトレーニングシリーズ 1』フロリダ・マーケティング・インターナショナル　1993 年

第2章　比喩の形式と意味
―― 日本語教育のための基礎的研究 ――

要旨　言語教育の最終目標のひとつは、言語の最も大きな単位である談話・文章をそのままに理解、生成することにある。比喩は、そうした活動に深い関係がある。近年、レイコフら認知言語学の立場からは概念メタファーが、また、ハリデーの機能主義文法の立場からは文法的比喩の存在が指摘されてきた。本論では、形式と意味の観点から考察を進め、談話そのものが比喩の一つのタイプとして捉えられることを指摘する。さらに、「顔が潰れる」等の、身体語を含む現代日本語慣用句を対象に、形式と比喩的意味について考察する。N（身体語）とP（述語）の関係を整理すると、NにもPにも比喩が含まれる慣用句とそうではない慣用句に分類される。Nについては、暗喩、換喩の両者がみられ、述語の連体修飾句構造への転換に注目すると、Nに関する概念メタファーが得られることを明らかにする。また、文法的比喩が存在することも指摘する。

1．テキスト理解と比喩―日本語教育上の困難点―

　言語教育の最終目標のひとつは、談話や文章を理解し、また、適切な談話や文章を生成する能力を養うことにある。こうした、聞く、読む、話す、書くといった活動は、言語の最も大きな単位である談話・文章をそのままに理解、生成することにある[1]。比喩は、談話や文章の理解にとって深い関係がある。また、効果的な談話の産出や、高度な書きことばの産出とも関係が深い。

　日本語学習者が談話・文章の理解を行うに際して困難が生じる点のひとつに比喩がある。日本語を外国語として使用するさい、第1に、何が比喩であるかが分からないという場合がある。どの形式が比喩となっているか分から

第 2 章　比喩の形式と意味

なければテキスト理解は当然のことながら進んでいかない。第 2 に、ある形式がなんらかの比喩となっていることが分かったとしても、その形式のどこの部分がどういう比喩になっているかが分からないという場合がある。この場合も、談話・文章理解はそれ以上先には進まない。母語話者にとっては自明で簡単なことも多い上記 2 点が、外国語としての日本語学習を行う際にはつまずきになることがあるのである。

　比喩は、文学的な技巧としての側面もあるが、むしろ日常言語にありふれて観察される事象であり、思考や行動様式とも関係あることが近年の認知言語学において明らかにされるようになった。ここではそうした研究の成果をふまえながら、比喩は言語学的にみてどのような現象か、まず整理を試みたい。比喩は、言語の様々なレベルに亘り、広範に比喩現象が認められることを、以下の第 2 節で述べていく。比喩が広範に亘る現象であることを明確に指摘しようとすることは、日本語学習上の困難点を適切に理解し、有効な言語教育を展開するための研究の入り口となるものである。

　また、日本語研究において、比喩に関する形式とその意味についての具体的な研究はさほど多くない。そこで、「顔をそろえる」「頭が痛い」など、身体語を含む慣用句（以後、身体慣用句と呼ぶ）をとりあげて、先に述べた比喩に関する第 2 の困難点に対処する研究のひとつとして、形式とその比喩的意味の関係について具体的に考察をしてみたい。これまでの日本語研究の多くは、身体慣用句全体をひとつの語に相当する単位として扱い、それ全体の比喩的意味を語釈として与えるというものであった。本論では、身体慣用句を比喩という観点から考察すると、隠喩、換喩など様々な比喩からなる種類があり、それが慣用句を構成する名詞や述語などの形式のあり方とどのように関係しているか観察するものである。

2．比喩研究の最近の動向

2.1　日常言語における比喩―認知言語学的比喩研究―

　比喩表現は、表現しにくい内容を工夫してあらわすためのテキスト創造技法として発達してきた。文芸作品には、レトリックとして工夫され創造された比喩がちりばめられている。また、こうしたレトリックとしての比喩は、谷口（2003：1）によれば「古くはアリストテレスから現代に至るまで、さらに言語学にかぎらず、文学、哲学などさまざまな領域にわたって」、研究されてきている。こうした伝統に立脚すると、比喩とは、「ある表現対象を他の事柄を表わすことばを用いて効果的に表わそうとする表現技法」[2]のことであると説明されるのである。

　しかしながら、日常言語にも比喩がそれと気づかれずに多用され、認識において重要な役割を果たしていることを論じたのはLakoff & Johnson 1980[3]であった。同掲書が、言語と認識に果たす比喩の役割について解明した記念碑的著作であることはよく知られている。これを先駆的研究として、比喩がきわめて日常的表現としてあること、そして、それが思考様式や概念体系とも関係があることについて認知意味論、認知言語学の枠組みから論じられるようになってきたのが、最近の動向である。

　このことはたとえば、レイコフ他（1986）が述べた、以下のような時間と金銭に関わる表現等の分析に具体的にみることができる。

　(1)　You're wasting my time.
　　　　君はぼくの時間を浪費している。
　(2)　This gadget will save you hours.
　　　　この機械装置を使えば何時間も節約できる。
　(3)　I don't have the time to give you.
　　　　君にやれる時間の持ち合わせはないよ。
　(4)　How do you spend your time these days ?

この頃どんなふうに時間を使っているの。

つまりは、日常的な表現の中に比喩はそれと気づかれずに使用されており、そうした比喩表現によって、時間を金銭のように考えるような認識のあり方がみられるととらえたのである。レイコフ他が考究したこうした「概念メタファー」は、比喩が、現実世界の抽象的な経験をとらえ伝達するための言語的な装置としていかに働くかに焦点をあてたものであった。なお、最近の比喩研究と認知言語学との関連については、金水・今仁（2000）、辻（2002）、谷口（2003）などの概説がすでにある。

2.2　文法的比喩—機能主義文法における比喩観—

　さて、別の観点から、日常言語における比喩に言及している研究もある。たとえば、Halliday 1994 をみたい[4]。ハリデーは、意味活動を選択としてとらえる選択体系理論の立場から、「文法的比喩」について述べている。ハリデー（2001：535-579）は、「この語はどのように用いられるか」ではなく「この意味はどのように表現されるか」という問い方をする。そして、「言語という形で経験を解釈構築していることがそもそも比喩的な過程である」とみて、話し手、書き手は、一つのことについてさまざまな語り方をすることを選んでいるとし、そうした複数の表現間の関係を「文法的比喩」とする考え方をとるのである。典型的な語結合（=「一致する形式」）のほかに「一致しない形式」があり、両者の間の明確な線引きはできないものの、後者は前者に対して比喩的形式となっているとハリデーはとらえる[5]。

　以下に、文法的比喩として挙げられた例を示す。
　　(5)　Her eyes are brown.（一致する形式）
　　　　She has brown eyes.（一致しない形式）
　　(6)　The books he writes are good.（一致する形式）
　　　　He writes books, which are good.（一致する形式）
　　　　He writes good books.（一致しない形式）
　　(7)　His income is large enough for him to be able to live comfortably.

（一致する形式）

He has a comfortable income.（一致しない形式）

こうしたハリデーのみかたは、構造主義的言語観にはみられない言語形式の扱いである[6]。しかしながら、日常言語における比喩を扱おうとすると、ハリデーが述べる「文法的比喩」についても目を向けることが必要になるであろう。

文を文のレベルのみで考察し、その一文がもつ知的意味を形式と意味の対応のうちに考察しているのでは、「文法的比喩」の視点は生れないであろう。「文法的比喩」は、たしかに個々の文の意味があることを前提にしている。が、それらの文相互の意味関係に言及する視点は、文を超えた談話（テキスト）の視点を得たとき、はじめてとらえることが可能になる。

文は、それぞれの知的意味を有する。より「典型的な語結合」のしかたで表現する「一致した形式」と、そうではない「一致しない形式」が存在する場合、それぞれの文は、言語的知的意味においては異なりがあるであろう。しかしながら、表現したい非分節的な現実世界での経験（これをαとする）と、分節的な文が表現する意味内容とを照らし合わせてみれば、「一致する形式」も「一致しない形式」も、ともに、その非分節的な現実世界での経験（α）を表現するための異なった方法として考えることができる場合がある。そうした場合、「一致しない表現」は、「一致した表現」の文法的比喩であると考えるのであった。比喩とは、「ある表現対象を他の事柄を表わすことばを用いて効果的に表わそうとする表現技法」[7]のことであると先に引用したが、「ある表現対象（α）を、その事柄を表わすことば（「一致する形式」）ではなく、他の事柄を表わすことば（「一致しない形式」）を用いて効果的に表わそうとする表現技法」と解釈すれば、文法的比喩がなぜ「比喩」と呼ばれるかが納得できるのである。

3．比喩の形式と意味

3．1　形式の顕在と陰在

比喩には、喩えられるものαと、それを喩えるものβが存在する。それらが、それぞれ言語形式aと言語形式bを有している場合、b（β）は、a（α）の比喩表現であるという。たとえば、次のような場合である[8]。

(8)　林檎のような頬だ。
　　　「林檎」という言語形式bが表現するβが、「頬」というaで表現されるαを喩えている。（直喩の例）

(9)　人間は、考える葦である。
　　　「葦」という言語形式bで表現されるβが、「人間」というaで表現されるαを喩えている。（隠喩の例）

(10)　「たぬき」はどこへいった？
　　　「たぬき」のようなあの人は、の謂。「たぬき」という言語形式bで表現されるβが、固有の人物a（α）を喩えている。（隠喩の例）

(11)　お銚子を傾ける。
　　　「銚子」という言語形式bで表現されるβが、「酒」というaで表現されるαを喩えている。（換喩の例）

(12)　有効に使える時間は大切だ。
　　　「有効に使える」という言語形式bで表現されるβが、「時間」というaで表現されるαを喩えている。（概念メタファーの例）

(13)　時間を節約しよう。
　　　「節約する」という言語形式bで表現されるβが、「時間」というaで表現されるαを喩えている。（概念メタファーの例）

(14)　水を沸かして湯にする。（一致する形式）
　　　湯を沸かす。（一致しない形式）（文法的比喩の例）

α、βは、言語形式a、bの語義ではない。a、bが意味作用として切り取る外界の物や事それ自体もしくはそれらの特徴である。「林檎のような」というときの「林檎β」は、この場合「赤い」という内包が、喩えとして引き当てられているのである。

このように概括したうえで、これら形式と広義の意味との関係、すなわち、a、b、α、βの関係を観察していきたい。

まず、(8)「林檎のような頬だ」は、喩えるb（β）も、喩えられるa（α）も言語表現として顕在している例である。また、(12)「有効に使える時間は大切だ」(13)「時間を節約しよう」においても、喩えるb（β）も、喩えられるa（α）も言語表現として顕在している。ここで、形式面の特徴を観察すると、(8)のような直喩と、(12)(13)のような概念メタファーには、次のような特徴が認められる。「時間を節約しよう」では、「節約する時間」のように、喩えられる物の性質や特徴を表す連体修飾句構造をとることができる。また、「有効に使える時間」や「林檎のような頬」の例でも、喩えられるものである「時間」や「頬」を形容する連体修飾句構造をとっている。形容詞（ものごとの性質の表現）と、比喩（喩え）は連続的な現象であることに注意を促したい。

さて、(9)の「人間は、考える葦である」は、喩えるものも、喩えられるものも、当該表現の中で顕在している。a、b、α、βが、すべて揃っている例である。それに対して、(11)の「お銚子を傾ける」は、「銚子」というbが「酒」の換喩になっているが、喩えられる「酒」は、言語記号としては使用されず、顕在していない。aとαが顕在していない例である。また、(10)「『たぬき』はどこへいった？」は隠喩であるが、これも同様である。b、βは顕在しているが、a、αは陰在している。しかしながらaやαは言語表現中に顕在していないだけであり、喩えられているa（α）があることは明白である。

また、(14)の文法的比喩は、喩えるものも喩えられるものも、言語形式はともに文であり、「一致する形式」と「一致しない形式」は文と文の関係と

して、喩えられ、喩える関係として存在している。文法的比喩では、a（α）、b（β）ともに揃っている。しかしそれは関係として揃っているのであって、発話の中で、aとbとが関係付けられて同一の発話中に表出することはないといえる。

以上のことからは、比喩表現において、喩えられるものが、喩えるものの属性表現との区別が難しい場合があること、また喩えられるものが表出しない事例がある、という2点を指摘することができる。換言すれば、比喩においては、形式のありかたとそれが表現する内容との関係は多様な形態で存在し、また、喩えるもの、喩えられるものの双方が言語表現の中に顕在するわけではない、ということを本論ではまず指摘したいのである。

3.2. 談話と比喩

比喩の形式と意味が多様であること、また、喩えられるものが陰在する比喩のタイプが存在することにより、さらに次のような比喩も比喩として扱う必要があるといえよう。濱野（2002：29）は、臨床心理学の立場から次のように述べている。

> メタファーというかぎり、それは何かのメタファーであり、あえてメタファーを使わないでも伝えることができる何かが存在するというのが、一般のメタファー理解である（中略）しかし、心理臨床の面接で語られる言葉もしくは言葉にならない非言語的な表現をメタファーとして聴くということは、本来メタファーによらずに語れるはずと想定されるものそれ自体が実は接近不能かつ言表できない何かなのだとみなすということなのである。この接近不能なものを私たちは、ひとり一人の人生そのもの、あるいは生そのものと考えている。

先に示したハリデー（2001：540）の「言語という形で経験を解釈構築していることがそもそも比喩的な過程である」という考え方は、濱野に通ずるものであろう。

このことは、言語形式 b が表現する内容 β と、表現される内容 α は存在す

るが、αを本来表現する言語形式 a (「一致する談話」) は存在しない、という式で表すことができる。おそらく、談話とは、本来比喩的な性格をもつもので、話し手独自の経験を表現する一致した言語形式の産出は、本来望むべくもないということ、それが談話の本質であると考える[9]。日本語が聞いたり読めたりしてもそれが何を表現しているか分からないという状態は、まさに談話（文章）の比喩性を解釈できないでいる状態であろう。

4．比喩からみた身体慣用句の形式と意味

4.1　日本語学習者における比喩理解の困難点

以上、比喩の形式と意味に関する議論をふまえたうえで、いささか具体的な事象をとりあげ、論じてみたい。

何が比喩で、何が比喩でないかは、ハリデーのいうように弁別は難しい。さて、このことはまた、日本語教育において学習者が直面する困難点ともなる。日本語を外国語として学ぶ場合にも、何が比喩表現か分からない、という事態が生じるのである。そして、それに加えて、その比喩が何を意味しているか分かりにくい、という点が加わる。なぜなら、語、文、談話というすべてのレベルに存在する比喩は、その形式と意味の関係において複雑な様相を示すからである。比喩の意味には、外延のみならず内包も利用されており、また、現実世界の物や事のあり方を知らなければ理解できない場合がある。現実世界の物や事のどこを比喩としてとりあげるかも、文化によって異なっている[10]という難しさもある。しかしながらその言語の比喩表現が的確に理解できなければ、当該言語の談話や文章理解を正確に行うこともまた難しいといえるのである。

語彙レベルの比喩については辞書を充実させることがとるべき方策の一つになる。しかしながら、句以上のレベルにある比喩については、いま少し、その形式と意味の観点からの分析が行われることにより、日本語教育方法への応用の道を模索することが可能になるであろう。そこで、語より大きく文

より小さな単位である慣用句を対象にして、形式と意味について、具体的に考察を行ってみたい。

4.2 慣用句の比喩に関する先行研究

慣用句の分析には、宮地氏の一連の論考がすでにある。宮地（1974a）は、慣用句を直喩的慣用句（手にとるよう、泣かんばかりの等）と、隠喩的慣用句（肩をもつ、頭にくる、顔がひろい等）に二分し、隠喩慣用句については「成句のなかの語が、原義からの派生的・象徴的意味を持っていたり、その成句全体としてそのような意味をもっているとき、これを隠喩的慣用句と呼」ぶとしている。しかし、「これを「隠喩的」と称するのが適切かどうか、なお検討すべきことのひとつ」であるとしていることからも分かるように、検討の余地が残されている。

比喩という観点から慣用句をとりあげた先行研究をみわたすと、慣用句全体を一語相当単位とみなし、単位体全体がどのような比喩となるかが論じられている。つまりは、比喩の観点から、形式のどの部分がどのような比喩となり、全体ではどのような比喩的意味が生じているか、という議論がなされていず、また、比喩の種類についての記述もみあたらないのである。

そこで本論では、形式と比喩のありかたの点から、身体慣用句の比喩について考察してみたい。

4.3 身体慣用句の形式と比喩のしかた

身体慣用句とは、身体語を含んだ慣用句を指して用いる。たとえば「顔が潰れる」「耳を貸す」「手をさしのべる」「足をのばす」など数多くある。なお、ここでは身体語を句頭においた慣用句にしぼって考察をすすめたい[11]。

さて、たとえば「顔が潰れる」という慣用句の語釈は、次のようになされている[12]。

　　(15)　顔が潰れる　世間に対する名誉を失う。面目を失う。

ここでは、「顔」自体が比喩であるとともに「潰れる」も比喩になってい

459

る。さらに「顔が潰れる」という慣用句全体が一つの単位になって比喩表現ともなっている。「顔」は、「体面・名誉」の暗喩である。「潰れる」は、「力を加えられて形がくずれる」という本来の意味から離れ、「役に立たなくなったり、本来の機能を発揮しなくなる」ことを喩えた暗喩である。また、「顔が潰れる」全体で「世間に対する名誉を失う」という新しい意味内容が生じている。

本論で対象とする形式をもった比喩表現を分類すると、形式と意味の関係からは以下のようなタイプに分かれる。身体語を「N（＝noun）」とし、述語を「P（＝predicate）」とする[13]。

(16)　N〔比喩〕P〔比喩〕＝全体で新たな比喩
(17)　N〔比喩〕P　　　　＝全体で新たな比喩
(18)　N　　　　P〔比喩〕＝全体で新たな比喩
(19)　N　　　　P　　　　＝全体で新たな比喩

用例をあげれば、以下のようである。

(16′)　顔が潰れる（＝世間に対する名誉を失う）
　　　顔を売る（＝世間に広く知られるようになる）
(17′)　顔を見せる（＝姿を見せる。人の家をたずねる。集会や会合に出席する）
　　　顔を出す（同上）
(18′)　顔を作る（＝顔に化粧をほどこす）
　　　顔を拵える（＝顔に化粧をほどこす）
(19′)　顔を振る（＝不承知である）
　　　顔を向ける（＝興味をひかれる）

(16)は、身体語そのものに比喩（暗喩もしくは換喩）があり、述語も比喩（暗喩）になっている慣用句である。(17)は、身体語は比喩になっているが、述語はそうではないもの。(18)は、身体語は比喩ではないが、述語が比喩であるもの。(19)は身体語も述語も比喩ではないものである。いずれの場合も「NP」全体で新しい意味が生じており、身体慣用句全体で、あることを喩え

る表現になっている。実際に用例を分類していくと、これら4種のどれに該当するか必ずしも分明ではない場合も数多くあるが、分類の典型としては、上記4種が考えられる。

4.4　比喩のありかた―「顔」を例に―

　では、「顔」を含んだ身体慣用句の比喩について分類してみよう。まず、「顔」という身体語そのものの比喩に注目してみる。すると、「顔」そのものに比喩がある慣用句（(16)(17)のタイプ）と「顔」そのものには比喩が認められない慣用句（(19)(20)のタイプ）とに分かれる。「顔」に比喩が認められるタイプは、以下のようにそれが暗喩であるものと、換喩であるものに分かれる。(20)は、「顔」が、「社会的な信用や評判」「体面、面目、名誉」などの暗喩となっている例であり、これらの比喩はすでに語の意味に焼き付けられ、語義レベルで比喩義を派生している[14]。また、(21)は、「成員としての人。列座する予定の人。」を指し、顔という、人の一部をもって人全体を指す換喩となっている[15]。

(20)　〈暗喩〉

　　　顔が売れる　顔を売る

　　　顔が利く　　顔を利かす

　　　顔が立つ　　顔を立てる

　　　顔が潰れる　顔を潰す

　　　顔が汚れる　顔を汚す

　　　顔にかかわる

　　　顔を繋ぐ

　　　顔に泥を塗る

　　　顔が広い

　　　顔を向ける

(21)　〈換喩〉

　　　顔を貸す　顔を借りる

Ⅶ　談話論と日本語教育学

　　　　顔が揃う　顔を揃える
　　　　顔を出す
　　　　顔を見せる
　　　　顔を突き合わす
　　　　顔を連ねる
　　　　顔を合わせる

さて、「顔」自体には比喩が認められないタイプは以下のような慣用句である。

(22)　顔を拵える
　　　顔を作る（②顔に化粧をほどこす）
　　　顔を直す
(23)　顔に紅葉を散らす
　　　顔から火が出る
　　　顔が染まる　顔を染める
(24)　顔を膨らかす
(25)　顔で笑って心で泣く
(26)　顔に出す　顔に出る[16]
(27)　顔を振る（②不承知の意で頭を振る）

これらは、「顔」そのものには比喩が認められないが、身体慣用句の構造からみて、述語Ｐは、「顔」というＮを形容する連体修飾句に置換することが可能である。たとえば「顔を拵える」は「拵えた顔」に、「顔を作る」は「作った顔」とすることができる。こうした捉え方をすれば、「顔」とは、拵えたり、作ったりすることができるものであると日本語による文化は捉えていることが明らかになってくる。日本語における「顔」に関する概念メタファーのあり方が、このように抽出されることになるのである。

また、このように名詞を修飾する連体修飾構造に着目すると、概念メタファーは、「顔」に比喩が認められない身体慣用句のみならず、本論で対象とした現代日本語の身体慣用句資料すべてについて基本的には適用できる。つ

まりは、「顔」とは、売れたり、売ったりすることができるし、利いたり、利かせたり、貸したり、買ったり、揃ったり、揃えたりするものである、という理解が成立するのである[17]。

このほか、文法的比喩という観点からみれば、(22)は文法的比喩（一致しない形式）であり、それぞれ次のような一致する形式におきかえることができる。

(28) 顔を拵える（一致しない形式）
化粧で拵えた顔になる（一致する形式）
(29) 顔を作る（一致しない形式）
化粧で作った顔になる（一致する形式）
(30) 顔を直す（一致しない形式）
化粧を直した顔になる（一致する形式）

このように、身体慣用句は、形式の点と比喩のありかたの点から、多様で重層的な理解を要求していることが分かる。

5．おわりに

以上、比喩に関する認知言語学、機能主義文法からの研究をふりかえりながら、談話そのものが比喩の一つのタイプとして捉えられることをまず指摘した。記号的意味は、語彙、文法のレベルまでは、形式が有する意味のありかたという観点から記述が可能である。しかしながら、談話・文章のレベルになると、ハリデーが述べるように「言語という形で経験を解釈構築していることがそもそも比喩的な過程である」と考えざるをえなくなる。「この語はどのように用いられるか」ではなく、「この意味はどのように表現されるか」という問い方による記述が成立するレベルが談話・文章である。

しかしながら、言語表現は形式によって担われているため、言語学的には形式と意味のあり方を出来うる限り追究していくことが必要になる。形式と意味のあり方は、明示的に考察することが日本語教育への有効な応用に一番

近いありかたでもあろう。

本論では、上記をふまえ、「顔が潰れる」等の、身体語を含む現代日本語慣用句を対象に、形式と比喩的意味について考察した。N（身体語）とP（述語）の関係を整理すると、NにもPにも比喩が含まれる慣用句とそうではない慣用句に分類される。Nについては、暗喩、換喩の両者がみられた。述語の連体修飾句構造への転換に注目すると、Nに関する概念メタファーが得られることを明らかにした。また、文法的比喩が存在することも指摘した。

注
1) 談話や文章は、それを構成している様々な単位の形式と意味のあり方によって組み上げられているのであるが、テキストという階層それ自体の意味のレベルをも有しており、談話や文章の理解は、最終的にテキストそれ自体の意味の理解をもって成立する。
2) 『国語学大辞典』（国語学会編、1980年、東京堂出版）の「比喩」の項（市川孝執筆）より。
3) レイコフ＆ジョンソン（1986）として日本語訳が出版された。以後引用はこちらによる。
4) 以後、日本語訳によるハリデー（2001）から示す。
5) ハリデーは、文法的比喩を、観念構成的比喩と対人的比喩に分ける。以下に引用した用例は、観念構成的比喩の例である。
6) 構造主義においては、形式がまずあり、しかるのちに、その形式の意味を考えていく。まさに「この語はどのように用いられるか」を考えるのである。そうした考え方からみれば、ハリデーの言語観は理解を超えるか、あるいは極力排すべき手続きに手を染めているとしか受け取られないかもしれない。しかし、談話レベルの意味事象を考察する上では、ハリデーの提唱する考え方を受け入れずに有効な説明をすることが難しい場合がある。談話論は、構造主義的な考え方とは異なるモデルを必要としている。
7) 『国語学大辞典』（国語学会編、1980年、東京堂出版）の「比喩」の項（市川孝執筆）より。
8) 比喩には、直喩（simile）暗喩または隠喩（metaphor）、換喩（metonymy）、提喩（synecdoch）等があるとされている。直喩は、「～のようだ」等の明示的な表現を用いて、あるものを別のものに喩える表現である。（例「りんごのような頬」）暗喩または隠喩は、明示的な形式を用いずに、あるものを別のも

のに喩える表現である。（例「あなたは僕の太陽だ」）換喩は、それと近い関係にあるものによってそれを指し示す表現であり、近接性を利用した比喩表現である。（例「グラスを飲み干す」）提喩は、近接性の中でも「全体・部分」関係を利用した比喩である。（例「ご飯にする」）なお、提喩と換喩を区別することはきわめて困難な場合がある。

9) テキストbのもつβですら、それに別の手段で再表現することはそもそも厳密にいえば不可能なのである。要約や、言い換えなどで、（不完全ではないが）せいぜい部分的に再現することしかできない。
10) 日韓対照研究については、林（2003）に詳しい。
11) 「あいた口がふさがらない」「むだ足をふむ」など、慣用句の途中に身体語が位置するものもあるが、比較的に数は少ない。形式と意味の関係を明瞭にするため、上述の形式をもつ身体慣用句に限定した。
12) 『日本国語大辞典』による。本論は、意味分析を論点とはしないため、語釈は、『日本国語大辞典』を借りて進めておく。
13) なお、資料中には、「N P」のほかに、ごく少数の例として「N N P」「N P N P」という形式の慣用句もあった。
14) 『日本国語大辞典』における「顔」の語釈参照。
15) 注14と同様。
16) 「顔に出す」「顔に出る」は、それぞれ「顔に感情を出す」「顔に感情を出す」の謂いである。
17) 「売る、利く、貸す、買う」等の述語にも比喩的派生がみられる。

参考文献

池上嘉彦（1982）『ことばの詩学』岩波書店
林 八龍（イム・パルヨン）（2002）『日・韓両国語の慣用的表現の対照研究—身体語彙慣用句を中心として—』明治書院
沖 裕子（1999）「チャレンジ・コーナー」『月刊言語』第28巻第2号　大修館書店　[本書V、第3章、第4章として収録]
金水 敏・今仁生美（2000）『意味と文脈』岩波書店
国広哲弥（1997）『理想の国語辞典』大修館書店
国立国語研究所（1977）『比喩表現の理論と分類』秀英出版
谷口一美（2003）『認知意味論の新展開　メタファーとメトニミー』研究社
辻 幸夫（2002）「メタファーの基本用語」『月刊言語』第31巻第8号　大修館書店
濱野清志（2002）「心理臨床におけるメタファーの活用」『月刊言語』第31巻第

8号　大修館書店

ハリデー，M. A. K 著／山口登・筧寿雄訳（2001）『機能文法概説―ハリデー理論への誘い』くろしお出版（原典：Halliday, M. A. K 1994 *An Introduction to Functional Grammar* Edward Arnold (Publishers) Limited）

町　博光（2000）「対照方言語彙論の展開」『方言語彙論の方法』和泉書院

町　博光（2002a）「方言の語彙と比喩」北原保雄監修／江端義夫編『朝倉日本語講座10　方言』朝倉書店

町　博光（2002b）「中日韓三国語における『目』の表現の対照研究」大連外国語学院日本文化研究中心編『日本文化研究』第2集

宮地　裕（1982）『慣用句の意味と用法』明治書院

宮地　裕（1974a）「「成句」の分類」『語文』大阪大学（宮地1999所収）

宮地　裕（1974b）「成句の用法―「成句」の二三の用法について」『文学・語学』74（宮地1999所収）

宮地　裕（1977）「慣用句と連語成句」『日本語教育』33（宮地1999所収）

宮地　裕（1984a）「動詞慣用句」『日本語教育』47（宮地1999所収）

宮地　裕（1984b）「基本語彙・慣用句・複合語」『日本語学』明治書院（宮地1999所収）

宮地　裕（1985）「慣用句の周辺―連語・ことわざ・複合語―」『日本語学』明治書院（宮地1999所収）

宮地　裕（1988）「日本語基本慣用句二〇〇句」『奥村三雄教授退官記念　国語学論叢』（宮地1999所収）

宮地　裕（1999）『敬語・慣用句表現論―現代語の文法と表現の研究（二）―』明治書院

レイコフ，G. & ジョンソン，M. 著／渡部昇一他訳（1986）『レトリックと人生』大修館書店（原典：George Lakoff and Mark Johnson 1980 *Metaphors We Live By* The University of Chicago）

山梨正明（1988）『比喩と理解』東京大学出版会

〔付記〕　本論は、2003（平成15）年4月から翌2004（平成16）年3月にかけて開講した「現代日本語学演習Ⅰ」（信州大学人文学部文化コミュニケーション学科）、「日本語研究ゼミ」（信州大学高等教育システムセンター）、「日本語論」（信州大学大学院人文科学研究科）で、それぞれ講じた内容をもとにまとめたものである。

第3章　言語運用からみた敬語

1．はじめに

　応用社会言語学は、日本語教育・国語教育や、人工知能と情報処理など、複数の領域を含んでいる。ここでは、特に日本語教育への応用に焦点をあてて述べたい。

　言語体系としての敬語は、明治期以来、研究の蓄積を増してきた。それに対して、運用からみた敬語研究は少なく、「運用」自体の定義も未整理である。

　本論では、これまでの敬語研究を「地域方言と敬語運用」「社会構造と敬語運用」「言語体系と敬語運用」に大きくわけ、ごくおおまかにそれぞれの研究の成果をまとめたい。そして、日本語教育への応用をめざすには、それらを包括しつつ、新たに「談話と敬語運用」の研究が必要であることを述べる。

　なお、「敬語」は、狭義には待遇表現のうち上向き関係に基づく特定の表現形式をいうが、広義にはいわゆる「待遇表現」を指すとされる。「待遇表現」は、辻村敏樹氏によって次のように簡潔に定義されている。

> 言語表現を行うに当たって、表現主体が、自分自身・表現の相手・話題の人物のそれぞれの間に、上下親疎など、どのような関係があるかを認定し、それを表現形式の上に反映させること、また、その表現。
>
> 　　　　　（佐藤喜代治編『国語学研究事典』明治書院、1997年、195頁）

ここでは両者の区別が特に必要な場合以外は、待遇表現も含めて「敬語」としておく。

Ⅶ 談話論と日本語教育学

2．地域方言と敬語運用

　日本語は、さまざまな地域差を含んでいる。
　加藤（1973）が、「お読みになる」「読みます」などの敬語的変異の全国分布を言語地図にまとめている［本書288-289頁に引用掲載］が、それによると、全国はいわゆる無敬語地域と有敬語地域とに分けられる。無敬語地域とは、終助詞と命令・依頼表現以外には、敬語の枠がゼロの地域である。福島（会津を除く）から静岡にかけての太平洋側と紀伊半島南部、伊豆諸島のうち八丈島を除いた島々などが該当する。
　ただし、実際の発話ではイントネーションも敬語の役割を果しており、宮城・山形から茨城・栃木にかけての無アクセント地帯では、ぞんざいな発話に頭高・中高の起伏がめだつのに対して、丁寧な表現を意図すると平板的なイントネーションになる、と指摘されている。
　言語体系はそれぞれに自律的であるから、特に敬語のように、システム全体にからみ、要素自体にも差がある現象をとりあげて地図化することは難しい。あることを表現するのに、助動詞を用いたり、終助詞で表現したり、またはイントネーションのような超分節単位を用いる地域があることなどは、それをよく示している。
　また、全国比較が難しいのは、どんな形式でそれを表現するかという違いもさることながら、その形式をどのように使用するかに違いがみられるからである。
　無敬語地域は除き、西日本では、外の人に身内のことを話す場合にも尊敬表現を用いる「身内尊敬用法」がみられる。また、近畿の一部では、言及する第三者がその場にいる時といない時で使用の可否が分かれる「ヤル」のような形式の存在も指摘される。また、京都にみられる「豆」を「お豆さん」と言い、猫に対しても敬語形式を用いるなどは、形式は東京語と同様でも使用ルールが異なっている例と考えられる（楳垣編1962参照）。

こうした使用ルールを「運用」と呼ぶならば、日本語は異なる敬語運用のしくみを有する方言からなっていることがわかる。

3．社会構造と敬語運用

3.1 社会構造の変化と敬語運用

　敬語の使用の仕方が社会構造に由来することを明らかにした主要な研究業績のひとつに、国立国語研究所（1986）がある。執筆者は、渡辺友左、杉戸清樹、望月重信、真田信治の各氏。

　対象地点は、北秋田郡上小阿仁村下五反沢集落である。同地は、昭和21（1946）年に、社会学者の磯田進氏が村落構造とそれにからんだ住民相互の敬語行動の標準の調査をしている。渡辺友左氏他は、その約40年後に比較調査を実施した。昭和21年当時の「近代社会」と、戦後民主化を経た昭和58（1983）年前後の「現代社会」が、社会構造と言語行動の点でどのように変化したかを比較するのが目的である。下五反沢集落82戸のうち、小林マキ63戸から20戸を選びだし、面接調査を行っている。マキとはマケの形で東日本に広く分布する、同族を意味する俚言である。

　当該集落は、昭和21年当時、本家・別家の関係による序列があり、両家の間には緊密な行き来がみられた。また、家格によって目上・目下が決まり、使用しうる呼称・言及語が定まっていた。たとえば、／オドサン・オガサン／と呼ばれるのは総本家の夫妻である。／オド・オガ／／ドド・ガガ／／テデ・アバ／と呼ばれる家格の家もそれぞれ決まっており、これが崩されることはなかった。

　ところが昭和58年になると、社会構造が変化することによって言語行動の標準にも変化が起こった。農村社会の基本的な性格である〈親〉の関係がくずれ、都市化社会の特徴である〈疎〉の社会へと移行した。言語生活では、日常緊密な行き来のあった本家と別家の人々が、ふだんことばをかわす機会も極端に少なくなっていた。民主化によって家格から自由になり、相互の年

齢の上下が新しい敬語運用の基準にとってかわった。こうした変化の進行と同時に、使用語形も／トウサン・カアサン／となり、新しい基準に新しい語が使用されていることが明らかになったのである。

この調査より12年早く、昭和46（1971）年に、真田信治氏が越中五箇山郷における敬語行動の調査を行っている。同地では、昭和56（1981）年にも、渡辺友左・真田信治・杉戸清樹氏による経年調査が行われ、国立国語研究所（1986）にその成果が収められている。両調査の比較は、真田（1990）にも詳しい。

越中五箇山郷では、下五反沢と同様伝統的な家格基準による敬語の使い分けが崩壊していくさまに加えて、絶対敬語から相対敬語へと、言語そのものに内在する使用規則体系が変化していることが明らかにされた。また、変化に伴う敬語の新形受容に関して、属性差が関与することも指摘されている。性別や年齢だけではなく出身地、所属する家、職業、人柄といった話し手の属性が敬語運用に深くかかわる点が実証されたのである。なおまた、国立国語研究所（1983）の愛知県岡崎市昭和47（1972）年調査も、話者の属性や社会的態度との相関を丹念に実証していて興味深い。

これらの研究が明らかにしたことは何かというと、第1に、現実の社会構造が要請する基準にしたがって敬語が運用されていることである。そして、第2に、たとえ同一方言の集団であっても、社会階層によって使用する敬語形式が異なり、また個人によっても差異がみられることである。

3.2　社会方言と敬語運用

同一の方言集団に属する社会集団で、言語形式が同一でも運用のあり方が異なることを示したのは、柴田監修（1980）である。札幌という大都市における敬語を調査し、言語体系には差がないという前提で場面の捉え方の差を数量化した。性別、年齢や居住形態で「場面（相手）の丁寧さ」の捉え方が異なることを示している。たとえば、女性のほうが男性よりも丁寧なことばづかいをするが、近所づきあいにおいては男女差がみられない、などの結果

が出ている。これを、女性は男性よりも場面を丁寧なものとして把握するが、近所づきあい場面では、男女の場面把握が近づく、と捉えるのである。

　言語行動の違いに支えられた場面把握をここでのように運用と考えれば、同一の言語共同体に、運用様式の異なる集団が含まれることになる。ただ、都市においては、言語体系の均一を前提としてよいかどうか異論もあろう。

　一方、大都市のような異なる属性の人々の集まりではなく、比較的均質なネイティブ集団である村社会においても同様の現象があることを示したのは、大島他（1980）である。執筆者は、加藤和夫氏と沖。敬語形式が豊富な八丈島方言を例に、同一集落の高年層と中年層で、同一語形を使用する相手の範囲にずれがみられることを実証している。

　たとえば、「どこへ行くのか」の「行く」の部分について、三根集落の高年層では、使用語彙に関して／オジャリヤロー・オジャロー・イキータソー・イキヤロー・イコー／という待遇的変異形を持ち、中年層では、／オジャリヤロー・オジャロー・イコー／という変異形を持つ。その中で「オジャロー」という語形をとりあげると、高年層は上位者に使用しているが、中年層では、対等の相手に使用している。

　待遇価値の下落の現象に関してはしばしば指摘されるところであるが、村落という閉じた社会で述部形式の敬語にこのような運用の差異が生じていることが明確にされた点は興味深い。なお、都市と農村の異なりを体系と運用の点から論じ、柴田監修（1980）、大島他（1980）に影響を与えた論に、三石（1977）がある。

4．言語体系と敬語運用

4.1　体系と運用との関係の整理

　文法論と社会言語学の両者に目を配りながら、敬語使用のモデルを立てたのは南（1974）であった。また、敬語の言語的記述をめざすことを基本としながら、その運用のしくみにも言及したのは、菊地（1994）である。これら

の論が生まれるには、辻村(1967)、大石(1975)はいうまでもなく、敬語体系に関する膨大な先行研究があった。それらの流れについては、北原(1978)、『敬語講座』などの記述に譲りたい。

ここでは、菊地(1994)をとりあげて、敬語の言語体系としての自律的な性格と、それを使用することとが、どのような関係で捉えられているかをみたい。

菊地(1994)は、敬語を〈語形〉〈機能〉〈適用〉の三つの観点からとらえるとした。たとえば、次のような例文では、〈語形〉〈機能〉は誤っていないが〈適用〉に関して誤りがあると考えればよいことを示したのである。

(1) 主人は今日パリにお発ちになります。

「お発ちになる」という〈語形〉は誤りではなく、また、この〈語形〉が主語である「主人」を高める〈機能〉を持っていることも知った上で、〈適用〉レベルにみられる標準的な日本語の社会言語学的なルールである(2)を破っているとみなすのである。

(2) 他人に対して話す場合、話手側の人物(身内)のことを上位者として高めてはいけない。

敬語論の研究史上、敬語とは語彙的事実か文法的事実かという論争があった。また、敬語は、相手と場面の中で形式が選択されていくため、社会言語学的な事実でもあることを明確にしたのは、林四郎と南不二男が編集した『敬語講座』であった。

こうした論点に対して、〈語形〉〈機能〉〈適用〉のレベルを区別することで、敬語は語彙論的事実であり文法論的事実でもあること、また、場面との関連で社会言語学的な運用ルールのレベルが関与することが、指摘された。敬語が複合的なレベルにまたがる現象であること、また〈適用〉のレベルも言語体系の適切な使用において欠くことができないことも、菊地(1994)において的確に整理されている。

言語使用の適切性にかかわるのであれば、〈適用〉は言語に内在する規則、すなわち「意味」であると考えなければならない。ただし、(2)でいえば、

誰が「話し手側の人物（身内）」に当たるかは、言語外の社会のあり方を知らなければ特定できない。たとえば、同じ会社に属する人も「身内」として扱うことなどは、日本社会に関する知識がなければわからない。こうした広義の文脈に依存するところの性格によって、〈適用〉のレベルは運用の領域にまたがるのである。ここでの「運用」は、語用論に結実する。

4.2　敬語の意味の構造と要素選択に関する条件

また、菊地（1994）は、言語外的（社会的・心理的）諸ファクターと、《待遇的意味》の区別をつけている。

待遇表現それ自体の《待遇的意味》は次の6種に集約できるとした。

(3)　①《上下》

②《丁寧←→ぞんざい・乱暴》

③《改まり←→くだけ／粗野／尊大》

④《上品←→卑俗》

⑤《好悪》

⑥《恩恵の授受》

また、これらとは別に、以下のような言語外的（社会的・心理的）諸ファクターを、待遇表現選択までのプロセスにかかわるものとして設けた。

(4)　使い分けに関係する諸ファクター…言語外的（社会・心理的）ファクター

・社会的ファクター

　　A　場および話題

　　　① その場の構成者

　　　② 場面の性質など

　　　③ 話題

　　B　人間関係

　　　① 上下の関係

　　　② 立場の関係

③ 親疎の関係
④ 内／外の関係
・心理的ファクター
A　待遇意図
① ごく一般的な待遇意図
②「恩恵」の捉え方
③ 親疎の距離のとり方
④「内／外」の捉え方
⑤ その他、特殊な待遇意図
⑥ 待遇意図が働く以前の心理状態で述べる場合
B　さらに背景的なファクター
C　表現技術・伝達効果の観点からの考慮

そして、待遇表現それ自体の《待遇的意味》としては、(3)のどれか、あるいはその組み合わせであるとし、待遇表現選択上のプロセスで関与する言語外的（社会的・心理的）ファクターと言語表現それ自体の意味とを区別して捉えることが重要であることを主張している。つまりは、言語体系における意味の問題と、使用・運用のレベルにおける語用の分別が主張されたのである。

5．談話と敬語運用

これまでのところをふりかえると、次のようなことが明らかになった。
(1) 日本語は、敬語体系と運用双方に地域差がある変種を有する。
(2) 敬語の運用は、社会構造と密接な関係がある。
(3) 一つの言語社会に、異なる敬語運用規則を使用する個人もしくは下位集団が含まれている。
(4) 言語体系の研究において、敬語の意味と語用は区別される。

(1)から(3)は、使用者や社会の側から敬語運用をみた結果であり、(4)は、

言語体系と運用との関係の考察から引き出された結論である。さて、これまでの研究に共通する特徴は、言語と運用の関係をスタティック（静的）に記述している点にある。実際の言語運用は、時間軸に沿った動的なものである。だとすると、それが実現される典型である会話、談話は、話し手・聞き手という使用者と社会的・心理的な要因が関与しつつ、どのような運用の規則にしたがいながら、言語が有する自律的な規則を利用して実現されていくか。それこそが記述説明されなければならないだろう。

すでにみたように、複数の属性をもつ人々から成立している社会では、規範や生成システムが一つではないことがわかっている。特に都市では、同じ言語を使用しているかのようにみえても、運用のルールには、それぞれの母方言が干渉していることも考えられる。

さらに、談話におけるスピーチレベル・シフトをどう扱うかという問題もある。時間軸を有した発話の中で、敬語を用いながらきめこまかく相手との距離調節を発話者相互が行っているさまに関する研究は、まだこれからの領域である。コードスウィッチングというコード全体の切り替えによって談話全体が変換する、というものとは別のモデルが必要であろう。

こうしたルールの解明は、外国語教授法の基礎を作るためにも必須である。言語理論の改変が新たな教授法を生むからである。

何らかの応用がめざされるにあたっては、その基礎となる研究が充実して成果が蓄積されていなければならない。逆に、応用的な分野で得られた知見が新たな視点を基礎研究にもたらす方向性もまたある。日本語教育と言語研究との関係でいえば、応用分野からの知見は、必然的に日本語の記述それ自体の見直しという形をとる。この領域においては、基礎研究と応用研究を截然と分かつことは困難で、結果的に両者は重なりをもつ。特に今述べてきた「言語運用における敬語」の研究には、よくこのことがあてはまるであろう。

6. 日本語教育に役立てるために

　敬語の研究が応用社会言語学の領域をなすためには、上述のような観点からの基礎研究がまず成されることが先決であろう。しかし、日本語教育学の視点からは、学習者がどのような点に困難を覚えるかを明確にしていくことで、これらの観点を修正する提言も行われようし、外国語としての日本語という観点から、敬語を記述する新たな視点も得られる可能性があることと思う。

　日本語教育が「標準日本語」の使用を奨励するものではあっても、実際の言語使用は、使用者が身をおく社会の規範の在り方や、現実の人々の社会習慣、心理的習慣にしたがって、ことばが選ばれていく。したがって、日本という土壌の中で生まれた敬語の言語体系だけを習得しても、現実にそれが使用される際、母文化の規範の在り方によって運用にノイズが生じ、体系と運用を含めたことば全体が変質して新たな中間言語を形成する可能性をはらんでいる。運用における敬語の研究には、こうした日本語習得と使用の実際を研究する立場からの発言が待たれているのである。

参考文献
井出祥子・荻野綱男・川崎晶子・生田少子（1986）『日本人とアメリカ人の敬語行動』南雲堂
井上史雄（1999）『敬語はこわくない――最新用例と基礎知識』講談社現代新書
楳垣　実編（1962）『近畿方言の総合的研究』三省堂
大石初太郎（1975）『敬語』筑摩書房
大島一郎他（1980）『八丈島方言の研究』東京都立大学国語学研究室
加藤正信（1973）「全国方言の敬語概観」林四郎・南不二男編『敬語講座6　現代の敬語』明治書院
北原保雄編（1978）『論集日本語研究9　敬語』有精堂出版
菊地康人（1994）『敬語』角川書店（講談社学術文庫に再録）
国立国語研究所（1957）『敬語と敬語意識』国立国語研究所

国立国語研究所（1981）『国立国語研究所報告 70-1　大都市の言語生活　分析編』三省堂
国立国語研究所（1982）『国立国語研究所報告 73　企業の中の敬語』三省堂
国立国語研究所（1983）『国立国語研究所報告 77　敬語と敬語意識——岡崎における 20 年前との比較』三省堂
国立国語研究所（1984）『国立国語研究所報告 80　言語行動における日独比較』三省堂
国立国語研究所（1986）『国立国語研究所報告 86　社会変化と敬語行動の標準』秀英出版
真田信治（1990）『地域言語の社会言語学的研究』和泉書院
柴田　武編（1979）『都市化と敬語』東京大学文学部言語学研究室
柴田　武監修／荻野綱男・藤田克彦・尾崎秩子・御園生保子編著（1980）『都市の敬語の社会言語学的研究——昭和 53 年度札幌における敬語調査報告（第 1 部第 2 部）』文部省特定研究「言語」総括班
辻村敏樹（1967）『現代の敬語』共文社
林　四郎・南　不二男編（1973-74）『敬語講座』全 10 巻　明治書院
藤原与一（1978）『方言敬語法の研究　正篇』春陽堂書店
藤原与一（1979）『方言敬語法の研究　続篇』春陽堂書店
方言研究ゼミナール幹事会編（1997）『方言資料叢刊第 7 巻　方言の待遇表現』方言研究ゼミナール
三石泰子（1977）「待遇表現としての文の地理的分布——長野県飯山市・新潟県新井市地方の場合」『国語学』第 109 集
南　不二男（1974）『現代日本語の構造』大修館書店

第4章　日本語教育学と日本語教育
——学の対象を整理する——

1. はじめに

　一般に、学の対象である物や事柄の定義を行うことは、いかなる学問においても出発点となる。また、研究の結果、定義の見直しを行うことは学の最終目標ともなる。そうした意味で、日本語教育学とは何かを明示的に説明することが、日本語教育学にとっての出発点になろう。

　日本語教授法を包括的に記述した木村（1982）に続いて、川瀬（2001）、縫部（1999）、縫部（2001）、ネウストプニー（1995）などの充実した概論書や展望的研究書が最近相次いで刊行された。このことは、まだ若い研究領域である日本語教育学にとってその進展を示す喜ばしい出来事であるといえる。しかしながら、いずれの文献をひもといても、先の問への説明が不十分であるように感じられるのは何故であろうか。

　これらの文献には、新しい日本語教育のために従来の日本語教育観を脱して質的な転換をとげるべきであるという主張（ネウストプニー1995）や、新しい教育パラダイムへの転換を促す主張（縫部2001）も含まれている。にもかかわらず学の対象説明へとつながらないのは、私見によれば、日本語教育という名称のくびきに繋がれて、考えるべき対象をあまりにも狭く限定してしまい、現実の日本語教育がよって立つ現象世界そのものへの視座を欠くことに原因があるように思われる。

　ネウストプニー（1995）が述べるように日本語教育観をさらに広い見地から立て直す必要があるのであれば、日本語教育という名称にとらわれずに日本語教育学という学問領域を一度自由に展望する必要があるだろう。そこで、

第4章　日本語教育学と日本語教育

日本語教育学という学の輪郭と課題を素描してみることを本論の目的としたい。また、研究領域の外延を整理するとともに、日本語教育学と狭義の日本語教育との関係についても考えてみたい。

2．日本語教育学と日本語教育の定義

2.1　従来の考え方

斎藤他（1982：3-4）は、『日本語教育事典』の総説に「日本語教育は、言語教育の一領域であって、日本語の学習を指導し援助する活動である」と記している。日本語教育を、言語教育の一領域として、また、学習の一つとして捉えていることが分かる。また、以下のようにも述べられている。

> 日本語教育は、他の教育と同様、学習者、教師及び教育機関、教材、学習・指導及びその環境から成り立つが、その教育の行われる場所は、国内、国外に広くわたっている。

さらに、『日本語教育事典』と同じ1982年に刊行された木村宗男氏『日本語教授法』の第1章は、「専門教育としての日本語教育」と「非専門教育としての日本語教育」に様態分類することから始まっていて、日本語教育の定義そのものは自明のことと考えてか、みあたらない。

それに対して、ネウストプニー氏の同じく1982年に刊行された『新しい日本語教育のために』は、上掲書とは大きく異なっている。新しい日本語教育は手段としてのコミュニケーション能力を育てるものであるとし、最終的にインターアクション能力を育てることが日本語教育の目的に掲げられている。ネウストプニー（1982）の考える日本語教育の範囲は、「言語能力」「社会言語能力」のみならず「社会文化能力」にわたり、従来みられた言語の教育という考え方から一歩踏み出すものとなっている。このように、日本語教育の定義には、目的や位置づけをめぐって考えの相違がみられるのである。

Ⅶ　談話論と日本語教育学

2.2　日本語教育学の対象と日本語教育

　日本語教育とは何かに答える前に、日本語教育学とは何を対象とする研究領域なのかを考察することから始めよう。結論から述べれば、論者は、日本語教育学の対象を、「第二言語または外国語としての日本語を習得する営み及びそれに関係する諸事象」であると考え、また、「第二言語または外国語としての日本語を習得する営み」を「日本語習得行動」として捉えたいと思う。このことは、社会言語学的言語観に立脚しており、日本語習得行動という言語行動として捉えることによって、他の言語行動とのつながりや、言語をとりまく社会的な要因をも包括する視点を形成することが可能になると考えるものである。また、それによって、「第二言語または外国語としての日本語を習得する営み」自体を研究するだけではなく、「それに関係する諸事象」も扱う視点ともなりうる。こう考えるとき、狭義の日本語教育という教育活動は、日本語教育学の扱う一つの様態としての位置づけを与えられることになる。

2.3　第二言語と外国語

　ここで、第二言語と外国語の区別について少し言及しておきたい。

　川瀬（2001）は、日本語教育を言語教育活動の一領域であると考える立場をとり、「第二言語教育としての日本語教育」と述べている。第二言語教育と対比されるのは外国語教育であるが、川瀬（2001：13）では、第二言語教育を広く学習者の母語以外の言語習得を援助し指導するすべての活動と広く定義し、両者に区別があることを認めながらも外国語教育をこの中に含めて考える立場をとっている。

　それに対して縫部（1999：7）は、入国児童生徒の日本語教育を扱うにあたって、これらの区別を次のように平明に説明している。

　　「第2言語」というのは、目標言語（学習する対象となる言語、ここでは日本語）が生活のために使われている言語環境にある場合のことを指し、入国児童生徒が日本で日本語を学習するのは第2言語として学習す

るケースが普通だということになる。「外国語」というのは、学校教育のカリキュラムにおける1教科として学習するだけの対象となっている目標言語のことを言う。

しかしながら、縫部（2001）では外国語教育という術語に両者を含めて使用している。したがって、両者の区別を意識してはいるものの、その区別の重要性に対しては大きな注意が払われていないことが知られる。

それに対して、本論では、両者の区別は重要であると考える。より厳密にいえば、まず、第二言語と外国語の区別が重要であると考える。そして、両者の言語としての違いを認めた上で、「第二言語の教育や自然習得」、「外国語の教育や独学での学習」など、すべての習得行動を広く日本語教育学の対象として扱おうとする立場に立つものである。以下、内包についての記述は少し脇におき、できるだけ外延を明らかにすることに重点をおきながら、学の対象整理を行ってみたい。

3．日本語習得行動を構成する四要素

3.1　静態と動態

日本語習得行動は、それを構成する要素と、それを組み合わせた複合的で動的な行動自体から観察することができる。日本語習得行動を構成する要素として、論者は、「習得主体」「習得様態」「習得支援者」「習得日本語」の四つを考える。以下、まず、これら四要素について述べていこう。

3.2　習得主体

習得主体とは、日本語を習得する主体である。日本語習得行動は、集団の行動としても、個人の行動としても観察される。前者の点でいえば、習得主体の属する社会の状況によって習得行動は大きく左右される。社会の状況とは、日本語が中学校から学校教育の外国語科目として習得可能な国とそうでない国の違いは大きいというようなこと、また、習得主体の母語が何である

かによって、日本語習得行動に対して影響がみられること、などがその一例である。後者については、習得主体がどの発達段階にあるかという問題や、習得目的、意欲、能力、環境など、個別の事情が関与することを指している。しかしながら、様々な個人の習得を観察、研究することで習得行動の一般化は行われていくであろう。

3.3 習得様態

習得様態はさらに、(1)目的、(2)習得形態、(3)言語環境（場所）という三つの観点から分類される。

目的としては、(1)趣味としての習得、(2)外国語としての習得、(3)第二言語としての習得に大別される。

様態としては、(1)独学、(2)塾等での学習、(3)教室活動を中心にした学校教育、(4)自然習得等に分類される。

言語環境として働く大きな要因は場所である。日本語の場合でいえば、(1)日本国内か(2)国外か、で二分される。前者は、実際に日本語が生きて使用されている場であるのに対して後者はそうではない。両者は言語資源のあり方の点で大きく異なるのである。ただし、一世移民集団からの習得のような場合は国外であっても言語資源は国内に近い場合があるし、戦前の日本語普及の現場でいわゆる「外地」と呼ばれる場所はまた別に考察しなければならないであろう[1]。習得様態については、こうした要素の組み合わせで考察することができよう。いずれにしても、日本語習得行動が引き起こされる社会的背景に目を向けなければ、習得様態は考察できない。

3.4 習得支援者

習得支援者は、習得様態と対応している。独学では習得支援者は存在しない。塾等での学習では、習得支援者は専門家ではない場合がある。教室活動を中心にした学校教育では、習得支援者は専門家であるか、専門家であることを求められる。一方、自然習得の場合には、習得支援者がある場合もない

場合もある。習得主体に対して直接的に支援するのではなくとも、習得主体にとって文化や行動一般の役割規範（ロールモデル）となる人がいる場合、習得主体との関係からみれば、巧まずしてその人が習得支援者となっている場合がある。なお、自然習得のしくみはまだ未解明な点が多い。

3.5 習得日本語

習得日本語は、「中間言語」という概念で捉えられることがある。中間言語とは、学習者の誤用がいずれの母語話者であってもよく似た姿を経ることから、完全に学習される手前の段階の言語が形成される、という考え方から出発している。それは言語の普遍性に立脚した発想でもあろう。しかし、一方で、習得日本語には母語の影響や干渉があることもまた否定されてはいない。言語の個別性に注目すると、習得のそうした側面が浮かび上がるのである。

習得の動態を観察する立場をとれば、習得日本語は、狭義の習得段階と、使用段階との点から2種に大別できる。すなわち、(1) 外国語としての日本語、と (2) 第二言語としての日本語、である。実際に使用されるかどうかという点で、外国語としての日本語と、第二言語としての日本語には大きな隔たりが見られる。

外国語としての日本語は、習得段階、使用段階のいずれにおいても、日本語が生きて実際に使用される環境とは切り離されている。それに対して、第二言語としての日本語は、習得段階、使用段階の少なくとも一方において、日本語が生きて実際に使用される環境と密接な関係を保っている。

なお、習得段階とは習得が進行している段階、使用段階とは一往の言語的習得が終了し実際使用に入った段階を指して用いる。習得日本語は、表現したい事柄を何とか日本語で表現できる段階から、なぜその事柄を述べるかという談話の表現意図までも自由に日本語で伝達できる段階まで、様々な様態がある。また、習得段階が終了したのち実際使用段階に入る場合もあるが、木村（1982）が指摘しているように、実際使用段階に入りながら習得段階も

継続させる併設学習をとる場合もある。

なお、習得される日本語とは何かを問わずして、日本語習得行動を語ることはできない。そこで習得日本語については次節でいささか詳しく論じておきたい。

4．日本語習得行動という動態

4.1 習得日本語と言語共同体

日本語習得行動は、習得日本語を得るためのものである。その意味で、四要素のうち、習得主体、習得様態、習得支援者の在り方は、習得日本語を得ることにつながる行動である。換言すれば、習得日本語の姿は、習得主体、習得様態、習得支援者の関与の仕方によって左右される。

習得日本語には、大別して以下の2種があると考える。

(1) 日本語の変種を構成する習得日本語
(2) 日本語の変種を構成するに至らない習得日本語

変種の存在は、それを使用し生み出す言語共同体（スピーチ・コミュニティ）の存在とともにある。習得段階・使用段階のいずれかにおいて何らかの言語共同体での習得または使用が行われている場合には、その言語共同体の一員として周囲からの働きかけを受け、その変種を習得することになる。これが(1)の場合である。こうして習得または使用されている日本語は、習得主体にとって第二言語としての日本語である。第二言語としての日本語は、言語共同体の働きかけを受けて習得、使用されることからいえば、日本語の地域的、社会的変種と無縁ではないと考えられるのである。なお、こうした考え方を明確に示した研究は、管見ではまだ見当たらない。

一方、習得段階、使用段階のいずれにおいても、そうした言語共同体とは無縁に習得行動があった場合には、(2)となる。習得、使用のいずれにおいても言語共同体を基本的に欠いている場合が(2)である。この場合の習得日本語は、第二言語ではなく、外国語学習の成果としての習得日本語にとどま

る。

4.2 変種生成過程からみた第二言語習得

以上のように考えることで、第二言語習得は、日本語の変種生成過程として再考することができる。習得主体の母語（母方言）を母体とし、習得、使用の場となる言語共同体の言語の特徴が加わった習得日本語変種が生成される図式が最も一般的であろう。たとえば、韓国ソウル方言話者が日本に留学して大学生として使用している日本語は、ソウル方言という内側からの干渉と、当該学生集団という外側からの干渉を受けた日本語変種が形成されている可能性を推測することができる。また、そこには、教育言語としての日本語も関与していることだろう。体系的教育の結果習得されたものであるとしたら、目には見えないが、その日本語はかなりの程度その体系性を反映した日本語となっているだろう。自然習得のみで、あるいは、外国語学科目としての学習で習得された日本語であれば、それなりの体系や姿をした日本語であると考えられる。

4.3 日本語習得行動が生まれる社会的文脈

日本語習得行動が生まれる社会的文脈は、外国語学習のみが許される時代から、歴史的・地域的・社会的・政策的な状況を背景にして異文化・異言語接触が強制、半強制、選択的に第二言語習得に結びつく時代まで、多様である。日本語の分布からみて、日本で生活する機会がなければ、大半は外国語習得に終わる。

一方、第二言語習得には、次のような例がある。たとえば、近代以前には、スペインやポルトガルの宣教師たちが、キリスト教布教活動のために行った日本語習得行動がある。

戦前には、国家政策の下、満州（当時）に大量の日本人が移住した際に、現地の人々のあいだで自然習得によりピジン化した習得日本語が見られたことなどは、金田一（1957）等に指摘されている。また、戦前日本国家の教育

Ⅶ 談話論と日本語教育学

政策のもと、台湾を始めとして学校教育の中で日本語普及が行われており、その様相は今日の日本語教育史研究において知ることができる。

戦後、特に1980年代以降、留学、結婚による血縁の形成、日本との地縁による就労等を背景として、国際化社会の中で占める日本のあり方の変化とともに、日本に住んで生活を営む外国人の増加がみられる。そうした人々の存在によって、国内外での日本語習得行動は多様な様相をみせている。日本語習得行動を研究する際には、社会的文脈もマクロな視点として欠くことができない。

5．日本語教育とは何か

5.1　習得支援者と習得様態

日本国内で行われることの多い第二言語習得の場合、最終目標は実際使用にある。「実際使用」という術語はネウストプニー（1995）のものであり、実際の場面で使用することを指している。本論では、もう一歩踏み込んで、実際使用を、特定の言語共同体の一員として、日本語を用いて相互関係を調整しつつ自己実現していくこと、と述べておきたい。こうした実際使用を達成するためには、その言語共同体の一員として適合的に行動できる能力を身につけなければならないといえるだろう。

そのための日本語習得行動には、教室学習による習得行動を行う場合と、独学を含んだ自然習得にまかされる場合とに分類される。前者については、学校制度の中で行う場合とそうではない場合（私塾、ボランティア教室等）とに分かれる。

習得支援者や習得様態からみて、母語教育の場合とは教育事情が異なる。学習準備状況や発達段階が類似の習得主体によって教室を構成できることは、日本語学校や大学の留学生センターのような恵まれたところにあってもむしろ稀である。また、初等・中等教育における年少者日本語教育では、取り出し学級が形成されるのは恵まれた場合である。また、取り出し学級が形成さ

れたとしても、そこでは文部科学省の学習指導要領に即した教科学習を教育目標としているため、第二言語としての日本語を育てる日本語教育に専念できる教育内容（シラバス）の実現は困難であることも多い[2]。また、必ずしも母語教育の専門家が第二言語教育の専門家であるともいえない。

5.2　狭義の日本語教育とは何か

　狭義の日本語教育とは、習得主体の特性を勘案して作成された明確な教育計画（コース・デザイン）のもとに、組織された専門家である習得支援者によって行われる、系統的学習を含んだ日本語教育である。日本国内の日本語学校や大学の留学生センターなどで行っている学習様態が、第二言語習得を目的とした狭義の日本語教育の典型例である。定住外国人のための日本語支援にはこうした狭義の日本語教育が必要であるが、そうした日本語教育が成立していないのがボランティア教室などの実態である。なお、必要かどうかという議論と、実態がどうであるかという議論を混同してはならないであろう。

　また、国外における狭義の日本語教育は、一般に外国語習得に傾きがちになる。なお、初等・中等教育においては、各国における教育政策の下に実現される教科教育であり、実態としては外国語習得の一種になろう。

　ここでは、第二言語習得を目的とした日本語教育について中心に述べていきたい。第二言語習得を目的とした日本語教育では、最終目標は日本語の実際使用にある。つまりは、その言語共同体の一員として適合的に行動できる能力を身につけることにあるといえよう。そうした最終目標を達成するために、習得支援者である日本語教師（複数であることも多い）は、習得主体の特性と習得日本語の姿をよく把握し、習得様態を勘案しながら、教育計画（コース・デザイン）をたてる。多くの場合、習得主体が習得にかけられる時間は限られており、設備や支援者の人的制限もある。こうした状況のもとで行われる第二言語習得のための狭義の日本語教育は、以下のような特徴を有している。

(1) 特定の目的を定めて行う言語教育である。
(2) 実際使用のための入門教育であり、橋渡し教育である。
(3) 日本語とともに形成される社会・文化的人格、認識構造、感情を育てる学習である。
(4) 特定の言語共同体の一員として、日本語を用いて相互関係を調整しつつ自己実現していく力を育てることが必要とされる学習である。

(1)(2)は日本語教育の様態、(3)(4)は日本語教育の目的に関わってくる。日本語教育が目的への手段であること((1)と(2))は、縫部(1999:7)が入国児童生徒日本語教育に即して明確に述べており、またネウストプニー(1995)にも述べられていることは先にもふれた通りである。(4)の調整という概念は、縫部(1999:6)にも述べられている。

(1)(2)において、(3)(4)の目的が明確に認識される場合とされない場合が生じやすいことには留意する必要がある。(1)や(2)では、目的的で橋渡し的に日本語教育を捉えることで、言語を道具視する言語観に傾きやすい傾向がある。それに対して(3)は言語を道具視する言語観とは対極にある。

また、言語の性格として(3)の側面を有していることは事実であるが(宮岡1996参照)、それは母語である第一言語としての基本的性格であり、習得された第二言語において(3)がどこまで目的とされ、また、仮に習得主体が望んだとしてもどこまでが可能であるかということについては、たいへん多くの研究があるものの明確な結論はみていないといえるかと思う。

いずれにしても、日本語教師がどのような言語観を持つかで、教育内容や習得日本語に異なりが生じる可能性がある。

5.3　習得日本語研究の重要性

前節(1)から(4)をふまえれば、習得日本語がどのようなものであるかの研究は、今後ますます重要になってくる。それを知らなければ、教育計画において、目的を定めることができないことにもなってくるからである。

まず、第二言語教育の場合、日本語という言語それ自体のみではなく、日

本語とともにある文化・社会に対する知識や、日本語とともに表現される身体的行動様式や心理的様態も、習得日本語と関連させて考えることが重要である。繰り返しになるが、実際使用のためには、その言語共同体の一員として自己実現できる能力を身につける必要があるからであり、最終的に適切な日本語による行動がとれなければ不十分な言語行動にしかならないからである。

　さらに、習得日本語は可変的で、成長しつづけることにも留意する必要がある。日本語教育は基本的に橋渡し教育であるが、学校での日本語教育が終わったあとも習得主体は学習を続ける。特に成人の場合、習得段階が済まなければ実際使用段階に入れないとすることは苦痛が大きいとして、木村(1982)のように時には両者の併設学習を提唱する立場もある。この場合、系統的教室学習と実際使用による自然習得とが並行して進むことになるので、日本語教師には、習得主体において成長し続ける日本語の姿を正確に捉える能力と、それを前提として適切な学習支援を進展させる能力とがより一層要求される。日本語教育において、こうした可変的で成長する習得日本語の様態を認識するためも、習得日本語の研究が重要となるのである。

　また、第二言語としての日本語は、目には見えないが、母語として獲得され発達してきた日本語とはかなりの程度異なった姿をしている。そこで、前節(4)の達成のためには、母語教育と同じ教育方法では十全な効果をあげ得ないことを認識する必要がある。年少者日本語教育を例にあげれば、母語話者であれば豊富にもっている暗黙知である文化的知識（地名等の固有名詞の情報や、その文化に育った者なら誰でも持っている知識、食事の食べ方やそのときに使用する物、順序、価値観、美意識等々）の支えがないため、母語話者集団が多勢を占める教室での習得には、困難が生じる場合がある[3]。また、母語話者集団がもっている学習ストラテジー自体が文化（学校文化、学習文化）であり、目に見えない暗黙知の領域である。それを前提に学習が進められると、その暗黙知を探り当てること自体が困難点の一つとなり、外国籍児童生徒にとっては苦労する点になる。また、母語話者児童生徒が持って

いる当該文化の実現母体である家庭環境の支えがないことも、入国児童生徒の言語文化学習を困難にしている大きな要因である[4]。

5.4 母語教育と第二言語教育との相関

先のように述べたからといって、母語教育と第二言語教育とがまったく乖離してよいということにはならない。両者には共通点も多いのである。

母語教育である国語教育は、識字教育から出発する認識言語の育成が中心となっている。国語教育は、母語話者に対する教育ではあるが、獲得（acquisition）ではなく習得（learning）の領域に入るものである。その点で、第二言語が習得であることと相通するのである。

ところで、平成14年2月22日文部科学大臣諮問に答える、文化審議会国語分科会「これからの時代に求められる国語力について―審議経過の概要―」においては、「国語の果たす役割と国語の重要性」について、①個人にとっての国語、②社会全体にとっての国語、③社会変化への対応と国語、という3点に整理して検討している。①に次のような記述がみられるので、引用したい[5]。

　ア）コミュニケーション能力の基盤を成す

　　言葉や文字などによって、意思や感情などを伝え合う「コミュニケーション」を成立させるということは、最も基本的な国語の役割である。その意味で、国語は個人が社会の中で生きていく上に欠くことのできない役割を担っている。

　　コミュニケーションの基本は、相手の人格や考え方を尊重する態度と言葉による「伝え合い」であり、国語の運用能力がその根幹となっている。また、言葉によって多様な人間関係を構築することのできる「人間関係形成能力」や目的と場に応じて「効果的に発表・提示する能力」は、現在の社会生活の中で最も求められている能力の一つであるが、これらの根幹にあるのもコミュニケーション能力であり、国語の力である。（下線論者）

第4章　日本語教育学と日本語教育

　これをみると、先にあげた第二言語習得としての日本語教育の目標である(4)と共通する点があることに気づく。(4)を再掲する。

　　(4)　特定の言語共同体の一員として、日本語を用いて相互関係を調整し
　　　　つつ自己実現していく力を育てることが必要とされる学習である。

なお、育成すべき言語能力の点で認識能力とともにコミュニケーション能力が国語教育でも明確に打ち出されてきていることは、平成12年12月14日に告示され平成14年度から完全実施されることになった新学習指導要領自体にもうかがえる。

　ここでは、言語教育の目的という点で、母語教育である国語教育の教育内容が、現代という時代的要請の中で、第二言語教育のそれと近づいてきていることに注意を促したい。従来は母語話者に対する「国語教育」と外国人に対する「日本語教育」とは分けて認識されることが多かったが、ともに「言語教育／日本語の教育」として、習得言語について考えていくことが現代社会では求められており、それらを包括する視点として、日本語教育学の研究が進み深化発展していくことを望むものである。

6．おわりに

　以上述べてきたことを、簡単にまとめよう。本論は、日本語教育学の対象を「第二言語や外国語としての日本語を習得する営み及びそれに関連する諸事象」であると考える。また、「第二言語や外国語としての日本語を習得する営み」を「日本語習得行動」と捉えることで、他の言語行動とのつながりや言語をとりまく社会的要因等も包括する視点となることを主張した。日本語習得行動は、習得主体、習得様態、習得支援者、習得日本語の四要素から構成され、それらの複合的動態として日本語習得行動を観察、研究することができることを整理してきた。狭義の日本語教育は、日本語習得行動の一種として位置づけられる。従来は、日本語教師が教室において学習者を指導する姿を日本語教育と捉えてきたが、四要素に分解することによって行動の参

加者、場、産出言語というそれぞれの視点が構築され、それらの視点を複合して習得行動を捉えることが可能になる。社会的、個人的状況が習得行動を生み出していることも欠かせない視点である。

　日本語習得行動という視点を立てる場合、生きて言語共同体の内で使用される第二言語と、教科学習の特徴を持つ外国語とは、言語の姿として相違することをまず認識することが重要であることも述べた。その相違を認識することによって、第二言語習得においては、習得日本語の変種としての姿を時間的経過も含めて記述することが研究上必要となることが知られるのである。習得日本語の研究が、今後の日本語教育の質を左右することになることも指摘した。

　以上、学の外延についての粗い素描を試みたが、今後は、個別の課題を整理して解明に向かいたい。

注
1) 二世が親世代から日本語を得る場合には、習得よりも獲得として区別する必要があろう。
2) 実態として未就学児童の問題もある。
3) 住原（2001）は、アンソニー・ギデンズを引いて、知識には言語化できる言説的知識と、言語化しがたい実践的知識の別があることに注意を促している。
4) 入国児童生徒にとって義務教育が支障なく受けられるということは、日本語教育だけでなく、教科学習や適応教育も含んでいる、と縫部（1999：7）は述べている。学習ストラテジー自体が文化であることについては、山本清隆氏談に示唆を受けた。
5) http://www.mext.go.jp/b-menu/shingi/indes.htm より

参考文献
井上史雄（2001）『日本語は生き残れるか　経済言語学の視点から』PHP新書
沖　裕子（2001）「日本語教育学と方言学―学の樹立改変と談話研究への広がり―」『國文學』第46巻12号　學燈社　［本書Ⅶ、第5章として収録］
沖　裕子（2002）「日本語教員とは何か―戦後の日本語教員養成政策の観点から―」『信大日本語教育研究』第2号

沖　裕子（2003）「近隣社会の言語行動」『朝倉日本語講座9　言語行動』朝倉書店　［本書Ⅵ、第5章として収録］
水谷　修（2001）「日本語教育研究の基盤をどこに求めるか」『日本語教育』110号
川瀬生郎（2001）『日本語教育学序説』日本図書刊行会
木村宗男（1982）『日本語教授法―研究と実践―』凡人社
金田一春彦（1957）『日本語』岩波書店
斎藤修一・林　大・水谷　修（1982）「総説」日本語教育学会編『日本語教育事典』大修館書店
住原則也・箭内　匡・芹澤知広著（2001）『異文化の学びかた・描きかた―なぜ、どのように研究するのか―』世界思想社
縫部義憲（1999）『入国児童のための日本語教育』スリーエーネットワーク
縫部義憲（2001）『日本語教師のための外国語教育学―ホリスティック・アプローチとカリキュラム・デザイン―』風間書房
ネウストプニー,J.V.（1982）『外国人とのコミュニケーション』岩波書店
ネウストプニー,J.V.（1995）『新しい日本語教育のために』大修館書店
箕浦康子（1991）『子供の異文化体験』思索社
宮岡伯人（1996）「文化のしくみと言語のはたらき（第1章）」宮岡伯人編『言語人類学を学ぶ人のために』世界思想社

第5章　日本語教育学と方言学
――学の樹立改変と談話研究への広がり――

1．はじめに

　日本の方言は、地域に応じて異なることば、あるいは、共通語と対比される地域のことばとして研究されてきた。これまでの方言学の対象は、そこで生まれ育ったいわゆる生え抜きの人々である。しかしながら、21世紀を迎えた今日の社会において地域を構成するのは、そうした人々ばかりではない。方言学に、対象と方法の見直しは必要ないのであろうか。

　また、今日の国内外の言語状況をふまえて、日本語ということばの教育がなされる。言語教育学と方言学とは無縁な存在ではありえない。両者の関係はどのようにとらえたらよいであろうか。

　ここでは、国語教育についてはひとまず措き、外国語として日本語を教える日本語教育をとりあげ、日本語教育学の樹立を視野に入れて、方言学との関係を考えてみたい。

2．日本語教育学の提唱

　日本語教育学は、新しい学問である。1985年、大学に日本語教員養成課程の設置が認められてのち、日本語教育研究も本格的な船出を迎える。しかし、専門領域を名乗るのに「日本語教育」や「日本語教育研究」を用いることもまま見られるなど、活動と研究の境がはっきりしない状況が続いていることは、水谷（1999,2001）も言及している。学の形成途上にある現状が知られよう。

第5章　日本語教育学と方言学

　さて、「日本語教育」は活動を指す場合もあるので、本論では「日本語教育学」の名称を用い、学の性格を次のように規定してみたい。
　第1に、「日本語教育学」とは、外国語としての日本語に関する教育、習得活動等を対象とし、その現象やしくみを考察する基礎的な学問である。
　第2に、「日本語教育学」とは、外国語としての日本語に関する新しく効果的な教授法、習得法の開発をめざす、学際的な応用学である。
　なお、学を構築する際の重要な問題として、「日本語教育学」という名称自体についての議論ないしは注意が必要であることを次に指摘しておきたい。

3．日本語教育学という名称の功罪

　教室学習だけが日本語習得であるとは言い切れなくなったのが現代である。
　系統的教室学習は、明らかに教育という範疇にある。また、外国語学習において近年特に重視される様々なタイプの教室外学習[1]も、教育の範疇にあるといってもよいであろう。しかしながら、自然習得という活動様態を考慮に入れれば、これはもはや「教育」という範疇ではとらえきれない言語行動がそこに含まれてくることになる[2]。
　今日の言語状況の特徴は、自発的な日本語学習者が大量に出現していることにある。海外の学習者は210万人を超え、国内においても、大学や専門学校、高等学校、中学校、小学校、幼稚園、保育園で日本語を学ぶ学生、生徒、児童などをはじめとし、外国人労働者、難民、中国残留孤児、さらには企業等に属する外国人研修生、そして農村に多い外国人花嫁など日本社会のあらゆる層に日本語の学習者が存在するようになってきた、と水谷（2001）は記している。
　地方自治体やボランティアによる日本語教室は、「教室」という名称から教育活動を想像しがちであるが、実態は、行政サービスであったり日本語による地域定着支援活動が中心であることも多い。日本語教育という名称を使用している現状が、こうした支援活動の本質を誤って認識させ、無用な議論

495

をひきおこしている場合があると考える。また逆に、支援という考え方に引きずられ、本来必要とされる場で、教育の機能がかえって軽んじられる傾向もあるように思う。名称にとらわれず、日本語教育学の対象が現在は広範にわたっている点をふまえ、学の対象を誤りなく立てる必要がある。

多様な目的、多様な学習者、多様な習得の様態があること。さらに加えるとすれば、多様な日本語教員や支援者が存在すること[3]。このことは、日本語教育学において、日本語そのものの実態を誤りなく把握する重要性をますます強めている。それは、第1の目的だけではなく、第2の目的を遂行する上からも重要である。これについては後述する。

4. 方言学の対象

20世紀半ばまでの日本は生育地を離れずに生活する人々が比較的多く、また、農業を主体とした暮らしにおいては、字（あざ）が社会的集団としての機能も担ってきた。そこで方言地理学（言語地理学）は、字ごとに人々のことばが異なることを前提とし、方言学は、そこで生まれ育った、いわゆる生え抜きの人々を主な研究対象としてきた。さらにいえば、そうした人々が、家庭内やごく親しい友人とのくつろいだ場面で日常使用することばを扱ってきたのである。

日本方言学は、方言区画論から、構造主義的な記述言語学へ、さらに言語地理学を取り入れ、社会言語学へと方法論を発展させるとともに、方言の社会的な機能の追求も射程に入れてきたが、対象自体や枠組みに大きな変化はなかったといってもよい。

日本方言学が、地域語の学としてあり、地域に行われていることばの総体を対象とするならば、当然考えてもよい問題がいくつか手つかずのままになっていることに思いいたる。

5．方言学が扱ってこなかった地域語

　そのひとつは、教育言語の問題である。明治期以来の近代国家体制の中で、教育は言語普及計画の大きな柱であり、多くの人々が義務教育を終了している。獲得した母方言の上に学習言語を習得し、その総体が個人の母語を形成している。それが標準的な地域人の個人語の姿であるといってよいであろう。

　成人となり、地域において社会化の過程を経た生え抜きの人々が、家庭内や親しい友人とくつろいで話す場面にも、新聞の話題などをはじめとして、折々に「高級語彙」あるいは「文章語」などの語を織り交ぜて使用しているはずである。こうした言語生活を日本方言学はひとまず棚上げにし、基層方言の体系追求を優先させてきた。それによって大きな研究的成果をあげたことも事実であるが、あまりにも狭く地域語を限定したきらいがある。

　また、多くの生え抜きではない人々から構成される都市方言の実態については、研究が始まったばかりである。農村地域とても実は一様ではなく、他村から婚姻によってとついできた人々（多くは女性）は高い比率を占めている。そうした人々が次代の子供を育てながらどのように基層方言を変容させていったかという研究は手薄である。

　上記の課題は、成人の移動がひきおこす地域語の変容や個人の言語生活の問題である。それ以前に、言語形成期に親の職業事情などで複数の生育地を持つ子供たちの言語が、どのような体系をなすのかという研究もほとんどみられない。いわゆる「転勤族」の子供は多く、また、住宅事情の面からも言語形成期に複数の地域を経験する子供も現在は多い。個人の言語の基層を成す、母方言の形成そのものについて研究される必要があるといえよう（沖 2000a 参照）。

6.「気づかれにくい方言」という考え方

　これまで方言学が脇においてきた課題を考察の対象としていくためには、パラダイムの転換をはかることが必要である。そのひとつの鍵として「気づかれにくい方言」という視点をあげてみたいと思う。

　「気づかれにくい方言」は、共通語と形式が同じであるために意味・用法のずれが意識されず、話者には共通語として使用されている語や部分体系などを指す。(沖 1991, 1996 参照。) 文法的意味にもこうした現象が見られることは重要な点である。

　地域における共通語化の問題が、切実な研究対象であった時代が確かにあった。しかし、今は日本国内の共通語普及計画はひとつの段階をおえ、むしろ伝統文化としての方言保存の動きに入っている。こうした現代においては、普及した共通語が、いかに地域語に同化していくか、すなわち「共通語の方言化」というとらえ方が必要になる。「気づかれにくい方言」とは、そうしたモデルであることを、沖 (1999, 2001a) は述べている。

　今日の日本社会では、日本語（＝共通語）というものをひとつの重要な紐帯として個人は国家につながっていく。その日本語、また、日本語とともにある文化には、様々な地域差の実態がある。にもかかわらず、今日均一な社会で均一な共通語を話し、そして書いているという意識が広く認められる。この実態と意識のずれを示す視点が「気づかれにくい方言」である。

　このずれのあり方は、言語共同体を規定する際の鍵となる。まずは、実態と意識にずれがある様を両面にわたって誤りなく記述することが大切であろう。そうした仕事を、方言学、社会言語学、言語学、日本語学などいずれの名称で呼ぶかはさして重要ではない。日本語という個別言語を研究する学がとりくむべき課題に共通語と方言の問題があり、そしてそれは、「日本語とは何か」という問に答えを与える鍵となることが大事な点である。

7．日本語教育学と方言学

　習得すべき日本語とは何か。それは、日本語教育学の基本的問いのひとつであろう。多様な目的、多様な学習者、多様な習得の様態、そして多様な教師や支援者がある現在、「標準日本語」であるという答えではもはや不十分である。仮にそうであるとしても、では「標準日本語」とは何かという議論が必要になる。

　基礎学としての日本語教育学は、日本語を習得する活動のしくみについて包括的に明らかにすることが目的である。この場合の日本語とは、日本語という言語体系を示すだけではなく、日本語を用いた言語行動、また、日本語を用いた言語行動を規定する制度・物・心理にわたる日本文化を含んでいる。そして、習得の対象となるそれらの実態は、社会的、個人的な多様性を含んでいる。いずれかの時点で来日し、実際使用を目的とする学習者の増加によって、学ぶべき日本語・日本文化とは何かという問はより切実になっている。地域差、個人差のある事実に基礎をおかずして習得の側面を十分に明らかにすることはできない。また、日本語教育学の第2の目的である教授法、習得法の開発もまた、そうした実態の把握なしにはできないのである。

　方言学が共通語と方言という観点から今日の言語状況のとらえなおしをはかるとき、この問いに答えを与える有力な鍵を握ることになる。それとともに、書きことばや方言化する共通語、多様な背景をもった個人をも含めて研究対象をとらえ直すことで、地域に生きる外国人の日本語習得の問題も、地域言語の動的実態として必然的に研究対象に組み入れられていく。また、第2言語としての日本語は、地域性なしには存在しえない母語との対照でとらえられることにもなるのである[4]。

8. 談話研究を要として

　日本語習得の最終的な目標は、日本語による言語コミュニケーション能力の習得であって、単なるコミュニケーション能力の習得ではない、とすべきであろう。そのために、日本語教育学と方言学、もしくは広く言語学が提携するとすれば、談話や言語行動の研究が、喫緊の課題としてあげられる。談話や言語行動は、音声、語彙、文法、談話単位のレベル間の連携を、社会的な相互行為の中で実現していくものである。言語学は、いまこれらを包括的に扱える手立てを得たといえる段階にきており、その成果を十二分に理解しながら、日本語教育学の応用的側面の開発に慎重に役立てることが肝要であろう。心理学や教育学の基礎理論の応用で生まれた教授法もあるが、根幹を成す教授法は言語理論の進展とともに開発されてきた歴史がある。日本語についての十全な理解と研究なしに教授法、習得法の開発はありえないことを、再認識したい。

　また、日本語教育学の基礎学としての側面は、今みてきたように、言語学自体の枠組みのとらえなおしを迫る方向性をもっている。言語問題の解明は、いつのまにか日本の言語研究から忘れられた格好になっているが[5]、日本語教育学も日本語学も、現実にいまある言語問題の解決をはかるためになくてはならない学問体系である。基礎学としての日本語教育学が、言語学によい影響を及ぼすことを期待したい。

　ただし、いずれにしても長い時間がかかることを覚悟しなくてはならないであろう。拙速は何よりも避け、基礎研究の花を咲かせながら、慎重に進むことを考えたいのである。

注
1)　実際使用場面を得る教室外のイマーション教育や学習者主体の自律的学習もここに含めてよいと考える。

第5章　日本語教育学と方言学

2) 外国語としての言語教育に長い歴史をもつ英語世界においても、pedagogy（言語教育）から、English as a Second Language（第二言語としての英語）に名称を移してきている流れがある。自然習得研究についての展望は、沖（2000b）日本語教育の項参照。
3) 日本語教員は、現在免許制度にはなっていない。大学だけではなく、日本語学校でも養成される。地域の支援活動では、専門的な知識も問われないことがある。
4) 第二言語として習得使用される日本語を、日本語の地域的変種としてとらえるか否かは難しい問題である。習得言語と母語、また、生活語などの異同が明らかになるまで結論は保留したい。
5) 『国語学』第1集発刊の辞（昭和23年）には、編集方針の大綱として国語問題、国語行政に関する論説をとりあげることが記されている。

参考文献

沖　裕子（1991）「気づかれにくい方言—アスペクト形式「しかける」の意味とその東西差」『日本方言研究会第53回研究発表会発表原稿集』

沖　裕子（1996）「アスペクト形式「しかける・しておく」の意味の東西差—気づかれにくい方言について—」『日本語研究諸領域の視点　上巻』明治書院

沖　裕子（1999）「気がつきにくい方言」『日本語学　臨時増刊号　地域方言と社会方言』第18巻第13号　明治書院

沖　裕子（2000a）「転勤族の子供の語彙形成」『20世紀フィールド言語学の軌跡』変異理論研究会

沖　裕子（2000b）「展望：言語生活」『国語学』第51巻2号

沖　裕子（2001a）「生き残る気づかれにくい方言」『月刊言語』第30巻第1号　大修館書店

沖　裕子（2001b）「談話の最小単位と文字化の方法」『人文科学論集〈文化コミュニケーション学科編〉』第35号　信州大学人文学部紀要　［本書I、第1章として収録］

木村宗男（1982）『日本語教授法—研究と実践—』凡人社

木村宗男他編（1989）『日本語教授法』桜楓社

徳川宗賢・真田信治編（1991）『新・方言学を学ぶ人のために』世界思想社

西原鈴子（1997）「学会展望：国内：国内の研究・研修活動」『日本語教育』第94号

日本語教育のための試験の改善に関する調査研究協力者会議（2001）「日本語教育のための試験の改善について—日本語能力試験・日本語教育能力検定試験

を中心として—」
ネウストプニー，J. V.（1995）『新しい日本語教育のために』大修館書店
文化庁（2000）「今後の地域日本語学習支援者の在り方を考える」（平成12年度日本語教育大会記録、文化庁ホームページ）
水谷　修（1999）「日本語教育研究の未来」『日本語教育』第100号
水谷　修（2001）「日本語教育研究の基盤をどこに求めるか」『日本語教育』第110号
宮崎里司・ネウストプニー，J. V.（1999）『日本語教育と日本語学習—学習ストラテジー論にむけて—』くろしお出版

〔付記〕　本研究の一部は、日本学術振興会科学研究費補助金基盤研究(C)(2)（課題番号12610429）の成果である。

初出一覧

　本書の各章と原著論文（すべて単著）との関係を、加筆部分に関する注記とともに以下に記す。注記のないものについては、発表当時の原著論文を尊重している。ただし、それらに対して主として次のような点は統一的に手を加えてある。

　◇明らかな誤字脱字、明らかな誤読を招く表現については修正した。
　◇縦書の原著論文については横書に改め、それによって西暦の漢数字をアラビア数字にし、「右記、左記」等の表現を「上記、下記」等に改めた。
　◇原著論文にあったキーワードについては、省略に従った。要旨は、これを残した。
　◇下記の原著論文を引用している箇所については、本書中における位置づけを示すため、[　]内に部と章を記し、補った。

序
　　　「日本語談話論の輪郭」
　　　◇書き下ろし

I　談話の結節法

第1章　「談話の最小単位と文字化の方法」
　　　『人文科学論集〈文化コミュニケーション学科編〉』第35号
　　　信州大学人文学部紀要　pp.55-72
　　　2001年3月
　　　◇第2節の一部に加筆
第2章　「同時結節のしくみと東京方言談話」
　　　日本語文法学会『日本語文法』第4巻第1号　くろしお出版
　　　　pp.93-110
　　　2004年3月

初出一覧

第3章 「談話は文によって構成されるか
　　　　　―談話実現単位における同時結節の観点から―」
　　　　◇書き下ろし

Ⅱ　接続詞の意味・用法と談話展開機能

第1章 「逆接について」
　　　　『国語学会平成11年度春季大会要旨集』国語学会　pp.84-91
　　　　1999年5月
　　　　◇章題を「接続詞は何を結ぶか」に改め加筆した未発表論文
第2章 「チャレンジコーナー」
　　　　『月刊言語』第27巻第9号、同第27巻第10号　大修館書店
　　　　　　pp.122-127，pp.122-127
　　　　1998年9月，1998年10月
　　　　◇章題を「談話における形と意味のありかたについて―逆接表現の
　　　　　考察から―」に改め、デス・マス体をダ・デアル体にし、加筆
第3章 「接続詞「しかし」の意味・用法」
　　　　『日本語研究』第15号　東京都立大学国語学研究室　pp.21-30
　　　　1995年2月
　補説　「チャレンジコーナー」
　　　　『月刊言語』第27巻第10号　大修館書店　pp.122-127
　　　　1998年10月
　　　　◇上記から当該部分を抜き出し、デス・マス体からダ・デアル体に
　　　　　整形し、加筆
第4章 「対話型接続詞における省略の機構と逆接
　　　　　―「だって」と「なぜなら」「でも」―」
　　　　中條　修編『論集　言葉と教育』和泉書院　pp.97-111
　　　　1996年3月

第5章 「接続詞「あるいは」と「または」の意味について
　　　　―談話展開機能の獲得にふれて―」
　　　『人文科学論集〈文化コミュニケーション学科編〉』第32号
　　　信州大学人文学部紀要　pp.57-70
　　　1998年3月

第6章 「接続詞と接続助詞の「ところで」
　　　　―「転換」と「逆接」の関係性―」
　　　『日本語教育』98号　日本語教育学会　pp.37-48
　　　1998年10月
　　　◇注記を1箇所削除

第7章 「新用法からみた対話型接続詞「だって」の性格」
　　　『人文科学論集〈文化コミュニケーション学科編〉』第31号
　　　信州大学人文学部紀要　pp.119-127
　　　1997年3月

第8章 「特集 手のひらの言語学　日常言語をめぐる22の疑問に答える
　　　　「ていうか」」
　　　『月刊言語』第28巻第5号　大修館書店　pp.80-83
　　　1999年5月
　　　◇章題を「「ていうか」の用法の拡大」に改め、デス・マス体を
　　　　ダ・デアル体に整形し、加筆

Ⅲ　文体形成における語の役割

第1章 「動詞の文体的意味」
　　　『日本語学』第4巻第9号　明治書院　pp.110-124
　　　1985年9月

第2章 「「国語辞典」に収録された「方言」」
　　　『日本語論考』大島一郎教授退官記念論集刊行会
　　　桜楓社　pp.306-316

初出一覧

　　　　　1991年1月
　第3章　「人称代名詞と発話様式」
　　　　　『花園大学国文学論究』第18号　花園大学国文学会　pp.1-10
　　　　　1990年10月

Ⅳ　言語接触にみる共通語と方言の類型的文体形成

　第1章　「共通語と方言の接触―共通語使用の価値について―」
　　　　　『ことばの研究』第1号　長野県ことばの会　pp.1-10
　　　　　1980年9月
　　　　　◇注と参考文献の様式を本書に合わせて統一
　第2章　「共通語の規範的文体性と普及上の役割
　　　　　　　―「敬体本質性」について―」
　　　　　『都大論究』第18号　東京都立大学国語国文学会　pp.54-64
　　　　　1981年4月
　　　　　◇注と参考文献の様式を本書に合わせて統一
　第3章　「方言イメージの形成」
　　　　　『国文学』第63号　関西大学国文学会　pp.158-172
　　　　　1986年10月

Ⅴ　談話構造の地理的変種

　第1章　「談話型から見た喜びの表現―結婚のあいさつの地域差より―」
　　　　　『日本語学』第12巻第1号　明治書院　pp.44-52
　　　　　1993年1月
　第2章　「談話からみた東の方言／西の方言」
　　　　　『月刊言語』第22巻第9号　大修館書店　pp.44-51
　　　　　1993年9月
　第3章　「チャレンジコーナー」
　　　　　『月刊言語』第28巻第2号　大修館書店　pp.118-123

　　　　1999年2月
　　　　◇章題を「談話の型について」に改め、デス・マス体をダ・デアル
　　　　　体に整形し、加筆
第4章　「チャレンジコーナー」
　　　　『月刊言語』第28巻第2号　大修館書店　pp.118-123
　　　　1999年2月
　　　　◇章題を「談話の種類について」に改め、デス・マス体をダ・デア
　　　　　ル体に整形し、加筆

Ⅵ　言語行動における言語・心理・社会

第1章　「方言談話にみる謝罪的感謝表現の選択」
　　　　『日本語学』第12巻第12号　明治書院　pp.39-47
　　　　1993年11月
第2章　「方言談話にみる感謝表現の成立―発話受話行為の分析―」
　　　　『日本語学』第13巻第8号　明治書院　pp.28-37
　　　　1994年7月
第3章　「勧め的依頼表現について」
　　　　『日本語学』第14巻第11号　明治書院　pp.42-49
　　　　1995年10月
第4章　「八丈町末吉洞輪沢における待遇場面形成の要因」
　　　　『日本語研究』第3号　東京都立大学日本語研究会　pp.88-97
　　　　1980年10月
第5章　「近隣社会の言語行動」（第4章）
　　　　北原保雄監修・荻野綱男編『朝倉日本語講座9　言語行動』朝倉書店
　　　　　pp.68-88
　　　　2003年7月
　　　　◇節番号を本書に合わせて統一

初出一覧

Ⅶ　談話論と日本語教育学

第1章　「日本語教育と国語教育の接点―だ・である体の習得について―」
　　　　『人文科学論集』第29号
　　　　信州大学人文学部紀要　pp.131-144
　　　　1995年3月

第2章　「比喩の形式と意味―日本語教育のための基礎的研究―」
　　　　『信大日本語教育研究』第4号
　　　　信州大学人文学部日本語教育学研究室　pp.2-15
　　　　2004年3月

第3章　「言語運用からみた敬語」(第4章)
　　　　ロング,ダニエル・中井精一・宮治弘明編『応用社会言語学を学ぶ人のために』　世界思想社　pp.42-53
　　　　2001年10月
　　　　◇節番号を本書に合わせて統一

第4章　「日本語教育学と日本語教育―学の対象を整理する―」
　　　　『信大日本語教育研究』第3号
　　　　信州大学人文学部日本語教育学研究室　pp.59-70
　　　　2003年3月

第5章　「日本語教育学と方言学―学の樹立改変と談話研究への広がり―」
　　　　『國文學』第46巻第12号　學燈社　pp.88-93
　　　　2001年10月

索　引

あ

挨拶行動……………………………365
相手が共通語を話すのに合わせて共通
　語を使用する……………………273
相手と交流しながら話す………………6
相手にこちらのことばが通じないから
　共通語を使用する………………273
相手に対する待遇意識……………383
相手の意図に対する感情的抵抗……144
相手の言語文脈………………………76
相手の使用する言語………………271
相手の立場を尊重した表現………206
相手の話の確認………………………35
相手発話の取り込み方………………15
アクセント………………6,33,57,58
アクセント型…………………………57
アクセント結節………………………57
アクセント単位………47,56～58,61,77
アクセント単位とイントネーション単
　位の同時結節………………………55
アクセント単位と関係した上昇位置
　………………………………………57
アクセント段階観……………………32
アクセントと句の働きの本質を区別
　………………………………………57
アクセントとしての上昇位置………57
アクセントの上昇位置………………77
アクセントを破壊……………………57
字(あざ)………………………404,496
あとづけ………………………………36
新たな音調句の始まり………………55
新たな主題を導入する……………186

改まった場面………………………283
「改まった場面」での使用言語……276
「ありがとう」………………………349
「あるいは」…………………………154
暗黙知である文化的知識…………489
暗黙の前提………………97,123,136
暗喩………………450,460,461,464

い

言い直し………………………………35
イーミック……………………28,336
意義素…………………………95,154,155
息の切れ目……………………………35
池上嘉彦……………………………214,340
伊佐早(宮地)敦子……………………78
威信言語……………………………284
位相………………12,215,241,322,414
位相研究……………………………406
位相研究の見直しと拡大…………407
位相差は、あくまでも下位集団におけ
　る要素的な言語差であるとする言語
　観……………………………………414
位相論………………………………215
市川　孝……………………………96
一言語共同体の典型言語の総体……218
一言語の意味体系…………………218
一言語の総体………………………218
一語一機能説……………………98,99
一語化した「ところで」………176,177
一語が持つ複数の分布の連続性
　……………………………………172
一語談話…………………………74,86
一語としての意義素………………172

索　引

一語としてのまとまりをなす意味
　　……………………………… 102
一語として持つ意義素……………… 173
一語として持つ意味的性格………… 155
一語として持つ固有の意味………… 177
一語文……………………… 71,74,86
一次的近隣社会……… 403,413,419,423
一次的近隣社会の形成……………… 419
一次的近隣社会を形成する母体
　　……………………………… 420
一文の内に前件・後件があるもの
　　……………………………… 170
一文を超えた文と文の連接に関与する
　もの …………………………… 170
一方向的なラジオやテレビ………… 418
一回的………………………… 68,78,85
一回的、創造的に産出される……… 5
一回的に成される活動全体………… 12
一致しない形式……………………… 456
一致する形式………………………… 456
一致する談話………………………… 458
井手　至 ……………………………… 96
意図……………… 118,220,321,340
井上史雄……… 67,407,415,421,422
異文化・異言語接触………………… 485
異文化異言語………………………… 12
いま………………………………… 70,85
意味………………………………… 28,48
意味記述……………………………… 234
意味構造……………………………… 104
意味的単位体……………… 104,108,315
意味的単位体の層を支配する力…… 8
意味的な干渉………………………… 231
意味的な現象…………………… 14,95,99
意味と音声の両面のしくみ………… 55
意味と形式が一義的に対当するもので
　はない ………………………………15

意味内容……………………………… 5,6
意味内容に付随して発話主体が選択的
　に操作できる可変的な単位……… 56
意味内容の創出……………………… 4
意味内容を形式化し、実現していく過
　程 ……………………………… 8
意味のまとまり……………………… 44
意味のまとまりを音声的に表現する
　　……………………………… 76
意味のまとまりを形式化できる…… 37
意味付与行動………………………… 114
意味分野……………………………… 221
意味論…………………………… 96,97
意味論的反義………………………… 109
意味論的反義関係を読み込んで成立す
　る反義対 ……………………… 110
意味を汲み取る……………………… 114
依頼…………………………… 12,15
《依頼》………………………… 143,198
依頼形 ………………………… 372,373
依頼発話を受ける…………………… 374
依頼表現 ……………………… 371,372
医療…………………………………… 12
〈祝い〉……………………………… 316
因果関係の推論……………………… 100
因果関係の認識……………………… 184
印象の形成のされかた……………… 224
インターネット通信網……………… 404
イントネーション……… 6,21,24,25,32,
　　43,57,75,468
イントネーション結節………………57
イントネーション単位…… 34,44,47,
　　48,54,56,58,61,77
イントネーション単位である句…… 37
イントネーション単位の形成……… 57
イントネーション的単位…………… 33
隠在……………………… 146,147,150

索　引

陰在……………………………455,456
隠喩……………………………455,456

う

受け入れ方言の性質………………282
受け手の受容行為…………………366
受け手の能力…………………………69
受け止め方……………………………15
受ける会話の冒頭…………………206
頷き……………………………………6
宇野義方………………………………66
上野善道………………………33,37,56,77
運用………………………74,374,467,469,471
運用からみた敬語研究……………467
運用・使用上の経験的知識………110
運用のメカニズム…………………409
運用ルール…………………………472
運用論…………………………………10

え

エーコ,ウンベルト…………………69
エスノメソドロジー…………………67
エティック………………………28,336
婉曲語……………………………227,231

お

応用研究…………………………13,475
応用言語学……………………………12
応用社会言語学……………………467
鷹揚体………………………………281
応用談話論………………………12,14
大石初太郎…………………………472
大型辞典……………………………234
大きな単位…………………………113
大阪弁………………………………300
大阪弁イメージ………………290,296,305
大島一郎………………………397,471

オースティン,J.L.…………………361
「お気の毒な」系統…………………354
奥にかくれた主題…………………342
遅上り型………………………………57
尾上圭介………………………………71
音韻記号………………………………28
音韻的アクセント……………………56
音声………3,4,28,48,50,70,77,78,405
音声記号………………………………28
音声言語……………………………429
音声言語テキスト……………429,430
音声言語における「です・ます」体テキストと、文字言語における「だ・である体」テキストの表現様式の相違
………………………………………429
音声言語面の単位……………………21
音声情報………………………75,404,418
音声付映像資料…………………19,30
音声的形………………………………59
音声的結節……………………………61
音声的事象……………………………48
音声という形式面における最小単位
………………………………………84
音声と記号の不一致…………………50
音声と記号面の同時結節……………53
音声面と記号面が同時に進行………54
音声面と記号面の一致………………54
音声面と記号面の二面結節…………59
音声面における最小単位……………6
音声面における超分節的単位………6
音節……………………………………47
音素……………………………………47
音調型…………………………………56
音調句……6,47,51,54,55,57,58,61,65,77,84
音調句の始発……………………56,77
音調句の始発を示す上昇音調………55

511

索　引

音調単位……………………………34,43
音調的単位……………………………51
音調により形式化される単位………37

か

外延………………………………458
諧謔的……………………………254
外国語………………………450,483,492
外国語教授法……………………475
外国人留学生……………………404
外国人労働者……………………404
解釈…………………………6,108,160
解釈過程……………………………69
解釈的反義………………………109
解釈・見立て行動………………108
解釈や見立てという行為………111
階層……………………………14,47
階層差………………………………280
階層性………………………………7,52,78
「階層をなして結節される」という命題
　………………………………………53
外的性質…………15,218,222,224,225
概念メタファー……450,453,455,456,
　　462,464
会話…………………………………68
会話における省略………………141
会話分析……………………………3,67
「顔」………………………………461
顔つきのかすかな変化…………341
書きことば……4,19,178,342,417,420
書き言葉…………………………364,447
書き言葉テキスト………………430
書きことば標準語………………282
書き手………………………………130
書く…………………………………450
「カケ・カキナサイ・カイテ・カイテクダサイ・オカキクダサイ」……374

学際的な応用学…………………495
学習……………………………417,447
学習課題…………………………431
学習言語…………………………420
学習ストラテジー………………489
学習文化…………………………489
「確定」…………………………183
確定的……………………………185
獲得……………………………417,490
獲得した母方言の上に学習言語を習得し、その総体が個人の母語を形成している………………………………497
〈確認〉…………………………315
《確認》…………………………200
学の樹立改変……………………494
楽譜方式………………………31,44,79
楽譜方式表記……………………31
下降位置……………………………57
下降の有無とその位置……………56
家族………………………………393
家族か家族外か…………………384
型…………………………………313,334
かたさ……………………………220
語り手の視点……………………11,70
価値………………………………407
学区制……………………………419
学校集団…………………………419
学校文化…………………………489
「仮定」…………………………183
仮定的……………………………185
過程的な言語観……………………69
家庭電話…………………………404
加藤正信……………………285,333,468
可変的実現単位……………………86
可変的で成長する習得日本語の様態
　………………………………………489
紙と筆……………………………417

索　引

川上　蓁……32,37,43,47,48,51,54,
　55,61,62,77
考えながら話す………………………35
完結……………………………………15
漢語系………………………………224
漢語出自……………………………230
感謝………………11,15,349,356,358
感謝・詫び…………………………364
感謝表現………349,352～355,380
感謝表現が持つ「心情の表出」……366
感謝表現の成立……………………358
感謝表現の成立と不成立…………362
感情の共有…………………………417
感情表現の「東西差」………………331
完成度…………………………………35
〈感想〉…………………………………316
《感嘆》…………………………………73
感嘆文…………………………………72
換喩………450,455,456,460,461,464
《勧誘》…………………………143,192
慣用句…………………………450,451
慣用句の比喩………………………459
関連語句の反復………………………7
関連づけ……………………………182

き

聞き手……………11,250～253,255
聞き手が感謝と認める……………364
聞く…………………………………450
菊澤季生…………………………414,215
菊地康人………………………471,473
記号……………………………………50
記号的性質…………………………218
記号と音声の二面結節………………52
記号の同一性………………………113
記号面と音声面が一致する例………51
記号面と音声面が不一致である現象
　………………………………………51
記号面と音声面の二面結節…………47
記号面において談話全体の様式を統べ
　る超分節単位…………………………9
記号面における超分節的単位………6
記号面における同時結節……………86
記号面の超分節的単位………………10
記号面の同時結節……………………78
擬似譲歩文…………97,123,135,136
擬似的近隣社会……………………418
記述的型……………………………336
基層方言……………………………497
基礎学としての日本語教育学……499,
　500
帰属意識……………………………415
基礎研究………………13,475,500
基礎的学問…………………………495
期待…………………………………279
期待値が一致………………………365
北原保雄……………………………472
気づかれにくいテキスト型………337
気づかれにくい方言………199～201,
　332,498
機能……………………………273,340
機能主義文法……………450,453,463
機能的意味…………………………122
規範……………………………11,279,407
規範・信念・価値体系を共有し明確化
　するシステム……………………413
規範規則……………………………368
規範規則の一致……………………365
規範規則の発話受話者間での一致
　………………………………………367
規範性が弱い威信言語……………284
規範的……………………11,277,284
規範的型……………………………336
規範的な意識…………………………34

513

規範としての洗練……………………279
義務教育………………………………419
木村宗男………………………………478
きめ細かく切り換えられている……10
逆接……95,97〜99,102,105,112,120,
　　176
〈逆接〉接続詞………………………151
逆接の意味型を担う言語形式………113
逆接の文脈……………………………112
逆接は後景化…………………………185
逆接表現………………………108,115〜117
逆接表現型……………………………114,116
逆接表現の型…………………………117
九州弁…………………………294〜296,300
九州弁イメージ………………………290,305
旧用法…………………………………193
旧来型…………………………………205,206
教育………………………………12,496,497
教育計画(コース・デザイン)………487
教育言語…………………………12,485,497
教育内容(シラバス)…………………487
教育方法………………………………13
教科学習………………………………487
教授法、習得法の開発…………495,499,500
共振………………………………11,70,71,86
行政サービス…………………………495
強制力を持った社会的慣習として言語
　行動を支配する……………………365
業績的地位……………………………389
強調(intensity)………………………57
共通語……9,15,267,276,278,417,498
共通語化………………………332,406,416
共通語がていねいな表現として機能し
　ている………………………………271
共通語共同体…………………………416
共通語系の表現………………………270〜273
共通語語彙……………………234,239,241

共通語語彙に入りこんだ方言出自の語
　………………………………………241
共通語使用の意味……………………263
共通語使用の価値について…………261
共通語と方言が接触…………………15
共通語と方言の接触…………………261
共通語による一体感…………………420
共通語の規範的文体性………………276
共通語の習得・伝播…………………282
共通語の出現率………………………263,266
共通語の使用価値……………………273,274
共通語の常体の話しことばの習得
　………………………………………282
共通語の普及…………………………283
共通語の方言化………………………498
共通語文体……………………………283
共通語を使用したコミュニケーション
　様式…………………………………416
京都弁…………………………………294,300
京都弁イメージ………………………290,296,305
居住地の近接性………………………418
居住地の地理的な近接性……………404
居住地の地理的な近接性が言語的な近
　さの感覚と相関……………………422
《拒否》………………………………192
切出しの発話…………………………373
切れ目を感じさせない、長さ不定の言
　葉……………………………………32
近畿圏…………………………319,320,329
均質的汎用を求める動機……………418
金田一春彦……………………………341,485
近隣意識を支える……………………422
近隣社会………………………………12
近隣社会がどのように言語行動に影響
　を与えているか……………………403
近隣社会と言語行動のあり方………423
近隣社会に関する意識の変容………418

近隣社会の言語行動……………403
近隣諸国と協働するための言語行動
　………………………………403
途中に切れ目を感じさせない、長さ不
　定の言葉………………………34
待遇価値の高い表現として共通語を使
　用する…………………………273
日常の使用コードが共通語化している
　………………………………273

く

句……32,34,35,37,43,44,47,51,54,
　102,114,170
句以上のレベルにある比喩………458
空間………………………………70
空間的接続………………101,102,105
空間的な構造……………………104
句音調………………………36,51,56,77
久木田　恵………………………323
句切れ……………………………34
愚生………………………………247
具体的な単位……………………336
句頭………………………………57
句頭音調…………………………32
句頭に上昇音調を持つイントネーショ
　ン単位…………………………43
国広哲弥………………215,216,218
句の始まり………………………32
窪薗晴夫…………………………62
句末…………………………56,58
句末、文末の上昇調……………37
句末・文末の上昇音調…………55
句末音調…………………………59
句末卓立調………………………59
熊取谷哲夫………………357,361

け

経験………………………………342
経験的読者………………………69
敬語………………………226,468,472
傾向的な相違……………………395
敬語運用………………16,470,474
敬語運用規則……………………474
敬語運用のしくみ………………469
敬語化がきかない動詞…………231
敬語形式…………………………261
敬語体系と運用双方に地域差……474
形式………………………………373
形式が一定の意味を有する………8
形式的・要素的な変換…………433
形式と意味………………………450
形式と意味が対当する単位………5
形式と意味の対応………………454
形式と意味の結びつき…………117
形式と談話レベルの表現的意味が異な
　る現象…………………………380
形式に対当した意味的まとまり……8
形式が有する意味…………………7
敬体………………………………277,283
形態素……………………………7,47
形態素と語………………………47
携帯電話…………………………404
敬体本質性……………277,282～284
系統的学習………………………487
系統的教室学習…………………495
形容詞……………………………456
血縁………………………………404
結節………………………47～50,58,61
結節観……………………65,84,86
結節系列…………………………77
結節的言語観の修正……………53
結節的視点…………………………6

索　引

結節の同時性 …………… 47, 53, 54, 61
結節の二面性 ………… 47, 48, 50, 53, 61
結節法 ………………………… 14, 17
結節モデル …………………… 47, 48, 61
結束性 …………………… 5, 7, 69, 380
結束性に直接関与するしくみ ……… 8
言語以外の要素 ……………………… 97
言語外現実 …………………………… 6, 11
言語外現実が、共同体の言語そのもの
　の形成にどのように関与しているか
　……………………………………… 11
言語外現実が個人(私)の言語使用に影
　響を与え、個人(私)がどのように言
　語外現実に影響を与えていくのか
　……………………………………… 11
言語外的要因(文化的、社会的、心理
　的要因) …………………………… 306
言語外の情報伝達 ………………… 347
言語学 ……………………………… 108
言語学自体の枠組みのとらえなおし
　…………………………………… 500
言語学習上の困難点 ………………… 13
言語過程説 ………………………… 49
言語観 …… 4〜8, 11, 12, 37, 47, 48, 50,
　61, 213, 220, 405, 407, 488
言語観の転換 ……………………… 405
言語記号の果たす役割 …………… 424
言語教育 ………………… 12, 450, 451
言語教育学 ………………………… 494
言語教育に対して果たすべき言語研究
　の重要性と責務 …………………… 13
言語共同体 ………… 9, 11, 418, 422, 484
言語共同体の一員として適合的に行動
　できる能力 ……………… 486, 487
言語共同体の形成 ………………… 404
言語計画 …………… 11, 71, 86, 423
言語形式 ……………………………… 6

言語形式として表現されない意味を知
　る ………………………………… 117
言語形式への意味付与 …………… 114
言語行為理論 ………………………… 11
言語行動 …… 10, 12, 14, 66, 70, 74, 76,
　111, 219, 345, 368, 382, 396, 403,
　405〜407, 423, 480, 495, 500
言語行動がどのように近隣社会の形成
　に関与しているか ……………… 403
言語行動における言語・心理・社会
　……………………………………… 15
言語行動の質的転換 ……………… 418
言語行動を規定する制度・物・心理に
　わたる日本文化 ………………… 499
言語実態 ……………………………… 3
言語習得行動 ………………………… 12
言語使用 …………………… 97, 261, 306
言語使用の実際 …………………… 220
言語使用の適切性 ………………… 472
言語生活 …………………………… 497
言語政策 …………………… 416, 423
言語接触 ………………………… 15, 259
言語選択 ………… 271, 349, 363, 382, 396
言語選択期待 ……………… 363, 365
言語それ自体の文脈に依存し場面に対
　して閉じているような伝達形式
　…………………………………… 364
言語体系 …………………………… 407
言語体系自体が本来的に持っている性
　質 ………………………………… 277
言語体系と敬語運用 ……………… 471
言語体系としての敬語 …………… 467
言語体系における意味の問題と、使
　用・運用のレベルにおける語用の分
　別 ………………………………… 474
言語体系の研究 …………………… 405
言語地理学 ………………… 404, 496

516

言語的位相を形成する人々の集団
　………………………………405
言語的単位の諸関係…………………14
言語的知識……………………………111
言語的なしくみ………………………76
言語的要因……………………………306
言語では説明できないこと…………342
「言語という形で経験を解釈構築して
　いることがそもそも比喩的な過程で
　ある」………………………………457
言語と言語外現実……………………12
言語と言語外現実との関係…………14
言語と言語外現実の関係……………10
言語と社会の関係……………………407
言語内的事実…………………………98
言語内的諸単位の関係…………5,6,10
言語内の自律的な側面での適切性条件
　の記述………………………………355
言語に内在する自律的特徴……………5
「言語に表現されない部分をも含めて
　の言語行動」という観点…………348
言語の在り方…………………………415
言語の最大単位…………………………3
言語の自律的側面………………………5
言語の静態的側面、動態的側面の両方
　を視野に入れること………………405
言語の創造的使用……………………113
言語の体系自体がもつ性質…………279
言語媒体の充実………………………415
言語は音声と記号という二面において
　結節される…………………………76
言語普及計画…………………………497
言語文脈………………………6,70,74,85
言語文脈情報…………………………73
言語文脈や場面情報を参照しなければ
　得られない個別的意味……………74
言語モデル……………………………47

言語問題………………………………500
言語理解・表現の訓練………………447
言語理論…………………213,475,500
言語を過程としてとらえるみかた…49
言語を超えて伝達される………………5
言語を自立的な閉じた体系としてみる
　静的な言語観………………………405
顕在……………146,147,150,455,456
現実世界の物や事のあり方…………458
謙遜表現………………………………329
現代共通語……………………………37
現代共通日本語………………………120
現代社会………………………………403
現代社会における言語行動…………403
現代日本共通語……………………74,77
現代日本語……………………………155
現代日本語変種………………………14
現場指示…………………………443,444

こ

語………4,7,14,47,75,95,97,102,114
語彙……………………………………405
語以上の階層にある単位……………114
語彙体系………………………………409
語彙的意味……………………………182
語彙的事実……………………………472
語彙・文法境界等の意味事象と関係す
　る単位………………………………55
語彙レベルでの変異…………………313
語彙レベルの比喩……………………458
語彙論…………15,95,97,99,214,414
語彙論的事実…………………………98
行為型……………………………11,12,15
行為型と表現型のずれ………………11
広域の異なる方言に触れる場………420
行為と言語と認識……………………10
行為内容………………………………373

517

索 引

行為の継起性……………………184
行為の時間的な経過……………184
効果………………………………182
効果的な談話の産出……………450
高級語彙…………………………497
構造主義言語学…………… 49, 405
構造主義的言語観………………454
構造主義的な言語観………………8
構造主義的なテキスト分析……335
構造主義的分節観と表現的結節観の両視点を統合……………………14
構造主義的モデル…………………4
構造的型…………………………337
構造的特徴…………………………69
拘束性……………………………279
膠着語………………………………48
高度な書きことばの産出………450
広範な分布を持つ漁業語彙や学校用語、キャンパスことばのような位相が存在……………………………415
後方照応……………………………7
公立の小中学校…………………419
声…………………………………35
声の調子…………………………341
コード……………………………274
コードスウィッチング………… 9, 10
コードミキシング……………… 9, 10
コーパス…………………………372
語が関与する話種(テキストの種類・テキスト種)の変換………………9
小型辞典…………………………234
語がもつ用法の多様な広がり……97
語感………………………………241
語義……… 105, 122, 193, 195, 201, 461
語義のレベル……………………193
国語教育……… 429, 444, 447, 490, 491
国語辞典…………………… 234, 239

国際移動の増加…………………404
国際音声字母………………………20
国際化と近隣社会………………421
国際的な二次的近隣社会を成立させる言語共同体……………………423
語、句、文、段落など、さまざまな単位を結び付ける……………………99
国立国語研究所…………… 67, 469
語形式(単語、句、節、文、文連接)が有する意味のレベル……………108
ここ………………………… 70, 85
個人(私)……………………………6
個人語……………… 14, 217, 218, 497
個人的ネットワークを形成する媒体
…………………………………404
個人によっても差異がみられる……470
個人の直観………………………225
個人や集団の意思決定過程……423
語体的特徴………………………216
国家を超えた二次的近隣社会……422
国家を超えた近隣意識がきわめて薄いとされる日本社会………………423
ことがら世界の期待値の一致……365
ことがら世界の支え………… 367, 368
ことがらレベルでの解決を伴う発話受話……………………………366
異なる階層にある単位……………61
ことばとことばが接触して変化を起こす動態の現場……………………420
言葉の切れ目の本質………………35
ことばの選択……………………280
ことばのみで文脈を形成する力が使用者にそなわっていること………417
言葉を使う………………………108
ことばを通して「私」の中の社会性とも向かい会っている………………423
語と文………………………………47

518

《断り》…………………………… 192
語の意義………………………… 154
この意味はどのように表現されるか
　………………………………453,463
語の意味レベル……………………95
この語はどのように用いられるか
　………………………………453,463
この品物は高い。しかし、物がいい。
　………………………………………136
この品物は高い。しかし、物が悪い。
　………………………………………136
この場、この時における言語行動から
　開放された言語行動…………417
この場、この時を共有する言語行動
　………………………………………423
この場この時を間接的に共有する言語
　行動………………………………423
コミュニケーションの様態………11
コミュニケーション能力…479,490,491
語用論………………………… 96,97
語用論的事実………………………98
語用論的な扱い………………123,136
「語」より上位の結節………………52
語を利用した話体（文体）変換………9
婚姻によってとついできた人々…497

さ

最小の言語共同体…………………404
最小の単位…………………………23
坂原　茂………97,100,121,123
佐久間　鼎…………………………96
佐久間まゆみ…………………66,69
定延利之………………………62,69
雑居する時間………………………30
雑談……………………………9,341
佐藤亮一……………………………67
ザトラウスキー, ポリー……………24

真田信治…………………… 469,470
参照資源…………………………11,70
3段構成……………………………334
3人以上の談話……………………70
三文四文の連接…………………202

し

「しかし」……98〜105,115〜118,120〜
　132,134〜138
時間…………………………………70
時間軸に沿った展開………………5
時間軸にそった展開的構造………104
時間軸にそって繰り出される談話生成
　モデル………………………………57
時間的進行…………………………53
時間的接続………………101,102,105
時間的な認識から開放されている
　………………………………………184
時間的に同時………………………58
時間的に同時に結節する…………77
時間的に同時に選択関係におかれてい
　る……………………………………84
時間的に同時に一つの現象を利用
　………………………………………58
識字教育……………………………490
字義通りの意味……………5,117,118
字義通りの意味を超えた…………104
字義通りの意味を超えた意味……108
字義を超えた意味…………………6
資源………………………11,71,76,85
資源参照方法………………………70
思考や行動様式……………………451
《指示》………………………………73
指示詞…………………… 7,429,444
指示的意味………………… 213,219
辞書…………………………………458
自身の言語的文脈…………………11

519

索　引

自然会話の文字化資料……………371
自然習得……………………485,495
親しい場面……………………356
実現過程……………………76,78
実現単位………………………68
実現的・一回的・表現的単位………76
実現的・一回的・表現的単位としての
　性格…………………………69
実現的・表現的単位………………86
実現的単位……………………84,85
実際使用……………483,486,499
実際使用段階…………………483
実際の使用相…………………220
実時間……………………36,44
実時間に添った展開………………30
実時間に添った文字化方法…………20
実時間とともに進行する……………26
実時間の実相……………………31
〈実質的尋ね〉………………320
実体……………………………29
実態…………………………11,14
実態と意識のずれ………………498
〈質問〉……………………58,75
視点…………………11,70,71,76,86
柴田　武……………………424,470
自発的な日本語学習者……………495
自分以外の話し手…………………70
自分自身の言語文脈………………76
自分と異なる属性を持つ人とも、トラ
　ブルなしに伝達しあえる文体……281
自分の言葉で述べ直す……………446
自分の話自体も自分自身で確認
　………………………………35
島根県松江市「24時間調査」………67
社会…………………………15,345
社会(言語学)的な観点から描き出され
　る特徴………………………277

社会階層………………………470
社会が言語使用にどのように影響し、
　また、言語使用が社会形成にどう影
　響するのか……………………10
社会が言語使用にどのように影響する
　か、他方、言語使用が社会形成にど
　う影響するかという両面を同時に視
　野に入れる……………………405
社会言語学…………………10,405,471
社会言語学研究史………………413
社会言語学的言語観……………480
社会言語学的な事実……………472
社会構造…………………470,474
社会的慣習……………………4,5,9
社会的属性……………………394
社会的態度……………………470
社会的な共通性…………………383
社会的文脈……………………485
社会的変種……………………3
社会と言語の相関………………403
社会方言……………………9,415
〈社交的尋ね〉………………320
謝罪………………11,347,348,356
《謝罪》……………………194
謝罪的感謝表現………349,353～355
謝罪的感謝表現の選択……………347
謝罪的感謝表現の選択と非選択
　………………………………350
謝罪表現…………………347,380
「謝罪」を成立させる重要な要件
　………………………………347
ジャンル………………………8
習慣を形成していく……………365
修辞的………………………182
終助詞………………………253
重層的意味構造…………………104
集団語……………………216,217

集団のあり方と言語体系そのもの、ひいては言語行動にも地域差が認められ、さらにそれが継承されていく事実……………………………………413
集団の形成に際して必要な成員や制度の決定プロセス……………………423
習得………………………………417,490
習得・教育方法……………………………16
習得活動……………………………………495
習得言語……………………………………491
習得支援者…………………481,482,484,491
習得主体……………………481,484,485,491
習得段階……………………………………483,484
習得日本語…………………481,483,484,491
習得日本語変種……………………………485
習得様態……………………481,482,484,491
16 評価語…………………………………292
主観…………………………………102,144
主観的意味…………………………………34
授受表現……………………………444,445
受信者………………………101,108,339〜341
主体…………………………………………76
主題…………………………………185,186
主体が選択的に操作しうる単位……76
主体的行為…………………………………86
主体的に考えながら意味のまとまりを
　繰り出す………………………………36
主張…………………………………………122
出自…………………………………218,220〜222
出身地………………………………384,470
述部の語彙・文法的形式…………………372
出話…………………………………………200
出話者………………………………194,200
受容される言語行動……………………201
受話…………………………………200,373
受話行為……………………………………364
受話者……………………15,194,200,358,365

受話者の拒否………………………………366
受話の冒頭……15,141〜143,147,148,
　　150,191,201
上位者が下位者に対して常に用いる文
　体………………………………………280
使用意味……………………………………97
使用価値……………………………………283
使用規則体系………………………………470
状況のレベル………………………………193
上下待遇表現………………………444,445
条件接続……………………………………104
条件の接続…………………………………101
条件文………………………………97,123
使用語………………………………………228
使用者………………………………213,220
使用者によって社会的に付与された性
　格………………………………………279
上昇位置……………………………………56
上昇位置を採用しない……………………77
上昇音調……………………………54,57,61
上昇調………………………………………75
上昇と下降の解釈…………………………33
使用する場面………………………………276
使用する人…………………………………221
小生…………………………………………247
小説…………………………………………342
常体…………………………………………283
冗談………………………………9,340,341
使用段階……………………………………484
情緒を共有する言語行動…………………417
情的…………………………………………294
使用媒体を背景にして抽出した単位体
　……………………………………………430
使用場面………213,220,221,274,280
情報処理……………………………………12
使用方法……………………………………221
譲歩文……………………97,123,124,135〜137

521

索　引

省略………100,129,142,143,148,163, 164,198,205
省略可能……………………………197
省略機構……………………………144
省略の機構…………143,146,190,191
省略表現……………………………207
使用ルール……………………468,469
初期の談話研究……………………20
職業……………………………384,470
女性………………………266,272,471
女性語……………………………220,226
所属する家…………………………470
所与…………………………………113
所与の事実…………………………4
所与の単位…………………………4
自律的、完結的意味………………4
自律的な意味………………………74
自律的な体系………………………108
自律的な単位………………………77
人工的な媒体に頼った言語行動
　……………………………………417
心情…………………………………73
〈心情推測〉………………………317
心情の共有・受容…………………368
心情の受容…………………………367
心情の表出…………………………366
身体慣用句……………………451,459
身体語………………………………450
シンタックス………………………213
心的態度表明行為…………………367
信念…………………………………407
新用法………………………………193
心理…………………………15,108
人類言語学…………………………10
親和的……………………………194,197

す

推敲……………………………34,85
推進………………………36,44,58,85
推論……………………………99,121
推論的逆接…………………………134
推論的用法……………………138,148
推論の逆接……………………176,184
推論の「しかし」…………………123
推論用法……………………………100
杉藤美代子…………………………26
杉戸清樹……………………………469
勧め…………………………12,373
勧め的依頼表現……371,373〜376,380
勧め的依頼表現を欠いた談話……376
勧めを含意する依頼表現…………373
スピーチ……………………………9
スピーチレベル・シフト…………475
スプラセグメンタルなレベルでの談話構成上の特徴……………………321
「すみません」…………………348,349
「すみません」系統…………………354

せ

成員を調整できる開いた組織体……419
性向語彙……………………………413
整合性……………………………5,14,69
正書法………………………………417
静態……………………………………53
静態的………………………………5,11
静態的・構造主義的言語観………84
静態的観察…………………………9
静態的言語観………………………65
静態的な研究………………………405
静態的な構造………………………7
静的…………………………………36,368
性的属性……………………………394

索引

静的な構造……………………36	選択要因(条件)………………382
性別……………………………470	前方照応………………………7
世代方言……………………200, 201	専門家……………………482, 487
節………………………………47, 114	専門語……………………227, 415
積極的話題化…………………321	
《積極的話題化》………………321	そ
接続……………………………98, 99	相互交流………………………424
接続機能………………………95	相互的現象……………………11, 86
接続詞………7, 14, 95, 98, 99, 118, 165,	相互に相手に関与……………71
182, 187	相互の年齢の上下……………469
接続詞が語として独立していることの	相互理解………………………424
価値…………………………172	操作的な巧拙…………………77
接続詞化の程度を深めた現象……172	創造性……………………………5
接続詞研究……………………96	創造的活動…………………5, 68
接続詞語彙……………………98	創造的単位……………………15
接続詞の用法…………………163	創造的に「表現」を使用する………113
接続詞用法…………………176, 177	相対関係………………………109
接続助詞………………………187	相対関係の反義対……………110
接続助詞「ところで」……………183	挿入……………………………130
接続助詞等の持つ文法的機能……172	双方向的な電話………………418
接続助詞用法………………176, 177	相補関係………………………109
セット語………………………121	相補関係にたつ反義対………109
セット的反対………………127, 131	俗語……………………………224
説明したらもはや意味をなさないこと	即時的なやりとり………………70
………………………………342	属性……………………………384
〈ゼロ形態〉……………………320, 322	属性差…………………………470
前件と後件が形態的に不揃い……168	組織的、制度的な集団統制や、技術の
前件と後件を形態的というよりは内	共有…………………………418
容的に判断する様態………166	「そして」………………………118
前件と後件を形態的にみる………170	ソシュール(F. ド・ソシュール)
前件評価………99, 100, 121, 122, 128	……………………………405
前件評価の「しかし」……………128	その途中に切れ目を感じさせない長さ
前件評価用法………………100, 102	不定のことばで、句頭に上昇音調を
線条的…………………………20	持つイントネーション単位………43
全体をあとづけてその構造を問う……36	それぞれの話し手の視点……………11
選択体系理論…………………453	ぞんざいな場面………………280, 281
選択的創造的……………………5	尊大体…………………………281

523

索　引

た

対義語……………………………… 120
待遇的対人場面を形成する要因…… 395
待遇的な異形態の系列……………… 374
待遇的場面……………………… 261, 262
待遇場面形成の要因………………… 382
待遇表現…………………… 9, 382, 396, 429
待遇表現行動の記述とその変遷…… 406
ダイグロシア……………………… 416
体系外の要因……………………… 108
体系全般の差異…………………… 415
体系的教育………………………… 485
体系と運用………………………… 471
対照記述…………………………… 322
第三言語性………………………… 281
対称詞………………… 250, 251, 255, 256
対象方言を特定する必要…………… 54
対人距離…………………… 382, 383
対人距離が一定であると考えられる場面を整えてから、「話し手」の属性別にそれを観察する……………… 383
対人場面…………………… 264, 382, 384
態度………………………… 297, 298, 321
対等接続…………………………… 104
対等の接続………………………… 101
態度と言語イメージ…………… 297, 305
第二言語…………………… 483, 484, 492
第二言語習得……………………… 16
第二言語としての日本語を育てる日本語教育…………………… 487
対比………………… 99, 121, 122, 126
対比的逆接…………………… 115, 134
対比的用法…………………… 138, 148
対比の逆接…………………… 176, 184
対比の「しかし」………………… 126
対比用法…………………… 100, 102

対面的言語行動…………………… 417
対面による言語行動……………… 415
対立的…………………………… 194, 197
対話……………………………… 201
対話型…………………………… 141
対話型接続詞…………………… 178
対話型の「だって」……………… 143
対話文体………………………… 250
高い場面………………… 267, 270, 395
高い場面を形成するにあずかる強さの順序づけ……………………… 391
タグ……………………………… 29
タグ付テキスト………………… 29
卓立の焦点……………………… 60
他者と交流………………………… 10
他者との関係…………………… 70
他者に対する評価的言語行動…… 409
〈尋ね〉…………………………… 319, 322
「だって」…… 138〜147, 151, 190〜201
「だって」の新用法……………… 191
だ・である体の習得……………… 429
田中章夫…………………… 407, 414
多様性…………………………… 499
多様な言語実態と個人における言語使用の関係…………………… 3
単位………………………… 23, 95
単位体切出し……………………… 364
単位同士の接続………………… 100
単位と単位の結び方のレベル……… 95
単位の階層性…………………… 65
単位の関係づけ………………… 100
単位の完結性…………………… 86
段階的な反義…………………… 127
単語…………………………… 117, 170
単語の意味……………………… 110
単語の意味世界の内部で分類可能な反義……………………………… 110

索　引

単語の文体的特徴……………443,445
単純な連結………………………166
単純な連結詞……………………165
男女による差異…………………393
男性………………………266,272,471
男性語……………………………226
ダンダス,アラン………………335
〈断定〉……………………………58,75
段落…………………14,95,102,114
談話……………3～16,19～20,25～26,
　　29～30,32,34～39,43～44,47～
　　48,65～71,74,76～78,84～86,
　　193,405～406,457～458,474～
　　475,483,500
談話が推進されるしくみ………14
談話型………15,313,316,323,327,332
談話型の言語間の比較…………323
談話型の差異を産み出す要因分析
　　……………………………323
談話型の種類……………………322
談話が有している創造的な性格……4
談話観………………11,12,14,19,86
談話管理機能……………………172
談話機構…………………………65
談話形式…………………………6
談話結節…………………58,59,84
談話研究…………………………405
談話研究の目的…………………36
談話構成的事実…………………98
談話構造……………8,9,207,311,313
談話構造と話種…………………14
談話構造の地理的変種………15,311
談話構造分析……………………15
談話行動…………………12,14,20
『談話行動の総合テクスト―東京・下
　町・資料(1)―』………20,67
談話固有の特徴…………………65

談話資源…………………………70
談話実現単位……………………65
談話上の異形態…………………371
談話上の分布……………………364
談話推進…………………………37
談話生成の際の社会言語学的なルール
　　……………………………193
談話全体にかかるスプラセグメンタル
　　な特徴、即ち談話の意図・態度の特
　　徴………………………322
談話全体の性格…………………321
談話全体の様式…………………10
談話全体の様式を統べる超分節的単位
　　………………………………8
談話全体を統べる様式的特徴……7
談話総体の意味理解……………5
談話中に使用される語彙的特徴……318
談話中の機能的意味……………373
談話中の「共起」…………………375
談話テキスト………………38,44
談話展開………………9,37,186
談話展開機能………………14,168
談話展開機能の獲得……………164
談話展開機能を持つ分布………155
談話展開用法……………………172
談話独自の特徴…………………3
談話と敬語運用…………………467
談話と文章に共通する原理……65
談話と文章の連続的な性質……3,4
談話と文章を分ける固有の特徴……69
談話において意味のまとまりをつける
　　スプラセグメンタルで可変的な単位
　　……………………………54
談話における形式上の最小単位……43
談話における言語表現そのものの限界
　　……………………………15
談話における構造化の方法……36

525

索引

談話における語の役割……………7
談話における最小単位……………44
談話の型……………………334
談話の機構…………………77
談話の軌跡…………………36
談話の結節法………………14
談話の結束性………………14,187
談話の言語構造……………323
談話の構成要素……………10
談話の最小単位………19,28,32,43,76
談話のしくみ………………44
談話の種類…………………15,339
談話の姿……………………30
談話の姿と単位……………28,44
談話の創造性………………4
談話の単位体………………368
談話の地域差………………313
談話の動態的しくみ………6
談話の中で機能する際の意味……372
談話の本質…………………458
談話の文字化に際しての必要条件…30
談話のレベル………………193
談話は進行していく………114
談話・文章…………………85,450
談話(文章)の比喩性………458
談話分析……………………3,67
談話レベルで生じる意味…………381
談話レベルでの単位………28
談話レベルの機能…………165
談話論…………3,15,16,48,65,111
談話論と日本語教育学……427
談話論の観点………………76
談話論の視点………………75
談話を形成する最小の単位………34
談話を構成している意味的単位体
　……………………………315

ち

《地位》……………………387,395
地域共通語…………………416
地域言語共同体を形成する役割……419
地域語………………………497
地域語育成母体……………420
地域差………………………413
地域社会と言語体系………396
地域定着支援活動…………495
地域的、社会的変種………484
地域的談話変種……………15
地域と広域な社会を結ぶ制度や政策
　……………………………403
地域方言が共通語と対立した文体差を
　形成する…………………415
地域方言自体を一種の階層方言として
　扱う………………………415
地域方言と敬語運用………468
地域方言を超えた同質集団が存在
　……………………………418
地域を超えた広範な位相…………418
地域を超えた組織や制度、財の共有
　……………………………415
地域を超えた広がりを持つ位相……415
地縁…………………………404
知識…………………………97,108
知識や技術や制度の共有…………418
知的…………………………294
知的意味……………………347,348,454
千野栄一……………………337
地方中小都市の方言………284
中型辞典……………………234
中間言語……………………476,483
抽象的自律的………………4
抽象的単位…………5,7,68,74,76,85
抽象的単位が、実現的単位において結

索　引

節する姿………………………84
抽象的単位間の関係のありかた……14
抽象的単位体………………11, 430
抽象的単位としての性格…………69
抽象的で複雑な思考の理解や表現
　………………………………417
抽象的な思考………………417
抽象的な単位………………84, 336
調整……………11, 70, 71, 86, 488
超分節的単位………………6, 10, 20
直接語………………………227, 231
直接的な言語表現を用いない言語習慣
　………………………………356
直喩……………………………455, 456
地理的変種……………………3, 311
陳述……………………………75

つ

辻村敏樹……………………472
伝え合い……………………362, 367
伝え合いが成立……………11, 362
伝え合いが不成立…………362
伝え合いの成立……………358, 363
伝え合いの成立・不成立……364, 368
伝え合いを阻害する要因…………12
っていうか…………………204
強い規範性…………………282
〈強い断定〉…………………58

て

「ていうか」…………………204
訂正……………………………35
丁寧さ………………………356
ていねいな場面……………280
手紙…………………………334
手紙文………………………255
テキスト……………4, 7, 8, 68, 104, 429

テキスト間の変換…………429
テキスト言語学………………15
テキスト種……………………339, 341
テキスト種の合図……………340
テキストそのものの性格描写……342
テキスト的な意図……………340
テキスト展開レベル…………100
テキストという単位体…………429
テキストにおける型と種類………342
テキストにおける談話展開の担い方の
　レベル………………………95
テキストの意味………………104
テキストの意味構造………104, 165, 429
テキストの意味的構造に関る変換
　………………………………435, 444
テキストの構造…………104, 336, 435
テキストの構造的変換……………446
テキストの構造に関与する談話管理詞
　としての接続詞の誕生………165
テキストの種類………………337, 340
テキストの性格………………339, 340
テキストの性格そのものを暗示する合
　図……………………………342
テキスト創造技法……………452
テキストの理解・表現………430, 447
テキストファイル……………31
テキスト理解と比喩…………450
テキストを明確に特徴づける類型的表
　現……………………………342
テクスチャー…………………337
テクスト………………………68
テクスト研究…………………68
です／ます……………………253, 257
です・ます……………………429
「です・ます」体と「だ・である」体との
　変換…………………………431
「でも」……………138, 140, 148〜152

527

索　引

テレビ……………………………………404
展開…………………………………36, 44
展開部……………………………102, 179, 186
展開部が挿入される………………187
展開部分……………………………165
転換………100, 104, 122, 131, 176, 178,
　　　　179, 182, 187
転換接続……………………………105
転勤族………………………………497
典型…………………………………461
伝達…………………………………417
伝達の成功不成功……………………15
伝統的村落共同体…………………403
伝統文化としての方言保存の動き
　………………………………………498

と

というか……………………………204
同一語反復……………………………7
島外生活経験者……………………386
同義語………………………………222
東京弁…………………………294, 296, 300
東京弁イメージ……………………296, 305
東京方言……………48, 51, 61, 77, 225
東京方言談話…………………………54, 56
東京方言の俚言……………………226
統語的事象……………………………48
動詞………………………………214, 222
同時…………………………………405
同時結節………6, 14, 47, 53, 54, 59, 61,
　　　　65, 75, 78, 86
同時性…………………………………53
「同時性」という時間を含む概念……53
同時に結節…………………57, 59, 61
同時に判断……………………………59
同時に複数の集団に帰属…………423
同時並行的………………………20, 35, 44

動態的・表現論的言語観……………84
動態的過程……………………………84
動態的関係……………………………12
動態的結節的言語観…………………8
動態的言語観……………………9, 65, 76
動態的統合的…………………………61
動態的統合的モデル……………53, 58
動態的な過程…………………………76
動態的な研究………………………405
同調・共感的受話…………………199
同調・共感的な気配り談話………201
同調的・共感的な表現……………195
動的……………………………36, 368
動的アクセント観……………………32
動的過程………………………………68
動的な構造化のあり方………………36
東北弁……………………294〜296, 300
東北弁イメージ………………290, 305
時枝誠記……………………49, 69, 96, 397
徳川宗賢……………………………333
特定位置の同じ上昇音調を利用して、
　時間的に同時に発現………………57
特定の場所……………………………8
特定の場面……………………………8
特定の人………………………………8
独白文体……………………………250
独立した意味的単位体………………7
独話…………………………………201
独話型………………………………141
独話型接続詞………………………178
「ところで」………………176〜187
閉じた位相…………………………415
閉じた抽象体………………………117
都市と農村…………………………471
都市方言の実態……………………497
届け先……………………251〜253, 255
となりあう階層にある単位…………47

索　引

どのような社会集団が位相を形成する
　母体となるのか……………… 414
どのように話そうとしているか…383
トランスクリプト………………… 430
取り出し学級……………………… 486

な

「なあに」………………………340, 342
内的性質……………………………15, 218
内包………………………………… 458
内容主導・音声形式随行型の可変的な
　単位……………………………… 76
内容主導・形式随行型………… 37, 86
内容主導・形式随行型の音調形式
　………………………………………44
内容主導・形式随行型の単位………77
永野　賢………………………………96
「なぜなら」…………138, 140, 147, 151
なぞなぞ…………………………339, 342
並上り型………………………………57

に

二言語併用………………273, 276, 283
二次的近隣社会……403, 404, 415, 419,
　423
二次的近隣社会への言語行動の準備を
　行う場…………………………… 420
二次的近隣社会への言語行動を用意す
　る集団…………………………… 419
二次的近隣社会を支える言語媒体の発
　達………………………………… 417
二重分節…………………………… 4, 49
二重分節性……………………………6
日常言語……………………5, 337, 451
日常言語の推論………………………97
日常語……………………………… 224
仁田義雄…………………………249, 381

二文連接…………………………… 202
日本現代共通語…………………… 420
日本語……………………………… 498
日本語学習………………………… 451
日本語学習者………429, 441, 446, 447,
　450, 458
日本語学習上の困難点…………… 451
日本語観国際センサス…………… 421
日本語教育……12, 323, 444, 446, 447,
　450, 458, 467, 478, 480, 491
日本語教育学……13, 16, 154, 476, 478,
　480, 491, 494
日本語教育学とは何か…………… 478
日本語教育学と方言学…………… 494
日本語教育学の応用的側面……… 500
日本語教育学の基礎学としての側面
　…………………………………… 500
日本語教育方法への応用………… 458
日本語教授法……………………… 478
日本語現代共通語………………… 214
日本語習得行動……16, 480, 481, 485,
　491
日本語習得行動を構成する要素…481
日本語習得上の困難点………………16
日本語談話論……………………… 3, 13
「日本語という単一の言語を話す国」と
　いう今日一般にみられる意識
　…………………………………… 420
日本語とともにある社会・文化に対す
　る知識…………………………… 488
日本語とともにある文化………… 498
日本語とともに形成される社会・文化
　的人格…………………………… 488
日本語とともに表現される身体的行動
　様式や心理的態度……………… 489
「日本語とは何か」という問……… 498
日本語による言語コミュニケーション

529

索　引

能力の習得……………………500
日本語による文化……………462
日本語の現代共通語…………222
日本語の国際化………………12
日本語の習得行動……………16
日本語を用いた言語行動………499
日本社会に関する知識………473
日本全体を近隣社会と感ずること
　………………………………420
日本方言………………………15
二面結節………47,48,50,52,53,61,77
二面性の事実が言語の普遍性に根ざす
　………………………………50
認識……………………………452
認識言語………………417,420,490
認識構造………………………488
人称代名詞……………………247
人称代名詞語彙………………254
認知科学………………………97
認知言語学……………10,450,463

ぬ

縫部義憲………………………478

ね

ね／よ…………………………257
ネウストプニー，J．V．‥478,479,486
ネットワークの緊密性…………404
年齢……………………384,470
《年齢》…………………387,395
年齢差…………………………392

の

残っていく方言的特徴…………413
野林正路………………………413

は

パーソナルコンピューター………404
バーチャルリアリティをもった空間伝
　達様式………………………418
媒体……3,11,12,19,70,404,417,429
生え抜き………………305,386,494,496
橋本進吉………………………96
蓮沼昭子………………………138
派生……………………………182,207
パタン化………………………336
八丈島方言……………………261
八丈町末吉洞輪沢……………382
八丈町末吉洞輪沢集落…………385
発信許容の一致………………365
発信者…………………101,108,341
発信者の意図が関与した意味的単位
　………………………………108
発話………21,25,61,66,84,200,221,
　247,251
発話機能………………………24
発話行為………………………358
発話行為理論…………………360
発話者…………………………358,365
発話者と受話者の心理レベルでの知
　識・共有度…………………367
発話者の交替…………………201
発話主体が操作的に使用可能な単位
　………………………………37
発話主体が表現しようとする内容をひ
　とまとまりの姿として差し出すこと
　を可能にする………………37,44
発話受話行為…………358,366,368
発話受話行為の単位体…………364
発話受話の構造………………364
発話状況………………………195
発話の重なり…………………26,31

530

発話の時間的な位置関係……………21
発話の実相……………………………22
発話の成立………………………252,256
発話の単位………………………21,22
発話の届け先……………………………250
発話の場………………………………117
発話媒体………………………………429
発話様式……………247,252,254,256
発話様式の型……………………………249
発話様式を変換する力をもつ形式
　　………………………………253
話しことば……3,4,19,54,66,75,78,
　　178,181,342
話し言葉……………358,364,368,447
話しことば資料……………………67
話し言葉テキスト…………………430
『話しことばの文型(1)(2)』………67
話し手………………………………11
話し手が自由に操ることができる
　　………………………………36
話し手自身も考えながら言葉を繰り出
　す……………………………44
話し手独自の経験を表現する一致した
　言語形式の産出………………458
話し手の考えのまとまりや感情……34
話し手の心情……………………363
話し手の属性………………218,219,470
話し手の表現したい意味内容が、表現
　形式を自在に選択する……………8
話す…………………………………450
離れた位置にある二文をも結びつける
　力………………………………165
場面……70,77,108,250,276,322,382,
　　385,471
場面形成………………………………390
場面形成に働く要因の強さ…………387
場面研究………………………………396

場面情報……………………35,73〜75
場面設定の対話……………………349
場面そのものの整理………………286
場面と言語選択……………………348
場面における使用言語……………286
場面に関する理論的な研究…………396
場面に対して開いており相対的に言語
　それ自体の役割が後退する様式
　…………………………………364
「場面」についての概念規定………382
「場面」の形成過程………………382
場面や社会ごとの選択適切性の記述
　…………………………………355
場面を共有……………………………195
場面を形成する要因………………396
早上り型………………………………57
林　四郎………………………………472
早田輝洋……………………………62
パラ言語………………………………6
はりあいの単位……………………223
ハリデー,M.A.K.………450,453,463
ハリデー,M.A.K.とハサン,ルカイ
　ヤ………………………………8
パロール………………………………405
反義……………………………………109
反義語…………………………109,120
反事実的条件文……………………123
反照関係……………………………109
反照関係にたつ反義対………………110
反省的型………………………………57
反対………………120〜122,126〜132
「反対」概念…………………………99
反対関係………100,102,113,115,116
反対関係が生じる……………………112
反対関係が読みとられる……………112
反対関係を見出す……………………111
反対語……………………108〜110,120

531

索　引

〈反問〉…………………………58

ひ

美意識……………………………35
PPU …………………… 23,32,34,43
美化語……………………………280
低い場面…………………………270
非言語………………………11,364,368
非言語情報……………………20,29
非言語的情報……………………430
非言語的情報の読み込み…………201
非言語的な手段…………………341
非言語的な情報………131,194,195
非言語的な発話状況……………194
非言語的な文脈………181,182,375
非言語的表現……………………21
非言語的要素……………………6
卑語………………………………226
人柄………………………………470
一人の個人（私）…………………5
皮肉……………9,340,341,368,381
卑罵体……………………………281
非標準的…………………………225
非分節的…………………………104
比喩………………16,109,450～464
比喩義を派生……………………461
比喩的用法………………………121
比喩の形式と意味……………450,455
比喩理解の困難点………………458
評価的接続………………………102,105
表現………………5,12,15,111,114,373
表現意図…………………………483
表現型………………………11,12,15,118
表現活動…………………………12
表現言語…………………………12
表現効果…………………………182
表現されたあるいはされなかった言語

形式………………………………368
表現しなおす……………………447
表現主体…………………………12
表現受容者………………………12
表現的……………………………78
表現的言語活動…………………68
表現的単位………………………85
表現内容…………………………447
表現内容の理解…………………447
表現内容を示す意味のレベル……108
表現の言語学的しくみを問う……5
表現媒体…………………………429
表現様式の変換…………………447
表現様態…………………………12
「表現」レベルの仕組み…………112
表現力を備えた言語……………423
表現論的言語観…………………8
標準語……………278,290,294,296,300
標準語イメージ……………296,305
標準語化…………………………416
標準的……………………………225
標準日本語………………………499
品位………………………………220

ふ

ファーブラ………………………69
不可逆的………………44,68,78,85
不可逆的な性質…………………36
不完全なテキスト………………430
復元…………………………181,191,199
複合語のアクセントの音形と文法構造
　の不一致………………………62
複合的動態………………………491
複合的なレベルにまたがる現象……472
複雑な連結………………………167
副詞…………………………161,182
副詞化………………………101,182,207

索　引

副詞的用法……………………171
副詞の用法……………………163
副詞用法…………164,170,176,182
副詞用法を派生………………187
副詞を派生……………………207
複数の層が時間的に同時並行的に結節
　………………………………8
複数の話し手がその場でそれぞれ新た
　な言語文脈を作り出す言語行動
　………………………………76
複数のレベルにまたがる現象………98
含み……………………………188
藤原与一…………………285,397
不整表現………………………5,6,78
2人の談話………………………70
ふだんの場面……………282,283
プレーンテキスト………………29,30
プロップ,ウラジーミル…………335
プロミネンス……………………57
文……4,7,8,11,21,24,34,47,58,71,
　74,78,97,102,114,170,249,251,
　430,454,456
文以上の単位…………………187
文化………………………337,458,489
文化的な影響…………………111
文化の実現母体である家庭………490
文化理解に支えられる言語解釈……111
文章……7,12,14,19,35,36,47,65,66,
　78,85
「文章」研究……………………68
文章語……………………224,497
文章生成………………………85
文章全体の構造………………180
文章という言語行動……………85
文章という様式…………………418
文章の作成……………………34
文章様式を背景とした直観………222

文章論………………3,15,95〜99
分析的視点……………………6
分析的モデル…………………58
分節……………………48,50,58
分節観……………………65,76,84,86
分節観においては異なるレベルにある
　単位が協働しあって同時に働き結節
　する……………………………59
分節的単位……………………6
分節と結節が非対称……………50
分節と結節の非対称性……47,48,52,
　53,61,76
分節の過程を逆にしたものが結節では
　ない……………………………76
分節の「二重」性と結節の「二面」性
　………………………………50
分節モデル……………………47,61
文体………………103,276,337
文体形成における語の役割……15,211
文体的意味…………15,213,214,217,
　219,232
文体的印象を形成する………225
文体的価値……………………214
文体的特徴………………216,429
文体的な観察…………………276
文体的変種…………………15,224
文体変換………………………16
文体変換能力…………………437
文体様式………………………447
文と文との連接関係……………96
文の成立………………………71
文の途中ではないという記号情報
　………………………………59
文・表現の性格を決定する強い力をも
　つ形式…………………………255
分布………………………154,155
分布(用法)の広がりが連続性を持って

533

索　引

いること……………………………172
分布間の連続性……………………172
文法…………………………………405
文法的意味…………………………498
文法的句……………………………51
文法的結節…………………………61
文法的現象…………………………48
文法的事実………………………98,472
文法的比喩………………450,453〜457,464
文法と音声…………………………47
文法論……………………95〜97,99,471
文法論的文章論……………………98
文末……………………………56,58
文脈………………11,70,71,86,182,430
文連接の形式のあり方……………201
文連接の形式的な連鎖……………195
文連接のレベル……………………193
『分類語彙表』………………………228
文を超えた談話(テキスト)の視点
　………………………………………454

へ

〈平調〉………………………………75
別の話題を切り出す機能…………167
変異…………………………………218
変化したもの、変化しないもの…193
変種………………………217,218,282
変数…………………………………396

ほ

方言………9,15,54,66,225,276,282,
　416,417,447,469
方言イメージ………………………299
方言イメージの形成………………290
方言学…………………16,494,496
方言共同体…………………………416
方言敬語の実態と分布……………285

方言系の表現……………………270,272
方言研究ゼミナール………………413
方言語彙………………………234,235
方言辞典……………………………239
方言出自……………………………225
方言資料……………………………371
『方言資料叢刊』………………314,325
方言性向語彙………………………409
方言世界の言語生活上の事実……353
方言談話………………………347,358
『方言談話資料』……22,66,67,349,371
方言と共通語………………………416
方言と共通語の接触………………274
方言に対する態度…………………15
方言認定と方言イメージ…………299
方言のイメージ……………………304
方言の認定………………………304,306
方言の表現体系……………………273
方言を使用したコミュニケーション様
　式……………………………………416
《報告》………………………………199
母語………………………416,447,485
母語の影響や干渉…………………483
誇り…………………………………297
母語話者…………………429,439,446
母文化………………………………476
母方言の形成………………………497

ま

馬瀬良雄……………………………333
「または」………………………154,169〜172
松下大三郎…………………………96
末端卓立調…………………………60
学ぶべき日本語・日本文化とは何かと
　いう問……………………………499
マルティネ………………………48,49

み

身うち……………………………389
身内尊敬用法……………………468
見えにくい異文化………………423
見知らぬ人………………………281
見ず知らずの人……267,268,387,389
水谷　修…………………………494
ミスマッチ……50,52〜54,60〜62,77
「見せて・見せてくれ・見せて下さい」
　……………………………………373
「見せろ」…………………………373
《未知》……………………………387,395
三石泰子…………………………471
南　不二男………………396,471,472
宮岡伯人……47,48,50〜52,61,69,76
宮島達夫…………………215,220,221
宮地　裕…………………………202,459
民話………………………………335
『民話の構造〈アメリカ・インディアン
　の民話の形態論〉』………………335
民話の構造と型…………………335

む

無意識の協力……………………114
昔話………………………………339
『昔話の形態学』…………………335
無敬語地域………………………468
無標………………………………374
村木新次郎………………………120
室山敏昭…………………………407,409

め

命題と命題の関連づけ…………187
命題を包む述部…………………186
メイナード,泉子,K. ……23,32,138
命令………………………………368

《命令》……………………143,192,194
命令形……………………………373
命令形・依頼形の待遇的語彙選択の系
　列…………………………………374
メタ言語…………………………341
メタ言語表現……………………341
メディア…………………………404
面識………………………………389
「面目ない」系統…………………354

も

《申出》……………………………380
「申し訳ない」系統………………354
モーダルな意味…………151,196,201
モーダルな要素…………………146
目的をもって産出された表現……36
文字………………………………3,417
文字化……………19,20,22,26,44,79
文字化資料………………19,28,36,371
文字化の際の問題点と課題………26
文字言語…………………………429
文字言語テキスト………………429,430
文字通りの意味…………………117
「もしもし」………………………337
文字列のみでは「文脈」は完成しない
　……………………………………430
文字列のみで「文脈」を作り得る…430
モダリティー……………………373
モティーフ………………………335,336
モティーフ素……………………335,336
モデル……………………………11
モデル読者………………………69
物の見方…………………………111
森岡健二…………………………120
森田良行…………………………139

索引

や
「ヤル」……………………………… 468
山田孝雄…………………………… 71, 96

ゆ
有敬語地域………………………… 468
有標………………………………… 374
ゆるい規範性……………………… 282
ゆれ………………………………… 282

よ
要求の依頼表現………………… 374, 380
様式(スタイル)…………………… 435
様式的直観………………………… 221
様式的特徴………………………… 8
様式的文体………………………… 257
様式論…………………………… 215, 414
要素………………………………… 315
様相論………………………… 215, 217, 414
要素の変換………………………… 435
用法………………………………… 154
用法的拡大………………………… 165
要約………………………………… 118
要約的読解………………………… 118
『「ヨコ」社会の構造と意味—方言性向語彙に見る—』………………… 407
よそもの…………………………… 389
4段構成…………………………… 334
呼びかけ語……………………… 253, 257
読み書き…………………………… 417
読み手…………………………… 86, 130
読む………………………………… 450

ら
ラジオ……………………………… 404
ラング……………………………… 405

り
乱暴さ……………………………… 356

理解…………………………… 12, 108, 447
理解、生成………………………… 450
理解活動………………………… 12, 118
理解語……………………………… 228
理解行動…………………………… 114
理解と表現………………………… 429
理想上の話者・聴者……………… 213
理由説明…………………………… 138
〈理由説明〉の接続詞…………… 151
理由文……………………………… 123
隣接ペア…………………………… 373

る
類縁語…………………………… 112, 118
類義語…………………………… 109, 222
類型的話体(類型的文体)………… 9
類型的文体……………… 13, 15, 276, 430
類型的文体形成………………… 15, 259
類型的文体の変換………………… 447
類似の言語行動を行っているそれぞれの共同体………………………… 419
類話………………………………… 371

れ
レイコフ, G. …………………… 450, 453
レッテル化………………………… 304
レトリック………………………… 452
連体修飾句構造………………… 456, 464

ろ
ロシア・フォルマリズム………… 335
論文集……………………………… 342

536

わ

- 和語系………………………………224
- 話者交替……………………………21,22
- 話者に認識された年齢……………392
- 話者の感謝心情……………………363
- 話者の交替…………………………31
- 話種(テキストの種類・テキスト種)
  …………………………………6〜9
- 話線……………………………5,179
- 話線の流れ…………………………49
- 話題化回避……………………320,321
- 《話題化回避》………………………321
- 《話題化無標》………………………321
- 話題転換用法………………………208
- 話体(文体)……………………6〜9
- 話体・文体…………………………14
- 「私」と「私」が交替する……………44
- 「私」と「私」の交替…………………30
- 渡辺友左…………………216,218,469
- 話段…………………………………25
- 詫び…………………………………358
- 「悪いな」系統………………………354

Nihongo Danwa-Ron
(A Theory of Japanese Spoken Discourse)

Hiroko OKI

D Litt, Professor of
Shinshu University

Published 2006 by
Izumi Shoin
Uenomiyacho 7-6 Tennoji-Ku Osaka 543-0037 Japan

ABSTRACT

The purpose of the present book is to explain the system and process of Japanese spoken discourse. It is intended as an investigation of the following three principal concepts. First is the integration of the description of each linguistic level and the irreversibility of language usage. Second is the relationship between the actual condition of language variations and individual creative language use. The third is the relationship between language and extra linguistic reality.

The book is divided into seven chapters with an introduction that outlines a new theory of Japanese spoken discourse. The first two chapters deal with the first of the three concepts mentioned above; Chapters III to V with the second concept; and Chapter VI with the last. Chapter I develops a new hypothesis named 'synchronous grouping' to formulate the linkage between different inner linguistic levels, such as accent and intonation, grammatical meaning of the word and its intonation, and the linkage between word, phrase, clause, sentence and paragraph. In contrast to the traditional articulate model, which is analytic, this new model is a process model. Chapter II discusses the cohesion and coherence of Japanese discourse taking conjunctive words as an example. Here the author mentions that it is not the sentence unit but the word unit that controls the cohesion of discourse directly. By this observation the author makes it clear that spoken discourse is not the form unit but the meaning unit, and that Japanese is an agglutinative language so that the linguistic units above the word level are not hierarchically advanced.

Chapter III demonstrates the role of words in the formation of stylistic levels. Chapter IV discusses the formation of typological stylistic levels, particularly with respect to regional dialects and the regional common language in Japanese diglossia. Chapter V examines the structure of Japanese spoken discourse by analyzing regional dialects of modern Japanese, and further explores the mixing of different domain expressions.

Chapter VI discusses speech acts from three different aspects. The first is the gap between what is said and what is actually meant. The second is the speaker's attitude and psychology. The third is speech acts and local community.

Chapter VII concludes by considering the contribution of this research on Japanese spoken discourse to teaching Japanese as a second language.

TABLE OF CONTENTS

Preface ·· i
Introduction
    The outline of a theory of Japanese Spoken Discourse ····························· 3
I Synchronous grouping model of spoken discourse
    1 The smallest unit of spoken discourse and the method of transcription ··· 19
    2 A system of synchronous grouping of spoken discourse in the
       Tokyo dialect ···47
    3 Is the spoken discourse composed of sentences? – On integration of
       analytic units and synchronous grouping ···65
II Meaning and role of Japanese connectives in the development of spoken
    discourse
    1 Cohesion and coherence in using conjunctive words ························95
    2 The form and meaning in spoken discourse and written discourse –
       The study of adversative conjunctives ··· 108
    3 The meaning of the adversative conjunctive "*shikashi*" ···················· 120
    4 The system of ellipsis with adversative conjunctives in dialogue
       discourse – The case of "*datte*", "*nazenara*" and "*demo*" ················· 138
    5 The meaning of "*aruiwa*" and "*matawa*" – How the meanings of
       conjunctive words acquire cohesion ··· 154
    6 Auxiliary conjunctive and conjunctive in the case of "*tokorode*" –
       The relationship between adversative and topical switching ········ 176
    7 A new usage of "*datte*" in dialogue-style conversation ····················· 190
    8 A new usage of "*te-iuka*" in dialogue-style conversation ···················· 204
III The role of words in style formation
    1 The expressive value of verbs ·· 213
    2 *Dialect* words contained in *standard Japanese* dictionaries ················ 234
    3 Personal pronouns and speech style change ································· 247
IV The formation of the typological style in Japanese diglossia
    1 Language contact between common spoken language and regional

spoken language – On the expressive value of the common spoken language ·· 261

2　Japanese common spoken discourse as a normative style and its role in wider use　··· 276

3　The formation of attitudes to regional spoken discourse ···················· 290

V　The regional variety of the structure of Japanese spoken discourse

1　The regional variety of speech patterns – How to deliver congratulatory greetings ·· 313

2　Japanese dialects: East and West – Structure and variety of regional spoken discourse　·· 325

3　What is the pattern or the motifeme in spoken discourse? ················ 334

4　What are the expressive categories of spoken discourse? ················· 339

VI　Language, psychology, and society in spoken discourse

1　The selection of apologetic gratitude expressions in spoken dialect　··· 347

2　How gratitude expressions convey the speaker's feelings – The relationship between speaker and hearer ··································· 358

3　Requestive expressions of recommendation ····································· 371

4　The consciousness of attitudes to other members in a speech community – The case of Borawazawa in Hachijo town ··············· 382

5　Language behavior in neighboring societies ······································ 403

VII　Research in Japanese as a second language from the viewpoint of spoken discourse

1　The relationship between Japanese as a second language and as a mother tongue – On the learning of "*da, de-aru*" forms and their discourse structure ·· 429

2　Form and meaning of metaphor and metonymy······························· 450

3　Pragmatics of honorifics　·· 467

4　On the relationship between JSL research and JSL activities – Aims of JSL research·· 478

5 On the relationship between JSL research and dialectology –
　　Further research into the theory of Japanese spoken discourse ······494
The first appearance of papers in the present work ································503
Index ··509

ACKNOWLEDGEMENTS

This research was supported in part by Grants-in-Aid for Scientific Research (namely KAKENHI) from the Japan Society for the Promotion of Science (JSPS). Publication of this book was further supported in part through a Grant-in-Aid for Publication of Scientific Research Results in 2005 from JSPS.

■ 著者紹介

沖　裕子（おき　ひろこ）
1955年長野県松本市生。1986年東京都立大学大学院人文科学研究科博士課程単位修得満期退学。花園大学文学部講師、同助教授、信州大学人文学部助教授を経て、現在、信州大学人文学部教授。博士（文学）。

共著書：『変容する日本の方言』(1995年、大修館書店)『どうなる日本のことば―方言と共通語のゆくえ』(1999年、大修館書店)『応用社会言語学を学ぶ人のために』(2001年、世界思想社)『21世紀の方言学』(2002年、国書刊行会)『朝倉日本語講座9　言語行動』(2003年、朝倉書店)『シリーズ文と発話2　「単位」としての文と発話』(2008年、ひつじ書房)『方言の発見』(2010年、ひつじ書房) 他

研究叢書 343

日本語談話論

2006年2月20日　初版第1刷発行
2011年3月10日　初版第3刷発行(検印省略)

著　者　　沖　　裕　子
発行者　　廣　橋　研　三
　　　　　〒543-0037　大阪市天王寺区上之宮町7-6
発行所　　有限会社　和　泉　書　院
　　　　　　　　　電話 06-6771-1467
　　　　　　　　　振替 00970-8-15043

印刷／太洋社　製本／大光製本

© Hiroko Oki 2006 Printed in Japan
ISBN978-4-7576-0348-6 C3381　本書の無断複製・転載・複写を禁じます